新世纪高职高专
经济管理类课程规划教材

新世纪

U0683272

经济学案例教程

JINGJIXUE ANLI JIAOCHENG

新世纪高职高专教材编审委员会 组编

主编 刘 华 李克国

副主编 卢 萌 王国虹 付宜新

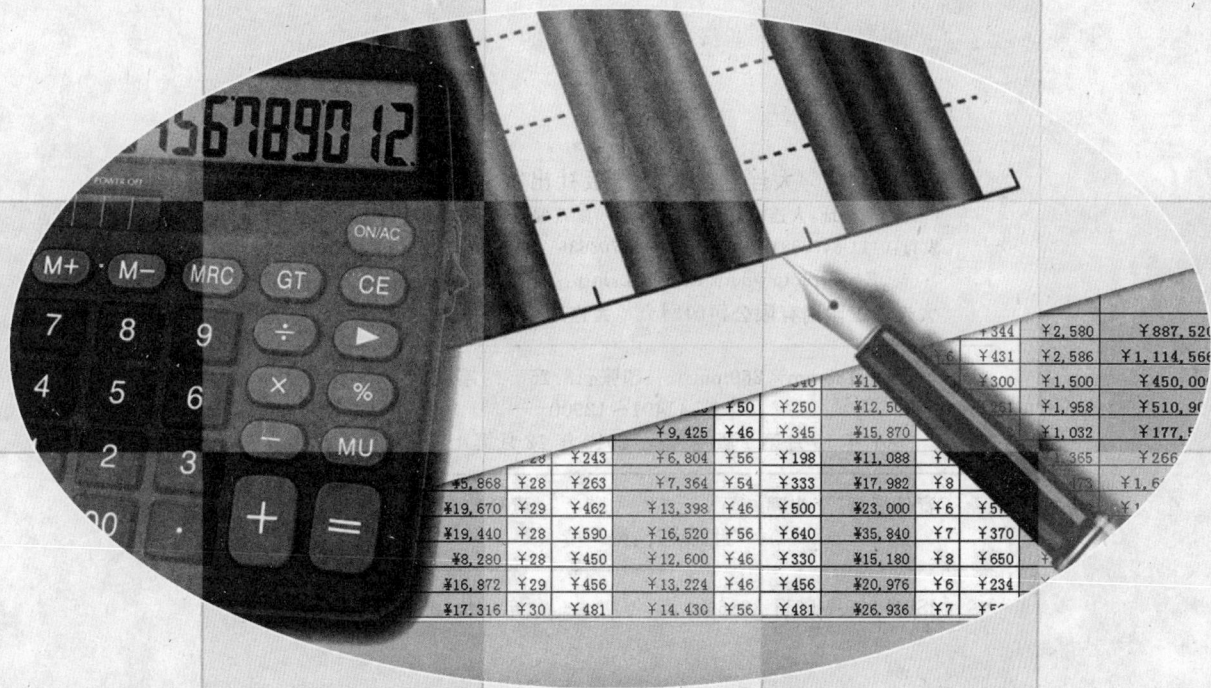

大连理工大学出版社

DALIAN UNIVERSITY OF TECHNOLOGY PRESS

图书在版编目(CIP)数据

经济学案例教程/刘华,李克国主编. —大连:大连理
工大学出版社,2007.10(2013.12 重印)
新世纪高职高专经济管理类课程规划教材
ISBN 978-7-5611-3886-1

Ⅰ.经… Ⅱ.①刘…②李… Ⅲ.经济学—案例—高等学
校:技术学校—教材 Ⅳ.F0
.

中国版本图书馆 CIP 数据核字(2008)第 018529 号

大连理工大学出版社出版

地址:大连市软件园路 80 号 邮政编码:116023
发行:0411-84708842 邮购:0411-84703636 传真:0411-84701466
E-mail:dutp@dutp.cn URL:http://www.dutp.cn
大连理工印刷有限公司印刷 大连理工大学出版社发行

幅面尺寸:185mm×260mm 印张:18.25 字数:404 千字
印数:11401～12900
2007 年 10 月第 1 版 2013 年 12 月第 4 次印刷

责任编辑:李作鹏   责任校对:乔艳伟
           封面设计:张 莹

ISBN 978-7-5611-3886-1   定 价:35.00 元

总　序

　　我们已经进入了一个新的充满机遇与挑战的时代,我们已经跨入了21世纪的门槛。

　　20世纪与21世纪之交的中国,高等教育体制正经历着一场缓慢而深刻的革命,我们正在对传统的普通高等教育的培养目标与社会发展的现实需要不相适应的现状作历史性的反思与变革的尝试。

　　20世纪最后的几年里,高等职业教育的迅速崛起,是影响高等教育体制变革的一件大事。在短短的几年时间里,普通中专教育、普通高专教育全面转轨,以高等职业教育为主导的各种形式的培养应用型人才的教育发展到与普通高等教育等量齐观的地步,其来势之迅猛,发人深思。

　　无论是正在缓慢变革着的普通高等教育,还是迅速推进着的培养应用型人才的高职教育,都向我们提出了一个同样的严肃问题:中国的高等教育为谁服务,是为教育发展自身,还是为包括教育在内的大千社会? 答案肯定而且惟一,那就是教育也置身其中的现实社会。

　　由此又引发出高等教育的目的问题。既然教育必须服务于社会,它就必须按照不同领域的社会需要来完成自己的教育过程。换言之,教育资源必须按照社会划分的各个专业(行业)领域(岗位群)的需要实施配置,这就是我们长期以来明乎其理而疏于力行的学以致用问题,这就是我们长期以来未能给予足够关注的教育目的问题。

　　如所周知,整个社会由其发展所需要的不同部门构成,包括公共管理部门如国家机构、基础建设部门如教育研究机构和各种实业部门如工业部门、商业部门,等等。每一个部门又可作更为具体的划分,直至同它所需要的各种专门人才相对应。教育如果不能按照实际需要完成各种专门人才培养的目标,就不能很好地完成社会分工所赋予它的使命,而教育作为社会分工的一种独立存在就应受到质疑(在市场经济条件下尤其如此)。可以断言,按照社会的各种不同需要培养各种直接有用人才,是教育体制变革的终极目的。

随着教育体制变革的进一步深入，高等院校的设置是否会同社会对人才类型的不同需要一一对应，我们姑且不论。但高等教育走应用型人才培养的道路和走研究型（也是一种特殊应用）人才培养的道路，学生们根据自己的偏好各取所需，始终是一个理性运行的社会状态下高等教育正常发展的途径。

高等职业教育的崛起，既是高等教育体制变革的结果，也是高等教育体制变革的一个阶段性表征。它的进一步发展，必将极大地推进中国教育体制变革的进程。作为一种应用型人才培养的教育，它从专科层次起步，进而应用本科教育、应用硕士教育、应用博士教育……当应用型人才培养的渠道贯通之时，也许就是我们迎接中国教育体制变革的成功之日。从这一意义上说，高等职业教育的崛起，正是在为必然会取得最后成功的教育体制变革奠基。

高等职业教育还刚刚开始自己发展道路的探索过程，它要全面达到应用型人才培养的正常理性发展状态，直至可以和现存的（同时也正处在变革分化过程中的）研究型人才培养的教育并驾齐驱，还需要假以时日；还需要政府教育主管部门的大力推进，需要人才需求市场的进一步完善发育，尤其需要高职教学单位及其直接相关部门肯于做长期的坚忍不拔的努力。新世纪高职高专教材编审委员会就是由全国100余所高职高专院校和出版单位组成的旨在以推动高职高专教材建设来推进高等职业教育这一变革过程的联盟共同体。

在宏观层面上，这个联盟始终会以推动高职高专教材的特色建设为己任，始终会从高职高专教学单位实际教学需要出发，以其对高职教育发展的前瞻性的总体把握，以其纵览全国高职高专教材市场需求的广阔视野，以其创新的理念与创新的运作模式，通过不断深化的教材建设过程，总结高职高专教学成果，探索高职高专教材建设规律。

在微观层面上，我们将充分依托众多高职高专院校联盟的互补优势和丰裕的人才资源优势，从每一个专业领域、每一种教材入手，突破传统的片面追求理论体系严整性的意识限制，努力凸现高职教育职业能力培养的本质特征，在不断构建特色教材建设体系的过程中，逐步形成自己的品牌优势。

新世纪高职高专教材编审委员会在推进高职高专教材建设事业的过程中，始终得到了各级教育主管部门以及各相关院校相关部门的热忱支持和积极参与，对此我们谨致深深谢意，也希望一切关注、参与高职教育发展的同道朋友，在共同推动高职教育发展、进而推动高等教育体制变革的进程中，和我们携手并肩，共同担负起这一具有开拓性挑战意义的历史重任。

新世纪高职高专教材编审委员会

2001 年 8 月 18 日

前　言

　　经济学是高职高专经管类专业学生的必修课程,这是一门理论性很强的课程。在开始教学中,我们常用传统的说理性方法进行教学,然而,教学效果并不理想,学生感到经济学原理远离现实,远离生活,很抽象、难理解。当我们尝试采用案例方法进行教学后,激发了学生的学习兴趣,课堂上学生积极参与,踊跃发言,出现了师生互动、课堂气氛活跃的局面,教学效果也显著提高。在总结案例教学经验的基础上,我们编写了这本教材,目的是希望使学生通过经济学的学习,达到像诺贝尔经济学奖获得者詹姆斯·布坎南说的那样:"科学(比如经济学)所做的,或者应该做的事情,就是要让普通人……达到天才的高度。"

　　采用案例方法讲授经济学,不仅是理论联系实际的需要,更是培养适应社会经济发展的实用性人才的需要。经济学是致用之学,在以经济建设为中心的现代化建设过程中,不仅需要大量的从事经济学专业的人才,而且需要更多具有经济学理论与应用知识的人才。因此,不但要了解与把握经济学理论,而且还需要了解与把握经济学理论的应用。在这方面案例教学具有独特的作用。

　　在本教材中,我们力图体现以下特点:

　　其一,在内容上,突出应用性,兼顾经济学学科体系的完整性。本教材对于每章所讲述的基本原理,都有相关的案例予以诠释。而且为拓展学生的思维空间,我们往往对同一原理,从不同的角度采用多个案例给予解释,以达到使学生举一反三,温故知新的效果。

　　其二,在结构上,体现规范性。本教材结构包括本章知识结构图、本章基本原理概要、案例适用的原理、案例本身的描述、案例思考,从而力图使主题突出,内容明了、清晰,使学生能把案例探讨与相关原理有机结合起来。

　　其三,在案例素材上,体现时代性、本土化、新颖性。本教材中的大部分案例选自近几年国内外发生的经济事件,其中很多选自我国本土的经济事件。我们对其中比较完整的、有代表性的、具有典型意义的经济事件,进行整理与分析,撰写成案例,使案例教学贴近现实、贴近生活。

其四,在行文风格上,注重将科学性与趣味性相结合,将理性与感性相结合,以使本教材更具有可读性。

我们期望本教材能够为教师运用案例教学提供一定的帮助,为学生学习经济学、掌握经济学、运用经济学提供有益的指导,使"像经济学家一样思考"不再只是一句口号,而是力争通过本教材将其变成现实。

本教材是集体劳动的成果。全书由刘华教授负责总体设计,由刘华、李克国、卢萌、王国虹、付宜新、黄丽共同完成。具体分工如下:第一、二、三、五章由刘华编写;第四章由黄丽编写;第六、七章由王国虹编写;第八章由李克国编写;第九、十、十一、十二、十三章由卢萌编写;第十四、十五章由付宜新编写。全书由刘华教授和李克国教授负责统稿。

在本书的编写过程中,我们参考了大量国内外有关的研究成果,谨在本书付梓出版之际,对涉及的专家、学者表示衷心的感谢。

市场经济在不断发展,经济规律、经济现象在不断涌现,而我们的专业水平是有限的,因此本教材不可避免地存在着很多不足,诚挚地欢迎广大读者对本教材提出宝贵的意见和建议,以便下次修订时改进。

所有意见和建议请发往:dutpgz@163.com

欢迎访问我们的网站:http://www.dutpbook.com

联系电话:0411—84707492　84706104

编　者

2007 年 10 月

目 录

第1章 导 论

本章知识结构图

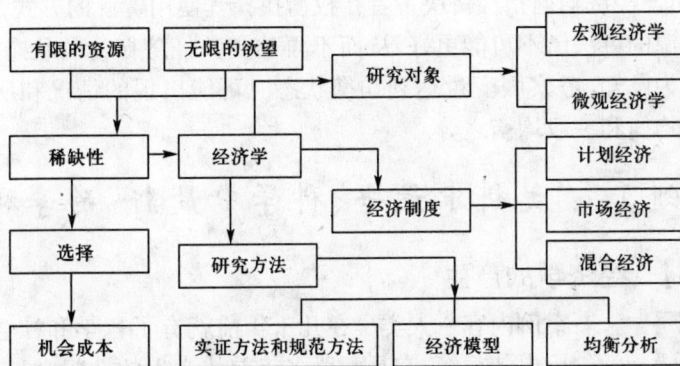

```
有限的资源   无限的欲望 ──────► 研究对象 ──────► 宏观经济学
    │           │                              
    │           │                              微观经济学
    ▼           ▼                              
  稀缺性 ─────► 经济学 ──────► 经济制度 ──────► 计划经济
    │           │                              
    │           │                              市场经济
    ▼           ▼                              
   选择       研究方法                         混合经济
    │           │              
    ▼           ▼              
 机会成本   实证方法和规范方法   经济模型   均衡分析
```

本章基本原理概要

1. 经济资源的稀缺性和经济学的研究对象

相对于人类无穷无尽的欲望而言,资源总是稀缺的。这就产生了研究如何合理配置和充分利用稀缺资源于诸多用途以满足人类需要的经济学。

2. 机会成本与生产可能性边界

机会成本是指当资源用于某种特定用途而放弃的其他各种可能的用途中所能获得的最大收益。社会在现有技术水平上充分有效地利用一切资源所能生产的各种物品按不同比例组合的最大可能产量就是生产可能性边界。生产可能性边界表示社会生产在现有条件下的最佳状态。

3. 经济制度

资源配置和利用在不同的经济制度中有着不同的解决方式。世界上主要有三种经济制度:一是计划经济制度,即生产和消费都由政府计划部门决定的制度;二是市场经济制度,即资源配置和利用都由市场价格决定的制度;三是混合经济制度,即计划与市场有不同程度结合的制度。

4. 微观经济学和宏观经济学

前者研究单个经济主体(居民户、厂商)的经济行为,采用个量分析方法,是通过研究市场经济条件下单个经济主体的经济行为及其相互关系来说明价格机制如何解决经济资源配置问题的一系列有内在联系的理论。后者研究整个国民经济运行,采用总量分析方法,是以国民收入决定为核心来说明如何才能充分利用资源的一系列有内在联系的理论。

5. 经济学研究方法

(1)实证方法和规范方法。前者在解释经济运行时从客观事实本身出发,力求说明和回答经济现象"是什么"和"为什么",并借以预测人们经济行为的后果,而不对事物作好坏、善恶的评价。相反,规范方法以一定的价值判断为出发点,提出行为标准,作出"应当"与"不应当"的评价,阐述怎样才能达到这样的标准。

(2)经济模型。经济模型是现实经济社会的简单概括或理论抽象,可用文字的、代数的、几何图形的形式表达。在建立模型时要运用抽象法,舍弃一些影响较小的因素或变量,以建立起与所研究的现象有关的主要变量之间相互依存关系的理论结构。

(3)均衡分析。经济均衡指经济决策者在权衡抉择其使用资源的方式方法时,认为重新调整其配置资源的方法已不可能更好,从而不再改变其经济行为的状态。均衡分析方法是假定自变量为已知,考察因变量达到均衡状态时可能出现的情况和所需要的条件。均衡分析有局部均衡和一般均衡之分。

案例 1 "文科中最老、科学中最新"的学科

【案例适用】 经济学的产生

案例内容 人类早在几千年前就有了哲学和社会科学,但经济学的历史却很短,它是两百多年前才产生的一门学科。在一家一户的小农经济时代是不需要经济学的。

18 世纪,英国出现了一个大经济学家,名叫亚当·斯密(Adam Smith,1723—1790),人们把他称做"经济学之父"。亚当·斯密在1776 年出版了一本书,名字叫《国民财富的性质和原因的研究》(An Inquiry into the Nature and Causes of the Wealth of Nations),这就是著名的《国富论》。这部著作发表以后,这门"文科中最老、科学中最新"的学问就变成了一门受人重视的学科,经过二百余年的发展,现在它已经变成了众所公认的经济学科。

当年亚当·斯密写完这本书的时候,他在书的扉页上这样写道:"献给女王陛下的一本书!"他说:"女王陛下,请您不要干预国家经济,回家去吧!国家做什么呢?就做一个守夜人,当夜晚来临的时候就去敲钟,入夜了看看有没有偷盗行为,这就是国家的任务。只要国家不干预经济,经济自然就会发展起来。"

亚当·斯密在书中提出这样一个理论,叫做"看不见的手"。他说经济中有一只看不见的手,人们在做事的时候,没有一个人想到为了促进社会利益,他首先想到的是怎样实现自己的利益,都是从个人的利益出发去做事的。但是当他真正这样做的时候,就像有一只看不见的手在引着他,其结果要比他真想促进社会利益的效果要好得多。

那么,什么是"看不见的手"?"看不见的手"指的是个人利益,是市场机制,是价格机制。

亚当·斯密是经济学的鼻祖,是他最先创立了经济学理论。直至今天,经济学界依然还在谈论着这只"看不见的手"。当他发现资本主义社会转动的真正内核时,他异常兴奋,在屋子里来回踱着步子。

斯密3岁时父亲就去世了,他和母亲相依为命,终生未娶。斯密小的时候,有一天妈妈带他到舅舅家去,把他放到门前,让他自己玩耍,妈妈就进到院子里去和舅舅说话。没想到这时来了一群吉普赛流浪汉,他们抱起孩子就跑,孩子大哭不止。他舅舅听到哭声就追了出来,一直追到二十英里以外的一个大森林时,这群流浪汉发现有人紧追不舍,就把这孩子放下,逃跑了。舅舅把他抱了回来。

当斯密创造了经济学,成为一个伟大的经济学家时,他的传记中这样写道:"他的舅舅幸运地为世界挽救了一个天才,正是这样一个天才创造了经济学;否则,这个社会将多了一名算命先生,少了一个经济学家。"

斯密之所以能成为经济学家,是因为他从小生长在一个小渔村,那里有一个码头。由于贸易的发展,这个小渔村变成了一个中等城市。船员们出海回来就坐在那里一边喝着啤酒,一边谈论着世界各地的经济贸易,以及他们在世界各地看到的问题。斯密发现了贸易对于一个国家、对于一个地区的经济发展的重要性。

斯密14岁就考入了格拉斯哥大学,17岁获得硕士学位。1746年又毕业于牛津大学巴利奥尔学院。他先在爱丁堡大学任讲师,1751年担任格拉斯哥大学逻辑学教授,第二年改任道德哲学教授。

1763年,他辞去教授职务,担任布克莱希公爵(Duke of Buccleuch)的私人教师。年薪300英镑加旅费再加此后一年300英镑的津贴,条件实在太优厚了。当他第二年陪着年轻的公爵从"英伦三岛"出发,踏上欧洲大陆时才发现,啊!原来英国是这么落后,欧洲经济是如此发达。他们到了法国,去了德国,游历了欧洲,看到所有的一切。这期间,他拜访了重商学派,他们说商业创造价值;他拜访了重农学派,他们说农业创造价值。他自己提出了劳动创造价值的理论。

两年半的欧洲讲学生涯结束后,斯密回到英国,1767年带着丰厚的报酬回到家乡。他十年闭门在家,思考着一个问题,这个社会究竟是怎么转动的呢?经济究竟是怎么发展的呢?思来想去,最后他终于发现,原来这个社会的转动靠的是一只"看不见的手"。每一个人在做事时,没有人想到社会利益,他想到的都是利己,是个人利益。但当他真正这样做的时候,就像有一只"看不见的手"在拉着他,其结果要比他真正想要促进社会利益还好得多。他认为自己发现了资本主义社会运转的真正内核。

亚当·斯密的思想非常精彩,非常深刻。从他开始,人类有了经济学。所以,人们称他为经济学的鼻祖,他那本书翻译成中文,名字就叫《国富论》。他主张国家不要干预经济,要让经济自由发展,让价格机制自发地起作用。每个人都会自动按照价格机制、根据自己的利益去做事,这样经济就会发展了。

在他的思想指引之下,英国的经济首先得到发展,然后是西欧,之后是美国。斯密的思想统治了资本主义世界150年之久。在这么长的时间里,人们用他的思想来管理一个国家,政府不干预经济,让经济自由发展,政府只做个守夜人。直到今天经济学家们还在争论不休:政府究竟该不该管着经济? 还是政府应该"回家"去?

到了1929年,我们都知道,一场空前的世界性的经济危机爆发了。危机首先从美国开始,股市崩盘、企业破产、银行倒闭、工人失业、经济陷入大萧条,然后波及整个资本主义世界,各国都陷入经济大萧条之中。有这样一个故事,说有一个银行家,有一天他在路边擦皮鞋的时候,擦皮鞋的人一边给他擦皮鞋,一边跟他人谈股市如何赚钱。回到家后他想,连一个擦皮鞋的人都知道股市能赚大钱了,这股市不是太热了吗? 所以他当机立断卖出手上所有股票。在这场灾难中,只有他这样的极少数人幸存下来,其他人都在这场股市大崩盘中血本无归,很多人因此跳楼自杀。

这场席卷资本主义世界的经济危机太严重了,没有哪个资本主义国家可以幸免。这时人们不禁要问:斯密那只"看不见的手"哪儿去了? 他不是说国家不管经济就可以自动发展吗? 怎么现在经济不能发展了? 怎么失业问题解决不了? 怎么银行都倒闭了? 怎么股市都崩盘了? 经济到底怎么才能恢复过来呢?

这时英国又出现了一个伟大的经济学家,他叫约翰·梅纳德·凯恩斯(John Maynard Keynes,1883—1946)。凯恩斯在1936年出版了一本书,名字叫做《就业、利息和货币通论》(The General Theory of Employment,Interest and Money),这就是著名的《通论》。这本书是经济学历史上的一个里程碑。凯恩斯说,那只"看不见的手"解决不了经济危机问题。经济这么萧条,股市这么低迷,失业这么严重,你们没着了,我有着,我的这一着叫"看得见的手"。

所谓"看得见的手"就是国家干预经济生活。政府没钱可以发国债,用以拉动经济,刺激经济回升。凯恩斯讲过一个"挖坑理论"的典故,他说,雇两百人挖坑,再雇两百人把坑填上,这叫创造就业机会。

你想,这创造就业机会了吗? 雇两百人挖坑时,需要发两百把铁锹;发铁锹时,生产铁锹的企业开工了,生产钢铁的企业也生产了;发铁锹时还得发给工人工资,这时食品消费也都有了。等再雇两百人把坑填上时,还得发两百把铁锹,还得发工资。

他举这样一个浅显的例子,是想说明当一国经济萧条时,政府有办法,政府应该出来做事,用这只"看得见的手",通过发国债的方式把经济拉起来,让经济从大萧条中摆脱出来。

国家用经济学理论指导、干预经济生活的历史是从凯恩斯开始的,由此经济学的理论从微观走向了宏观,从个量的分析走向了总量的分析,所以宏观经济学是从凯恩斯开始的。

说到凯恩斯,他有很多传奇的故事。凯恩斯小时候是个数学神童,成绩非常好,获得了剑桥大学的奖学金,1902年进入剑桥大学国王学院数学系读书。可是当第一学期上下来后,他没能考上第一名,这才发现自己并不是什么神童。他想,既然自己不能名列第一,就决定不做数学家。那做什么好呢? 就去当文官吧,可以周游世界。于是,他决定选择当文官之路。

英国的文官考试非常严格,当他做出这个抉择时,他要去旁听很多课,通过考试才能取得文官资格。他有幸旁听了英国另一个伟大的经济学家阿尔弗雷德·马歇尔(Alfred

Marshall,1842—1924)的经济学原理(Principles of Economics)课程。马歇尔是微观经济学的集大成者、著名的教授。凯恩斯坐在后面旁听,同学们和教授都没有注意到他。但是当他把考卷交上去之后,马歇尔教授看到这份考卷时,突然发现了他这个天才。马歇尔在答卷上这样写道:"这是一份非常有说服力的答卷,深信你今后的发展前途,绝不仅是一个经济学家而已! 如果你能成为那样大的经济学家,我将深感欣慰。"

当时凯恩斯才18岁,一个大经济学家竟然对一个初出茅庐的年轻人做出这样的评价,说如果你能成为那样大的经济学家我将深感欣慰。但具有讽刺意味的是,当他去参加文官考试时,各科的考试成绩都是 A,只有经济学不及格,他还是名列第二。他非常生气地说:"典考官的经济学水平怎么能看出我经济思想的光辉呢?"

由于经济学成绩不及格,文官考试他还是名列第二,结果他没有去成英国财政部,而是被派到了印度事务部去工作。没想到正是这第二名造就了他,使他亲眼看到,当第一次世界大战爆发的时候英国政府没有钱,拿什么去打仗呢? 他看到了政府债券是怎么产生的,债券是怎么发出的,战争怎么打完了,钱是怎么回来的,他目睹了整个发债的过程。

战争结束以后,马歇尔还记着这位有经济学天赋的年轻人,把他请回剑桥大学做了经济学讲师。他从事经济学的教学和研究工作,目睹了 1929 年席卷整个资本主义世界的经济危机。这时,所有的经济学家都没有办法了,他说,我有办法,这就是"看得见的手",就是国家宏观调控。

当经济不好的时候,国家可以加大财政赤字、发行公债,把经济刺激起来,政府运用宏观调控的手段解决经济问题。凯恩斯认为供给不会自动创造需求,政府要去刺激需求、拉动经济,靠"看得见的手"、靠国家干预来解决社会的经济问题。

正是从他开始,西方国家的经济真的在他的理论指导下开始复苏,美国从富兰克林·罗斯福总统开始,采用了他的国家宏观调控理论,建了很多基础设施,修了很多铁路,铺了很多公路,使美国经济起飞得这么快。

从凯恩斯开始,人们看经济问题已经从微观转向了宏观,从个量转向了总量,国家大规模干预经济生活的历史从他开始,他的思想带来了资本主义经济的又一次繁荣。美国、英国和整个西方世界从经济衰退中走了出来,出现了从 20 世纪 40 年代到 70 年代经济的蓬勃发展。二战以后,西方各国都开始对经济进行宏观调控。经济学在发展过程中需要统计学与数学的知识愈来愈多,分类愈来愈细,其对社会的影响也越来越大。1969 年诺贝尔奖增设经济学奖更确定了它的学术地位。

资料来源:韩秀云.推开宏观之窗.北京:经济日报出版社,2003

案例讨论

1. 亚当·斯密和凯恩斯在经济理论方面的主要贡献是什么?

2. 经济学的产生对人类社会发展的意义有哪些?

3. "看不见的手"和"看得见的手"的经济学含义是什么? 对当今社会的现实意义表现在哪些方面?

案例2 诺贝尔经济学奖

【案例适用】 经济学的价值

案例内容 诺贝尔奖是根据著名的瑞典科学家诺贝尔(Alfred Nobel)先生的遗嘱，于1895年以其名义和大部分遗产设立的永久性国际大奖，1901年首次颁奖，授奖对象为在物理、化学、医药、文学以及对世界和平有杰出贡献的人。因在19世纪末叶，社会科学尚处在萌芽阶段，因此没有被包括在内。

到了1968年，当世界最古老的中央银行——瑞典银行——成立三百周年时，该行总裁感叹地问："为什么诺贝尔奖只为自然科学而设立？"他认为人类生活环境的改善，社会科学也有它重要的贡献，他全力争取设立诺贝尔经济学奖，最后终于得到瑞典政府同意，并经国会批准，由瑞典中央银行拨款设立另一个基金，颁赠给"以科学研究发展静态和动态的经济理论，以及对提高经济分析有积极贡献的人士"。

尽管经济学奖与其他五个奖的奖金来源及颁发组织不同，但其奖金金额、荣誉、仪式及遴选程序均相同。

经济学奖的遴选过程是首先由委员会将一份详细的问卷寄给世界各地的著名经济学者，征求他们的提名。通常经由各国学者推荐的候选者约在一百至二百名左右。

然后委员会再聘请权威的经济学家研判这些提名学者的学术成就，被聘请担任评判的学者自然是保密的。经过遴选，二十位提名学者进入"初赛"，然后再进一步分析他们的成就，经过这一次审查，只有五位进入"准决赛"。到了这个阶段，如果五位之中任何一位获奖，均不会令人感到失望，正因为这样难以取舍，所以经常出现两位候选人同时得奖的情况。例如，1969年第一届经济学奖即由挪威的弗里希及荷兰的丁伯根分享。

遴选的主要标准是候选人的学说及成就对经济学的发展及现实世界的影响，这些影响一定要能促进现实世界或经济学的发展；另一个重要的考虑因素，就是候选人提出学说的独创性。而且，这些独创性必须是要有意义的、能结出硕果的，而不是一些不着边际的空想。

萨缪尔森教授说得对："经济学仍是一门欠精确的科学。科学是一个创造性的自我修正过程，诺贝尔奖是在走不尽的途中的里程碑而非终点。"

资料来源：高希均，林祖嘉.经济学的世界.生活·读书·新知三联书店，1999

案例讨论

你了解多少获得诺贝尔经济学奖的经济学家？他们的主要贡献是什么？

案例3 人生离不开选择

【案例适用】 如何正确作出选择

案例内容 由于资源是稀缺的，而人的欲望却是无限的，因此人们在现实生活中总是面临着各种选择,正如一句谚语所说:"天下没有免费的午餐。"为了得到我们喜爱的一件东西,通常就不得不放弃另一件我们喜爱的东西。作出决策要求我们在多个目标之间有所取舍。

我们考虑一个学生决定如何配置他的最宝贵的资源——时间。他可以把所有的时间用于学习经济学,或者把所有的时间用于学习心理学,或者把时间分配在这两个学科上。他把某一个小时用于学习一门课时,他就必须放弃本来可以学习另一门课的一小时。而且对于他用于学习一门课的每一个小时,他都要放弃本来可用于睡眠、运动、娱乐或打工赚点零花钱的时间。

一个家庭如何使用自己的家庭收入?他们可以购买食物、衣服、日常用品,或者将收入用于旅游、储蓄、保险等。由于家庭收入是固定的,当他们选择增加上述物品中的一种(如食物)的支出时,他们在其他物品上的消费就需要减少。

一个国家也面临着各种不同的交替关系。典型的交替关系是"大炮与黄油"之间的交替,我们把更多的钱用于国防(大炮),以保卫我们的国家免受外国入侵时,我们能用于提高国内生活水平的个人物品(黄油)的消费就少了。

社会面临的另一种交替关系是效率与平等之间的交替。效率是指社会能从其稀缺资源中得到的最多东西,平等是指这些资源的成果公平地分配给社会成员,换句话说,效率是指经济蛋糕的大小,而平等是指如何分割这块蛋糕。在设计政府政策的时候,这两个目标往往是不一致的。例如,我们来考虑目的在于实现更平等地分配经济福利的政策。如福利制度或失业保障,是要帮助那些最需要帮助的社会成员。另一些政策,如个人所得税,是要求经济上成功的人士对政府的支持比其他人更多。虽然这些政策对实现更大平等有好处,但它以降低效率为代价。当政府把富人的收入再分配给穷人时,就减少了对辛勤工作的奖励。结果,人们工作少了,生产的物品与劳务也少了。换句话说,当政府想要把经济蛋糕切为更均等的小块时,这块蛋糕也就变小了。

认识到人们面临交替关系本身并没有告诉我们,人们将会或应该作出什么决策。一个学生不应该仅仅由于要增加用于学习经济学的时间而放弃心理学的学习。社会不应该仅仅由于环境控制降低了我们的物质生活水平而不再保护环境,也不应该仅仅由于帮助穷人扭曲了工作激励而忽视了他们。然而,认识到生活中的交替关系是重要的,因为人们只有了解自己可以得到的选择,才能作出良好的决策。而如何作出选择,根据什么作出选择,有什么标准表明我们作出的选择是明智的、智慧的、理性的呢?经济学可以在这些方面为我们提供指导。

按照诺贝尔经济学奖获得者詹姆斯·布坎南的说法:"科学(比如经济学)所做的,或者应该做的事情,就是要让普通人……达到天才的高度。"经济学是能够帮助我们作出科学合理的选择、理解现实世界的一种强有力的工具,因此,掌握正确的经济学知识,将经济学研究问题的方法运用到日常生活中来,使我们能够更加理性地面对生活中的各种琐事,小到油盐酱醋,大到谈婚论嫁,就会减少生活中的诸多郁闷和不快,多一些开心,多一些欢笑。

研究经济学可以提高我们的理解和预测能力。经济学有助于回答我们所面临的许多问题,因为它能够解释事物为什么是现在这个样子,并能够预测事物在某些特定条件下的可能变化。而理解这种力量是一种美妙的体验,如经济学家保罗·萨缪尔森(生于 1915年)觉得第一次开始探索经济学这个激动人心的领域使人感到非常刺激。

研究经济学还能使我们学到某些改变世界的思想。经济学家约翰·梅纳德·凯恩斯认为"经济学家和政治哲学家的思想无论是否正确,其影响都比通常所想象的大得多。事实上,世界总是受这些思想统治的。许多自以为不受任何理论影响的实践家都往往是某个已故经济学家的奴隶"。当然"经济学并没有提供一套立即可用的完整结论。它不是一种教条,只是一种方法,一种心灵的器官,一种思维的技巧,帮助拥有它的人得出正确的结论"。

资料来源:自编

案例讨论

1. 为什么要学点经济学?
2. 如何度过双休日?(参考选择:学习、打工、休息、运动、郊游或其他活动)
3. 你大学毕业后,准备如何选择?(参考选择:继续深造、就业、创业、其他)

案例 4 计划经济与市场经济对经济学基本问题的不同回答

【案例适用】 经济学研究的基本问题

案例内容 经济学有四个基本问题:第一个问题,生产什么物品和各生产多少;第二个问题,怎样生产这些物品,或者说怎样安排产品的生产过程;第三个问题,为谁生产,即产品如何分配的问题;第四个问题,一国的经济资源是否被充分利用,以及如何被充分利用。对于经济学研究的这四个基本问题,计划经济与市场经济的做法有何不同?

案例评析 对于经济学研究的这四个基本问题,计划经济与市场经济的做法显然是不同的。

第一个问题,生产什么物品和各生产多少。在美国这个典型的以市场经济为主导的国家里,生产什么和产量多少主要取决于厂商和消费者之间的相互作用,其中价格在决定生产什么和生产多少上是关键。而在前苏联这个中央集权的计划经济国家里,企业生产什么和生产多少则是由政府计划部门确定的,企业只能执行国家的计划,消费者也只能作为价格与产量的接受者,没有发言权。

第二个问题,怎样生产这些物品,或者说怎样安排产品的生产过程。在美国,这主要由厂商来决定,当然需要政府的参与,不过政府是通过制定法规来规范厂商的组织形式、厂商与雇员以及消费者之间的相互作用方式等。但是在前苏联,既然政府是生产计划的制定者,掌握着所有企业的生产资源,也就可以安排和控制整个生产过程。

第三个问题,为谁生产,即产品如何分配的问题。在美国,消费者的消费水平主要由其收入水平决定,而收入的高低主要取决于厂商与家庭两者之间的相互作用,当然政府可以通过税收和收入重新分配计划来参与这一过程,不过一切都是按照市场机制来进行的。

但是在前苏联,由于政府直接决定各个职位的薪金水平,实际上国民的消费水平是由国家确定的。名义上,消费者可以在国营商店里按照国家公布的价格购买各种物品,但是实际情况却完全不同,很多商品在国营商店里消费者根本买不到,只有身居要职的人才有机会买到这些商品,普通公民不得不承受商品短缺之苦。另外,国家也直接控制着包括住房、汽车之类的大多数消费品,有权决定哪些人可以享用。

第四个问题,一国的经济资源是否被充分利用,以及如何被充分利用。即资源的配置效率问题,如何通过某种机制将资源分配到更能充分利用资源的经济单位上。在美国,这个问题主要依靠市场机制来解决,企业以利润最大化为目标来进行有关决策,政府通过法规来规范企业的行为。但在前苏联,政府的计划部门按照自己对国民经济的理解来进行决策。至于两者资源的配置效率孰高孰低就不言而喻了。

案例来源:金学军.西方经济学案例.杭州:浙江大学出版社,2004.9

案例讨论

1. 对于经济学研究的基本问题,计划经济和市场经济的做法有何不同?

2. 十四大报告提出了我国建立社会主义市场经济体制的改革目标,经过15年的发展,我国的社会主义市场经济体系基本建立并在逐步完善,但是欧美等发达国家和地区仍然不承认中国的市场经济地位。对这一问题,你有何看法?

案例5 洛耶尔岛的狼和鹿

【案例适用】 市场经济对资源配置的作用

案例内容 1940年,美国国家公园接管了位于苏必利尔湖上的一座小岛,这就是洛耶尔岛。

洛耶尔岛是苏必利尔湖中的一个绿色小岛,岛上草木葱茏,野鹿成群,生态环境自然优美,景色迷人。岛上有一种高大的驼鹿,以岛上的植物为食,但是由于缺乏天敌,随着它的大量繁殖,这里的植物面临了一场灭顶之灾。很多珍贵的树木被驼鹿啃食殆尽,美丽的小岛成了一个荒凉的小岛,而随着草木的消失,驼鹿也失去了生存必需的食物,驼鹿数量也迅速减少,纷纷被饿死。昔日生机勃勃、树木繁茂的洛耶尔岛变成了一个死岛。

后来,生物学家光临了洛耶尔岛,他们经过认真分析和考察,决定在洛耶尔岛放养几匹驼鹿的天敌——狼,来控制这里的驼鹿。1949年严冬,几个科学家穿着厚重的棉衣,坐着雪橇来到了洛耶尔岛。四匹在动物园长成的恶狼,穿过冰冻的苏必利尔湖湖面,随着科学家悄悄地登上了洛耶尔岛,开始在岛上生存。

狼的到来的确使驼鹿的生存环境在短暂的时期内陷入更危险的境遇。植物越来越少,驼鹿的身体越来越羸弱,一些老鹿、小鹿和瘦弱的鹿纷纷被狼捕食,狼的数量不断增多,只有少量健壮的驼鹿生存了下来,驼鹿的数量锐减。但是由于驼鹿的减少,岛上的植物却随之失去了巨大的威胁,岛上的树木、花草又恢复了往日的生机。这样,随着植物生长的茂盛,驼鹿的食物又开始日益丰盛,数量也开始大量上升。驼鹿的食物越来越多,身体也越来越健壮,奔跑的速度也越来越快,于是狼捕食到驼鹿的机会开始减少了,那些瘦小的狼由于捕食不到驼鹿而逐渐饿死。

于是,驼鹿的数量又开始迅速增多,岛上的植物又开始减少,驼鹿的食物又开始紧张,数量的增长开始趋于平稳,狼的食物随着驼鹿的增加而获得了满足,数量又开始增多……狼和驼鹿此消彼长,此长彼消,岛上的生态环境也随之进入了良性循环。

驼鹿独步洛耶尔岛的时候,由于植物的匮乏,驼鹿面临着灭绝的危险;驼鹿的天敌狼的到来,不但没有使驼鹿灭绝,反而使驼鹿和岛上的植物都更加充满生机。

为什么呢? 这就是竞争的作用! 竞争使驼鹿、狼、植物都获得了勃勃生机。竞争在人们的生活中是非常普遍的现象。比如运动员进行长跑训练,一个人在运动场上跑就不容易出成绩,几个人一起跑的时候,大家的成绩一下子都提高了,为什么呢? 因为人们在运动场上有了参照物,有了竞争的对象。再比如,学校为了进行分层次教学,将学生分成快班、慢班,这是很不科学的做法。这样分班的确能使快班的学生得到额外的关照,但是却使其他班级的学生因为没有了"参照物",没有了领头的,大家的学习成绩都平平常常,没有彼此的竞争,都自甘落后,最后大家的成绩都下降了。如果不分成快慢班,情况就不同了,每一个班级里都自然地形成了上中下三个层次,学生相互竞争,不甘落后,在这种效应的影响下,使班级里学生的学习成绩都普遍提高。所以,有时候我们为了使大家产生这种竞争的心理,在工作、学习、生活中就要适当地将一个团体拆分成几个组,然后根据各组的成绩进行表彰,这样常常会产生意想不到的效果。人们把这种现象称为"鲇鱼效应"。

沙丁鱼是欧洲人非常喜欢的一道美食。但是长期以来,由于沙丁鱼在运输中经常莫名其妙地死去,使很多贩运沙丁鱼的商人蒙受了巨大的损失,也使人们的餐桌上很难见到新鲜的沙丁鱼。

一次,一位鱼商意外发现了一个绝妙的解决方法。在运输过程中,由于商人准备的鱼槽不足,商人只好将鲇鱼和沙丁鱼混装在一个鱼槽中。结果到达目的地的时候,商人意外地发现,沙丁鱼竟然一条也没有死。

原来,这都是鲇鱼的功劳。由于鲇鱼是一种好动的鱼类,在水中总是不停地东游西窜,使鱼槽不再是死水一潭。沙丁鱼本来是一种非常懒惰的鱼,很少游动。但是鲇鱼的到来使它们非常恐惧,使它们改变了好静不好动的习性,也跟着鲇鱼快速地游动起来。一鱼槽的水被鲇鱼搞活了。船到岸边的时候,这些沙丁鱼一个个活蹦乱跳的。

自然界就是在这种竞争和选择中发展的,也正是这种竞争和选择,使我们赖以生存的世界呈现出如此瑰丽多姿的色彩。即所谓物竞天择,适者生存,而在经济领域更是如此。没有竞争,就没有琳琅满目的商品;没有竞争,就没有绚丽多彩的生活。

说到竞争,我们感触最深的可能就是对中国电信的拆分了。过去的电信市场是一家垄断,当时国家想方设法进行通信设备的投资、改造,又开展各种服务竞赛活动……但是没有用。通信费用居高不下,服务质量低劣,安装一部电话甚至要花 5 000 多元,而且还要排队等候三五个月,电信部门还要收取装机费,要指定购买电话,要交纳电话费押金,还要托关系走后门。这些都是国有企业一家垄断带来的弊端,当时的电信行业就仿佛是船舱中的沙丁鱼,根本就一动不动,怎么能够发展呢?

现在好了,中国电信被拆分成了几个公司,几个公司之间仿佛鱼槽中的鲇鱼和沙丁鱼一样,水被搞活了,每一个公司都不可能再待在一潭死水之中坐享其成了。网通公司、中国电信、中国铁通、中国移动都行动起来了。你推出长途优惠服务,我推出假日半费优惠;你赠送话费,我赠送话机;你邮寄话费清单,我就亲自送话费清单;你当天登记当天装机……就像驼鹿和狼,你在前面跑,我就在后面追。新鲜的着数层出不穷,消费者满意了,经营者也因此获得了更多的利润,国家的电信事业更是进入了一个快速发展的轨道。

20 几年前中国的解放牌汽车一开就是 30 年,30 年独步中国大地,日本的汽车都已经一年一款了,我们的汽车竟然能够保持 30 年如一日,这也可以说是一个奇迹了。为什么?因为没有竞争。

改革开放之后,我们引入了外资,外国汽车制造业开始进入中国市场。用当时人们的话说——狼来了! 狼不是引进洛耶尔岛,而是引入了中国的广阔市场。当时人们担心中国的民族汽车工业会因此而一败涂地。但是没有,在外国"野狼"的追赶下,中国的"驼鹿"越跑越快,由和野狼赛跑发展到现在的与狼共舞,这是一个极大的进步。彼长我消,彼消我长。改革开放近 30 年,中国的民族汽车工业不但没有垮,而且走上了日益壮大繁荣之路。

案例评析 为什么竞争的市场充满生机呢?

因为竞争的市场有无数的买者和无数的卖者,而且各个卖者提供的物品大体是相同的。还由于市场是开放的,任何企业随时都可以自由地进出市场。这些条件的存在,使市场上任何一个买者或卖者的行动对市场价格的影响都是微乎其微的,每一个买者和卖者都不可能左右市场,而只能是市场价格的接受者。

人们的消费水平是有限的,没有一个消费者的购买力大到可以影响某种商品价格的程度。对卖者来说也是一样,因为同种商品存在着大量相同的生产者或者销售者,所以每一个卖者也不可能决定商品的价格。这些买者和卖者都是理性的经济人,虽然他们不可能左右价格,只能接受市场的价格,但是追求利润最大化的驱动力却促使他们要提高自己的销售量,以期获得更多的利润。他们可能通过降低商品的价格去实现这个目标。开始,企业因为降低价格而扩大了销售,但是随之其他企业也会降低价格,最后相关的企业都降低了价格,各家的销售量又恢复到了初始的状态。所以,降低价格并不是一个提高利润的最好手段,它只能使彼此进入一种非合作的博弈状态。你降低价格其他卖者也可以降低价格,当博弈进入均衡状态的时候,整个行业的价格等于边际成本,也就是说达到了利润为零的水平。接下来,由于库存的压力,还会有企业以低于成本的价格销售,于是这些以低于成本的价格销售的企业陷入亏损状态,最终被淘汰出局。所以,以降价促销的办法是愚蠢的办法。

要想获得更高的利润,最好的办法是差别竞争。也就是提高商品的科技含量、提高产品质量、改进服务手段、增加或者改进商品的性能等,这些手段从满足不同消费者的偏好入手,满足消费者的更高需求,使市场变得异常丰富。不仅不会引起价格的降低,而且由于商品的不同,还可以提高商品的价格。

另外,市场经过反复的博弈,优胜劣汰的市场机制使新的充满活力的卖者不断进入市场,而那些僵化的不思进取的企业则被挤到市场之外。为什么我们的市场会呈现出如此繁荣的景象呢？经济学家说，因为有新的企业、新的资本、新的人才不断涌入，使市场处于一种不断的更新之中，保持了永久的生机。

案例来源：杜忠明.谁来买单.北京：中国工人出版社，2006.1

案例讨论

1. 为什么竞争的市场充满生机？举例说明竞争促进经济发展、社会进步的实例。
2. 竞争是否适合所有的领域？为什么？

案例 6　市场体制运转的故事：《我，铅笔》

【案例适用】　"看不见的手"的原理

案例内容　铅笔看起来是一件非常简单的产品，但事实上，它的生产要求分布在世界各地许多不同的人进行协调一致的活动。经济学家莱昂纳德·里德写了一篇关于加利福尼亚州埃伯哈特·费伯铅笔公司出售的一支铅笔的"自传"，以此说明市场是如何实现这一协调的。这是有关市场体制如何运转的最为著名的说明之一。这篇"自传"里写道：

我的家谱开始于生长在北加利福尼亚州或俄勒冈州的一棵雪松。现在想象一下所有那些锯子、卡车，还有用于砍伐雪松木材并把它们用手推车运到铁路边的无数其他工具……

这些木材被运到了位于加利福尼亚州圣莱安德罗的一家工厂……雪松被裁割成短短的、铅笔长度的板条，厚度小于四分之一英尺……一旦到了铅笔厂……由一台复杂的机器给每根板条开八道槽，然后由另一台机器每隔一根板条灌铅……

我的"铅"本身（它根本就不含铅）是很复杂的。石墨开采自锡兰……然后与来自密西西比的黏土混合，而在黏土的提纯过程中又使用了氢氧化铵……为了提高它们的强度和光滑度，随后对铅又进行了处理，加进了灼热的混合物，其中包括来自墨西哥的提纯蜡、固体石蜡，还有经过氢化处理的自然脂肪。

我的雪松外壳涂上了六层漆。你知不知道漆的所有成分？谁会想到蓖麻子的种植者和蓖麻油的提炼者都参与了其中？但他们确实参与了。

我的那点金属——金属箍——是黄铜。想想所有那些开采锌和铜的人，还有那些有本领从这些自然的产物中制作出光闪闪的铜片的人。

然后是我光辉的顶点……人们用来擦去他们用我写下的错误的部分……它是一个像橡皮的产品，通过来自荷属西印度群岛的菜子油和氯化硫进行化学反应制作而成……然后，还有无数的硫化剂和促染剂。浮石来自意大利；而给橡皮擦上色的颜料是硫化镉。

数以百万计的人参与了我的创造，他们当中甚至没有一个人认得大多数其他人。……这几百万人当中，任何一个人——包括铅笔公司的总裁——所贡献出来的技术诀窍都是极小的、微不足道的……

还有一个更让人瞠目结舌的事实：没有一个主脑，没有任何人规定或强令这些无数让我得以形成的行为,找不到存在这样一个人的任何痕迹。反之,我们看到了"看不见的手"在起作用。

案例评析 著名经济学家弗里德曼对这个故事做了如下评论:成千上万的人卷入了生产铅笔的过程中,没有一个人是因为自己想要一支铅笔而去干自己的活的,他们中有些人从来没有见过铅笔,也从来不管铅笔是干什么用的。每个人都把自己的工作仅仅看做是获取自己所需要的商品和服务的一种办法,而我们生产这些商品和服务,则是为了获得我们要用的铅笔。每次我们到商店购买一支铅笔,我们都是用我们的一丁点劳务,来换取投入到铅笔生产过程中的成千上万的每个人提供的极小量的一些劳务。

更令人叹为观止的是,铅笔在源源不断地生产出来。没有一个人坐在一个中央办公机构对这些成千上万的人发布命令,也没有军警来执行这些无人发布的命令。这些人生活在不同的地方,讲着不同的语言,信奉着不同的宗教,甚至可能彼此憎恨。然而,所有这些差异,并没有妨碍他们合作生产一支铅笔。这是如何发生的? 亚当·斯密在两百年前就给了我们答案。(选自《自由选择》中译本 P17—18,商务印书馆,1982 年)

这就是市场的奇妙功能。市场经济通过价格机制对个人和企业的经济活动进行协调,不需要人们刻意地对其进行管理,却指挥着成千上万的来自世界各个角落的人们的复杂的经济活动(生产什么、如何生产、为谁生产等),它使得人们规范有序地生活,每一个人努力完成自己的工作的同时获得社会产品满足个人的最大效用。

然而,市场的这种功能不是在真空中发生的,它需要人们为其提供必要的制度环境,如产权界定、良好的交易实施机制和公共用品的提供机制等。然而,实际运行中的市场很难同时具备这些条件,市场中现实地存在着垄断、外部性、失业、公共物品以及宏观经济波动等问题。如何认识并运用市场机制,实际上成为了政府宏观调控的永恒主题。

案例来源:[美]R·格伦·哈伯德,安东尼·P·奥布莱恩.经济学(宏观).北京:机械工业出版社,2007.4

案例讨论

1.举例说明"看不见的手"是如何发挥调节作用的?
2.在现实经济生活中,"看不见的手"能否在所有领域发生作用? 请举例说明。

案例7 欲壑难填

【案例适用】 欲望的无限性

案例内容 为劝人戒除贪欲,清朝胡澹庵编辑的《解人颐》中有一首打油诗《南柯一梦西》曰:

终日奔忙只为饥,方才一饱便思衣;
衣食两般皆俱足,又想娇容美貌妻;
娶得美妻生下子,恨无天地少根基;

买到田园多广阔,出入无船少马骑;

槽头扣了骡和马,叹无官职被人欺;

县丞主簿还嫌小,又要朝中挂紫衣;

做了皇帝求仙术,更想登天跨鹤飞;

若要世人心理足,除是南柯一梦西。

案例评析　欲望是人们为了满足生理和心理上的需要而产生的渴求和愿望。这种欲望是无限的、多样的。心理学家已经研究了人类需要的层次性,他们发现当较低的需要满足之后,新的更高级的需要就又产生了,而且这种金字塔式的结构本身也在不断地发展着。这种现象既是人性贪婪的表现,又是人类不断发展的动力所在。正是由于人类欲望的无限性和资源的稀缺性,便产生了选择的必要性。如何进行选择,将有限的资源配置到最合理的地方,从而实现效用最大化或利润最大化,便产生了经济学这门学科。研究人的不同欲望也可以帮助企业进行市场细分的决策。

案例来源:清朝胡澹庵编辑的《解人颐》

案例讨论

1. 为什么人的欲望具有无限性?

2. 人类欲望的无限性和资源的稀缺性、人类行为的选择性有什么关系?

案例8　生态资源不是"免费的午餐"

——苏南模式给无锡留下了后遗症

【案例适用】　资源的稀缺性

案例内容　2007年6月19日上午,在距离无锡市重要水源地贡湖水厂11公里的太湖梅梁湾西部水域出现了蓝藻聚集的情况。无锡市紧急展开打捞工作。目前,贡湖水厂的水质没有受到影响。

据中央电视台报道,记者在现场看见,附近4万平方米的水域已经呈现出蓝藻大规模聚集的情况,9艘打捞船正在加紧打捞蓝藻。

案例评析　无锡创造了苏南模式后,实现了20年经济快速发展。但在经济迅猛突进的同时,土地紧张、环境污染、原生态消失等一系列负面效应也接踵而至。

"太湖水已经被污染的不成样子了"。2007年初,无锡市副市长麻建国语出惊人,"自然环境的恶化是我们近些年发展导致的后遗症"。仅"十五"期间,无锡的工业投资强劲增长,总额达2 458亿元,最快的一年增幅为29.9%。按世界经济社会发达程度测算,太湖流域是全球第十九大经济区域;按国内生产总值计算,太湖流域人均为5 000美元,相当于中国平均水平的5倍。然而这里的水资源人均、亩均仅为全国的1/5和1/2,距离"水清"目标,太湖也有很长的路要走。太湖治污是不断发展的过程,无论是治污理念,还是资金投入、工程进度,均走在全国重点流域前列,也取得了阶段性的进展。而预期的水质改善目标之所以没有完全实现,一个主要原因就是发展观的片面性——在 GDP 至上情结下,让环境、资源有意无意作出牺牲。苏南模式以实现区域工业化为目的,以发展地方经济为最终目标,与科学发展观相比,显然属于片面的发展观。其二十几年的发展加剧了太湖水污染,也成为阻碍太湖水质改善工作进程的绊脚石,更有可能成为太湖地区实现和谐社会的瓶颈。

生态环境遭受污染的同时,失去江南水乡生态背景的旅游景点和刻意的文化建设,也无法得到民间和学者们的认同。工业化与城市化,是社会发展的阶段性必然选择,也是苏南今日辉煌之所在。但是,当农民变换身份,稻香蛙鸣变成推土机、起吊机,延续千年的"鱼米之乡"成了"世界工厂"时,我们也应该意识到:建成一座现代工业重镇,也许只需二三十年时间,但小桥流水的江南乡镇所特有的文化内涵,却是千百年历史积淀而成的。更何况,一些科学家已经呼吁,"鱼米之乡"本是适合于长三角湿地生态系统的。如果完全工业化,也许日后人们不得不用更大的精力,来应付地面的沉降,城市热岛效应的增强,饮用水的变质等。

案例来源:环境经济.2006.12."无锡:苏南模式亟待破壁"

案例讨论

发展经济一定会造成环境破坏吗? 如何建立一个资源节约型和环境友好型的社会?

案例9 我国资源的拥有与消耗状况

【案例适用】 资源的稀缺性

案例内容 我国资源总量和人均资源量都严重不足。在资源总量方面,我国石油储量仅占世界的 1.8%,天然气占 0.7%,铁矿石不足 9%,铜矿不足 5%,铅矿不足 2%。在人均资源量方面,我国人均矿产资源是世界平均水平的 1/2,人均耕地、草地资源是世界人均水平的 1/3,人均水资源是 1/4,人均森林资源是 1/5,人均能源占有量是 1/7,其中人均石油占有量是 1/10。

我国的消费增长速度惊人,从 1990 年到 2001 年,我国石油消耗量增长 100%,天然气增长 92%,铜增长 189%,铅增长 380%,锌增长 311%,十种有色金属增长 276%。如今,我国钢材消耗量已经达到大约 2.5 亿吨,接近美国、日本和欧盟钢铁消耗量的总和,约占世界的 50%;电力消耗已经超过日本居世界第二位,仅低于美国。中国油气资源的现有储量将不足 10 年消耗,最终可采储量勉强可维持 30 年消耗。在铁、铜、铅、铝等重要矿产的储量上,无论是相对还是绝对,中国已无大国地位。而我国原储量、产量和出口量均居世界首位的钨、稀土、锑和锡等优势矿种,因为滥采乱挖和过度出口,绝对储量已下降了 1/3~1/2,按现有产量水平其保障程度也不超过 10 年。

我国在资源利用上仍处于粗放型增长阶段。例如,以单位 GDP 产出能耗量表征的能源利用效率,我国与发达国家差距非常之大。日本为 1,意大利为 1.33,法国为 1.5,德国为1.5,英国为2.17,美国为2.67,加拿大为3.5,而我国则高达11.5。每吨标准煤的产出率,我国相当于美国的29.6%,欧盟的16.8%,日本的10.3%。

我国在资源再生利用率上也远低于发达国家。例如,我国人均资源量仅为世界平均水平的1/4,但水资源循环利用率比发达国家低50%以上。我国即将进入汽车时代,大量废轮胎再生利用率仅有10%左右,远低于发达国家。

案例评析 这个案例说明了这样几个问题:第一,改革开放以来,我国经济的快速发展和人民生活水平的大幅度提高是建立在大量资源被消耗的基础之上的。第二,我国国民经济和社会的快速发展与现有的资源之间存在着尖锐的矛盾,未来我国面临着巨大的能源危机,而能源危机又可能导致我国国民经济和社会发展的危机。第三,尽管我国资源储量有限,但是还存在着巨大的浪费资源现象,资源的利用效率极其低下。

案例来源:中华人民共和国建设部网站,http://www.cin.gov.cn,2007-04-11

案例讨论

1. 我国"地大物博",同时,我国"人口众多",对这两个特征,你是如何认识的?
2. 你对我国资源稀缺的最突出感受是什么?

案例 10　宝马经理作出选择

【案例适用】 资源的稀缺性

案例内容 当你想到结合了优良发动机、高超性能和一流车型的轿车的时候,就有可能会想到宝马。作为一家致力于制造飞机引擎的公司,宝马在德国巴伐利亚的汽车厂于1916年成立。在20世纪20年代早期,宝马就开始制造摩托车。1928年,它制造了它的第一辆汽车。今天,宝马在15个国家的23家工厂雇用了近10万名工人,生产8款车型的汽车。2004年,它在全世界的销售额约有700亿美元。

为了在汽车市场中竞争,宝马的经理必须作出许多战略性决策,例如是否引进新的车型。比如,宝马在2004年引进了1系列——比大多数其他宝马车型都小很多的带上掀式斜背的汽车。有些宝马的经理曾经反对开发1系列,认为它与公司生产更昂贵、性能更高的车型的形象不一致。但是,其他经理认为公司需要有一款车型来吸引更年轻的驾车者,而且可以与大众公司的高尔夫和奥迪A3相竞争。宝马的经理所面临的另一个战略性决策是在什么地方集中做广告。例如,在20世纪90年代后期,有些宝马的经理反对在中国做广告,因为他们对中国的销售潜力持怀疑态度。然而,其他经理认为,中国不断增加的收入正在快速扩大市场的规模。最终宝马决定在中国做广告,而到了2004年,中国已经成为公司的第八大市场。

在这些年里,宝马的经理还面临着是集中在德国工厂生产还是在海外市场建立新工厂的战略性决策。继续在德国生产使得宝马的经理能够更容易监控生产以及雇用通常具有高技术训练水平的德国工人。然而,在其他国家建立工厂有两个好处:一是在其他国家支付给工人的工资较低,从而降低制造汽车的成本;二是在销售所在地进行生产,宝马可以减少政治摩擦。2003 年,宝马在中国北方的沈阳开设了一家工厂,生产 3 系列和 5 系列轿车。此前,在 1995 年,宝马在美国南卡罗来纳州的斯帕坦堡开设了一家工厂,该工厂目前生产 Z4 型双座敞篷跑车和 X5 型运动型轿车(SUV)。

经理们还面临着规模较小的(或战术性的)商业决策。例如,多年以来,工厂都是通过两名工人来将变速箱加装到每辆车的引擎上的。2002 年,宝马开发了一种加装变速箱的替代方法,改用机器人代替工人。在选择使用哪种方法时,宝马的经理面临着权衡取舍,因为机器人的成本更高,但是它能将变速箱准确地安装在正确的位置上,减少开车时发动机的噪声。最终经理们决定采用机器人方法。在南卡罗来纳州斯帕坦堡工厂的生产调度上,必须作出类似的战术性商业决策。该工厂生产 Z4 和 X5 车型,每个月都必须作出每款车型各自应该生产多少辆的决策。

案例评析 在市场体系中,大部分企业的经理都必须作出像宝马的经理所作出的决策。经理们所面临的决策反映了经济生活的关键事实:稀缺性要求我们进行权衡取舍。稀缺性之所以存在,是因为我们的欲望是无限的,但满足这些欲望的资源却是有限的。产品和服务是稀缺的,生产这些产品和服务的经济资源,或者说生产要素——工人、资本、自然资源和企业家能力等,也是稀缺的。你的时间也是稀缺的,这意味着你面临着权衡取舍:如果你花一小时时间复习准备经济学考试,你就少了一小时时间用于复习准备心理学考试或者去看电影。如果你所在的大学决定将其稀缺的预算资金用于为机房购买新电脑,这些资金就不能用来为图书馆购买新书籍或者为学生停车场重新铺设路面。如果宝马决定将其斯帕坦堡工厂中稀缺的工人和机器设备用于生产 Z4 型双座敞篷跑车,这些资源就无法用于生产更多的 X5 型运动型轿车。

家庭和企业的许多决策都是在市场中作出的。市场上发生的一项关键活动就是交易,人们通过从事交易可以提高他们的生活水平。交易涉及分布在全世界的数以百万计的家庭和企业的决策。我们可以通过重要的经济模型——生产可能性边界,来分析稀缺的经济后果和市场体系的作用。

案例来源:〔美〕R·格伦·哈伯德,安东尼·P·奥布赖恩. 经济学(宏观). 北京:机械工业出版社,2007.4

案例讨论

你上学期间一年的费用是多少?你如何使用这些钱?

案例 11 跳槽的机会成本

【案例适用】 机会成本

案例内容 有选择才有自由,而选择的同时也出现了机会成本。

有一位朋友,年前跳槽到了一家新的公司,职务是销售总监,董事会还应承了一定的期权。临行前,他在我面前信誓旦旦,准备大展宏图,并邀请我抽空去看他。结果前几天,他又告诉我,他要离开那家新公司了,理由是那家公司的文化氛围实在太差,而且他不适应权力斗争。这才不到5个月,我感到有点儿惊讶,便问他,下一步打算怎么办?他说:"我在家里等着原来的公司找我回去,因为我在那里的业绩很好,而且我走时他们是极力挽留的,只是我走得太毅然决然。"

"好马不吃回头草",这在经济学看来,是因为回头也是成本啊。首先,你怎么去阐释你的这段跳槽历史呢?想办法把这件事说清楚,是一笔成本;其次,"离婚"之后再"复婚",身价是不是要降一些,这又是一笔成本;再次,回去之后要重新恢复信任,还得有时间,这还是一笔成本。既然又付出了这么多的成本,今后若要再自由地选择,就更困难了,因为再选择的成本会越来越大,所以,这次选择确实要慎之又慎。

——我是这样对他说的。临了,我还加了一句:"好在你年轻——刚刚30岁。"

放下了他的电话,我不由得想起,我是35岁选择辞职"下海"的——那时候,还没有学什么经济学。当时是怎么想的呢?本不是理想火花四射的年龄,但当时还真是被小平南方谈话的精神鼓舞得热血沸腾,看看那些已经"下海"并卓有成效的人士们的那种派头,内心真是受到了极大的鼓舞。同时也看到了自己如果在体制内接着干下去,60岁是个啥样儿,已是一目了然。收益既然已经是可预期的了,那么花25年的成本是不是值,就需要认真权衡了。"下海"的诱惑,是那个年代的特点,令人神往的高收益预期,吸引着当时无数的想换一种活法的人,所以,跳槽的成本在这种收益预期面前显得微乎其微——还是成本收益分析。不过,如果我当时已经40岁,或者既得利益再多一些,我想我的成本收益分析或许会是另一个结果。

昨天,一位朋友到北京来看我,了解了公司发展情况之后,深有感触地说:"当时如果听你的,跟你出来干就好了,现在,呆在单位里,虽然图到了一个清闲,却无所成就,真不知该怎么办才好。才42岁,总不能这么混下去吧?但如果真要换一种活法,确实是一件难以痛下决心的事,因为放弃目前自由自在的生存条件,也是一种成本。"

我知道,他并不是舍不得眼前的一切,而是支付了这笔成本之后,不知道还有什么收益能比这个成本更值得。于是,我就劝他:40多岁的树,就不要再挪了,风险太大,拔了老树种新树,时间也来不及了,还是想想办法能不能在枝干上嫁接出一根新枝,找到事业的新的增长点,这可能是成本最低而收益却有保障的选择。

这番道理其实也就是经济学告诉我们的:当收益确定的时候,人们往往在不同的成本之间做大小的比较;而当成本一定的时候,人们则往往将成本与收益做比较,也就是说,把成本与收益放在一个天平上,来衡量支付的成本值不值。所以,我们所说的经济学注重成本概念,并不是孤立地看成本,而是把成本与收益联系在一起考虑问题。当然,谈到成本收益分析,由于信息不对称性和市场不确定性,往往事实上的成本总是比预期的大,而收益却总是比预期的小,这是在所难免的,否则,生活中就没有失败和失意了。进一步说,由于生命所包含的时间其实就是人生最大的一笔成本,所以,一个想有所成就的人,总是把时间成本看得很重,因为无所作为就是成本,所以只有积极地去寻找获得人生收益的机会,才能弥补上时间成本的损失。因此,尽管机会对于不同年龄的人有着不同的偏爱,但她永远垂青那些有执著追求的人。

最近,我的另一位朋友离开了他服务了 11 年的企业,领取了一笔相当于他在该企业两年的收入(按那家公司的规定,在创业期进入公司并干满 10 年的员工,一般不辞退,但可以在享受相应待遇之后离职),另找新的机会创业去了——他今年 48 岁。他告诉我:"离 60 岁还有 12 年,如果'耗'下去,将一事无成,终会成为一只被煮死的青蛙,而有了企业给的两年收入垫底,未来两年中的每一分钱收入都是利润,那么,两年之后,我的新起点,一定会比今天高得多。"我知道,这是把时间当做成本的一种理性选择。

我十分敬佩他的这种选择,也为他将获得的成功祈祷——让真正懂得如何实现人生价值的人活得更有价值。

人的生与死已经无可选择,所以,有权选择不同的生活方式,就成为社会走向文明的一个重要的标志,因为有权选择生活,才能自由地生活。无数革命先烈抛头颅,洒热血,不就是为了我们今天能够享受这种自由吗?但是,话还是要进一步说透:真正赢得了这种自由之后,每个人为自由而支付的机会成本,革命先烈的在天之灵是爱莫能助的,因为经济学说:"天下没有免费的午餐。"

案例评析 "天下没有免费的午餐"是指总存在着权衡取舍——我们要多得到我们喜爱的东西,我们就不得不放弃另一些我们喜爱的东西。例如,如果你把钱用于吃饭和看电影,你就不能用于买新衣服。从社会来看,我们作为一个群体面临权衡取舍。例如,存在"大炮和黄油"之间的经典权衡取舍。这就是说,如果我们决定把更多的钱用于国防(大炮),那么,我们用于社会民用消费(黄油)的钱就少了。还存在效率(从稀缺资源中得到最多东西)和平等(在社会上平等地分配利益)之间的权衡取舍。税收和福利这类政策使收入更为平等,但这种政策减少了辛勤劳动的收益,从而使经济不能生产出那么多东西。结果,当政府想把蛋糕切得更平等时,蛋糕就变小了。

为什么"天下没有免费的午餐"呢?因为人们的每一次选择都有机会成本。机会成本是经济学中一个非常重要的概念,它是资源有限性的函数,是直接由选择性问题引申出来的概念。它的含义是作出一项决策时所放弃的另一项决策的潜在最大收益。本案例中,跳槽是为了获得更多的收益,这个收益还要减去机会成本,即你从事原来工作所获得的总收益,余下的才是你跳槽后获得的真正收益。因此,是否跳槽,要从机会成本的角度权衡收益大小再做决定。

案例来源:高小勇. 经济学帝国主义(第六卷). 北京:朝华出版社,2005

案例讨论

应当如何计算跳槽的收益? 跳槽的成本该如何计算?

案例 12 会议的机会成本

【案例适用】 机会成本

案例内容 企业经常忽略一个最重要的机会成本,这就是其高级雇员的时间。根据一家私营机构对美国最大的 1 000 家企业的 200 名老总所做的调查,老总们估计在他们每天的工作时间中,平均 15 分钟用于打电话,32 分钟用于阅读或抄写不必要的备忘录,72 分钟用于不必要的会议。假设这些老总们每年的平均工作时间是 48 周(休假 4 周),每周工作 5 天,那么他们用于打电话的时间就是 60 小时,读写备忘录用 128 小时,而不必要的会议就占 288 小时!

案例评析　也许读者会觉得,这些数字顶多算是某种有趣的描述,并不是精确的估算。试问有谁能预言即将召开的会议纯粹是浪费时间?无可否认,每个会议都具有一定的目的,通常我们只能在会后对会议的必要性下结论。要命的是,企业在安排会议的时候,常常因为不必为参加会议的人额外付钱,便相信会议的成本为零。他们忘了,如果不开会,这些薪水很高的老总们会去做别的有用的事情。

如何纠正人们对会议成本的认识,加强与会者的紧迫感,进而提高会议的效率?有人提出了一种简便易行的方法,就是在会议室显眼处设置一块计时牌,预先录入每个与会者每小时的薪金数额,从他们到达会议室的时刻开始计时,累计并显示全体与会者的薪金消耗数额,直到会议结束。

举例来说,20 个时薪平均为 45 美元的行政人员参加的会议,每小时的成本就是 900 美元。此外,我们还可以加上诸如会议室的使用成本和传达开会通知的费用等项目。有了这块分秒必争的计时牌,"时间就是金钱"便真正成为一种压力。试想,当薪金数字跳到四位数字时,还有哪个大老板愿意继续付钱让一群职员毫无成效地空座下去?还是长话短说为妙,趁早结束会议,把职员送回各自岗位为公司多干活吧!

资料来源:〔美〕斯蒂格利茨. 经济学小品和案例. 北京:中国人民大学出版社,1998

案例讨论

你认为时间有价值吗?在大学期间,你每天的时间都充分利用了吗?

案例 13　爱情的机会成本

【案例适用】　机会成本

案例内容　"生命诚可贵,爱情价更高",美好的爱情是每个人追求的幸福目标,然而爱情是否就不需要付出机会成本呢?请让我们重温一下大家都熟悉的一首青海民谣——《在那遥远的地方》:

"在那遥远的地方,有位好姑娘,人们走过她的帐房,都要回头留恋地张望。她那粉红的笑脸,好像红太阳,她那活泼动人的眼睛,好像晚上明媚的月亮。我愿抛弃了财产,跟她去放羊,每天看着那粉红的笑脸,和那美丽金边的衣裳。我愿做一只小羊,跟在她身旁,我愿她拿着细细的皮鞭,不断轻轻打在我身上。"

这首民谣中的"男主角",为了追求这位活泼动人的好姑娘,所付出的机会成本是决定"抛弃了财产",所得到的是"跟她去放羊",以及"每天看着那粉红的笑脸",并且乐意承受那"细细皮鞭的抽打"。

案例评析 这首民谣也使人想起当年唐朝皇帝李隆基不爱江山爱美人的故事,李隆基获得了"回眸一笑百媚生,六宫粉黛无颜色"的杨玉环的爱情,整天沉溺于"在天愿作比翼鸟,在地愿为连理枝"的爱情世界中,但由此却荒疏朝政,导致"安史之乱",国势衰落。爱情,不论是在偏远的青海,还是在皇室,一样有它的机会成本。

案例来源:自编

案例讨论

结合身边的实例说明爱情的机会成本。

案例 14 姚明如果上大学每年的机会成本是多少?

【案例适用】 机会成本

案例内容 "小巨人"姚明没有上大学而是同 NBA 的休斯敦火箭队签了 3 年 2 000 万美元的工作合同,到 NBA 打球。

案例评析 姚明并没有上大学,他为什么不上大学呢?凭姚明的智商,考上国家重点大学一点没有问题。但是,他不上大学是明智的选择,因为他有到 NBA 打球的机会。加上他做广告的收入,每年的实际收入都在 1 000 万美元之上。可以想象,如果姚明选择上大学,他一年就少收入至少 1 000 万美元。这就是姚明上大学的"机会成本"。所以姚明是最聪明的,他没有让机会白白溜走,他抓住了机遇。虽然姚明有时候也感叹:"我现在也就是一个蓝领,天天干的都是力气活!"虽然他也想上大学,但是他可能会说他"上不起大学"。这并不是说他付不起学费,而是指他不愿意放弃去 NBA 打球所能赚到的高额收入。经济学家会这样理解:由于个人上大学的机会成本达到了足够高的程度,以至于上大学反而得不偿失。

资料来源:自编

案例讨论

请问你上大学的机会成本是多少?

第2章 需求、供给和均衡价格

```
                              ┌──────────────────┐
                              │  影响需求的因素   │
                    ┌────────→├──────────────────┤
            ┌──────┐│          │  需求量的变化    │
            │ 需求 │┼────────→├──────────────────┤
            └──────┘│          │  需求的变化      │
                ↑   └────────→└──────────────────┘
        ┌──────────┐
        │ 需求的   │                                    ┌──────────┐
        │ 价格弹性 │←────┐    ┌──────┐    ┌──────┐    │ 影响供给 │
        └──────────┘     │    │ 市场 │───→│ 供给 │───→│ 的因素   │
          │   │   │      └────└──────┘    └──────┘    ├──────────┤
          ↓   ↓   ↓            │                       │ 供给量   │
      ┌───┐┌───┐┌───┐         ↓                       │ 的变化   │
      │富 ││缺 ││单 │     ┌──────┐                   ├──────────┤
      │于 ││乏 ││位 │     │ 弹性 │                   │ 供给的   │
      │弹 ││弹 ││弹 │     └──────┘                   │ 变化     │
      │性 ││性 ││性 │        │                       └──────────┘
      └───┘└───┘└───┘        ↓                            ↑
                        ┌──────────┐                      │
                        │ 供给的   │                      │
                        │ 价格弹性 │- - - - - - - - - - - ┘
                        └──────────┘
```

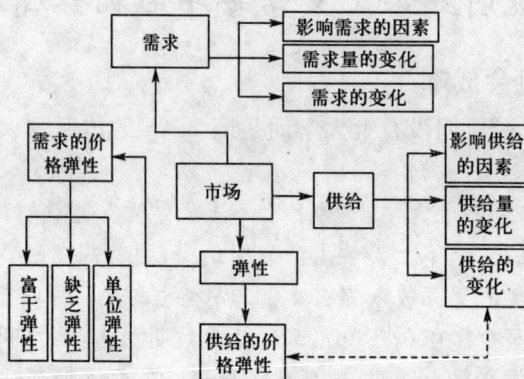

················ **本章基本原理概要** ················

一、需求及其影响因素

需求是指在某一特定时期内,在每一价格水平时消费者愿意而且能够购买的商品或劳务的数量。

影响需求的因素有:商品价格,消费者收入,其他商品价格,消费者偏好,消费者对未来的预期等。其中最重要的影响因素是商品自身价格。在其他影响因素不变的条件下,需求量与价格的关系可以用需求曲线来表示。单纯由于商品价格因素对需求量产生的影响,称为需求量的变化,反映在图形上表现为需求量沿着需求曲线滑动;除了商品价格以外其他因素对需求产生的影响,称为需求的变化,反映在图形上是需求曲线本身位置发生移动。

一般来说,商品需求量与价格之间存在反向变化的关系,需求量是价格的减函数,因而需求曲线是一条向右下方倾斜的曲线,这一规律被称为需求法则。但对于吉芬商品而言,价格上涨,需求量不降反升,这就是"吉芬之谜"。

二、供给及其影响因素

供给是指厂商(生产者)在某一特定时期内和一定价格水平下愿意而且能够提供的某种商品或劳务的数量。

影响供给的因素主要有:商品本身的价格,生产技术与管理水平,生产要素价格,其他商品价格,生产者的预期,政府税收等。其中最重要的影响因素是商品自身的价格,在其他影响因素不变的条件下,商品供给量与价格的关系可以用供给曲线表示。单纯由于商品价格因素对供给量产生的影响称为供给量的变化,反映在图形上表现为供给量沿着供给曲线滑动;除了商品价格以外其他因素对供给产生的影响,称为供给的变化,反映在图形上是供给曲线本身位置发生移动。

在其他条件不变的情况下,某一商品的价格越低,该商品的供给量就越小;而商品的价格越高,该商品的供给量就越高。商品或劳务的供给量与其价格之间存在同向变化的依存关系,即供给量是价格的增函数,这就是供给法则。

三、均衡价格机制

在价格机制和竞争机制的作用下,市场可以通过商品价格的升降实现价格对经济的调节,使资源达到合理配置,使市场最终趋于平衡。

均衡价格是指消费者对某种商品的需求量等于生产者提供的商品的供给量时的价格,均衡价格下的交易量称为均衡交易量或均衡产量。

均衡价格和均衡产量与需求量同方向变动,在其他条件不变的情况下,需求增加使商品市场价格上升和产量增加;均衡价格与供给量反方向变动,而均衡产量与供给量同方向变动,在其他条件不变的情况下,供给增加将使商品市场价格下降,产量增加,这就是供求定理。

四、供求弹性

1. 需求弹性是用来表示影响需求的诸因素(自变量)发生变化后,需求量(因变量)作出反应(增减变化)程度大小的一个概念。根据自变量的不同,需求弹性可分为需求价格弹性、需求收入弹性和需求交叉弹性。

需求价格弹性是指一种商品的需求量对其价格变动的反应程度,其弹性系数等于需求量变动的百分比除以价格变动的百分比。如果用 E_d 表示需求价格弹性系数,用 Q 和 ΔQ 分别表示需求量和需求量的变动量,用 P 和 ΔP 分别表示价格和价格的变动量,则

$$E_d = \frac{需求量变动的百分比}{价格变动的百分比} = \frac{\dfrac{\Delta Q}{Q}}{\dfrac{\Delta P}{P}} = \frac{\Delta Q}{\Delta P} \cdot \frac{P}{Q}$$

需求弹性的种类:

(1)若 $E_d = 0$,则称该物品的需求为完全无弹性。

(2)若 $0 < E_d < 1$,则称该物品的需求为相当缺乏弹性。

(3)若 $E_d = 1$,则称该物品的需求为单位弹性。此时需求量的相对变化幅度与价格的相对变化幅度相等。

(4)若 $1 < E_d < \infty$,则称该物品的需求为相当富有弹性。

(5)若 $E_d=\infty$,则称该物品的需求为完全有弹性。

2.需求收入弹性是指一种商品的需求量对消费者收入变动的反应程度,等于需求量变动的百分比与消费者收入变动的百分比之比。

在商品价格和其他有关因素不变的条件下,需求收入弹性(E_I)可表示为

$$E_I=\frac{\dfrac{\Delta Q}{Q}}{\dfrac{\Delta I}{I}}=\frac{\Delta Q}{\Delta I}\cdot\frac{I}{Q}$$

根据需求收入弹性的大小,可以将商品分为以下几类:

(1)$E_I>1$,即收入增加1%而需求量增加超过1%的商品,我们称之为奢侈品,如名牌时装、名贵首饰等。

(2)$0<E_I<1$,即需求量增加幅度不超过收入增加幅度的商品,我们称之为必需品,如粮食、粗布等。

(3)$E_I<0$,即收入上升需求量反而下降的商品,这类商品较为特殊,称之为劣质商品。

3.需求交叉弹性是指一种商品的需求量对另一种商品的价格变化的反应程度,其弹性系数等于一种商品需求量变动的百分比与另一种商品价格变动的百分比之比。如果以X、Y分别表示两种商品,用 E_{xy} 代表商品 X 的需求量 Q_x 对商品 Y 的价格 P_y 的反应程度,则有

$$E_{xy}=\frac{商品\ X\ 需求量变动的百分比}{商品\ Y\ 价格变动的百分比}=\frac{\dfrac{\Delta Q_x}{Q_x}}{\dfrac{\Delta P_y}{P_y}}=\frac{\Delta Q_x}{\Delta P_y}\cdot\frac{P_y}{Q_x}$$

对于不同的商品关系而言,交叉弹性的弹性系数是不同的,互补品之间价格与需求量反方向变动,其弹性系数为负值,弹性的绝对值越大,互补性越强。替代品之间价格与需求量同方向变动,其弹性系数为正值,弹性值越大,替代性越强。

4.供给弹性中供给价格弹性是最基本和最主要的一种类型,通常讲的供给弹性即指供给价格弹性。供给价格弹性 E_s 与需求价格弹性是完全对称的,定义为

$$E_s=\frac{供给量变动的百分比}{价格变动的百分比}=\frac{\dfrac{\Delta Q_s}{Q_s}}{\dfrac{\Delta P}{P}}=\frac{\Delta Q_s}{\Delta P}\cdot\frac{P}{Q_s}$$

供给弹性的分类:

(1)若 $E_s=0$,则称该物品的供给为完全无弹性,如名牌稀有的古董及珍品。

(2)若 $0<E_s<1$,则称该物品的供给为相当缺乏弹性,多数农产品的供给均缺乏弹性。

(3)若 $E_s=1$,则称该物品的供给为单位弹性。

(4)若 $1<E_s<\infty$,则称该物品的供给为相当富有弹性,多数工业产品的供给均富有弹性。

(5)若 $E_s=\infty$,则称该物品的供给为完全有弹性。

五、均衡价格

市场均衡就是指生产者愿意提供的商品量恰好等于消费者愿意而且能够购买的商品量。供给与需求的交叉点就是市场的均衡点,它表示供给与需求两种力量在市场的特定时间内处于均等的状态。均衡价格就是需求价格与供给价格相一致时的价格。

六、供求理论的应用——价格管制政策分析

1.支持价格

支持价格,又称为最低限价,是指政府为了扶持某一行业的生产而规定的该行业产品的最低价格。支持价格总是高于市场决定的均衡价格。

2.限制价格

限制价格也是政府管制物价的措施之一。它是指政府为了防止某些生活必需品的价格上涨而规定的这些产品的最高价格。限制价格总是低于市场均衡价格。由于商品短缺,政府为了维持这种限制价格,往往采取配给制,限定消费者的购买数量,但这时市场上往往会出现抢购、黑市交易、投机现象等。

案例1 鲍鱼—海藻—鸭子"三赢"

【案例适用】 供给与需求:互补品

案例内容 鲍鱼一直被认为是昂贵的食材,不是所有人都吃得起。但随着人们消费能力的提高,对这类食材的消费量也在加大。一位高雄商人苏志铭看准商机,远赴海南从事鲍鱼养殖。历经多次失败,终于成立了海南最大的鲍鱼养殖场。年产50吨,连遥远的西安,都可以吃到他养的鲍鱼。

苏志铭养殖鲍鱼需要大量的鱼饵——海藻,他带动了周围乡村的渔民养殖海藻而致富。许多鲍鱼养殖场用细江蓠海藻喂养鲍鱼,因而使得细江蓠海藻供不应求,价格一度走俏,养殖经济效益显著,大大增加了农民养殖细江蓠海藻的信心。而养殖海藻需要经常翻动才能存活,否则就会腐烂。这又带动了放养鸭子的农民致富。

放养鸭子的目的:一方面鸭粪可作为肥料,增加水体营养盐;另一方面由于鸭子的游动可使水体循环流动,促进上下层水交换,起到改善水质的作用,对细江蓠海藻的生长大有好处。故养殖的细江蓠海藻生长旺盛,养殖20天左右便可采收。若含氮量过多,可通过换水的方法进行调控。生产实践证明,在养殖细江蓠海藻的池塘里放养鸭子,是细江蓠海藻增产增收的有效措施。

这样由于鲍鱼—海藻—鸭子形成互补品关系,实现了鲍鱼—海藻—鸭子"三赢"的经济效益。

案例评析 微观经济学的供求原理揭示:影响商品需求量有很多因素,有经济因素,也有非经济因素,其中包括相关商品的价格会引起商品需求量的变化。

各种商品之间存在着不同的关系。因此,当一种商品本身的价格保持不变,而与其相关的其他商品的价格发生变化时,会引起这种商品本身需求量的变化。若相关商品为两种商品结合起来互相补充、共同满足一种欲望的互补商品,则需求量与相关商品价格之间反方向变动。即若一种商品价格上升,与之有互补关系的商品的需求量就会减少;反之,

若一种商品的价格下降,与之有互补关系的商品的需求量就会上升。若相关商品是两种互相可以替代的替代品,则一种商品价格的上升,会引起与其有替代关系的商品的需求量的增加,反之亦然。在本案例中,由于养殖鲍鱼的数量增加,价格下降,对鲍鱼的需求量大增,因此,引起对养殖鲍鱼有互补性的海藻和鸭子的需求量增加,出现了一种商品带动一方经济的发展、富一方百姓的良性循环的良好局面。

案例来源:根据 2006 年 11 月 11 日央视国际 www. cctv. com 台商故事"海南鲍鱼大王——苏志铭"改编

案例讨论

1. 什么是互补品? 举例说明具有互补关系的商品,其价格如何影响对方的需求?
2. 影响商品供给的因素有哪些?
3. 影响商品需求的因素有哪些?

案例 2 日本人"鬼"在哪里?

【案例适用】 供给与需求:互补品

案例内容 1987 年,福建省某机械厂要进口一套设备,当时国际上有许多国家出售该设备,价格为 1 000 万~1 300 万美元。该厂预测经过艰苦谈判,最多能争取到 1 200 万美元,不料日本商人找上门来,开价 1 000 万美元。该厂厂长心想,其中一定有鬼,但考察结果是,货真价实,无可挑剔,于是成交。

该设备使用一年后,许多零部件需要更换,结果该厂发现国际上只有日本企业生产的零部件型号相配。而日商的供货价格提高了一倍,明知不合理,该厂也不得不接受这个条件。几年下来,整套设备比最早预期的 1 200 万美元价格高出了许多。

学习了经济学以后,该厂厂长明白了其中的道理,恍然大悟:"日本人真鬼!"你能否用经济学原理分析其中的道理?

案例评析 当企业提供严格意义上的互补产品时——即被同时使用或买方同时购买,便有可能利用两者之间的紧密联系来考虑定价策略。其思路是,通过有意识地以优惠甚至亏本的价格出售一种产品,而达到促进销售赢利更多的产品的目的。

在零售业中这种做法被称之为"亏本领先"。将某些产品的价格定在成本甚至低于成本的水平,以吸引那些对优惠很敏感的买方光顾商店。希望这些买方在光顾时也购买商店中其他赢利较多的产品。

在人们称之为"剃刀与刀片"的这种涉及互补产品的战略中,同样的定价原理发挥了作用。将剃刀以成本价或接近成本的价格出售,目的是促使买方在将来购买更多的、利润较高的替换刀片。同样的策略也常运用于非专业相机、飞机发动机以及电梯产品的销售中。涉及的互补产品可以是消耗性的(如胶卷)、非消耗性的(如带有电子游戏的软盘)、阶梯形部件(如飞机发动机部件)或者是服务(如电梯维护和修理)。上述案例就是利用了互补产品中"交叉补贴"的定价策略。

　　在本案例中,日本商人利用了互补产品之间的价格关系赚了大钱。由于国际市场竞争激烈,成套设备的主机极富弹性,而专用零配件几乎完全无弹性。因此,日商的销售策略是先在主机上让价,把你套住以后再在零配件上提价,这叫"堤内损失堤外补"。该厂厂长最后深有感慨地说:"这本是营销 ABC,不能说日本人鬼,只能怪自己笨——无知!"因此,在购买外国产品、引进成套设备时,由于它们富有价格弹性,在谈判中应力争主动,以最有利的价格购进。对一些必需的附件等,尽量与主机同时一次购入,并在合同中详细写明售后服务项目。在销售产品时,也可以适当降低主机和成套设备的利润率,以扩大需求,占领市场;而与这些主机有关联的附件等,则可适当提高利润率,以求较好的综合经济效益。

　　案例来源:黎诣远.微观经济分析.北京:清华大学出版社,2003.3

案例讨论

1. 请分析比尔·盖茨是如何通过开发计算机软件成为世界首富的。
2. 你对"日本人鬼"这种做法有何看法?

案例 3　钯金与铂金之争

【案例适用】　供给与需求:替代品

　　案例内容　2004 年春季,杭州的商场里出现了一种新的首饰——钯金首饰。这种首饰一出现,就表现出要和铂金争宠的姿态,其各项特性的介绍都以铂金作为比较。在一家钯金首饰店的宣传册上,明确写着:"钯金是继黄金、白银、铂金之后贵金属的新贵,钯金的硬度和耐久性与铂金相比难分伯仲。"除此之外,引人注目的还有它的标价。2004 年 4 月铂金首饰在杭州市场上的标价是 300 元/克,达到了历史最高价;而在 2003 年 2 月,铂金的价格只有 220 元/克;2002 年 2 月是 150 元/克。相比而言,钯金在 2004 年 4 月的标价是 168 元/克,约相当于铂金价格的一半。

　　国际钯金协会在一份对各珠宝企业的信函中称:"以钯制作首饰并无多少历史可以追溯,因此许多国家对钯都没有官方正式的认可。钯主要被用做能令黄金变白的合金或是加入铂金中的一种合金。虽然它的一些特性类似于铂金,但它很轻,缺乏质感。在价格方面,钯的价格远远低于铂金,并且它的价格波动比铂金要大得多。钯是铂族中最轻的一种金属,密度只是铂的 56%,它和银十分相似。"

　　钯和铂在首饰业中一直主副地位明确,为什么这时候会出现纷争?说到底还是两者的可替代性太强。当铂金的价格高至企业几乎无利可图的时候,企业为了追逐利润最大化,转而寻求用更便宜的钯来替代铂。目前铂金的进价是 250 元/克,可是零售价只有 300 元/克,差价为 50 元/克。而钯的进价是 80 多元/克,此前几个月的价格更低,只有 60 多元/克,零售价却是 168 元/克,差价可以达到 100 元/克左右。难怪首饰生产企业想尽办法推广钯金首饰。

案例评析 第一,一种商品的供给受很多因素的影响,如商品自身的价格、生产成本、生产技术水平、相关商品如替代品或互补品的价格等。一般来说,商品自身的价格越高,生产者越愿意提供更大的产量。但是这一点也要受生产成本的影响,企业要获取高额利润,除了需要高售价,还需要低成本。企业的生产成本越高,获利空间越小,那么企业的生产积极性就越小;相反,企业的生产积极性就会大一些。钯金与铂金首饰的供给之所以出现纷争,就是因为铂金原料价格上涨,导致铂金的利润空间大大缩小,进销差价每克只有50元;相比之下,钯金的利润空间却很大,进销差价达到每克100元左右。因此首饰生产企业纷纷推出钯金首饰,并想尽办法为其正名,希望消费者能接受它。

第二,同供给一样,影响商品需求的因素也很多,如消费者的偏好、商品自身的价格、相关商品的价格、消费者的收入水平等。其中,相关商品如替代品或互补品的价格是影响需求的一个重要因素。一般的,如果两种商品之间的关系为替代关系(两种商品能够各自独立地满足消费者的某种需要,如猪肉与牛肉),当一种商品价格上升(下降)时,另一种商品的需求就会增加(减少)。

本案例非常清楚地显示了这一点。早在1998年、1999年的时候,大家看到的铂金首饰都是Pt 900,到了2000年、2001年后慢慢变成了Pt 950。也就是说,作为里面的合金成分钯,其含量从100降至50。珠宝商一般会告诉消费者,铂的纯度提高了,Pt 950更好。而据珠宝专家介绍,实际上更好的东西是Pt 900,因为这种配比的铂金硬度更大,品质也更好。原来,2000年、2001年钯的价格一路飙升,从1997年的150美元/盎司涨至2001年的1 085美元/盎司!厂家当然得想办法把钯的含量降低了。

其实铂和钯在全球的产量都很小,目前市场的供应量差不多。可以预见,一旦它们可开采的量越来越有限,而需求却没有降低时,两者都会更值钱。问题在于两者的可替代性,它们都可以用在汽车制造中的催化剂和首饰制造上,一旦一方供需失衡,价格高涨,就会被另一方所替代。历史上两者相互替代的情形出现过好几次。资料显示,1998年前,铂比钯贵得多,于是企业都开始用钯,导致钯的用量增长,钯金价格逐渐上涨,至2001年时,国际市场上钯的价格远远高于铂。这时候人们又转而大量使用铂,加之汽车工业和首饰业都在大幅发展,导致对铂的需求日益增长;相对应的,钯却出现了供大于求的情况,钯的价格一路回落,至2003年底,当铂金价格达到每盎司900美元之上时,钯的价格却跌至最低,每盎司只有150美元。于是企业又开始用钯来替代铂,2003年,通用公司就因铂价太高,转而在汽车制造中选择钯来替代铂。

资料来源:金雪军.西方经济学案例.杭州:浙江大学出版社,2004.9

案例讨论

什么是替代品?举例说明互为替代品的商品,其价格如何影响对方的需求。

案例 4 "白鲸牌"电池弄巧成拙

【案例适用】 供给与需求:替代品

案例内容 "白鲸牌"大号铁壳电池是我国的名牌产品,在中东和西非有较好的牌誉。产品主销阿联酋的迪拜,然后再转口到索马里、吉布提、也门等国家。年销售额 150 万～200 万美元,最高达 350 万美元。多年来客户常常应接不暇。1989 年下半年,在其主要竞争对手纸壳电池降价的同时,"白鲸牌"电池由每打 1.2 美元提高到 1.3 美元。提价理由如下:

1. 电池质量稳定,牌誉较好,市场上供不应求。

2. 由于原材料价格逐年上涨,企业的制造成本大幅度上升。

3. 为了应付国际上普遍存在的通货膨胀的趋势,预计这些国家还会发生通货膨胀,政府会采用限价政策,因此企业抢先一步,在对方控制提价前提价,是符合国际市场营销提价要求的。

1989 年下半年,形势急转直下,外销势头陡减,不仅来函询问的购买者逐渐减少,而且在广交会上订出的一些货,一年后还没有拿到信用证,造成 1990 年无法出运,企业陷入严重的外销困境。然而,制定计划的同志仍然认为提价是正确的。

案例评析 在电池类商品中有很多替代品,若某一种电池本身没有什么独特的功能而具有垄断性外,就可能被功能相差无几的众多其他品牌的电池所替代。在本案例中,"白鲸牌"电池和纸壳电池互为替代产品,在纸壳电池降价、"白鲸牌"电池提价的情况下,"理性"的消费者一定会选择购买降价的商品,而不会选择购买涨价的商品。所以就出现了"白鲸牌"电池需求量锐减的后果。

案例来源:http://219.243.15.8/jpk/economics1/list.asp? unid=138

案例讨论

你如何看待"白鲸牌"电池由供不应求到严重滞销这一现象?

案例 5 一句谣传导致海南香蕉价格暴跌

【案例适用】 需求理论 —— 影响需求的因素

案例内容 2007 年 3 月中旬,一股寒流迅速袭向海南香蕉产业,"吃香蕉会致癌"的谣言传播迅速,使海南蕉农大受其害,产品销路大受挫折,香蕉价格大跌。一些市县田头的收购价甚至降到了 0.2 元/公斤,仍然乏人问津。

香蕉是世界贸易第四大农产品,海南种植面积达到 69 万亩,产业化水平在全国位居前列,遭此大难,广大蕉农自然苦不堪言。

对于谣言,普通消费者往往抱着"宁信其有,不信其无"的心态。因此,面对这样的公共危机事件,我们需要更迅速、更主动地去消除消费者心中的疑虑,才能让寒流尽快散去。

2007年4月3日,海南省香蕉协会副秘书长邹增光紧急约见记者,郑重承诺海南香蕉为健康安全水果,"香蕉致癌"纯属谣言,如果食用香蕉致癌,海南省香蕉协会愿意承担一切后果和责任,希望广大消费者放心吃香蕉。

据调查了解,一些人谣传"吃了香蕉会致癌"的说法,源自3月中旬有媒体报道广东3 000多公顷香蕉植株患了"蕉癌"。省植保站副站长李鹏介绍,事实上,被称为"蕉癌"的"镰刀菌枯萎病"、"黄叶病",虽然难以根治,香蕉植株之间容易感染,但香蕉感染枯萎病与香蕉果实没有关系。因为"巴拿马病"只感染香蕉树,不进入香蕉果。患病的香蕉植株不会结果,结果的香蕉植株肯定是不染病的。

农业部"948"香蕉项目首席专家、多年从事香蕉种植生产研究的张锡炎博士介绍,香蕉不仅不是致癌食品,中外有关科学家还证明香蕉具有一定的防癌功效,而且越成熟,其抗癌效能就越高。科学家通过动物试验比较了香蕉、葡萄、苹果、西瓜、菠萝、梨和柿子等多种水果的免疫活性,结果确认香蕉效果最好,能增加白血球,改善免疫系统的功能,还能产生攻击异常细胞的物质"TNF"。

案例评析 海南香蕉市场的"滑铁卢"事件说明,消费者的偏好是影响人们需求量多少的一个重要因素。通过影响人们的消费偏好,进而影响人们对某种商品的需求量,最终可导致该商品价格的上升或下降。本案例中的情形可用图2-1加以说明:"香蕉致癌"的谣言,改变了人们的消费偏好,使人们对香蕉的需求减少,使需求曲线由D_0移到D_1,在供给不变的情况下,香蕉的价格下降了。

因此,要想解决蕉农的困境,就要提高香蕉的价格,要提高香蕉的价格,就要改变人们的消费偏好。通过科学认识香蕉的所谓"巴拿马病"问题,摒弃谣言的蛊惑,使人们恢复对香蕉的喜好,从而才能增加对香蕉的需求量,使香蕉的价格得以提高。

案例来源:2007-04-04,新华网(北京)

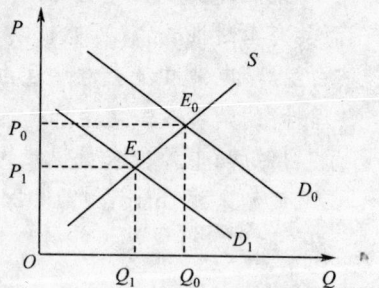

图2-1 香蕉需求曲线的变动图

案例讨论

1. 海南香蕉滞销的原因是什么?

2. 请根据上述资料画图说明香蕉价格和需求量的变动情况,并帮助蕉农提出一些相应的解决方案。

案例 6 卡特不及格的回答

【案例适用】 需求的变化和需求量的变化

案例内容 前美国总统卡特在任内时的一次记者会中被问到:他所提议征收的汽油税是否会提高汽油的价格?总统当时的回答是:刚开始课税会使价格上升;但较高的价格会使需求减少,稍后汽油的价格就会回跌。这一回答似乎言之成理,但卡特像一些人一样未曾分清"需求量"及"需求"的差异。

正确的回答是:汽油税会带来较高的汽油价格,较高的价格会使"需求量"下降,如图2-2所示。但是"需求量"的下降,不会带来价格的下跌(如果全国对汽油节约,造成"需求"减少,整个需求曲线向左移,那么价格会下跌)。因此卡特的回答是不及格的。

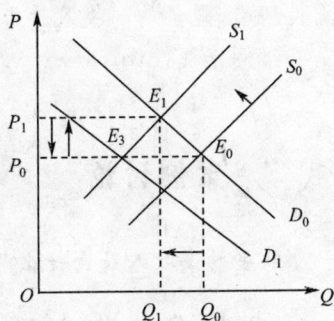

图 2-2 课税后汽油供求的变化

1.汽油税的征收,增加了成本,因此整条供给曲线向左移动,使价格从 P_0 升到 P_1。

2.当价格上升时,汽油的"需求量"下降,从 Q_0 下降到 Q_1。

3.如果全国对汽油节约,需求曲线向左移动,由 D_0 移动到 D_1,那么价格会下跌。

案例来源:根据高希均,林祖嘉的《经济学的世界》(上)改编,生活·读书·新知三联书店,1999.2

案例讨论

需求量的变化和需求的变化主要区别在哪?

案例7 歌星的高收入合理吗?

【案例适用】 供求理论

案例内容 根据"http://www.yanzi.tv/bbs/dispbbs.asp? boardid = 70&id = 12215"中的资料,部分歌星的出场费如下:李克勤28万元、韩红30万元、古巨基35万元、蔡依林50万元、周杰伦100万元、郭富城65万元、黎明65万元、张学友70万元、Twins 40万元、孙燕姿9万美元、张柏芝53万元、容祖儿40万元、言承旭30万元、刘若英35万元、陈慧琳50万元、周迅25万元、S. H. E演唱会350万港币(包含舞美班底)、莫文蔚演唱会250万元(包含舞美班底)。

案例评析 我们再来分析演唱会门票的价格。如果想听演唱会的人增加了,而歌手的供给不变,则门票的价格就会上升,由于演唱会举办方与歌手都能从高价格的门票中得到更多的收益,他们还会增加演唱会的场次;同理可以推出,如果没有那么多歌迷,需求减少,门票的价格必然下降,他们会减少演唱会的场次。如果歌手增加,门票的价格也会下降,演唱会的场次会增加;同理可以推出,歌手减少,门票的价格也会上升,演唱会的场次会减少。这就是经济学分析的供求规律。

歌星的高收入是由歌星的供给和公众的需求决定的,这是市场机制作用的结果。既然对歌星的消费需求如此之大,而供给又稀缺,也就是说在市场上少数著名歌星有完全垄断的地位,因此他们的高收入不仅是合理的也是公正的,少数歌星是竞争出来的。当看到一夜走红的歌星收入高于十年寒窗苦读的教授许多时,难免有不平衡之感,但从经济学的理性来看,歌星的高收入是市场决定的。

案例来源:http://www.yanzi.tv/bbs/dispbbs.asp? boardid=70&id=12215

案例讨论

歌星的高收入是由什么原因决定的? 你认为合理吗?

案例8 禁毒增加了还是减少了与毒品相关的犯罪?

【案例适用】 供求理论

案例内容 社会面临的一个长期问题是非法毒品的使用,比如,海洛因、可卡因和大麻等。这些非法毒品的使用有一些不利影响,一个是依赖毒品会毁坏吸毒者及其家庭的生活,另一个是吸毒上瘾的人往往进行抢劫或其他暴力犯罪,以得到吸毒所需要的钱。为了限制非法毒品的使用,美国政府每年用几十亿美元来减少流入美国的毒品。

案例评析 我们用供给和需求工具来考察这种禁毒政策。假设政府增加了打击毒品的联邦工作人员数量。非法毒品市场会发生什么变动呢? 三步骤:(1)是供给曲线移动,还是需求曲线移动;(2)考虑移动的方向;(3)说明这种移动如何影响均衡价格和数量。

禁毒的目的是减少毒品使用,但它直接影响的是毒品的卖者而不是买者。当政府禁止某些毒品进入国内并逮捕更多走私者时,这就增加了出售毒品的成本,从而减少了任何一种既定价格时的毒品供给量。毒品需求(买者在任何一种既定价格时购买的数量)并没有变,正如图 2-3(a)所示,禁毒使供给曲线从 S_1 向左移动到 S_2,而需求曲线不变。毒品的均衡价格从 P_1 上升为 P_2,均衡数量从 Q_1 减少为 Q_2。均衡数量的减少表明,禁毒减少了毒品的使用。

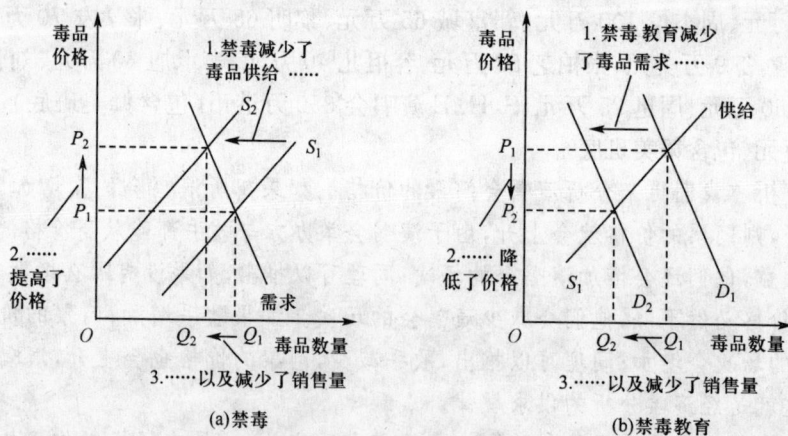

图 2-3 减少非法毒品使用的政策

但是,与毒品相关的犯罪情况如何呢?

由于受毒品价格上升影响而根除自己不良习惯的瘾君子很少,所以,很可能的情况是,毒品的需求缺乏弹性。如果需求是缺乏弹性的,那么,价格上升就会使毒品市场的总收益增加。这就是说,由于禁毒提高的价格的比例大于毒品使用减少的比例,所以增加了吸毒者为毒品支出的总货币量。那些已经以行窃来维持吸毒习惯的瘾君子为了更快地得到钱,会变本加厉地犯罪。因此,禁毒会增加与毒品相关的犯罪。

由于禁毒的这种不利影响,另一种解决毒品问题的方法是通过禁毒教育的劝说政策减少需求。成功禁毒教育的效应如图 2-3(b)所示。需求曲线由 D_1 向左移动到 D_2。结果,均衡数量从 Q_1 减少到 Q_2,而均衡价格从 P_1 下降到 P_2。总收益,即价格乘以数量,也减少了。因此,与禁毒相对比,禁毒教育可以减少吸毒和与毒品相关的犯罪。

但这项政策在长期与短期中的效应是不同的,因为需求弹性可能取决于时间的长短。在短期中,毒品需求也许是缺乏弹性,因为高价格对已有的瘾君子吸毒没有实质性影响。但在长期中,需求也许是较富有弹性的,因为高价格限制了青少年中尝试吸毒的人数,随着时间推移,这也会减少瘾君子的数量。在这种情况下,禁毒在短期中增加了与毒品相关的犯罪,而在长期中会减少这种犯罪。

案例来源:[美]曼昆.经济学原理(上).北京:北京大学出版社,1999

案例讨论

1. 禁毒可以采取哪些手段? 如何用供求原理给予解释?
2. 除了经济因素外,禁毒工作还需要考虑哪些因素?

案例9 "洛阳纸贵"

【案例适用】 供求理论

案例内容 在中国西晋,有一位著名的文学家叫左思,他羡慕汉朝赋家班固、张衡的成就,可是对他们的名作《两都赋》、《两京赋》又有一点不服气,于是花了十年的工夫,写了一篇《三都赋》的大赋。写成之后,人们都惊叹它不亚于班、张之作,一时竞相传抄,蔚为盛事。但由于当时纸张的供给量比较小而且比较固定,所以当人们都需要用纸张来抄写《三都赋》的时候,纸张就供不应求。一时间,价格飞涨,这就是著名的"洛阳纸贵"的故事。

案例评析 从经济学的角度来看,这个故事是典型的由于需求增长引起均衡价格上涨的例子。

需求是指在一定时期内,消费者对应于某一商品不同的价格水平愿意并且能够购买的商品的数量。在其他条件不变的情况下,需求变动分别引起均衡价格和均衡数量同方向的变动。如图 2-4 所示,在供给不变的条件下,需求的变动使需求曲线由 D_1 移动到 D_2 位置。此时的均衡点由 E_1 移到 E_2;均衡价格由 P_1 上升到 P_2;均衡数量由 Q_1 增加到 Q_2。

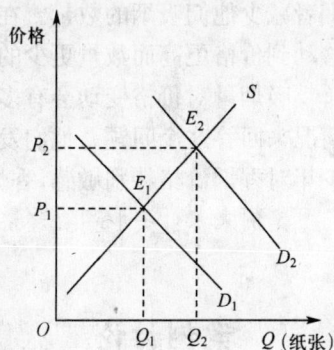

图 2-4 洛阳纸贵

案例来源:晋书·文苑·左思传

案例讨论

在供给不变的情况下,需求的变动会引起均衡价格和均衡数量如何变化?

案例 10 减少香烟需求量的两种方法

【案例适用】 需求曲线的移动与沿着需求曲线的移动

案例内容 公共政策制定者常常想减少人们吸烟的数量。减少吸烟的一种方法是使香烟或其他烟草产品的需求曲线移动。公益广告、香烟盒上"有害健康"的警示以及禁止在电视上做香烟广告,都是为了在任何一种既定价格水平时减少香烟需求量的政策。如果成功了,这些政策就会使香烟的需求曲线向左移动,如图 2-5(a)所示。

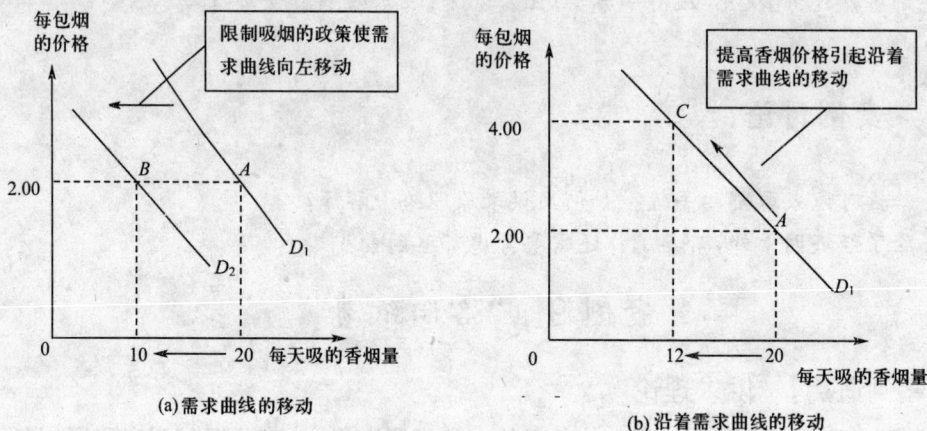

图 2-5 需求曲线的移动与沿着需求曲线的移动

此外,公共政策制定者可以试着提高香烟的价格。例如,如果政府对香烟制造商征税,烟草公司就会以高价格的形式把这种税的大部分转嫁给消费者。较高的价格促使吸烟者减少他们吸烟的数量。在这种情况下,吸烟量的减少就表现为沿着同一条需求曲线移动到价格更高而数量更少的点上,如图 2-5(b)所示。

吸烟量对价格变动会有多大的反应呢? 经济学家试图通过研究香烟税变动时出现的情况来回答这个问题。他们发现,香烟价格上升 10％会引起需求量减少 4％。还发现青少年对香烟价格特别敏感,香烟价格上升 10％使青少年的吸烟量减少 12％。

案例来源:[美]曼昆.经济学原理.北京:北京大学出版社,1999

案例讨论

用图示说明本案例中需求的变动和需求量的变动是如何改变吸烟数量的?

案例 11 农业丰收了农民就一定能富裕吗?

【案例适用】 需求价格弹性

案例内容 《五代史·冯道传》中记载了这样一件事:有一次,明宗问冯道:"天下虽丰,百姓得济否?"道曰:"谷贵饿农,谷贱伤农"。

什么是"谷贱伤农"? 为什么会出现"谷贱伤农"的现象?

大家可能已经发现这样一种情况,在丰收的年份,当兴冲冲的粮农将粮食运到集贸市场出售时,发现尽管多收了三五斗,但是总收入不增反降。这就是人们常说的"谷贱伤农"现象。对于这一现象可以运用需求的价格弹性来解释。

案例评析 在丰收的年份,农产品产量增加,在图 2-6(a) 中表现为供给曲线从 S_1 移动到 S_2,均衡点从 E_1 移动到 E_2,农产品价格由 P_1 下降到 P_2,需求量由 Q_1 上升到 Q_2。但是农产品大多为缺乏需求弹性的商品,需求量上升的幅度很小。在缺乏弹性的需求曲线的作用下,由于价格下降的幅度大于需求量上升的幅度,最后使粮农总收入减少(在图 2-6(a) 中,总收入从矩形 $P_1E_1Q_1O$ 减少到矩形 $P_2E_2Q_2O$)。

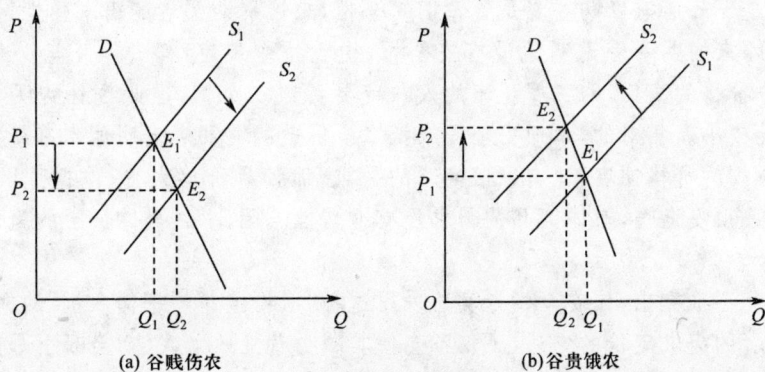

(a) 谷贱伤农   (b) 谷贵饿农

图 2-6

相反,在歉收的年份,粮农收入可能增加,如图 2-6(b) 所示,但是其前提条件为粮农在保证家庭基本生存后尚有余粮,否则会出现"谷贵饿农"的现象。

资料来源:自编

案例讨论

1. 为什么农产品大多为缺乏需求弹性的商品?

2. 你认为应该如何防止"谷贱伤农"现象的发生?

案例 12　旧帽换新帽一律八折

【案例适用】　需求价格弹性

案例内容　在市场上,各商家经常展开"挥泪大甩卖"、"赔本跳楼价"等价格战来促销。一家安全帽专卖店的促销策略有些新意。该店打出这样的广告——"旧帽换新帽一律八折"。店家的意思是,如果你买安全帽时交一顶旧安全帽的话,当场打八折;如果直接买新帽,只能按原价买。

案例评析　这一种促销方式让人觉得好奇,是不是店家加入了什么基金会或是店家和生产厂家有什么协定?是不是回收旧安全帽可以让店家回收一些成本,因此拿旧帽来才有二折的优惠呢?如果大家是这么想,那可就猜错了,大凡这种以旧换新的促销活动主要是针对不同购买者的需求弹性而采取的区别定价方法,即:给定一定的价格变动比例,购买者需求数量变动较大称为需求弹性较大,变动较小称为需求弹性较小。对需求弹性较小的购买者制定较高价格,对需求弹性较大的购买者收取较低价格。而这家安全帽专卖店的促销做法正是这个理论的实际应用。实际上,店家拿到你那顶脏脏旧旧的安全帽,并没有什么好处,常常是在你走后往垃圾筒一丢了事。既然没好处,店家为何还要多此一举呢?答案是——店家以购买者是否拿旧安全帽,来区别购买者的需求弹性。简单地说,没拿旧安全帽来的购买者说明他没有安全帽,由于法令规定:驾驶摩托车必须要戴安全帽,故而无论价格的高低,购买摩托车的人一定要买顶安全帽,因此这种购买者的需求曲线较陡,弹性较小。相对的,拿旧安全帽来抵二折价款的购买者表明他本来就有一顶安全帽,如果安全帽的价格便宜,他有以旧换新的需求,而如果价格太贵,他也可以以后再买,因为已有了一顶安全帽,对该商品的需求没有迫切性。因此,这类购买者的需求曲线较平坦,弹性较大。

综上所述不难看出,该安全帽专卖店采用这种"旧帽换新帽一律八折"的促销活动,针对不同购买者的需求定价的方法,不仅不会使其减少营业收入,反而会吸引那些本不想购买新帽的购买者前来购买,从而增加了收益。

案例来源:张淑云.经济学——从理论到实践.北京:化学工业出版社,2004.9

案例讨论

1. 什么是商品的需求价格弹性?
2. 你遇到过类似的促销战略吗?

案例 13　为什么石油输出国组织不能保持石油的高价格?

【案例适用】　供求弹性理论

案例内容　在 20 世纪 70 年代,石油输出国组织(OPEC)的成员决定提高世界石油价格,以增加其收入。他们采取减少石油产量的方法实现了这个目标。1973 年到 1974

年,石油价格(根据总体通货膨胀率进行了调整)上升了 50%,1979 年上升了 14%,1980 年上升了 34%,1981 年上升了 34%。

但 OPEC 发现要维持高价格是困难的。从 1982 年到 1985 年,石油价格一直每年下降 10%左右。1986 年 OPEC 成员之间的合作完全破裂了,石油价格猛跌了 45%。1990 年石油价格又回到了 1970 年的水平,而且 20 世纪 90 年代的大部分年份都保持在这个低水平上。

案例评析 这个事件表明,供给与需求在短期与长期的弹性是不一样的。在短期,供给与需求是较为缺乏弹性的。供给缺乏弹性是因为已知的石油储藏量和开采能力不能改变,需求缺乏弹性是因为购买习惯不会立即对价格变动作出反应。如许多老式的耗油车不会立即换掉,司机只好支付高价格的油钱。因此,正如图 2-7(a)所示,短期供给和需求曲线是陡峭的。当石油供给从 S_1 移动到 S_2 时,价格从 P_1 到 P_2 的上升幅度是很大的。

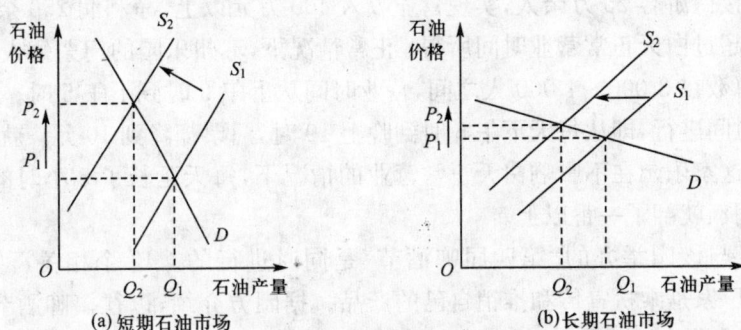

图 2-7 世界石油市场供给减少

在长期中,OPEC 以外的石油生产者对高价格的反应是增加石油的勘探并建立新的开采能力。消费者的反应是更为节俭,如用节油车代替耗油车。因此,正如图 2-7(b)所示,长期供给和需求曲线都更富有弹性。在长期中,供给曲线从 S_1 移动到 S_2 引起的价格的变动小得多。

这种分析表明为什么 OPEC 只有在短期中成功地保持了石油的高价格。当 OPEC 各成员一致同意减少他们的石油生产时,会使供给曲线向左移动。尽管每个 OPEC 成员销售的石油少了,但短期内价格上升如此之高,所以收入反而增加了。与此相比,在长期中,当供给和需求较为富有弹性时,用供给曲线水平移动来衡量的同样的供给减少只引起价格小幅度上升。因此,这证明了 OPEC 共同减少供给在长期中并无利可图。

现在 OPEC 仍然存在,偶尔也会听到有关 OPEC 的官员开会的新闻。但是,OPEC 成员之间的合作现在很少,这主要是由于该组织过去在保持高价格上的失败。

案例来源:[美]曼昆.经济学原理.北京:北京大学出版社,1999

案例讨论

1. 短期与长期需求弹性的变动情况如何?

2.最近国际石油价格发生了怎样的变化？你认为未来石油价格的走势如何？

案例 14　公园门票降价或涨价的启示

【案例适用】 需求弹性及其与企业收入的关系

案例内容　10元门票引来25万余人，盛夏的苏州乐园，十分过瘾地火了一把。

"火"，是自7月20日傍晚5时点起来的。这是该园举办"2001年仲夏狂欢夜"的首日，门票从60元降至10元。是夜，到此一乐的游客竟达7万之多，大大出乎主办者"顶多3万人"的预测。这个数字，更是平时该园日均游客数的15至20倍，创下开园4年以来的历史之最。

到7月29日，为期10天的"狂欢夜"活动落下了帷幕。园方坐下来一算，喜不自禁：这10天累计接待游客25万余人，实现营业收入400万元以上，净利润250余万元。这些指标，均明显超过白天正常营业时间所得。正常情况下，苏州乐园的门票每人每张60元，每天的游客总数在3 000～4 000人之间，营业时间从上午9时到下午5时。而"狂欢夜"是在"业余"时间进行，即从每天下午5时到晚上10时，门票却降到10元。就是说，"狂欢夜"这10天，这家乐园在不影响白天正常营业的情况下，每天延长了5小时的营业时间，营业额和利润额就翻了一番以上。

"狂欢夜"与该园举办的"第四届啤酒节"是同时进行的。42个相关厂家到乐园助兴——其实，厂家是乘机宣传和推销自己的产品。据园方介绍，以往搞啤酒节，乐园是要收取厂家一定的"机会"费用的，但是，这次却基本不收或少收些许，而厂家须向游客免费提供一些"小恩小惠"——企业的广告宣传品等。减免了货币的支付，厂家岂有不乐的？园方也承认，众厂家的参与，带来了大笔场地费，降低了乐园搞"狂欢夜"活动的风险，不过，这并非这次活动最后成功的决定性因素。

案例评析　火一把的关键，是原先60元一张的门票陡降到10元钱。非但如此，每位到乐园过"狂欢夜"的游客，还可以凭门票领到与10元门票同等价值的啤酒、饮料或广告衫等。

需要说明的是，白天购60元门票入园后，园内的多数活动项目就不再收费；而购10元门票入园后，高科技项目和水上娱乐项目等仍要适当收取一点费用。这样算下来，园方至少可以保证自己不赔钱，何况还有那么多厂家的支撑。消费者算算，也比60元一张门票值，因为，有些游客只是参与部分娱乐项目的消费，甚至只是晚间出来纳凉、吹吹风，尤其是三口之家，更是觉得这样划算，总共花30元就能享受凉爽的空气、新鲜的啤酒、精彩的演出、美丽的焰火、免费赠送的礼品，太实惠了！厂家更精——做了广告，推销了产品，还培育了潜在的消费群体。总之，大家都赚了。

好事能否成为常态？

苏州乐园这次大大降低门票价格以后，社会效益和经济效益不降反升，特别是前者，上升的幅度极大。可惜，10天一晃就过去了，闻讯而来的许多游客感到很遗憾：园方干吗见好就收呢？

园方市场促销部的人员表示，这样的好事，他们也希望能够持续下去，进而成为一种常态,但还是缺乏信心。如果长期实行低票价入园,可能会带来一时繁华,可企业的可持续发展会受到影响,因为,潜在的消费被提前实现。另外,这次活动成功了,不等于说以后类似的活动就一定也会成功。还有,乐园的娱乐项目,几乎都是参与性的,游客太多,势必影响游乐的质量,进而影响到乐园的声誉。

但是,没有人气就没有市场。眼下一些主题公园经营不景气,一个很重要的原因,就是动辄好几十元甚至过百元的门票把普通消费群体吓走了。从这个角度讲,如何不断地吸引更多的消费者到主题公园来,是个值得研究的课题。降低门槛以后,来的人肯定多了,这应该不成问题。会不会把门挤破? 未必。低价位门票成为常态后,游人也会根据自己的需要和乐园方面的有关信息,来调整游乐的时间。至于潜在消费提前实现的问题,也未必。据园方介绍,到这里来的,有40%的回头客。那么,如果实行10元门票制,怎么就肯定说没有更多的回头客呢? 乐园活动的形式可以经常变化,游乐的项目可以经常出新,促销的地域范围也可以扩大……能不能换着花样持续制造新卖点,有效地吸引新老游客,体现着一个娱乐企业经营能力的高低。此前,苏州乐园曾对三口之家推出390元/张的家庭年卡,结果一下销了1万多张;50元/张的学生双月卡也很抢手,说明合理的让利,会得到市场回报。

专家指出,苏州乐园是一个以高科技为主、以参与性为特征的现代化乐园,投资5亿多元,运营成本也比较高。这样的景点尚且有降低门槛的成功实践,那些众多以简单的观赏为主、投资和运营成本都十分有限而门票价格又居高不下的主题公园,恐怕有更大的降价空间。别忘了,降低入园门槛的高度,受益的是消费者,也是娱乐企业自身。

无独有偶,在北京,北京故宫等世界遗产景点将调高票价也遭专家质疑。北京现有世界文化遗产6处,分别是故宫、长城、天坛、周口店北京人遗址、颐和园和十三陵。据介绍,这些大都是闻名世界的旅游景点,但与外地的一些文化遗产景点和北京其他热门旅游景点相比,票价总体偏低。如八达岭长城目前的淡季票价为40元,旺季票价也仅为45元。门票价格不高,既不利于提高景点的旅游接待水平,也不能有效利用价格杠杆控制超负荷的客流量,对文物保护十分不利。以故宫为例,黄金周期间日接待客流量曾达到12.5万人次,远远超过了接待的极限。

天坛公园文化科科长蒋世斌介绍说,近几年来天坛公园的门票价格有小幅上调,现在定价15元,这在一定程度上控制了游人量,有利于文物的保护和公园的管理,但是目前仍未能达到预期中的水平。他表示,适当上调门票价格很有必要。

专家认为调高票价无益。对于本次世遗景点票价调整,北京大学环境学院教授、著名的区域旅游规划专家吴必虎表示,调高票价不一定有益。

他认为,价高不一定能限制客流量。因为长城和故宫是外地人来京游览的首选,人家坐飞机火车已经花了几百上千元了,门票就是涨到100元他们还是会去。若从需要经费来维护这方面讲,也不必要提高票价,因为这几大景点基本不缺经费,国家文物保护部门会拨款。再有,提高票价就能提高旅游接待水平的说法也不科学。因为世界文化遗产单位的门票收入将重点用于文化遗产的继续维护和保护,而非旅游接待水平。

他还建议,北京应该像世界其他发达国家那样,实行免费观看制度,为迎接奥运国际游客做一个好的尝试。

案例来源：北京大学中级微观经济学案例，http://ciobbs.enet.com.cn/thread-2868960-1-1.html

案例讨论

1. 本案例中，为什么苏州乐园通过降价就获取了巨大的经济效益？

2. 为什么后来苏州乐园不降价了？假若继续降价，苏州乐园还能赢利吗？

3. 你对目前北京许多公园的高票价现状持什么意见？为什么这些票价降不下来？

4. 对于像公园这样的准公共用品，其价格应该由什么来决定？政府在其中起什么作用？

案例 15　奢侈品需求的惊人弹性

【案例适用】　需求弹性与供给弹性

案例内容　1990 年，作为削减美国财政赤字一揽子计划的一部分，国会通过了对价格昂贵的游艇、高级轿车、私人飞机等奢侈品征收 10% 的奢侈品税。由于只有富人买得起这类奢华东西，所以，对奢侈品征税看起来是向富人征税的一种合理方式。由于奢侈品很高的需求弹性，到 1991 年初，由于有钱人为逃避税收纷纷转向邻国巴哈马等地购买游艇，导致美国东海岸度假胜地南佛罗里达地区的游艇销量急剧下降 90%，包括奔驰、凌志在内的高级轿车的销量也急剧下降。其结果给经济带来两个不利影响：一是与政府的愿望背道而驰，原本预期由有钱人承担的税务负担最后落在有关产品的生产者和销售者身上，而这些人本身多半并不会富有到可以支付奢侈品税的地步。二是这一新税项可以在未来 5 年内为国库带来大约 15 亿美元的进账，平均每年应该达到 3 亿美元。然而就在第一年，即 1991 年，有钱人总共才为购置奢侈品上交了 3 000 万美元的税金，只有预期的 1/10。且开征的第一年，1/3 的美国游艇制造商停止生产，2 万多名工人失业。两年后的 1993 年，政府不得不宣布撤销这一税项。

案例评析　从这一事件中我们可以发现经济学的一个原理：税收主要是由缺乏弹性的一方承担的。上述事件可用图 2-8 加以说明。

图 2-8 表示的是供给较为缺乏弹性而需求非常富有弹性的市场上的税收影响。在这种情况下，卖者对价格不十分敏感（因此供给曲线较为陡峭），而买者非常敏感（因此需求曲线较为平坦）。从图 2-8 可以看出，当征税时，买者支付的价格上升并不多，而卖者得到的价格大幅度下降。因此，卖者承担了大部分税收负担。

这是为什么呢？在本质上，弹性衡量的是当条件变得不利时买者或卖者离开市场的意愿。需求弹性小意味着买者对消费某种物品没有适当的替代品，供给弹性小意味着卖者对生产某种物品没有适当的替代品。当对这种物品征税时，市场中选择余地小的一方不能轻而易举地离开市场，从而必须承担更多的税收负担。

案例来源：斯蒂格利茨.经济学小品和案例.北京：中国人民大学出版社，1998.11

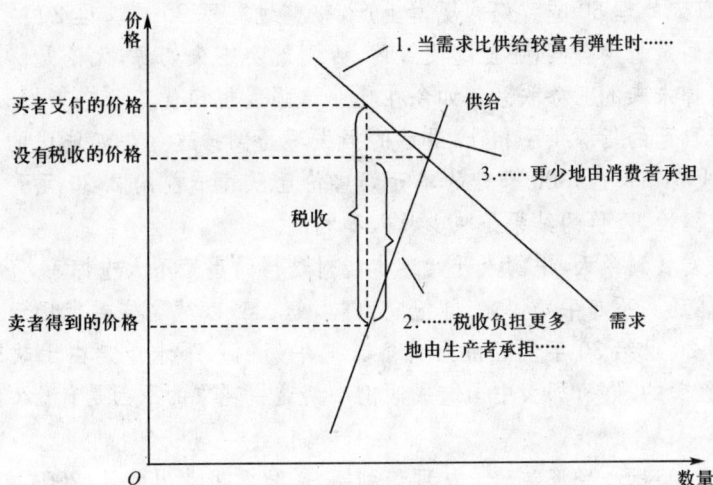

图 2-8 税收影响(供给缺乏弹性,需求富有弹性)

案例讨论

1. 在供给富有弹性、需求缺乏弹性的情况下,税收主要由哪一方承担?
2. 在需求富有弹性、供给缺乏弹性的情况下,税收主要由哪一方承担?

案例 16 牛奶为什么倒入下水道

【案例适用】 需求价格弹性

案例内容 不久前报纸上有一则报道:西南乳业老大——成都市华西乳业有限公司的工人把成吨的鲜牛奶倒入下水道,以避免巨额的损失。很快和其有合同关系的奶牛养殖户也不得不把部分牛奶倒入下水道。

这使我们联想起20世纪30年代美国经济大萧条时的一幕:工人把成吨的鲜牛奶倒入下水道,以避免巨额的损失。

案例评析 牛奶为什么要倒掉? 其实原因很简单,用学过的弹性理论分析,无论是美国还是现在的中国,牛奶是生活必需品,需求弹性小,降价增加的销售收益弥补不了降价的损失。因为养奶牛毕竟不是做服装,生产周期长,供给弹性小,对市场反应并不灵敏。3年前,成都地区乳业发展看好,所以很多企业(在政府的鼓励下)纷纷从事乳业生产,这样奶源偏紧,曾经出现鲜奶短缺,牛奶价格上升。由于需求弹性小,提高价格增加了奶牛养殖量,华西乳业有限公司的收入和利润也有所增加。因此,市场调节(加上政府鼓励)的结果是使奶牛养殖量增大,大大小小奶牛饲养户加起来一天的产奶量便达 1 000 吨。其中,80 吨鲜奶潮水般涌进了四川乳业三强之一的华西乳业有限公司。在大大小小各家乳业公司的参与下,市场这块蛋糕在目前的技术水平下已经被瓜分到极致。换句话说,市场供给量增加而消费者的需求根本就没有消化这么多牛奶的能力。反映在华西乳业有限公司,只能按照每天处理 60 吨鲜奶的规模生产,整整过剩了 20 吨。这 20 吨怎么处理? 和奶农签订的合同是长期合同,不能随便毁约,否则就会丧失奶源,无论是降价收购还是拒绝收购都会断掉未来的业务联系。如今在乳业诸强以规模优势争夺市场和资源的时候,这样做就是把自己的货源拱手相让,最后的损失不是倒掉这些牛奶能比的。即便倒了部分牛奶,市场也有了反应,300 毫升的华西奶售价已从春节前的 2.20 元骤降至 1.50 元。由于牛奶缺乏弹性,降价的结果是减少收入和利润。

市场经济发展到今天,中国人开始逐步能对这样的事情不太吃惊了,不会像过去那样问出"弱势群体还买不起牛奶,你们却把它倒掉,怎么可以?"这样对市场经济完全陌生的问题了。美国 20 世纪 30 年代经济大萧条时把牛奶倒入下水道是由于缺乏政府宏观调控,是无政府经营的恶果,那么中国造成倾倒牛奶这一现象的原因是什么? 这足以引起我们的思考。

案例来源:张淑云. 经济学——从理论到实践. 化学工业出版社,2004

案例讨论

除用价格弹性解释上述现象外,是否与收入弹性也有关系?

案例 17 轻轨票的价格与乘客的选择

【案例适用】 需求价格弹性

案例内容 2002 年,大连至金石滩的轻型轨道列车一期工程通车。过去,人们乘小客车从大连到开发区需要 1 个小时的时间,现在乘轻型轨道列车,只需要不到 30 分钟的时间,节约了 30 分钟的时间成本。而且轻型轨道列车内部的环境也非常好,运行的过程中也比小客车更安全。但是列车运行了一段时间之后,却陷入了一种非常尴尬的境地,每节可以容纳 100 余人的车厢,一般只有十几个乘客。

为什么呢? 因为价格! 小客车从大连到开发区的票价是 5 元钱,轻型轨道列车的票价是 10 元钱,这是主要的原因。还有一个次要的原因,小客车随叫随停,而轻型轨道列车只能在车站停车,而且车站设置在距离市中心比较远的地方,轻型轨道列车到站之后乘客往往还要自己打车走很远的路程,才能到达市中心。所以在票价高、不方便的条件下,人们一直都不认可轻型轨道列车。

这种状况是不可能保证轻型轨道列车正常运行的,所以运行了一段时间之后,票价由原来的 10 元调整为 3 元。虽然下车后还要坐一段公交车或者出租车才能到达市中心,但是毕竟和小客车比它还有很多其他优势。所以很快,轻型轨道列车的车厢里由过去的十几个人变成了座无虚席,每节车厢的人数都在 100 人以上。后来,轻型轨道列车由过去的香炉礁车站又延伸到了市中心的大连火车站站前,票价又从过去的 3 元调整到了 5 元,和小客车的票价相同。但是它比过去更方便了,已经直达大连市中心了,所以乘客猛增,每列车都座无虚席。这说明票价的变动对需求的影响是比较大的。

案例评析 我们都知道,一种物品当它的价格提高时,人们的需求量就减少,价格降低时,人们对它的需求量就增加。那么如何衡量需求对价格的反应程度呢?为了衡量需求变动对价格变动的反应程度,经济学家们引入了需求弹性的概念。如果一种物品或者服务的需求量对价格变动的反应大,我们就说这种物品或服务是富有弹性的;如果这种物品或者服务的需求量对价格变动的反应小,我们就说这种物品或服务是缺乏弹性的。

人们对轻型轨道列车的需求是富有弹性的,车票的价格由10元降低到3元,减少了7元,变动的百分比为70%;乘客则由原来的十多个人增加到100余人,按100人计算,增加了90人,变动的百分比则达到了900%。在这里,经济学家用需求量变动的百分比除以价格变动的百分比来计算需求价格弹性。轻型轨道列车票价的需求价格弹性$=\dfrac{900\%}{70\%}$ $=12.86$。它说明需求量变动的比例是价格变动比例的12.86倍,弹性非常大。

但是这里面有一个问题,价格从10元降低到3元,价格变动的百分比是:

$$\frac{7}{10}\times100\%=70\%$$

如果价格从3元升到10元,价格变动的百分比却是

$$\frac{7}{3}\times100\%=233\%$$

需求量变动的情形也是如此。所以为统一计算方式,经济学家作出了这样的规定:价格和需求量变动的百分比其分母按变动前和变动后的平均数计算。比如:

价格从10元降低到3元,价格变动的百分比是:

$$\frac{7}{[(3+10)/2]}\times100\%=10.77\%$$

价格从3元升到10元,价格变动的百分比是:

$$\frac{7}{[(3+10)/2]}\times100\%=10.77\%$$

这样计算的结果就一致了。

根据经济学家的总结,需求价格弹性变化的一般规律是这样的:

当需求价格弹性大于1的时候,说明需求量变动的比例大于价格变动的比例。对于这种物品,价格降低一个很小的比例,需求量就会提高一个很大的比例,所以这种物品降低价格,总收益会增加。

当需求价格弹性小于1的时候,说明需求量变动的比例小于价格变动的比例。对于这种物品,价格提高一个很大的比例,需求量也不会降低多大的比例,所以这种物品提高价格,总收益会增加,降低价格反而会使总收益减少。

应该引起人们注意的是,影响需求弹性的因素不仅仅是价格,还有很多其他因素。比如,人们需求的物品是必需品还是奢侈品?人们需求的物品是独一无二的还是存在着可替代品?消费者个人的偏好是怎样的?消费者的收入如何?等等,这些对需求弹性都是有影响的。

比如本案例中所说的轻型轨道列车,它就存在着替代品,你的价格高,人们就去乘小客车、出租车。一般来说,存在替代品的物品或服务,需求是富有弹性的。当价格提高的

时候人们会选择替代品,这样就会使需求大幅度地降低。

现在假如大连和金石滩之间没有小客车,轻型轨道列车是惟一的公共交通工具,那么对通勤的职工来说,票价上涨 3 元或者 5 元会怎么样呢? 可以说对需求量的影响很小,因为很多工薪阶层不能因为每天多花费几元钱而不去上班。所以经济学家们说,对必需品来说它是倾向于缺乏弹性的。

那么,当票价增加到 20 元以后,情况会怎么样呢? 这个时候情况就又不同了。短期内需求可能是没有弹性的,因为人们别无选择,人们仍然会乘坐轻型轨道列车。但是长期内需求是有弹性的,经过较长的时间之后,新的替代品开始发生作用,有条件的人可能选择自己买车,有的人可能将居住地点搬到大连去,还有一部分没有能力搬家或买车的人,他们会放弃大连的工作,而选择在就近的地方另行寻找工作。随着时间变长,需求也会变得富有弹性。

个人的偏好对弹性也有一定的影响。还拿这个轻型轨道列车来说,虽然它非常舒适、清洁、安全,但是有很多高收入的人群,他们不喜欢乘坐公共交通车,他们有自己的私家车,那么无论你的价格降低多大的幅度,对这些人来说,都是没有弹性的。

掌握了需求价格弹性的原理,对我们的实际经济活动有着重要的指导作用。

在经营过程中,对缺乏弹性的东西,我们可以通过提高价格来提高总收益,因为价格的提高对需求量的影响比较小;对富有弹性的东西,我们可以通过降低价格来提高总收益,因为价格降低一个很小的幅度,就可以极大地提高需求量;对弹性接近 1 的东西,我们不可能通过价格策略提高总收益,而应当通过价格以外的策略提高总收益;对必需品而言,它们是缺乏弹性的,比如粮食,它们是人们维持生存必不可少的,提高价格你也必须购买。所以,国家为了提高农民的收入,通过一系列政策提高了粮食的价格,使农民的收入获得了提高。奢侈品和必需品相反,它们是富有弹性的。比如钻戒、项链、珠宝的需求就富有弹性,你提高价格人们可能就会选择其他奢侈品来替代它,所以人们常常看到珠宝商在一些特殊的节日,比如情人节、圣诞节、感恩节、春节等,往往轰炸式地向人们宣传优惠酬宾的消息,目的就是通过降价吸引更多的消费者,赚取更多的利润。

像高速公路的收费、旅游景点的票价、一种新产品的价格、你经营的一种独一无二的品牌服装等,在制定价格策略的时候,都要经过一定的市场调查或者参考历史数据,考察一下该商品的需求价格弹性,进而确定其合理的价格。

知道了需求价格弹性的原理,即使我们不是一个商人,我们也一样可以在生活中应用到它。我们已经知道,独一无二的品牌商品缺乏弹性,商人一定会利用这个原理提高其商品的价格,赚取超额利润。比如名牌服装,你如果喜欢某某品牌,那么它对你来说就是独一无二的,没有替代品,它的价格高你也没有办法。所以我们购买商品的时候,就要有所选择,当某种你特别喜欢的东西价格过高的时候,我们完全可以培养新的品牌喜好;对商店卖的普通商品来说,可替代的物品就太多了,它们是富有弹性的。比如你到市场去买一条裤子,他要 100 元一条,你就可以和他讲价到 60 元,因为他不卖别人也许会卖。这些商品的降价空间就比较大,价格下降销售量就大,商家当然知道这其中的道理。

案例来源:杜忠明. 谁来买单. 中国工人出版社,2006.1

案例讨论

大米与电视机的需求弹性一样吗？这对大米与电视机的促销战略有何影响？

案例18 从供给弹性看彩电的由短缺到过剩

【案例适用】 供给弹性

案例内容 20世纪80年代初期，彩电相当紧俏，有人就是靠"倒彩电"发了财。尽管国家控制着彩电价格，但与当时的收入水平相比，价格还是相当高的。那时候买彩电凭票，据说有的彩电厂把彩电票作为奖金发给工人，每张票能卖到好几百元。20世纪90年代之后，彩电供求趋于平衡，再以后就是彩电卖不出去，爆发了降价风潮，拉开了中国彩电价格战的序幕。

案例评析 20世纪80年代时随着人们收入的普遍增加，彩电成为首选的奢侈品，能买得起1 200元左右一台的14英寸彩电的人相当多，于是彩电需求剧增。当时彩电价格仍受到严格控制，所以，无法用调高价格来抑制需求。而彩电生产受到生产能力的制约，供给无法迅速增加，这就产生了过度需求或供给不足，为"倒彩电"和彩电票变成货币创造了条件。这告诉我们，像彩电这样的产品在需求迅速增加、价格上升（或变相价格上升）时，供给是无法立即大量增加的。彩电的短缺刺激了国内各地引进彩电生产线，建设彩电厂。彩电企业在全国开花，除西藏外各省市都有了彩电厂。这就引起彩电市场走向均衡，甚至很快又走向过剩。这个过程说明在需求增加、价格（或变相的价格）上升后，供给的变动是与时间长短相关的。我们可以用供给弹性的概念来说明这一点。

某一种物品供给弹性的大小与生产所需的生产要素及技术相关。所以，不同行业产品的供给弹性是不同的。一般来说，所用设备先进、生产规模一旦确定就不易改变的重工、化工、电子、汽车等行业的产品往往供给缺乏弹性，需求增加时，供给难以马上增加，需求减少时，供给也难以马上减少。彩电的情况就是这样。20世纪80年代彩电需求激增时，彩电厂受生产规模限制，供给难以很快增加；但20世纪90年代后供大于求时，彩电产量也难以大幅度减少。正因为如此，这些行业要确定一个最优规模。规模小会失去赚钱的机会，规模大又会形成生产能力过剩。彩电业现在的困境正在于当年遍地开花，生产能力过剩。这种产品缺乏供给弹性，产量减少不易，剩下的一条路只有降价"煮豆燃豆萁"了。

对同一种产品来说，供给弹性也不是一成不变的，而与时间长短相关。对许多产品来说，当需求与价格变动时，供给变动的可能性很小。例如，即使彩电涨价100％，在很短时期内，产量也难以增加，因为设备与生产能力是固定的，原料与人力也难以增加，除了把库存投入市场外，供给变动不大。这就是说在即期内，供给弹性几乎是零。在短期内，尽管设备与生产能力不能变，但可增加原料与劳动，产量还是可以增加的，这时供给缺乏弹性，但比即期要大。长期中,设备与生产能力可以根据市场需求与价格预期进行调整,供给是富有弹性的。从 20 世纪 80 年代到 90 年代,彩电由短缺走向平衡正是供给弹性随时间而加大的过程。至于以后的过剩局面则是在调整长期生产能力时预期失误的恶果。

资料来源:杜忠明.谁来买单.中国工人出版社,2006.1

案例讨论

彩电在短期和长期内供给弹性的变动情况如何?

案例 19 易腐商品的售卖

【案例适用】 需求弹性

案例内容 有些商品,尤其是一些食品,由于具有易腐的特点,必须在一定的时期内被销售出去,否则,销售者会蒙受经济损失。那么,对于这类商品的销售者来说,应该如何定价,才能既保证全部数量的商品能在规定的时间内卖完,又能使自己获得尽可能多的收入呢? 下面以夏天的鲜鱼为例来分析这类问题。

夏天的鲜鱼要求在当天被卖掉。如果鲜鱼的销售者准确地知道市场上的消费者一天内在各个价格水平下对其鲜鱼的需求数量,或者说,如果他能准确地了解市场上一天内对其鲜鱼的需求曲线,便可以根据这一需求曲线以及准备出售的全部的鲜鱼数量,来决定能使其获得最多收入的最优价格。以图 2-9 来具体说明。

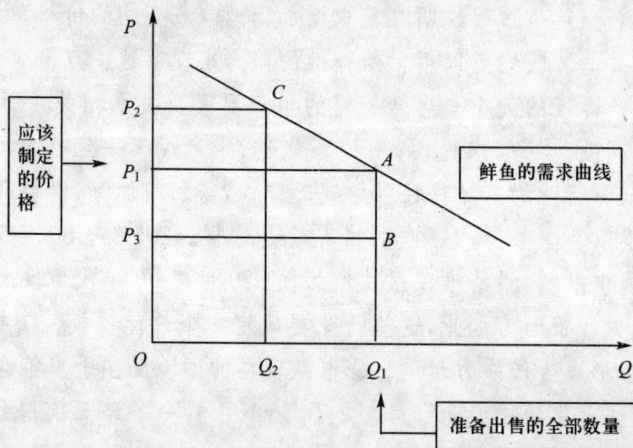

图 2-9 鲜鱼的定价

图 2-9 中表示的是某鲜鱼销售者所面临的鲜鱼的需求曲线。从图中既定的鲜鱼的需求曲线可以了解一天内在每一个价格水平上的鲜鱼需求数量,也可以反过来说,可以了解一天内在每一个鲜鱼的销售量上消费者所愿意支付的最高价格。假定销售者在一天内需要卖掉的鲜鱼数量为 Q_1,则他应该根据需求曲线将价格定在 P_1 的水平。这样,他就能将

鲜鱼以消费者所愿意支付的最高价格全部卖掉,从而得到他所能得到的最多收入。这是因为,根据鲜鱼的需求曲线,如果价格定得过高为 P_2,销售者将有 Q_2Q_1 数量的鲜鱼卖不出去。此外,由于鲜鱼的需求一般是富有弹性的,销售者还会因定价过高导致的销售量大幅度减少而使总收入减少。总收入的减少量相当于图中矩形 OP_1AQ_1 和 OP_2CQ_2 的面积之差。相反,如果价格定得过低为 P_3,销售者虽然能卖掉全部鲜鱼,但总收入却因单位价格过低而减少,减少量相当于图中的矩形 P_3P_1AB 的面积。由此可见,对于准备出售的鲜鱼量 Q_1 而言,惟有 P_1 的价格水平是能给销售者带来最大收入的最优价格。

案例来源:www. sg. pku. edu. cn/intro/teacher_intro/yub

案例讨论

1. 什么是需求曲线? 本案例的关键点在于需求曲线的信息,你认为需求曲线容易得到吗? 如果容易,为什么? 如果不容易,又为什么?

2. 如果你同时经营鲜鱼与水果、粮食,你如何制定这三类商品的价格策略?

案例 20 "非典"物价

【案例适用】 需求价格弹性

案例内容 "非典"期间,各地许多药品价格暴涨,如在河北安国药材市场,各种预防和治疗"非典"的中草药价格飞涨,一天一个价,金银花已从平时的 20 元一公斤涨到 300 多元,涨了 15 倍之多,其他各种药材价格也都涨了几倍到十几倍。另外在上海,很多相关商品的价格也有较大的涨幅,如上海可爱饰品有限公司超过最高限价销售纱布口罩。12 层纱布口罩限价为每只 2.70 元,该公司以每只 4.50 元销售;16 层纱布口罩限价为每只 3.70 元,该公司以 5.50 元销售。闵行民中药店超限价销售过氧乙酸消毒液。按规定过氧乙酸消毒液最高限价为 500CC 每桶 10 元,而该公司以 2 桶为一组销售,每组售价 42 元至 44 元,共销售 480 组累计 960 桶。上海联合大药房有限公司平利店超限价销售一次性活性炭口罩。按规定一次性活性炭口罩最高限价为每只 1.40 元,但该店以每只 8.30 元销售,等等。而在其他市场,如航空、旅游市场等,情况却大相径庭。六月份,北京至大连机票价 250 元、至上海 400 元、至广州 600 元、至昆明 810 元……工作人员表示,有 40 款特价机票在原价基础上打折都在对折左右。在旅游市场,一些实行"机票+酒店"打包的"自助游",价格已几乎到了游客自己说了算的地步;中旅总社的"北京-贵阳-黄果树瀑布-南江峡谷-红枫湖双飞五日游"报价仅为 1 900 元,比以前便宜了 1 100 元;国旅推出"新三峡游"豪华游船,报价在 2 260 元左右,含"过五级船闸"、"上岸游览"等主打项目,这个价格仅相当于老三峡游的普通团价。根据旅行社介绍,三峡船价已经普遍下调,以往给外宾乘坐的四、五星级游船现在都让利给国内游客,以往 1 400~1 500 元/人的包船费只能够租到二星级船,现在能租到四星级船。

案例评析 根据供求定理,商品的均衡价格和均衡数量受供求双方面的影响,均衡价格影响供求,供求又影响均衡价格。在其他条件不变的情况下,需求变动将引起均衡价格和均衡数量同方向变动;供给变动将引起均衡价格反方向和均衡数量同方向变动。

案例来源:根据相关资料自编

案例讨论

试用经济学知识解释"非典"时期不同商品的市场价格变动的原因。

第3章 消费者行为理论

本章知识结构图

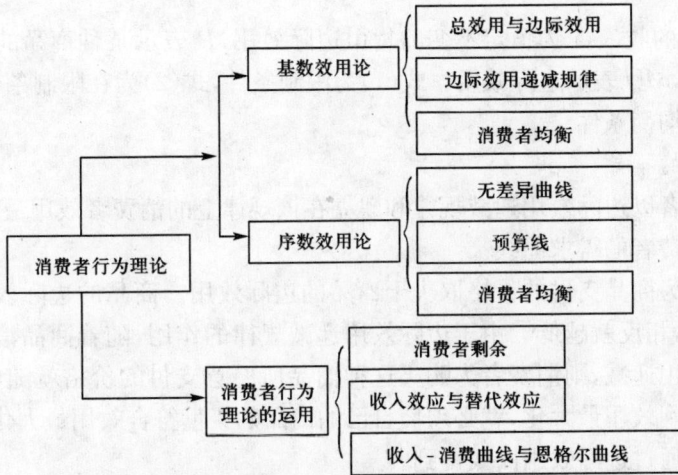

```
                              ┌─ 总效用与边际效用
                    ┌─ 基数效用论 ─┼─ 边际效用递减规律
                    │             └─ 消费者均衡
                    │
                    │             ┌─ 无差异曲线
消费者行为理论 ──────┼─ 序数效用论 ─┼─ 预算线
                    │             └─ 消费者均衡
                    │
                    │             ┌─ 消费者剩余
                    └─ 消费者行为 ─┼─ 收入效应与替代效应
                       理论的运用   └─ 收入-消费曲线与恩格尔曲线
```

本章基本原理概要

一、基数效用论

1. 效用

效用是指消费者在购买或消费商品时得到的心理满足程度。效用完全是一种主观的心理评价,它和人的欲望联系在一起。

2. 基数效用和序数效用

基数效用论者认为效用是可以衡量和加总的;序数效用论者认为效用是不可以度量的,而且度量也是没有意义的,效用只能排序。

3. 边际效用递减规律

基数效用论者的两个基本概念就是总效用和边际效用。总效用是指消费者在一定时间内从一定数量商品的消费中所得到的效用量的总和。边际效用是指消费者在一定时间内增加一单位商品的消费所得到的效用量的增量。如总效用函数为 $TU = f(Q)$,则相应

的边际效用函数为 $MU=\dfrac{\Delta TU}{\Delta Q}$。

边际效用递减规律的内容:在一定时间内,在其他商品的消费量保持不变的条件下,随着消费者对某种商品消费量的增加,消费者从该商品连续增加的每一单位消费中得到的效用增量即边际效用是递减的。

4. 消费者均衡

消费者均衡是研究单个消费者在既定收入约束下实现效用最大化的均衡条件。

在基数效用论者那里,消费者实现效用最大化的均衡条件为:在消费者的货币收入和商品价格不变的情况下,消费者应该使自己所购买的各种商品的边际效用与价格之比相等,且都等于货币的边际效用。这一均衡条件可以表示为

$$P_1 X_1 + P_2 X_2 = I \qquad\qquad (1)$$

$$\frac{MU_1}{P_1} = \frac{MU_2}{P_2} = \lambda \qquad\qquad (2)$$

式中,I 为消费者的收入,λ 为恒定不变的货币边际效用,P 表示某种商品的价格,X 表示某种商品的数量,MU 表示边际效用。式(1)为限制条件,式(2)为在限制条件下消费者实现效用最大化的均衡条件。

5. 需求曲线的推导

基数效用论者以边际效用递减规律和建立在该规律上的消费者效用最大化的均衡条件为基础推导消费者的需求曲线。

消费者愿意为商品支付的价格取决于商品的边际效用。商品的边际效用大,则商品的需求价格就高,相反就越低。由于边际效用递减规律的作用,随着商品消费量的增加,该商品的边际效用递减,则消费者为购买这种商品所愿意支付的价格就随着递减。又由于消费者为了达到效用最大化,就必须使自己的商品购买量符合效用最大化的均衡条件,则需求曲线可以通过边际效用曲线得到。

二、序数效用论

1. 消费者偏好的假设

序数效用论者用无差异曲线分析方法来考察消费者行为,提出了关于消费者偏好的三个基本假设:(1)完全性;(2)可传递性;(3)非饱和性。

2. 无差异曲线及其特点

无差异曲线表示能给消费者带来相同效用水平或满足程度的两种商品的不同数量的各种组合。无差异曲线的特点如下:

(1)无差异曲线向右下方倾斜,并且凸向原点。这是由商品的边际替代率递减规律所决定的。

(2)离原点越近的无差异曲线代表的效用水平越低,离原点越远的无差异曲线代表的效用水平越高。

(3)在同一坐标平面,任意两条无差异曲线不会相交。

3. 边际替代率递减规律

(1)边际替代率。边际替代率是指,在维持效用水平或满足程度不变的前提下,消费

者增加 1 单位的某种商品的消费时所需放弃的另一种商品的消费数量。以 MRS 代表商品的边际替代率，ΔX_1 和 ΔX_2 分别是商品 1 和商品 2 的变化量。则商品 1 对商品 2 的边际替代率的公式为

$$MRS_{12} = -\frac{\Delta X_2}{\Delta X_1}$$

当商品数量的变化趋于无穷小时，商品的边际替代率公式为

$$MRS_{12} = \lim_{x \to \infty} -\frac{\Delta X_2}{\Delta X_1} = -\frac{dX_2}{dX_1}$$

根据边际替代率的定义可以知道：无差异曲线上任意一点的商品的边际替代率等于无差异曲线上该点的斜率的绝对值。

（2）边际替代率递减规律。在维持效用水平不变的前提下，随着一种商品消费量的连续增加，消费者为得到一单位的这种商品所需放弃的另一种商品的消费量是递减的。

由于商品的边际替代率递减表示无差异曲线的斜率的绝对值是递减的，所以商品的边际替代率递减规律决定了无差异曲线的形状凸向原点。不过对于完全替代商品来说，相应的无差异曲线为一条斜率不变的直线；对完全互补的商品来说，相应的无差异曲线呈直角形状。

4. 预算线

预算线表示在消费者收入和商品价格给定的条件下，消费者的全部收入所能购买的两种商品的不同数量的各种组合。以 I 表示消费的收入，P_1 和 P_2 分别为商品 1 和商品 2 的价格，X_1 和 X_2 分别为两种商品的数量，则预算线方程为 $P_1X_1 + P_2X_2 = I$。它表示消费者的全部收入 I 等于消费者购买商品 1 和商品 2 的支出之和。

5. 消费者均衡

将无差异曲线和预算线结合起来就可以说明消费者均衡：只有既定的预算线与一组无差异曲线中的一条无差异曲线相切的点，才是消费者获得最大效用水平或满足程度的均衡点。即消费者均衡的条件是 $MRS_{12} = \dfrac{P_1}{P_2}$，这个式子表示两种商品的边际替代率等于其价格之比。

6. 价格变化和收入变化的影响

（1）在其他条件均保持不变时，商品价格的变化会使消费者效用最大化的均衡点的位置发生变动，并由此可以得到价格—消费曲线。价格—消费曲线是在消费者偏好、收入以及其他商品价格不变的条件下，与某一种商品的不同价格水平相联系的消费者效用最大化的均衡点的轨迹。

（2）在其他条件不变而只有消费者的收入水平发生变化时，也会改变消费者效用最大化的均衡点的位置，由此可以得到收入—消费曲线。收入—消费曲线是在消费者偏好和商品价格不变的条件下，与消费者的不同收入水平相联系的消费者效用最大化的均衡点的轨迹。

（3）由消费者的收入—消费曲线可以推导出消费者的恩格尔曲线。恩格尔曲线表示消费者在每一收入水平下对某种商品的需求量。

7.替代效应和收入效应

(1)价格变动引起需求量变动的总效应分类

一种商品价格变动引起该商品需求量变动的总效应可以分为替代效应和收入效应。替代效应是指由商品的价格变动引起商品相对价格的变动,进而由商品的相对价格变动所引起的商品需求量的变动。收入效应是指由商品的价格变动引起实际收入水平变动,进而由实际收入水平变动所引起的商品需求量的变动。替代效应不改变消费者的效用水平,而收入效应则表示消费者的效用水平发生了变化。

(2)替代效应和收入效应对需求曲线形状的影响

①正常物品的替代效应和收入效应。正常物品的替代效应和价格反方向变动,收入效应也与价格反方向变动。在它们的共同作用下,总效应必定与价格反方向变动,从而使得正常物品的需求曲线向右下方倾斜。

②低档物品的替代效应和收入效应。低档物品的替代效应与价格反方向变动,收入效应与价格同方向变动。但在一般情况下,收入效应的作用小于替代效应的作用,从而总效应与价格反方向变动,这样使得其需求曲线向右下方倾斜。

③吉芬物品的替代效应和收入效应。吉芬物品是指一种特殊的低档物品。作为低档物品,吉芬物品的替代效应与价格反方向变动,收入效应则与价格同方向变动。吉芬物品的特殊性就在于,它的收入效应的作用很大,以至于超过了替代效应的作用,使得总效应与价格同方向变动。这也是吉芬物品的需求曲线呈现出向右上方倾斜的特殊形状的原因。

三、市场需求曲线

一种商品的市场需求量是每一价格水平上的该商品的所有个人需求量的总和,因此将市场上所有消费者的需求曲线水平相加即可得到商品的市场需求曲线。因为消费者需求曲线一般向右下方倾斜,所以市场需求曲线一般也向右下方倾斜。

案例 1　水和钻石的价值悖论

【案例适用】 边际效用递减规律

案例内容 边际效用理论可以解释经济学中著名的价值悖论。价值悖论又称价值之谜,指有些东西效用很大,但价格很低(如水);有些东西效用不大,但价格却很高(如钻石)。这种现象与传统的价格理论不一致。这个价值悖论是亚当·斯密于200多年前在《国富论》中提出的。早期的经济学家一直没能找到解释钻石和水这一难题的方法,直至19世纪晚期边际效用理论提出后才给予了一个令人满意的解答。

案例评析 解释这一问题的关键是区分总效用和边际效用。水是生命的源泉,它的确能够创造出比钻石更高的总效用。然而,是边际效用,而不是总效用决定价格。水在世界多数地方都是丰富的,所以它的边际效用很低。这遵循了边际效用递减规律。

另一方面,属于珠宝性质的钻石却是稀缺的。相对而言,我们几乎没有钻石,钻石的消费量不大,所以钻石的边际效用和购买者愿意支付的价格相当高。因此,稀缺提高了边际效用和价格,而不论商品的大小和总效用。

商品的数量越多,它的最后一单位的相对购买愿望就越小。因此,为什么大量的水具有低廉的价格,为什么必不可少的物品,如空气,却成为免费物品,其答案就清楚了。在这两种情况下,正是巨额的数量使其边际效用大大减少,因而降低了这些重要物品的价格。边际效用是指消费者在一定时间内增加一单位商品的消费所得到的效用量的增量。观察人们的行为和心理,可以发现一个规律性现象:当我们越来越多地消费一种物品时,获得的额外或边际满足程度会下降。例如,小张在饥渴的时候,吃第一杯冰激凌感觉无比美好,吃第二杯时仍然很不错,到第三或第四杯时快乐和满足的感觉难免会减弱。一般来说,在其他条件不变的情况下,给定时期内持续增加某种物品或劳务的消费,其边际效用最终会趋于下降。英国经济学家阿菲里德·马歇尔把"人类本性的这一平凡而基本的倾向"称做"边际效用递减规律"。边际效用递减规律的基本内容是:在一定时间内,在其他商品的消费数量保持不变的条件下,随着消费者对某种商品消费数量的增加,消费者从该商品连续增加的每一消费单位中所得到的效用增量即边际效用是递减的。本案例中的水和空气等数量大,且价格便宜,消费者能够大量地消费,而随着消费数量的连续增大,其边际效用就会不断减少。

案例来源:根据[美]保罗·萨缪尔森所著的《经济学》(16 版)改编。北京:华夏出版社,2003.4

案例讨论

如何理解"在经济学中,是狗尾巴摇动狗身子。摇动价格和数量这个狗身子的是边际效用这条狗尾巴"这句话的含义?

案例 2 考试前的学习时间应该如何分配?

【案例适用】 边际效用递减规律

案例内容 我们可以使用学习中的例子来说明边际效用递减规律。假设一个学生即将参加三门课程的考试,他能够用来复习的时间只有 6 小时。已知复习每门课程占用的时间和相应会有的成绩见表 3-1。为了使这三门课程的成绩总和尽可能高,每门课程的复习时间各是多少?

表 3-1

经济学		数学		统计学	
复习时间	分数	复习时间	分数	复习时间	分数
0	40	0	40	0	70
1	54	1	52	1	80
2	65	2	62	2	88
3	75	3	70	3	90
4	83	4	77	4	91
5	88	5	83	5	92
6	90	6	88	6	93

某门课程增加 1 小时复习时间所增加分数的情况见表 3-2。

表 3-2

复习时间	1	2	3	4	5	6
经济学(MP)	14	11	10	8	5	2
数学(MP)	12	10	8	7	6	5
统计学(MP)	10	8	2	1	1	1

案例评析　假设你想最大化你在三门课程考试中的总成绩,但你只有有限的可利用的时间。你应该在每一门课程上花费相同的复习时间吗?当然不是。你可能会发现,在经济学、数学和统计学上花费相同的复习时间时,各门课程所用的最后一分钟,并没有给你带来相同的分数。如果花费在统计学上的最后一分钟产生的边际分数要大于经济学,那么,把复习时间从经济学转移到统计学上,直到花费在每一门课程上的最后一分钟所产生的分数增量相等时为止,那么,你就提高了你的考试分数总量。所以,最优复习时间配置是:经济学 3 小时,数学 2 小时,统计学 1 小时,总分最高为 217 分。

边际效用递减规律在经济学中意义重大。以农业为例,当我们增加劳动后产出会大大增加——田地更加精细耕作,更整齐的灌溉沟渠,装束更鲜艳的稻草人。但是,增加的劳动带来的产出却越来越少。一天中的第三次除草和第四次给机器上油只能增加很少的产出。最后,当大量劳动力涌向农场时,产出几乎不会再增加,过多的耕作者还会毁坏农田。边际效用递减规律是解释为什么亚洲许多国家如此贫穷的关键因素之一。在人口拥挤的中国和印度,生活水平之所以低,是因为在每一英亩的土地上有如此众多的劳工,而不是因为农民在经济激励面前无动于衷。

案例来源:自编

案例讨论

1. 你如何安排你一天的学习时间以使之效率更高?
2. 边际效用递减规律还可以解释哪些经济现象?

案例 3　垃圾中的边际效用

【案例适用】　边际效用递减规律

案例内容　美国是世界上经济最为强大的国家,人均消费商品数量居世界第一,而人均垃圾量也没有一个国家能与之相比。美国的垃圾不但包括各种废弃物,也包括各种用旧了的家具、地毯、鞋子、炊具,乃至电视机和冰箱。美国是一个提供消费的社会,其生产力巨大,产品积压常常成为主要的经济问题。如果每个人将自己生产出来的产品(更精确地讲,是生产出来的价值)全部消费掉,经济则正常运转。如果生产旺盛,消费不足,或者说,居民由于富裕而增加了储蓄,产品就会积压。所以对于美国来说,医治经济萧条的主要措施是鼓励消费。

在美国旧东西有几条出路:举办"后院拍卖",或捐赠给教堂,或捐赠给旧货商店,或当垃圾扔掉。旧东西在美国很不值钱,你可以在"后院拍卖"中买到 1 美元一个的电熨斗,在教堂拍卖中买到 10 美元一套的百科全书(20 本)和 5 美元一套的西装。相反,旧东西在中国就值钱多了。在大城市,经常看到有人在收购各种旧的生活用品,然后运到贫穷、偏僻的农村地区以几倍的价格卖出。

案例评析 表面上看,这是一个矛盾的现象:相对穷的中国人,却愿意花几倍于相对富的美国人愿意出的价钱去买这些旧东西。但这个现象可以用经济学中的效用理论来解释。即商品价格的高低与商品所提供的边际效用的大小成正比。

富人用一块钱要比穷人用一块钱轻率,或者说,富人的钱的边际效用低。人们越富裕,就越有钱来购买奢侈品。举例来说,在美国最便宜的剃须刀是 10 美分一把,最昂贵的剃须刀大约要 100 美元,二者相差达千倍。昂贵剃须刀虽然更美观,更安全,更耐用,但它的基本功能也只限于剃须,它提供的附加效用非常有限。廉价手表和豪华手表的价钱也可相差千倍。过去我国比较穷,奢侈品没有市场,现在人们手里的钱多了起来,情况正在变化。

由于中美两国富裕程度的差别而形成的效用评价的差别,提供了巨大的贸易机会。即中国可以用极低的价格进口某些旧用品,其代价主要是收集、分类及运输的成本。如旧汽车是值得进口的。在美国由于人力昂贵,修理费用高,所以报废的标准比较高。

案例来源:张云峰等. 微观经济学典型题解析及自测试题. 西安:西北工业大学出版社,2001.9

案例讨论

商品价格的高低与商品所提供的边际效用是什么关系?

案例 4 为什么米老鼠的收费这么愚蠢?

【案例适用】 边际效用递减规律

案例内容 沃尔特·迪斯尼公司在美国有两个主要的主题公园,加利福尼亚的迪斯尼乐园和佛罗里达的迪尼斯世界。每年都会有几百万人去参观这两个地方。参观迪斯尼乐园和迪尼斯世界的门票价格根据人们去参观的日子长短而有所不同。过去迪斯尼乐园出售过一天游、两天游以及三天游的门票。比如,一天游的门票价格为 38 美元,两天游的门票价格为 68 美元,三天游的为 95 美元。

一天游、两天游或者三天游的门票价格之间有什么联系呢?如果我们把一天游的门票价格乘以 2,就是 76 美元。但是迪斯尼乐园并不向参观两天的游客收取 76 美元,而只收 68 美元。为什么迪斯尼乐园对参观两天的游客收取的价格不是参观一天的游客的两倍呢?类似的,一天游的门票价格乘以 3 是 114 美元,但是迪斯尼乐园并不对三天游的游客收取 114 美元,而只收 95 美元。为什么迪尼斯乐园对三天游的游客收取的价格低于一天游的游客的三倍呢?

迪斯尼乐园实际上是在告诉游客,如果他参观主题公园一天,他要花 38 美元。但是如果他参观两天的话,那么第二天他只要花 30 美元就够了,而不用花 38 美元。同样,如果他参观 3 天的话,那么第三天就只要花 27 美元,而不是 38 美元。简单地说,对于三天游的门票,迪斯尼乐园第一天收取的是 38 美元,第二天是 30 美元,第三天则是 27 美元,总共 95 美元。

案例评析　为什么迪斯尼乐园对于第二天的收费比第一天低,而第三天则比第二天还低呢?

在迪斯尼乐园的定价机制的背后,可以看到边际效用递减规律这个经济学名词的影子。边际效用递减规律表明,在个人消费额外单位的某种商品时,从每单位商品当中获得的效用最终将会减少。假定对于迪斯尼乐园的第一天消费当中所获得的效用比第二天高,而第二天的效用则比第三天高。个人从某一商品当中所获得的效用或者满足越少,他所愿意支付的金钱数量就越少,而第三天的付费也就比第二天少。迪斯尼乐园知道了这一点,因此就对一天游、两天游和三天游实行这样的收费。

案例来源:[美]罗杰·A·阿诺德.经济学(第 5 版).北京:中信出版社,2004.1

案例讨论

有些人认为,对于"购买量大"的购买者,销售者是在通过提供折扣来进行优惠(或者给予某种形式的礼品)。请问这真是优惠,或者真是在馈赠礼品吗?

案例 5　信子裙和大岛茂风衣

【案例适用】　边际效用递减规律

案例内容　20 世纪 80 年代中期,日本电视剧《血疑》在我国曾风靡一时。女主人公信子和其父亲大岛茂的故事使不少人感动得流泪。精明的商家从中看出了市场机遇。上海一家服装厂推出了信子裙,北京一家服装厂推出了大岛茂风衣。但结果很不一样,上海的厂家大获其利,北京的厂家却亏本了。

案例评析　上海和北京厂家的不同结果原因在于不同消费者的不同行为。消费者购买物品是为了从这种物品的消费中得到满足。经济学家把这种满足称为效用。效用是一种主观心理感觉,它取决于个人偏好。同是根据《血疑》而开发的衣服之所以有不同的命运,就是因为女中学生与中年男子从衣服中得到的效用不同。女中学生崇拜信子,穿信子裙可以得到极大的效用。况且,信子裙的款式新颖,女中学生虽然也有不少其他裙子,但多买一件信子裙是买了另一件物品,不会有边际效用递减。而中年男子虽然尊敬大岛茂这样的父亲,但并不以穿同样的衣服为荣,而且在他们看来,大岛茂风衣和其他风衣没有什么不同,如果已经有了一件风衣,再买一件大岛茂风衣就有了两件同样的风衣,边际效用肯定会递减。因此,女中学生愿意高价买信子裙,而中年男子甚至不愿用同样的价格买一件大岛茂风衣,这样,上海厂家赚北京厂家亏就成为必然。

效用理论对于企业的意义在于:企业要想增加产品的销售量,必须研究消费者的心理。一家企业大量生产相同产品,消费者只买一件就够了,多买会发生边际效用递减,谁还会问津呢?如果企业生产在款式、质量、色彩等方面与众不同的产品,消费者多买也不会发生边际效用递减,企业的产品销路由此会增加。从这种意义上说,没有卖不出去的产品,只有消费者不需要的产品。这种产品就是引起边际效用递减的产品。

案例来源:梁小民.微观经济学纵横谈.生活·读书·新知三联书店,2000

案例讨论

根据自己的经历说明产品的边际效用递减规律。边际效用递减规律对生产者和消费者的影响一样吗?

案例6 连任三届美国总统类似于吃三个面包的感觉

【案例适用】 边际效用递减规律

案例内容 前美国总统罗斯福连任三届后,曾有记者问他有何感想,总统一言不发,只是拿出一块三明治面包让记者吃,这位记者不明白总统的用意,又不便问,只好吃了。接着总统拿出第二块,记者还是勉强吃了。紧接着总统拿出第三块,记者为了不撑破肚皮,赶紧婉言谢绝。这时罗斯福总统微微一笑:"现在你知道我连任三届总统的滋味了吧。"这个故事揭示了经济学中的一个重要的原理:边际效用递减规律。

案例评析 总效用是消费一定量某物品与劳务所带来的满足程度。边际效用是某种物品的消费量增加一单位所增加的满足程度。我们就从罗斯福总统让记者吃面包说起。假定,记者消费一个面包的总效用为 10 个效用单位,两个面包的总效用为 18 个效用单位,如果记者再吃第三个面包,总效用还为 18 个效用单位。记者消费一个面包的边际效用为 10 个效用单位,两个面包的边际效用为 8 个效用单位,如果记者再吃第三个面包,其边际效用为 0 个效用单位。这几个数字说明记者随着消费面包数量的增加,边际效用是递减的。为什么记者不再吃第三个面包,是因为再吃不会增加效用。还比如,水是非常宝贵的,没有水,人们就会死亡,但是你连续喝的水超过了你能饮用的数量时,那么多余的水就没有什么用途了,再喝边际效用几乎为零,或是在零以下。现在我们的生活富裕了,我们都有体验"天天吃着山珍海味也吃不出当年饺子的香味"。这就是边际效用递减规律。设想如果不是递减而是递增会是什么结果,吃一万个面包也不饱。吸毒就接近效用递增,毒吸的越多越上瘾。吸毒的人觉得毒品给他的享受超过了其他的各种享受。所以吸毒的人会卖掉家产,抛妻弃子,宁可食不充饥,衣不遮体,毒却不可不吸。所以说,幸亏我们生活在效用递减的世界里,在购买消费达到一定数量后因效用递减就会停止下来。

案例来源:http://www.zawen.net.cn

案例讨论

举例说明"类似于吃三个面包的感觉"。

案例 7 从春晚看边际效用递减规律

【案例适用】 边际效用递减规律

案例内容 大约从 20 世纪 80 年代初期开始,我国老百姓在过春节的年夜饭中增添了一套诱人的内容,那就是春节联欢晚会。记得 1982 年第一届春节联欢晚会的出台,在当时娱乐事业尚不发达的我国引起了极大的轰动。晚会的节目成为全国老百姓在街头巷尾和茶余饭后津津乐道的题材。

晚会年复一年地办下来了,投入的人力、物力越来越大,技术越来越先进,场面设计越来越宏大,节目种类也越来越丰富。但不知从哪一年起,人们对春节联欢晚会的评价却越来越差了。原先在街头巷尾和茶余饭后的赞美之词变成了一片骂声,春节联欢晚会成了一道众口难调的大菜,晚会也陷入了"年年办,年年骂;年年骂,年年办"的怪圈。

案例评析 春晚本不该代人受过,问题其实与边际效用递减规律有关。在其他条件不变的前提下,当一个人在消费某种物品时,随着消费量的增加,他从中得到的效用是越来越少的,这种现象普遍存在,就被视为一种规律。边际效用递减规律虽然是一种主观感受,但在其背后也有生理学的基础:反复接受某种刺激,反应神经就会越来越迟钝。第一届春节联欢晚会让我们欢呼雀跃,但举办次数多了,由于刺激反应弱化,尽管节目本身的质量在整体提升,但人们对晚会节目的感觉却越来越差了。

边际效用递减规律时时在支配着我们的生活,尽管有时我们没有明确地意识到。在大多数情况下,边际效用递减规律决定了第一次最重要。难怪人们最难忘的是自己的初恋,最难忘恋爱中第一次约会的地点。

资料来源:李仁君.吃苹果与看晚会.海南日报,2002 年 9 月 25 日

案例讨论

为什么人们对春晚节目的要求越来越高了?

案例 8 买的东西值不值

【案例适用】 消费者剩余

案例内容 假设在拍卖会上,有一张崭新的猫王首张专辑进行拍卖,你和三个猫王迷(张三、李四、王五)出现在拍卖会上。你们每一个人都想拥有这张专辑,但每个人为此付出的价格都有限。你愿意支付 1 000 元,张三愿意支付 750 元,李四愿意支付 700 元,王

五愿意支付 500 元。

卖者为了卖出这张专辑,从 100 元开始叫价。由于你们四个买者愿意支付的价格要高得多,价格很快上升。当卖者报出 800 元时,你得到了这张专辑。要注意的是,这张专辑将归对该专辑评价最高的买者。你用 800 元买到这张专辑,得到了什么收益呢?

案例评析 你本来愿意为这张专辑出 1 000 元,但实际只付出 800 元。你得到了 200 元的消费者剩余。而其余的三个人在参与拍卖中没有得到消费者剩余,因为他们没有得到专辑,也没有花一分钱。因此我们也可以简单地把消费者剩余定义为:我们每一个人都是消费者,在买东西时对所购买的物品有一种主观评价。由此我们可以得出:

消费者剩余 = 消费者愿意付出的价格 — 消费者实际付出的价格

还比如你在商场里看中了一件标价 100 元的上衣,你在购买时肯定要向卖衣服的人砍价,问 80 元卖不卖,卖衣服的人理解消费者的这种心理,往往会同意让些利,促使消费者尽快决断,否则消费者就会产生到其他柜台看看的念头。经过讨价还价后可能在 90 元成交。在这个过程中消费者追求的是效用最大化吗?显然不是,这实际是消费者对这件衣服的主观评价而已,就是为所购买的物品支付的最高价格。如果市场价格高于你愿意支付的价格,你就会放弃购买,觉得不值,这时你的消费者剩余是负数,你就不会购买了;相反,如果市场价格低于你愿意支付的价格,你就会购买,觉得很值,这时就有了消费者剩余。消费者剩余是主观的,并不是消费者实际货币收入的增加,仅仅是一种心理上满足的感觉。买了消费者剩余为负的感觉也不是金钱的实际损失,无非就是心理上挨宰的感觉而已。就是我们对所购买的东西说值不值的含义。

然而,在现实生活中消费者并不总是能够得到消费者剩余的。在竞争不充分的情形下,厂商可以对某些消费者提价,使这种利益归厂商所有。更有甚者,有些商家所卖商品并不明码标价,消费者去购买商品时就漫天要价,然后再与消费者讨价还价。消费者要想在讨价还价中获得消费者剩余,在平时就必须注意浏览和观察各种商品的价格和供求情况,在购买重要商品时至少要货比三家并与其卖主讨价还价,最终恰到好处地拍板成交,获得消费者剩余。

案例来源:http://bbs. 100exam. com/dispbbs. asp? boardid=16&id=9703

案例讨论

1. 什么是消费者剩余?如何计算消费者剩余?
2. 作为消费者,如何能得到消费者剩余?

案例9 "货比三家"——购买的策略

【案例适用】 消费者剩余

案例内容 某消费者在海口市很想买一个电子辞典,逛了数码商城之后,看中了一款叫"名人310"的产品。逛了几家商店发现每一款价格都在600元以上,而且打折的余地很小。该消费者虽然很喜欢这部电子辞典,但由于价格不够理想,所以还不能下决心购买它。

到上海市学习期间,离该消费者住的地方不远处也有一家数码商城,有一天下午该消费者去逛街时就进去了,在电子辞典的专售柜台果然有"名人310"在出售,标价580元,比海口便宜一点,看了机器之后便开始讨价还价。售货员是一个二十出头的姑娘,人虽然很热情活泼,但价格却咬得很死。该消费者坚持的底线是530元,当他最后报出价格后,小姑娘的态度有了一定的变化,她说:"这个价格实在太低了,我得请示一下。"她打电话不知跟谁说了几句之后就对该消费者说:"好了,就卖给你吧!"

小姑娘态度的突然转变反使该消费者产生了一丝犹豫。因为一是该消费者还没有货比三家,二是根据买东西的经验,小姑娘有故弄玄虚之嫌,就像有些卖主嘴里说着"您再添点吧,这价钱实在太低了,没法卖!"但手里已经在给你整理东西的时候,他已经向你发出了想卖的信号一样,都是想让顾客感到自己得到了很大便宜的一种姿态而已。正在该消费者不想买的当头,商场看门的大爷不耐烦地嚷嚷道:"早就下班了,要关门啦!"该消费者正好顺水推舟地说:"唉,时间来不及了,明天再说吧!"却见柜台里的小姑娘面露遗憾之色,嘴里还说着:"不要紧的,我马上给你开票,很快的。"但该消费者已溜之大吉了。

第二天一大早,该消费者坐公交车到比较远的地方多看了几家数码商城,发现价格和昨天那家都相差无几,还有个别商场的价格赶上了海口的水平。最后该消费者来到了一家叫"大润发"的规模很大的超市。一进超市,首先看到了一条很醒目的提示标语:"如果您在周边地区购买了比我处更便宜的同类商品,请持有关证明,大润发无条件为您补差!"看到这条承诺,该消费者心里一下子轻松了,看来可能不虚此行。

找到了数码柜台,果然看到了"名人310"。更使该消费者惊喜的是,上面赫然标价378元! 这是该消费者从来没有见过的低价,而且是在一家有信誉的大超市。物美价廉,该消费者立马决定买下来。当售货员拿出机器后,该消费者发现这不是他喜欢的颜色,而且再没有别的颜色了。该消费者问售货员:"下午还会有别的颜色吗?"她说不清楚,因为下午不是她的班。该消费者只好遗憾地回去了。中午休息后,该消费者突然萌生了再去一趟"大润发"的念头。到了"大润发"后,该消费者发现柜台换了一位小伙子,便问他:"'名人310'有没有淡绿色的?""有啊!"果然他拿出了该消费者最喜欢的那一色调。这回大功告成,该消费者终于如愿以偿。那天该消费者很快乐,因为通过购买"名人310",他得到了(530-378)=152元的消费者剩余。

案例评析 参见案例8的案例评析。

案例来源:李仁君.消费者剩余与买东西的乐趣.海南日报,2004年8月25日

案例10 最佳购买量的决定

【案例适用】 消费者均衡

案例内容 假如你带1 000元去逛商场,准备购买一件上衣和一条裤子。你看上了

一套名牌服装,这套服装虽然你很喜欢但价格超出了1 000元,也就是说给你带来的效用虽然大,但超出了你的支付能力;你说你就带了1 000元,卖服装的售货员又给你推荐了另外一套价格为1 000元的服装,但你觉得不值。经过货比三家,在充分选择的基础上你终于选到了喜欢的服装,也恰好是1 000元。女同志爱逛商场,无非就是要挑选自己最满意的服装,在对一种商品要决定"买不买"时,会把效用与价格进行比较。当你对自己购买的服装最满意的时候,也就是花钱最少,得到的效用最大。当然"萝卜青菜,各有所爱",效用的大小完全是主观的感觉。

案例评析　消费者的无差异说明不同偏好下的各种选择,而消费者的预算则说明在收入和价格一定的条件下,消费者能消费多少数量的商品。把两者结合在一起,可以确定消费者购买行为的最佳境界——消费者满足程度的最大化,这就是经济学家所说的消费者均衡。

案例来源:自编

案例讨论

1.消费者均衡受哪些条件的约束?

2.消费者在什么情况下可称为达到了消费者均衡?

案例 11　可口可乐便宜了,我们收入的购买力增加了

【案例适用】　收入效应和替代效应

案例内容　"好消息! 现在可口可乐便宜了,我们收入的购买力增加了。实际上是我们的收入相对增加了,我们比以前更富了。我们可以买更多的可口可乐和其他商品。"(这是收入效应)还比如这几年我国物价整体水平(生活资料)在下降,据有关专家估算,2002年比三年前生活资料价格平均下降了30%,也就是说,1999年满足一个家庭消费支出假定是1 000元,三年后只需要700元,我们的收入变相增加了300元。

"现在可口可乐的价格下降了,我放弃雪碧可以得到更多的可口可乐。"(这是替代效应)你觉得哪一种说法更有说服力? 事实上,这两种说法都有道理,可口可乐价格的下降使消费者状况变好。可口可乐与雪碧都是正常商品,消费者把购买力的提高用于这两种商品。但同时可口可乐的消费比雪碧的消费变得更便宜了。这种替代效应使消费者选择更多的可口可乐和更少的雪碧。

这两种效应的最后结果是:消费者肯定购买更多可口可乐,因为收入和替代效应都增加了可口可乐的购买。但消费者是否更多购买雪碧是难以确定的,因为收入与替代效应在相反方向发生作用。

案例评析　我们可以用无差异曲线解释收入与替代效应。收入效应是向更高无差异曲线移动引起的消费变动。替代效应是由不同边际替代率的无差异曲线上的一点引起的

消费变动。我们可以用表 3-3 总结本案例的结论。

表 3-3 当可口可乐价格下降时的收入与替代效应

物品	收入效应	替代效应	总效应
可口可乐	消费者更富了,因此,他购买了更多的可口可乐	可口可乐相对便宜了,因此,消费者购买了更多的可口可乐	收入与替代效应同方向发生作用,因此,消费者购买更多的可口可乐
雪碧	消费者更富了,因此,他购买了更多的雪碧	雪碧相对贵了,因此,消费者购买的雪碧少了	收入与替代效应反方向发生作用,因此对雪碧的总效应难以确定

资料来源:[美]曼昆.经济学原理(下).北京:机械工业出版社,2003.8

案例讨论

什么是收入效应?什么是替代效应?如何计算消费的总效应?

案例 12 消费者偏好的变化:推陈出新

【案例适用】 消费者偏好

案例内容 20 世纪 80 年代末 90 年代初,非洲人首先提出依靠旅游业摆脱极端贫困的概念。在这种观念的引导下,他们在肯尼亚、南非和其他非洲国家的海滩上建起了许多旅馆,来自德国和意大利的包机一度蜂拥而至。想看狮子也想吃泡菜和享受其他国家的舒适环境的游客纷纷涌入过度拥挤的游乐园,或躺在刻意模仿地中海的海滨度假胜地上晒太阳。

如今,一种新的旅行方式开始风行全球,聪明的旅客不再追求更逼真的模仿效果(如在灌木丛中骑马等),相反,德国年轻人正热衷于在南非东部荒无人烟的海岸上策马疾驰,在亚热带植物丛生的山林中披荆斩棘。在很多方面,这种推陈出新的度假方式代表着未来的全球旅游业——一个面临急剧增长和巨变的行业。

虽然全球经济下滑和"9·11"恐怖袭击事件使 2001 年的旅游业收入自 1982 年以来首次下降,但这种不利影响远小于很多人的担心。长期趋势(包括全球财富增加、交通运输技术提高、国际领空自由化、机票价格下降和因特网在旅游业上的应用)将使全球旅游业的发展达到前所未有的水平。

随着亚洲国家日益融入经济全球化,来自亚洲地区,尤其是来自中国的游客数量将急剧增加。将来的游客希望体验不同的游览经历。虽然阳光与海滩型旅游仍占主导地位,但空间过于拥挤和时间紧迫意味着传统的两周海滨度假将越来越不受欢迎,永远工作第一的美国人和越来越多的欧洲人,将日益倾向于时间较短但更为多样化的旅游方式,这将使探险旅游、生态旅游、文化旅游、温泉旅游和运动旅游在前所未有的广泛地域内(比如中国、马尔代夫、博茨瓦纳和瓦努阿图)急剧增长。真实性是新的口号,富裕的西方游客正在寻求更新奇、更个性化的游览方式。这是个好消息,尤其考虑到近年来,很多全球最热门的旅游胜地已不堪承受大众旅游和商务旅游的压力而濒临崩溃的边缘。有关专家说,在今后 20 年内,旅游业将根据不同的时间和空间来定义。

案例评析 从表面来看,消费者的偏好属于消费者个人的主观心理活动,是看不见摸不着的。但是,我们却可以通过消费者的外在消费行为来推断消费者的偏好。在本案例中,消费者对旅游项目的选择是随着时间的不同而不同的,这就折射出消费者的偏好在不断地变化。对于旅游公司来说,只有抓住旅游者偏好的变化趋势,不断地推出满足旅游者需求的新项目,才能赢得旅游者的青睐。消费者行为理论就是要研究消费者偏好的几个经济含义,探讨消费者偏好对资源配置的影响。

案例来源:美国《新闻周刊》,2002 年 7 月 22 日(转引自:张卫东.微观经济学.北京:首都经济贸易大学出版社,2003 年版)

案例讨论

1. 为什么同一个消费者的消费偏好会发生变化?
2. 消费者偏好对资源配置有哪些影响?

案例 13 为什么肯德基在亚洲比在美国更受欢迎

【案例适用】 消费者偏好(商品的边际替代率)

案例内容 很多人都对街头随处可见的有白胡子老头的招牌不陌生,人们知道,肯德基快餐店到了。近年来,肯德基在亚洲各国的业务量都在不断增长,在中国、韩国,肯德基已经成为快餐业的老大。在 2000 年,肯德基在中国国内的营业额大约为 20 亿元人民币。在最繁忙的天安门广场分店,701 个座位每年会接待 250 万人次。然而,在美国,肯德基的营业额相对其他快餐业竞争者却在萎缩。在 1991 年,其在美国的营业额甚至下跌了5%。

案例评析 为什么肯德基在亚洲和美国的业绩回报出现如此的不同呢?其秘密就在于亚洲人和美国人的饮食偏好是不同的。我们用图 3-1 来表示这两种偏好。

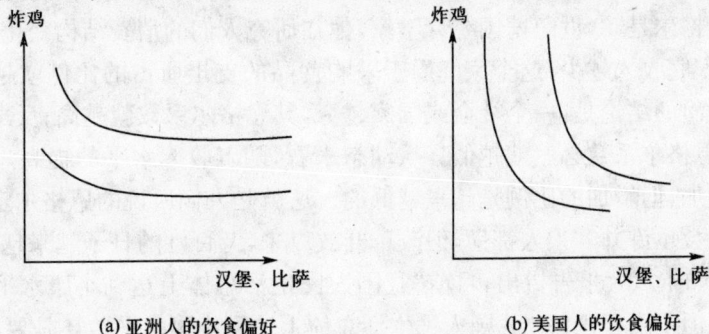

(a) 亚洲人的饮食偏好　　(b) 美国人的饮食偏好

图 3-1　对肯德基的不同偏好

大家都知道,肯德基的特点在于它提供一系列的炸鸡类食品:原味鸡块、上校鸡块、香辣鸡翅等。这类炸鸡很符合亚洲人的胃口。亚洲人本来就有吃鸡的传统,没有哪个民族或宗教是反对吃鸡肉的(当然有的宗教反对吃所有动物的肉)。因而相对于其他的快餐类食品,譬如汉堡类、比萨类,肯德基就以其符合亚洲人偏好而大行其道。如图 3-1(a)所示是亚洲人的偏好。在图中,炸鸡对汉堡、比萨的边际替代率特别大。

然而在美国,由于富裕的美国人越来越注重健康,他们担心炸鸡类食品会导致心脏病,因而对肯德基的需求不断降低。如图 3-1(b)所示,在美国,人们更偏好汉堡、比萨类食品。

本案例说明了近年来一个有趣的现象:作为一种大众化的快餐,肯德基在亚洲国家比在它的发源地美国更受欢迎。从经济学角度来说,这其实很好解释:消费者的偏好是在不断变化的。肯德基作为近几年来才大规模登陆亚洲国家的新事物注定要在亚洲受欢迎,而在它的发源地,它已成为平淡无奇的旧食品,自然很难再调动起人们的激情,健康的考虑不过是更强化了这种趋势。然而,随着消费者偏好的变化,谁能保证肯德基在亚洲受欢迎的趋势会一直持续下去呢?

这个案例也佐证了美国当代著名经济学家萨缪尔森在他的《经济学》中的话:"市场经济最终是被两个主宰所控制的,即消费者和技术。"消费者的偏好决定了市场提供什么。很多时候一种产品流行而其同类产品却在市场上消失,就是因为消费者的偏好选择了前者。

资料来源:张卫东.微观经济学.北京:首都经济贸易大学出版社,2003 年版

案例讨论

你认为消费者的消费偏好对不同品牌、不同档次的手机销售量有何影响?

案例 14　恩格尔系数告诉我们什么?

【案例适用】　收入效应

案例内容　在统计学中把家庭用于食品支出的总额占家庭总支出的百分比,称为恩格尔系数。恩格尔是 19 世纪德国统计学家,他在研究人们的消费结构变化时发现了一条规律,即一个家庭收入越少,这个家庭用于采购食品的支出所占的比例就越大,反过来也一样。由此得出的结论是:一个社会或国家越穷,其恩格尔系数就越高;反之,一个社会或国家越富,其恩格尔系数必然就越低。从动态来看,随着收入水平的提高,人们用于食品的支出也会增加,但增加的比例是越来越低的。这就是人们所说的恩格尔定律。

恩格尔系数也许并非人人都懂,但改革开放以来,老百姓的日子越来越好过了却是有目共睹的。正如十六大报告指出,目前"我国人民生活总体上达到小康水平"。这是一个科学的论断。但要真正理解"我国人民生活总体上达到小康水平",还是要从恩格尔系数说起。根据联合国粮农组织提出的标准,恩格尔系数在 59% 以上为贫困,50%～59% 为

温饱,40%～50%为小康,30%～40%为富裕,低于30%为最富裕。

我国在改革开放以来,随着人们收入不断增加,生活水平不断提高,恩格尔系数连年降低。1978年我国城乡居民的恩格尔系数分别为57.5%和67.7%,也就是说那时我国城镇居民只属于勉强温饱,农村居民则仍属于绝对贫困。然而到了1997年,这个比值发生了较大的变化:城镇居民的恩格尔系数降至46.4%,农村居民的恩格尔系数降至55.1%.更大的变化出现在最近的四五年,到2001年,我国城镇居民的恩格尔系数降至37.9%,而农村居民的恩格尔系数降至47.8%。综合来看,我国城乡居民的恩格尔系数已经降到了50%以下。因此,才可以说"我国人民生活总体上达到小康水平"。

为了实现小康生活水平,我国经过了两代人的努力。1984年,邓小平在会见日本民间人士时曾指出"所谓小康,从国民生产总值来说,就是年人均达到800美元"。中共十三大报告里再次提到:"第二步,到本世纪末,使国民生产总值再增长1倍,人民生活达到小康水平。"江泽民总书记在中共十五大报告中郑重宣告:"现在完全可以有把握地说,我们党在改革开放初期提出的本世纪末达到小康的目标,能够如期实现。在中国这样一个十多亿人口的国度里,进入和建设小康社会,是一件有伟大意义的事情。这将为国家长治久安打下新的基础,为更加有力地推进社会主义现代化创造新的起点。"2000年年底,按银行汇率折算,我国年人均GDP已超过800美元,这说明我们已经实现了第二步战略目标。

年人均GDP超过800美元,恩格尔系数降到50%以下,充分说明了我国人民正在从追求吃饱穿暖的温饱型生活,向追求享受和发展的小康型生活转变。在衣食住行用等物质生活不断得到改善和提高的同时,城乡人民的精神生活也得到了进一步的充实。用于陶冶情操、增进身心健康的文化艺术、健身保健、医疗卫生等方面的支出稳步增长,用于子女非义务教育和继续教育的支出大幅度提高,用于旅游休闲的支出增多,旅游市场一片火爆。

伴随着恩格尔系数的不断降低,我国总体经济形势亦趋好转。2003年年底,我国人均GDP首次超过1 000美元,经济增长率重新超过9%,等等。当然我们还应该看到,我国现在实现的毕竟还是总体小康,总体小康和全面小康是有差别的。要实现全面小康,我国人民的精神生活质量、所享受的民主权利以及生活环境的改善还要提高;贫富差距还有待于改善,还必须消灭局部贫困。"我们要在本世纪头20年,集中力量,全面建设惠及十几亿人的更高水平的小康社会,使经济更加发展、民主更加健全、科教更加进步、文化更加繁荣、社会更加和谐、人民生活更加殷实"。这是我们国家最高决策层的决心。

案例评析 恩格尔系数衡量的是食物支出在总支出中的比例。这一比例的高低与人们的富裕程度有直接关系。因为一般来说,高收入者用于食物的支出将相对下降;而低收入者则不得不将大部分收入用于购买食物。因此,恩格尔系数的下降代表人们富裕程度的提高。但中国农村的情况说明,在恩格尔系数下降的同时,农民的生活水平却没有得到同步的改善。其中的矛盾并不是说恩格尔系数本身存在问题,而在于中国恩格尔系数的计算方法存在问题。假如我们在计算农民的恩格尔系数时将各种乱收费从总支出中扣除,那么,由此得到的恩格尔系数自然就更加准确,也就更能反映农民的实际生活水平及富裕程度。

资料来源:李仁君.恩格尔系数能告诉我们什么.海南日报,2004年2月25日

案例讨论

计算你和你同学的恩格尔系数,并进行讨论。

案例 15　把每一分钱都用在刀刃上

【案例适用】 消费者均衡

案例内容　消费者均衡就是消费者购买商品的边际效用与货币的边际效用相等,这就是说消费者的每一元钱的边际效用和用一元钱买到的商品的边际效用相等。假定一元钱的边际效用是 5 个效用单位,一件上衣的边际效用是 50 个效用单位,消费者愿意用 10 元钱购买这件上衣,因为这时的一元钱的边际效用与用在一件上衣上的一元钱的边际效用相等,此时消费者就实现了消费者均衡,也可以说实现了消费(满足)的最大化。低于或大于 10 元钱,都没有实现消费者均衡。我们可以简单地说在你收入既定、商品价格既定的情况下,花钱最少得到的满足程度最大就实现了消费者均衡。

我们前面讲到商品的连续消费会使边际效用递减,其实货币的边际效用也是递减的。在收入既定的情况下,你储存货币越多,购买物品就越少,这时货币的边际效用在下降,而物品的边际效用在增加,明智的消费者就应该把一部分货币用于购物,增加他的总效用;反过来,消费者卖出商品,增加货币的持有,也能提高他的总效用。通俗地说,假定你有稳定的职业收入,你银行存款有 50 万元,但你非常节俭,吃、穿、住都处于温饱水平,实际上这 50 万元足以使你实现小康生活。要想实现消费者均衡,你应该用这 50 万元的一部分去购房,用一部分去买一些档次高的服装,银行也要有一些积蓄;相反,如果你没有积蓄,购物欲望非常强,见到新的服装款式,甚至借钱去买,买的服装很多,而效用降低,如遇到一些家庭风险,没有一点积蓄,使生活陷入困境。

经济学家的消费者均衡理论看似难懂,其实一个理性的消费者,他的消费行为已经遵循了消费者均衡理论。比如你在现有的收入和储蓄下是买房还是买车,你会作出合理的选择。你走进超市,见到琳琅满目的物品,你会选择你最需要的;你去买服装肯定不会买你已有的服装。所以说经济学是选择的经济学,而选择就是在你资源(货币)有限的情况下,实现消费满足的最大化,使每一分钱都用在刀刃上,这样就实现了消费者均衡。

案例来源:http://webs. nbptweb. net/jpkc/eco/text/yuedu/yuedu03. mht

案例讨论

分析你这个月的消费支出,是否实现了“每一分钱都用在刀刃上”?

第4章 生产与成本理论

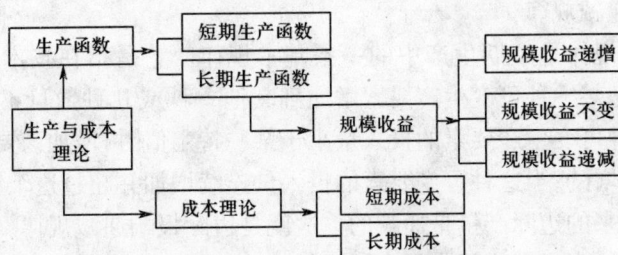

一、生产理论

1.厂商

生产者或厂商是指能够作出统一的生产决策的个体经济单位。厂商进行生产所追求的目标是利润最大化。厂商主要可以采取三种组织形式:个人企业、合伙制企业和公司制企业。

2.生产函数

(1)生产函数表示在一定时期内,在技术水平不变的情况下,生产中所使用的各种生产要素的数量与所能生产的最大产量之间的关系,即为 $Q=f(L, K, \cdots, T)$。

(2)厂商的生产可以分为短期生产和长期生产。短期生产指在生产中厂商至少有一种生产要素来不及调整的时期;长期生产指在生产中厂商对于所有的生产要素都可以进行调整的时期。相应的,我们分别以短期生产理论和长期生产理论来讨论短期生产和长期生产的基本特征。

3.短期生产函数:一种可变要素的合理投入

(1)短期生产函数

由生产函数 $Q=f(L,K)$ 出发,假定资本投入量是固定的,用 $\overline{K}$ 表示;劳动投入量是可变的,用 L 表示,则生产函数可以写成:

$$Q = f(L, \overline{K})$$

（2）总产量、平均产量和边际产量

劳动的总产量（TP_L）指与一定的劳动的投入量相对应的最大产量。它的定义公式为

$$TP_L = f(L, \overline{K})$$

劳动的平均产量（AP_L）指平均每一单位劳动的投入量所生产的产量。它的定义公式为

$$AP_L = \frac{TP_L}{L}$$

劳动的边际产量（MP_L）指增加一单位劳动的投入量所增加的产量。它的定义公式为

$$MP_L = \frac{\Delta TP_L}{\Delta L} \quad \text{或} \quad MP_L = \lim_{\Delta L \to \infty} \frac{\Delta TP_L}{\Delta L} = \frac{\mathrm{d} TP_L}{\mathrm{d} L}$$

（3）边际报酬递减规律

边际报酬递减规律是短期生产中的一条基本规律。它是指在技术水平不变的条件下,在连续等量地把某一种可变生产要素增加到其他一种或几种数量不变的生产要素上去的过程中,当这种可变生产要素的投入量小于某一特定值时,增加该要素的投入量所带来的边际产量是递增的;当这种可变要素的投入量连续增加并超过这个特定值时,增加该要素的投入量所带来的边际产量是递减的。这就是边际报酬递减规律。

（4）总产量、平均产量和边际产量之间的相互关系

①边际产量和总产量之间的关系

可简单地表述为:只要边际产量是正的,总产量总是增加的;只要边际产量是负的,总产量总是减少的;当边际产量为零时,总产量达到最大值。

②平均产量和总产量之间的关系

根据平均产量的定义公式 $AP_L = \frac{TP_L}{L}$ 可以推出,连接 TP_L 曲线上任何一点和坐标原点的线段的斜率,就是相应的 AP_L 值。

③边际产量和平均产量之间的关系

就平均产量 AP_L 和边际产量 MP_L 来说,当 $MP_L > AP_L$ 时,AP_L 曲线是上升的;当 $MP_L < AP_L$ 时,AP_L 曲线是下降的;当 $MP_L = AP_L$ 时,AP_L 曲线达到最大值。

4. 长期生产函数

（1）长期生产函数的定义

在长期内,所有的生产要素的投入量都是可变的,多种可变生产要素的长期生产函数可以写为

$$Q = f(X_1, X_2, \cdots, X_n)$$

式中,Q 为产量;$X_i (i = 1, 2, \cdots, n)$ 为第 i 种可变生产要素的投入量。

此生产函数表示:长期内在技术水平不变的条件下,由 n 种可变生产要素投入量的一定组合所能生产的最大产量。

在生产理论中,为简化分析,通常以两种可变生产要素的生产函数来考察长期生产问

题。假定生产者使用劳动和资本两种可变生产要素来生产一种产品,则两种可变生产要素的长期生产函数可表示为

$$Q=f(L,K)$$

式中,L 为可变要素劳动的投入量;K 为可变要素资本的投入量;Q 为产量。

(2)等产量曲线及其特征

等产量曲线是在技术水平不变的条件下生产同一产量的两种生产要素投入量的所有不同组合的轨迹。

与无差异曲线相似,等产量曲线与坐标原点的距离的大小表示产量水平的高低:离原点越近的等产量曲线代表的产量水平越低;离原点越远的等产量曲线代表的产量水平越高。同一坐标平面上的任意两条等产量曲线不会相交。等产量曲线是凸向原点的。

(3)边际技术替代率

在维持产量水平不变的条件下,增加一单位某种生产要素的投入量时所减少的另一种生产要素的投入量,被称为边际技术替代率,用字母表示为 $MRTS$。劳动 L 对资本 K 的边际技术替代率的定义公式为

$$MRTS_{LK}=-\frac{\Delta K}{\Delta L}$$

等产量曲线上某一点的边际技术替代率就是等产量曲线在该点斜率的绝对值。

边际技术替代率还可以表示为两种生产要素的边际产量之比,即

$$MRTS_{LK}=-\frac{\Delta K}{\Delta L}=\frac{MP_L}{MP_K}$$

(4)边际技术替代率递减规律

在两种生产要素相互替代的过程中,普遍地存在这么一种现象:在维持产量不变的前提下,当一种生产要素的投入量不断增加时,每一单位的这种生产要素所能替代的另一种生产要素的数量是递减的。这一现象被称为边际技术替代率递减规律。

(5)等成本线

等成本线是在既定的成本和既定的生产要素价格条件下生产者可以购买到的两种生产要素的各种不同数量组合的轨迹。

(6)最优的生产要素组合

最优的生产要素组合是指以最小的成本生产最大产量的生产要素组合。在现实的生产经营决策中,生产要素的最优组合,又具体表现为两种情况:一是在成本既定条件下,产量最大的生产要素组合;二是在产量既定条件下,成本最低的生产要素组合。

为实现生产要素的最优组合,应同时考虑等成本线和等产量线。把等成本线和等产量线反映在一个图上,等成本线必须和无数条等产量线中的一条相切,这一切点表示生产要素的最优组合,即在既定的产量下实现成本最小或在既定的成本下达到产量最大。实现最优生产要素组合的条件为

$$\frac{MP_L}{w}=\frac{MP_K}{r}$$

(7)规模报酬

规模报酬属于长期生产的概念。规模报酬递增、规模报酬不变和规模报酬递减分别

指长期生产中全部生产要素增加的比例小于、等于或大于它所导致的产量增加的比例。在企业扩大规模的长期生产过程中,一般会先后经历规模报酬递增、规模报酬不变和规模报酬递减这样三个阶段。

二、成本理论

1.成本的概念

(1)机会成本

生产一单位的某种商品的机会成本是指生产者所放弃的使用相同的生产要素在其他生产用途中所能得到的最高收入。企业的生产成本应该从机会成本的角度来理解。

(2)企业的生产成本可以分为显性成本和隐性成本两个部分

企业生产的显性成本是指厂商在生产要素市场上购买或租用所需要的生产要素的实际支出。

企业生产的隐性成本是指厂商本身所拥有的且被用于该企业生产过程的那些生产要素的总价格。隐性成本包括:

①作为成本项目计入账上的厂房、机器设备等固定设备的折旧费;

②厂商自己投入的资金的利息、企业主为该企业提供的劳务应得的报酬。

即所谓隐性成本,就是固定设备的折旧费和我们称之为正常利润的总和。

企业所有的显性成本和隐性成本之和构成总成本。

(3)企业的经济利润和正常利润

企业的经济利润是指企业的总收益和总成本之间的差额,简称企业的利润。企业所追求的最大利润,就是指最大的经济利润。经济利润也被称为超额利润。

企业的正常利润是指厂商对自己所提供的企业家才能的报酬支付。由于正常利润是以隐性成本计入成本的,因此,经济利润中不包括正常利润。

2.短期成本理论

(1)短期成本分类

在短期,厂商的成本有不变成本部分和可变成本部分之分。具体来讲,厂商的短期成本有以下七种:总不变成本、总可变成本、总成本、平均不变成本、平均可变成本、平均总成本和边际成本。

(2)边际报酬递减规律

边际报酬递减规律是指在短期生产过程中,在其他条件不变的前提下,随着一种可变要素投入量的连续增加,它所带来的边际产量先是递增的,达到最大值后再递减。边际报酬递减规律是短期生产中的一条基本规律。

(3)各种成本曲线之间的关系

第一,关于 TC 曲线、TVC 曲线和 MC 曲线之间的关系:与边际报酬递减规律作用的 MC 曲线的先降后升的 U 形特征相对应,TC 曲线和 TVC 曲线的斜率也由递减变为递增。

第二,关于 AC 曲线、AVC 曲线和 MC 曲线之间的相互关系:由于在边际报酬递减规律作用下的 MC 曲线有先降后升的 U 形特征,所以,AC 曲线和 AVC 曲线也必定有先降后升的 U 形特征。而且,MC 曲线必定分别与 AC 曲线相交于 AC 曲线的最低点,与 AVC

曲线相交于 AVC 曲线的最低点。

3. 长期成本理论

(1)长期总成本(LTC)是指厂商在长期中在每一个产量水平上通过选择最优的生产规模所能达到的最低总成本。长期总成本曲线是无数条短期总成本曲线的包络线。

(2)长期平均成本(LAC)表示厂商在长期内按产量平均计算的最低总成本。长期平均成本曲线是无数条短期平均成本曲线的包络线。

(3)长期边际成本(LMC)表示厂商在长期内增加一单位产量所引起的最低总成本的增量。长期边际成本曲线呈 U 形,它与长期平均成本曲线相交于长期平均成本曲线的最低点。

案例 1　三个和尚与边际产量递减规律

【案例适用】 边际产量递减规律

案例内容 中国有句俗语:一个和尚挑水吃,两个和尚抬水吃,三个和尚没水吃。这句俗语讽刺了生活中互相攀比、人浮于事、吃大锅饭的现象,但也反映了经济学中的规律。

我们假设庙里只有 2 个水桶,是固定不变的。开始的时候只有一个和尚,他只能自己下山挑水,山高路远,十分吃力,所以他一天只能挑一趟水,而且每个水桶还不能盛满水。这一趟挑回来的 2 半桶水十分宝贵,他得十分节省地用才能够他一天的吃喝洗漱等。

后来又来了一个和尚,2 个和尚就可以抬水,所以每天他们下山抬水。因为庙里只有 2 个水桶,他们当然一次只能抬 2 桶水,但是每个和尚就省力多了,所以 2 个水桶都是满满的,而且他们每天还可以抬 2 趟。那么他们一天就有 4 桶水了,也就是每人 2 桶水,比原来一个和尚的时候改善了一些。

现在来了第 3 个和尚,还是只有 2 个水桶。他们只好轮流下山抬水,每天一次去 2 个人,每个人下山 2 次,3 个人可以抬 3 趟水,一共抬回来 6 桶水,平均每个人 2 桶。注意!第 3 个和尚的到来并没有使和尚们的用水情况得到改善。

然后又来了第 4 个和尚。现在他们可以分成两组下山抬水了,每天每组两趟。但是两组之间未免就会互相攀比,谁都想偷个懒,抬回来的总水量虽然在增加,但平均每个和尚的用水量却都少了一点。

如果又来了第 5 个和尚、第 6 个和尚、第 7 个和尚……和尚太多,水桶太少,大部分的和尚在大部分的时间里都没事可做,他们就会互相争执,包括抬水多少的问题等就会出现矛盾。这时,就会有一个或几个和尚被推举为头目,负责管理和分派抬水及庙内各项事宜。这些管理者就会少抬几趟水,结果抬回来的水量虽然在增加,但平均每个和尚的用水量又减少了一些。

如果和尚再增加,例如,有 21 个和尚,其中一个和尚是头目,不抬水,其余的 20 个和尚分为 10 组,每天一共要下山 20 趟去抬水。但是,只有 2 个水桶,所以这 20 趟抬水行动是不能同时进行的,必须一趟一趟地来,而白天的时间是有限的,抬 20 趟水,就要从清晨抬到傍晚。也就是说,2 个水桶,一天最多只能抬 20 趟水。这时,和尚们的抬水总量就达到了最大。当然平均每个和尚的用水量已经很少,也许只有每人一桶多了。

如果又不断有和尚来,可以想象,每天的抬水总量是不可能再增加了;相反,由于人多、事多、矛盾多,每个人的用水量又在急剧下降,大家怨声载道,互相牵制,消极怠工,结果抬水总量还下降了。也许真的有一天,庙里的和尚成了一大群,而水却一滴也抬不来了。把这些情况总结起来,就成了那句俗语:"一个和尚挑水吃,两个和尚抬水吃,三个和尚没水吃。"

案例评析 水桶就好比是资本,和尚就好比是劳动者,庙里发生的故事就是在资本固定的情况下,不断地增加劳动的结果。一开始,由于资本没有被完全利用,所以增加劳动,总产量、边际产量、平均产量都增加了。后来,资本被完全利用,再增加劳动,边际产量开始下降,平均产量也随之下降,而总产量还在增加,但增加得越来越慢了。再后来,边际产量下降到零,总产量不再增加了。最后,劳动的增加会导致总产量也下降了,如图 4-1 所示。

如果劳动固定,只增加资本,其结果也是一样的。把这种现象总结出来,就是:当其余的生产要素不变,而只改变一种生产要素时,一开始总产量会增加,当到达一定的限度时,增加的幅度(边际产量)就会开始递减,即越增加越慢,当递减到 0 时,总产量就达到最高值,然后总产量会开始下降。

以上规律就被称作边际产量递减规律,它是从生产和科学实验中总结出来的。可能有许多人会由此联想到边际效用递减规律,这两条规律的形式十分相似,但是它们应用

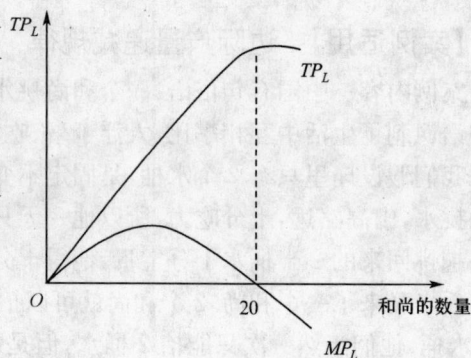

图 4-1 边际产量与总产量曲线

的场合和东西都不一样。边际产量递减规律总结的是厂商在生产中的生产要素与产量之间的关系。

边际产量递减规律告诉我们,一种生产要素的投入不可以过多,过多只能起到反作用。这个规律是一个可以被广泛观察到的经验性规律,基本上可以称之为是一个"过犹不及"的规律。例如,你给将要干涸而死的花浇水,一开始水会使花恢复生机,但持续浇下去,花反而会涝死。

由边际产量递减规律可以推出,总产量、边际产量、平均产量之间的关系如下:

边际产量与总产量之间的关系是:边际产量为正值,总产量就增加;边际产量为负值,总产量就减少;边际产量为零时,总产量为最大。这好比爬山,当你用力往上爬时,就不断地爬上新的高度,当你爬上山顶休息时,你的攀登高度也停止了;当你再往前走时,你就走向了下坡,增加的高度(边际高度)成了负值,总高度反而下降了。

边际产量和平均产量之间的关系是:边际产量大于平均产量,平均产量递增;边际产量小于平均产量,平均产量递减;边际产量等于平均产量,平均产量最大。这好比给学生加分并计算平均分数,学生分数由高到低排列。单个学生的分数比平均分数高,加进来就使原来的平均分数升高;如果单个学生的分数比平均分数低,加进来就使原来的平均分数变低。如图 4-2 所示,L 是劳动量,AP_L 和 MP_L 的交点是 AP_L 的最高点 A 点。

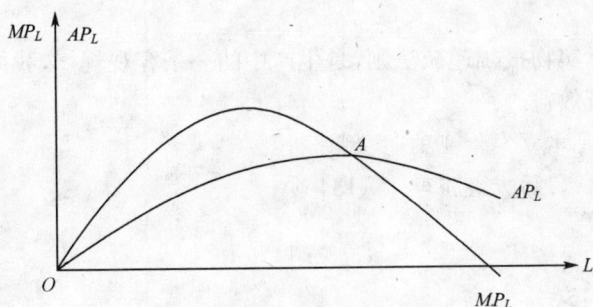

图 4-2 AP_L 和 MP_L 的关系

案例来源：辛宪. 经济学的第一堂课. 北京：清华大学出版社，2005.10

案例讨论

1. 为什么会出现边际产量递减现象？
2. 假设你是某家饭店的负责人，你准备怎样雇佣服务人员？

案例 2 边际实物报酬是怎样递减的

【案例适用】 边际产量递减规律

案例内容 转盘是某厂大型连续卷管机 400 多种零件中的关键零件之一，用 4 台机床进行加工。

开始时，用 4 个工人加工，一人一台机床。由于每个工人既要操作机床，又要做些必要的辅助工作（如卡零件、借用工具、相互传递、打扫卫生等），使机床的生产效率没有得到充分发挥，结果日总产量为 32 件，人均产量只有 8 件。当增加一个工人后，就可以有一个工人做辅助工作，其他 4 个工人能够把大部分时间用在机床上，日总产量增加到 41 件，人均产量为 8.2 件，边际产量为 9 件。再增加一个工人后，就能将绝大部分辅助工作担当起来，有 4 个工人盯在机床上，充分发挥了机床的生产效率，日总产量又增加到 54 件，人均产量为 9 件，边际产量为 13 件。这就是边际实物报酬的递增阶段，总产量以递增的速度增加。

当增加到 7 个工人时，由于新投入的第三个工人只能担负一部分辅助工作，有一部分时间没活干，因此总产量虽然增加到 63 件，平均产量保持不变，但边际产量反而下降。此后，随着投入的劳动力进一步增加，不但剩余时间越来越多，而且互相干扰，废品率也相应上升，结果平均产量不断下降，边际产量下降更快。直到总劳动力为 10 人时，总产量达到最大，平均产量从递增到递减，边际产量从最大到 0。这就是边际实物报酬递减阶段，总产量以递减的速度增加。

在这以后，当劳动力增加到 10 人以上时，便人浮于事，人多手杂，职责不清，互相扯皮，废品率进一步增加，导致边际产量为负，平均产量继续下降，总产量也开始下降。这就出现了负报酬阶段。

由此可见,边际实物报酬递减法则,是生产中的一条客观规律,我们应该学好它,用好它,以求最大的经济效益。

案例评析 参见本章案例1的"案例评析"。

资料来源:黎诣远.西方经济学.第134页

案例讨论

1. 边际报酬递减规律的内容是什么? 为什么会出现边际报酬递减现象?

2. 为什么只有在边际产量为零的情况下,才能实现总产量最大化?

案例3 从"大跃进"到"杂交水稻"

【案例适用】 边际收益递减规律

案例内容 大跃进是发生在我国20世纪50年代末60年代初的一种"跑步进入共产主义"的激进运动。经历过那个年代的人都还记得这种运动的极端性和破坏性。而袁隆平则是我国著名的农业科学家,也是享誉世界的"杂交水稻之父"。杂交水稻这项技术由于大幅度地提高了水稻的亩产量,而对全球的水稻供应产生了革命性的影响。这两件事能联系在一起,主要是与经济学上的边际收益递减规律有关。

在一定技术条件下,使用多种投入但只有一种投入是可变的,在生产一种产品时,随着这种可变投入的增加,得到的产量也是增加的,但超过一定限度后,这种增加的产量就会越来越少,甚至使总产量绝对地减少。这一现象普遍存在,就被称为边际收益递减规律。当这一学说在18世纪被提出之后,曾发生了两种观点的争论。一种观点从递减性出发,引申出了资本主义的利润趋于下降的趋势,众多西方学者据此对资本主义抱以同情;另一种观点通过强调技术进步的作用,而强烈批判了这一规律,认为它抹杀了技术进步对收益递减的反作用,马克思主义的经济学从列宁开始就非常强调这一批判性的结论。实际上,技术进步因素在产量变化过程中到底重不重要,这主要与我们要考察的时期长短有关。假设我们是在一个充分长的时期内考察某种产品的生产,那么技术进步因素很难不发挥作用;而在一个短期内假设技术水平没有发生变化可能会更现实一些。这样,在短期内边际收益递减应该被当做一个客观的规律来看待。说它是客观的规律,主要是因为这一规律是由生产的技术特征决定的。根据边际收益递减规律,边际产量先递增后递减,递增是暂时的,而递减则是必然的。边际产量递增是生产要素潜力发挥、生产效率提高的结果,而到一定程度之后边际产量递减,则是生产要素潜力耗尽、生产效率下降的原因所致。

规律既然是客观的,就必须得到尊重,否则就会受到规律的惩罚。由于大跃进时期的舆论导向把人定胜天的思想拔高到了让人头脑发昏的地步,当时的人们错误地提出"人有多大胆,地有多大产"。超限度的强行"密植"必然导致了粮食的大幅减产,结果"人祸"加"天灾",在当时的中国造成了灾难性的后果。

按照边际收益递减规律,连续追加投入,得到的产出的增加却越来越少,这似乎很可怕,但从长期着眼却也没什么了不起。从新中国成立以来,一方面人口数量翻了一番还多,而另一方面耕地的面积却一直在减少,然而改革开放以来,我国并没有出现所谓的"粮食危机",这多亏了农业科技进步所发挥的作用。从边际收益递减规律的角度来看,我国没有发生"粮食危机"的后果,主要是因为在长期中,这一规律的前提条件——技术水平不变发生了变化。以袁隆平的事迹为例,为了提高水稻亩产量,他几十年如一日蹲在田间地头,经过无数次艰苦的实验和研究,终于将水稻种植技术推进到"杂交水稻"时代。在袁隆平取得成就的基础上,我国科学家通过联合攻关,现在已全部破解了水稻的基因密码。这对我国今后大幅度提高水稻亩产量提供了美好的前景。

从大跃进运动到袁隆平的成就,给我们展示了如何对待边际收益递减规律的正反两方面的例证。在短期,我们必须尊重边际收益递减规律,确定合理的投入限度;但在长期,通过积极地实施技术创新战略,打破边际收益递减规律的限制,可为人民谋取更大的福利。

案例评析 在任何产品的生产过程中,可变生产要素投入量和固定生产要素投入量之间都有一个最佳组合比例。开始时,由于可变要素的投入量为零,而不变要素的投入量所能达到的最大生产能力远远没有得到充分的利用,所以最先增加的可变要素投入量可以使边际产量递增。可变要素投入量继续增加到某一值时,可变要素的边际产量达到最大值,此时生产要素的组合就达到最佳组合比例。此后,可变要素投入量的继续增加只会使生产要素的组合越来越偏离最佳组合比例,可变要素的边际产量呈现递减的趋势。"大跃进"恰恰是属于生产过程中的边际产量递减阶段,符合边际收益递减规律。但同时应该注意到,边际收益递减规律发生作用的前提是技术水平不变。技术的改进可能会使得总产量曲线整个上移,在同样的投入下生产出更多的产品,如图 4-3 所示。"杂交水稻"的成功正是通过改变技术要素,从而改变边际收益递减规律发生作用的前提条件,进而才得以提高产量。因此,我们在谈边际收益递减规律时一定要注意其前提条件。

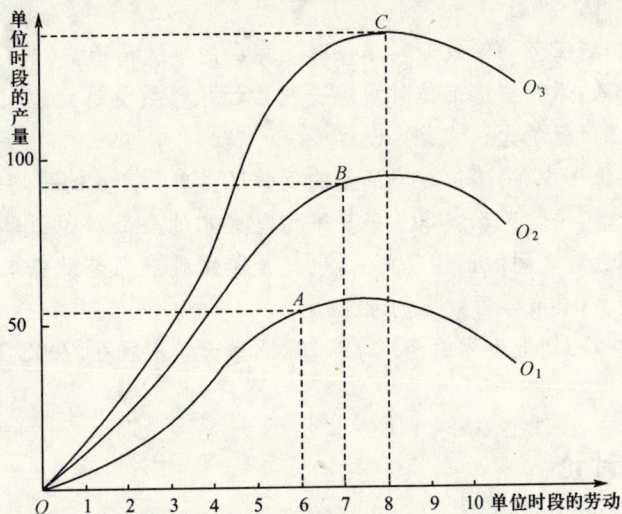

图 4-3 技术的改进使总产量曲线整个上移

资料来源:李仁君.从"大跃进"到"杂交水稻":谈边际收益递减规律.海南日报,2003年6月11日

案例讨论

1. 中国水稻专家袁隆平对人类的贡献是什么？这个事实是否证明边际收益递减规律是错误的？

2. 理解边际收益递减规律时应注意哪些方面？

案例4　企业生产中的学习效应及其作用

【案例适用】　规模经济的理论

案例内容　包头海业羊绒公司是一家专门生产羊绒围巾的民营企业,该企业产品主要用于出口,经济效益较好。生产羊绒围巾有多道生产环节,其中搓穗工序完全是手工操作,劳动密集度很高,每年需要雇佣200名左右的工人,这些工人主要是来自包头郊区邻近农村的女工。搓穗工序生产季节性较强,人员流动性较高,工人轮换率大约在一半上下。新进厂的搓穗工需要经过一段时期实习,技术达到一定水平后才进入正式独立生产序列。工人在6月初每搓一条穗所需要的时间较长,随着工作时间延长和累计产量增加,她们的技术变得越来越熟练;搓穗速度加快了,每搓一条穗所需要的时间越来越短。

案例评析　成本与产出是不同经济活动面临的普遍经济关系,降低单位产出成本是管理实践的基本目标之一。经济学提炼出规模经济、学习效应、范围经济等概念,从不同角度对成本产出关系特征加以分析概括。学习效应是指把工人或其他从业人员通过实际工作经验积累带来能力提升和降低生产成本的影响,也就是"干中学"带来的成本节省效应。

不难理解,搓穗工劳动绩效即其单位时间完成的羊绒穗产量(条),与工人累计搓穗数量具有正相关关系:累计搓穗工作时间越长或累计搓穗数量越大,单位时间(每天或每小时)完成的羊绒穗产量越大。

在搓穗生产工序中,用单位时间产量的倒数度量单位产量的平均劳动成本(由于该工序完全是手工劳动,平均劳动成本几乎是平均总成本的全部),因而单位时间羊绒穗产量与工人累计搓穗数量之间的正相关关系,也就是羊绒穗产品劳动成本与搓穗工累计产量之间的反相关关系,具有学习效应的涵义。

案例来源:卢峰.商业世界的经济学观察.北京大学出版社,2003年

案例讨论

1. 什么是规模经济？影响规模经济的因素有哪些？

2. 学习效应如何影响规模经济？怎么来衡量？

3. 从本案例的数据中，你能得出哪些结论？

4. 你还能举出你的身边发生的学习效应的例子吗？

案例 5 移动梦网短信的故事

【案例适用】 规模经济

案例内容 Monternet(移动梦网)是中国移动 2001 年推出的移动互联业务全国统一品牌。中国移动集团推出梦网计划以来，手机短信以其特有的技术和业务优势，很快打破了电话声讯业务在信息平台的垄断，形成竞争格局。据中国移动统计，2001 年手机短信发送量为 150 亿条，2002 年飙升到 793 亿条，2003 年继续保持迅猛增长的势头。短信已经被人们称为继网络之后的"第五媒体"。2000 年只有 10 亿元市场规模，2001 移动增值业务的市场规模为 19.8 亿元人民币，2002 年增长最快，增长了 373%，达到 93.6 亿元人民币的市场规模。2003 年移动增值业务市场规模达到 233.2 亿元人民币，预计 2004 年，移动增值业务的市场规模为 385.4 亿元人民币，2006 年为 640.5 亿元人民币，增长幅度逐渐趋缓。

案例评析 我们可以从规模经济的角度来分析这一市场快速发展的原因。

为实现向用户提供更有价值服务这一最终目标，中国移动走出运营商的传统定位，转而与众多内容的应用服务提供商合作，实现开放和公平接入，并以客户聚集者的身份架起应用服务提供商与用户之间的桥梁。现有的 WAP 平台、短消息平台都可向社会不同合作伙伴开放，并以"一点接入、全网服务"为原则，通过不断升级和完善计费系统，给合作伙伴充分施展才能提供条件。

中国移动之所以能够提供网络平台和网络服务，关键在于这类网络信息产品具有很强的规模经济效应。移动电话系统包括遍布全国的交换和传输系统以及成千上万的基站，但它传输的是信息产品，传递每个呼叫或短信的边际成本很小。由于边际成本小，运营商的话务量越大，其平均成本就越低。移动梦网"一点接入、全网服务"，进一步降低了运营商的边际成本。反观固定电话声讯系统，由于是以本地网为单位建立，每增加一个节目源，或者不能全网服务，或者每个本地网都要修改和增加相应数据(涉及流程装载、计费和结算等内容)，因而需要耗费大量额外的人力物力，难以提供真正意义上的全网服务功能。从供给方面看，移动梦网竞争力的基础是强大的规模经济效应。

中国移动能够成功的关键是运用了网络平台和网络服务有很强的规模经济效应。规模经济的特征就是长期平均成本随产量增加而减少。规模经济的产生是因为生产水平高，运用专业化节省人力物力，降低了生产成本。移动梦网恰恰利用这一特点，通过"一点接入、全网服务"，降低了运营商的边际成本。

案例来源：(1)卢峰. 商业世界的经济学观察. 北京大学出版社，2003 年

(2)2004 年中国移动增值服务研究报告. http://www.okokok.com.cn

案例讨论

1. 请举出现实社会中规模经济的成功案例。

2. 企业的规模越大越好吗？请举例说明。

案例6 "大的就是好的"——王永庆的成功之路

【案例适用】 规模经济

案例内容 台塑集团老板王永庆被称为"主宰台湾的第一大企业家"、"华人经营之神"。王永庆不爱读书,小学时的成绩总在最后10名之内,但他吃苦耐劳、勤于思考,终于成就了一番事业。王永庆大概也没有读过什么经济学著作,但他的成功之路却与经济学原理是一致的。

王永庆的事业是从台塑生产塑胶粉粒 PVC 开始的。当时每月仅生产 100 吨 PVC,是世界上规模最小的。王永庆知道,要降低 PVC 的成本只有扩大产量,所以以扩大产量、降低成本、打入世界市场是成功的关键。于是,他冒着产品积压的风险,把产量扩大到 1 200吨/月,并以低价格迅速占领了世界市场。

案例评析 王永庆扩大产量、降低成本的做法正是经济学中的规模经济原理。规模经济是说明各种生产要素增加,即生产规模的扩大对产量或收益的影响。当生产规模扩大的比率小于产量或收益增加的比率时,就是规模收益递增;当生产规模扩大的比率大于产量或收益增加的比率时,就是规模收益递减;当这两种比率相等时则是规模收益不变。

王永庆的成功正在于他敢于扩大产量,实现规模收益递增。当时台塑产量低是受台湾需求有限的制约。王永庆敏锐地发现,这实际陷入了一种恶性循环:产量越低成本越高,越打不开市场;越打不开市场,产量越低成本越高。打破这个循环的关键就是提高产量,降低成本。当产量扩大到月产 1 200 吨时,可以用当时最先进的设备与技术,成本大幅度下降,就有进入世界市场、以低价格与其他企业竞争的能力。

当一个企业的产量达到使平均成本最低时,就充分利用了规模收益递增的优势,或者说实现了最适规模。应该说,不同行业中最适规模的大小是不同的。一般而言,重工业、石化、电力、汽车等行业的最适规模都很大。这是因为在这些行业中所用设备先进、复杂,最初投资大,技术创新和市场垄断程度都特别重要。王永庆经营的化工行业正属于这种最适规模大的行业,所以,规模的扩大带来了收益递增。近年来,全世界掀起一股企业合并之风。企业合并无非是为了扩大规模,实现最适规模。合并之风最强劲的是汽车、化工、电子、电信这些产量越多、收益增加越多的行业。世界 500 强企业也以这些行业居多。对这些行业的企业而言,"大的就是好的"。

但千万别忘了《红楼梦》中王熙凤的一句话:"大有大的难处。"一个企业大固然有许多好处,但也会引起一些问题。这主要是随着企业规模扩大,管理效率下降,管理成本增加。一个大企业也像政府机构一样会滋生官僚主义。同时,企业规模大也会缺乏灵活性,难以适应千变万化的市场。所以,"大的就是好的"并不适用于一切企业。当企业规模过大引起成本增加、效益递减时就存在内在不经济,发生规模收益递减。对那些大才好的企业来说,要特别注意企业规模大引起的种种问题,王永庆在扩大企业规模和产量的同时,注意降低建厂成本、生产成本和营销成本,并精简人员,提高管理效率。这对他的成功也很重要。

对那些未必一定要大的轻工、服务之类行业的企业来说,"小的也是美好的"。船小好掉头,在这些设备、技术重要性较低,而适应市场能力要强的企业中,就不要盲目追求规模。甚至有些大企业也因管理效率差而分开。美国 IBM 公司就曾一分为三。比如,香港有一家皮鞋作坊(还称不上工厂),父子俩经营,厂店合一,手工定做皮鞋。他们制作的皮鞋极为精致,根据每个人的脚形制作,穿着极为舒适。价格和名气都远远超过老人头之类的世界名牌。李嘉诚、金庸这些名人都穿这家店的鞋。类似这样的鞋厂,世界上还有不少,如伦敦的 Lobb。即使制鞋大国意大利,60%的名牌鞋都出自小厂,有 80%的这样的小厂工人在 20 人以下。

在当前国际经济中,占现有企业三分之二以上的是中小企业,它们提供了 90%以上的就业机会,创造了世界 60%以上的产值,是企业技术创新的中坚力量。这些中小企业大量集中于零售、服务和批发业。

20 世纪 70 年代英国经济学家舒马赫写了一本名为《小的是美好的》的书,批评了以大为好的思想。他主张发展中国家采用中间型技术和发展中小企业。他形象地把中间型技术称为"介于镰刀和拖拉机之间,或者介于非洲砍刀和联合收割机之间的技术"。这种技术所用的设备与技术简单易学,人员容易培训,对市场适应性强,适于发展中国家采用。与这种中间型技术相对应,要重视中小企业的发展,因为这种技术最适于中小企业采用。

其实企业并不是一味求大或求小,而是以效益为标准。那种盲目合并企业,以追求进 500 强的做法往往事与愿违。绑在一起的小舢板绝不是航空母舰。王永庆的成功不在于台塑大,而在于台塑实现了规模经济收益递增的最优规模。

在扩大生产规模所引起的产量变动中会导致三种情况的发生。第一种是当长期平均总成本随着产量的增加而减少时,可以说存在规模经济;第二种情况是当长期平均总成本随着产量的增加而增加时,可以说存在规模不经济;第三种情况是当长期平均总成本不随着产量变动而变动时,可以说存在规模收益不变。本案例中王永庆所从事的台塑生产企业,凭借扩大规模降低生产成本,来赢得市场。而另一些企业盲目合并,扩大生产,带来的是规模不经济或规模收益不变。有些企业凭借小规模生产,来提高自身价值。如本案例中的皮鞋作坊。这些企业的成功不是因为规模经济而是利用了小规模、高质量获得发展。因此在确定生产规模时要认真分析自身行业的特点和企业生产的发展阶段,不能盲从。

案例来源:梁小民.微观经济学纵横谈.生活·读书·新知三联书店,2000 年

案例讨论

企业如何实现规模经济?

案例 7　格兰仕的低成本战略

【案例适用】　规模经济

案例内容　面临着越来越广阔的市场,每个企业都有两种战略选择:一是多产业,小规模,低市场占有率;二是少产业,大规模,高市场占有率。格兰仕选择的是后者。格兰仕的微波炉在国内已达到 70％的市场占有率,在国外已达到 35％的市场占有率。

格兰仕的成功就是运用规模经济的理论,即某种产品的生产,只有达到一定规模时,才能取得较好的效益。微波炉生产的最小经济规模为 100 万台。早在 1996－1997 年,格兰仕就达到了这一规模。随后,规模每上一个台阶,生产成本就下降一个台阶。这就为企业的产品降价提供了条件。格兰仕的做法是:当生产规模达到 100 万台时,将出厂价定在生产规模为 80 万台的企业成本价以下;当规模达到 400 万台时,将出厂价又调到规模为 200 万台的企业成本价以下;现在当规模达到 1 000 万台以上时,又把出厂价降为 500 万台的企业成本价以下。这种在成本下降的基础上所进行的降价是一种合理的降价。降价的结果是将价格平衡点以下的企业一次又一次大规模地淘汰,使行业的集中度不断提高,使行业的规模经济水平不断提高,由此带动整个行业社会必要劳动时间不断下降,进而带来整个行业的成本不断下降。

成本低,价格必然低,降价最大的受益者是广大消费者。从 1993 年格兰仕进入微波炉行业到 2003 年,微波炉的价格由每台 3 000 多元降到每台 300 元左右,下降了 90％多。这不能不说是格兰仕的功劳,不能不说是格兰仕对中国广大消费者的巨大贡献。

案例评析　本案例中格兰仕利用规模经济走出了一条成功的发展道路。规模经济是长期平均成本随着产量增加而减少。这一规律在格兰仕得到了验证,格兰仕规模每上一个台阶,生产成本就下降一个台阶。规模经济的产生是因为更大规模的生产,一方面使得劳动的分工更专业化,工人更加精通自己的任务;另一方面,更大规模的生产能够充分利用大规模的厂房和设备。格兰仕的经验为我们提供了借鉴。

案例来源:张淑兰.经济学——从理论到实践.北京:化学工业出版社,2004 年

案例讨论

大规模企业一定比同行业中的小型企业的经济效益好吗?

案例 8　北大假文凭价格最低?

【案例适用】　规模经济

案例内容　北京四环路修建之前,北京大学西南角和海淀图书城之间是一片商业区,有很多贩卖盗版光盘、软件和假文凭等证件的非法商贩在这里活动,有关部门虽曾多次查禁,但屡禁不止。路过此地,往往会闪过来一个人,神秘而警觉地询问你是否需要假文凭或其他证件,然后又神秘而快速地走开。制作、贩卖假文凭是非法的,执法部门应该查禁。

然而,从经济学角度看,任何一种生产和交易活动,无论非法或合法,只要涉及稀缺资源配置,就会受到经济规律的作用。

那么,不同学校或学历档次的假文凭如何定价?让北大同学失望的是,在伪造证件市场上,北大文凭不仅低于清华,而且低于像安徽大学或新疆大学这样的外省大学。不同大学假文凭定价水平的高低,与真文凭的"相对含金量"不是正相关的。

案例评析 非法证件市场上不同种类假文凭的定价受什么因素决定呢?我们不妨从经济学角度做一点讨论。与销售假文凭的商贩交谈得知,生产假文凭的"厂商",制作某大学某年份的文凭时,为了达到以假乱真的效果,需要准确地了解和复制不同年份的文凭样式、校长签名等具体特征。如果"顾客"需要1975年或1995年北京大学的假文凭,"厂商"需要了解这两个年份文凭的尺寸大小、颜色搭配、校长签名和签名样式等情况。虽然我们没有机会实地考察假文凭窝点的生产程序,然而有理由相信假文凭"厂商"每提供一份"产品",都需要收集样品和制作模具,因而需要先支付一笔固定成本。当然,销售每一份假文凭,另外还要发生包括推销成本、风险成本在内的可变成本。然而,从生产成本的角度看,某种假文凭的销售量越大,固定成本分摊到每份文凭上的成本就越低。

至少有两方面因素使北大假文凭的市场需求较大,从而使北大假文凭的销售价格较低:第一,上述假文凭市场在区位上与北大距离很近,因而对北大假文凭的需求可能多一些,而对于像安徽大学这样的省外大学的假文凭的需求显然要小一些,因而北大假文凭的价格较低。第二,北大文凭专业比较齐全,也比较有名,因而需求可能要大一些。

案例来源:《中国青年报》,2000年10月20日

案例讨论

北大等名校假文凭价格低的原因是什么?

案例9 门脸房是出租还是自己经营

【案例适用】 显性成本和隐性成本

案例内容 假如你们家有一个门脸房,你用它开了一家杂货店。一年下来,你算账的结果是挣了5万元人民币,你很高兴。可用经济成本分析后,你恐怕就高兴不起来了。因为,你没有把隐性成本算进去。假定门脸房出租,按市场价一年是2万元。假定你原来有工作,年收入也是2万元。那么,这4万元就是你自己经营的隐性成本。从经济学分析来看,这应该是成本,是你提供了自有生产要素房子和劳务所理应得到的正常报酬,而这在会计账目上没有作为成本项目记入。这样算的结果是你一年没有挣5万元,而是只挣了1万元。如果再加上自己经营需要1万元的资金进货,这1万元的银行存款利息也是隐性成本。这样一算,你自己经营就非常不合适了,应该出租。但是如果你下岗了,也找不到高于3万元的工作,还是自己经营为上策。

案例评析 显性成本和隐性成本之间的区别说明了经济学家与会计师分析经营活动

的不同。经济学家关心和研究企业如何作出生产和定价决策,因此当他们衡量成本时就包括了隐性成本。而会计师的工作是记录流入和流出企业的货币,因此他们只衡量显性成本,忽略了隐性成本。

显性成本也叫会计成本,是指厂商在生产过程中购买各种生产要素实际支出的费用。隐性成本是指厂商使用自己提供的资源所应该支付的费用,包括作为成本项目记入会计账目的厂房、机器等固定设备的折旧费,以及企业所有者投入的资金的利息和所有者为自营企业所提供的劳务而应得到的薪金。

案例来源:张淑云.经济学——从理论到实践.化学工业出版社,2004 年

案例讨论

1. 你上大学的显性成本和隐性成本分别是多少?
2. 根据你自己对身边事情的观察,说明人们在决策时是否考虑隐性成本。

案例 10 刚过去那几小时的运输成本是多少

【案例适用】 边际成本

案例内容 某铁路区段过去一年运货 10 万吨,每年折旧和贷款利息在内的全部成本是 100 万元。于是可以得出运出一吨货的成本是 10 元,这就是平均成本。这种方法广泛应用在计划经济中。但这种方法的重要依据是过去的事物,并不反映当前的情况。运出一吨货的成本是 10 元,刚过去的那几小时的运输成本是多少? 这就是边际成本,即每增加一单位的产量所增加的成本。这个例子的边际成本只包括直接与运量有关的成本,如工资、材料、电力等。

案例评析 边际成本是指厂商每增加一单位产量所增加的成本。一般来说,最初由于各种生产要素的效率未得到充分发挥,因此边际成本随产量的增加而增加;以后随产量的增加,各种生产要素的效率得到充分发挥,边际成本随产量的增加而减少;最后,当产量增加到一定程度时,由于边际成本递增规律的作用,边际成本又随产量的增加而增加。铁路运输应该对边际成本进行考察,分析实际情况是处在边际成本的递增阶段还是递减阶段,以便采取相应的增加投资或减少投资等措施。

随着边际成本分析方法的不断发展,人们进一步懂得使用边际成本的概念,并结合目前形势下的某些特点更科学地对未来加以预测。本案例中如果该铁路区段的运输能力已达饱和,再增加运量已无可能。除非是进行一些重大的技术改造,例如改用大马力的机车、加固路基等。这些投资都是很大的,铁路运输的边际成本也会提高。这个例子说明对边际成本应经常进行分析,它比平均成本分析更能提供有用的信息。

边际成本分析方法对工矿企业的产量决定有着重大意义。当产量很低时,再多生产一件产品的成本呈下降趋势。当产量增加时,边际成本由降变升。当产量超过设计能力时,边际成本急剧上升。例如上面提到的铁路运输的边际成本就服从这一规律。我国大

多数企业领导和会计师还不懂得边际成本的意义,更谈不上对边际成本曲线有什么研究。如果能改变这一局面,全国每年多创造几十亿元的利润是毫不费劲的事。

资料来源:改编自茅于轼所编的《寻求社会致富之道》,四川人民出版社,2002 年

案例讨论

1. 举例说明通过边际成本分析而改变决策的案例。
2. 比较总成本、平均成本、边际成本的异同点。

案例 11　亏损的 QC 公司为什么没有退出市场?

【案例适用】　可变成本与收益

案例内容　QC 公司是世界上最大的食品生产企业之一。1990 年,QC 公司瞄准发展中的中国饮用水行业,投资近 2 亿元人民币在天津兴建矿泉水厂。1998 年又耗资 4 000 万元人民币收购上海某饮料厂,并增加投资 3 亿元人民币扩建成年产 5 亿公升纯净水的现代化生产基地。

然而,QC 在中国饮用水市场上面临挑战。第一,从市场需求角度看,中国由于生活水平、消费者对茶饮料偏好等方面的因素,饮用水市场总体规模还比较小。第二,从市场竞争情况看,中国市场上有几千家质量低、效率低但成本也很低的地方瓶装水厂。由于饮用水缺乏明确的卫生和技术质量标准,进入门槛比较低。QC 公司基于在饮用水行业的经验和对自身品牌的严格质量要求,引进意大利、法国等现代化大型设备,严格控制生产流程,检测要求精益求精,使其产品质量优异但生产成本(特别是固定资产折旧成本)高昂。因而,QC 饮用水面临的困难是,相对于国内很多竞争对手缺乏价格优势,相对于达能集团这样的国际竞争对手又缺乏规模优势。

案例评析　在上述背景下,虽然 QC 公司凭借其成功的中国营销队伍、优质品牌效益可以吸引一部分高端客户群并占有一定市场,然而维持低价销售且无法达到规模产量,长期亏损则不可避免,退出市场似乎成为 QC 不得不考虑的选择。然而,实际上,由于存在巨大的沉没成本,QC 想要退出也不容易。QC 在华饮用水项目固定投资巨大,上海、天津两家工厂总投资迄今超过 5.4 亿元人民币,再加上每年大约 3 000 万元人民币的广告投入,累计达 3 亿元人民币。如果退出市场,厂房、土地、通用机器设备虽有可能部分收回,但资产处置时间很长,针对饮用水的广告成本完全付之东流,沉没成本总计超过 8 亿元人民币。

反过来看,如果维持经营,市场分析结果表明,QC 公司仍有机会在高端产品上保持优势,占有一定市场份额。特别是在 5 加仑大桶水市场上,QC 公司具有丰富经验,是美国等地的市场领导者,具有明显优势。经过努力,饮用水产量可能达到 1.5 亿公升以上。虽然仅为设计生产能力的三分之一,但是公司可以至少保持每年 20%～30% 的毛利,约为 2 000 万元人民币。

经过全面的市场调研和缜密分析,该公司董事会决定继续饮用水工厂的生产经营。提出利用 QC 公司在中国的成功的营销网络和经验,继续扩大市场和销售。同时公司还实施减少外籍人员、加快管理人员本地化、压缩广告开支等节流措施,努力降低亏损额。从 2002 年的情况来看,公司销售业绩与 2001 年大体持平,但是管理费用和销售费用明显下降,净亏损大幅度下降,董事会维持亏损经营的决策得到了较好贯彻。

案例来源:扬长江,陈伟浩. 微观经济学. 复旦大学出版社,2004 年

案例 12 为什么民航公司愿意向顾客提供折扣机票?

【案例适用】 可变成本与收益

案例内容 经常坐飞机的人可以发现,有的航班满员,而另一些航班空座很多。当航班有空座时,民航公司总是以向乘客提供折扣机票的办法作为竞争的基本手段,甚至以低于成本的价格销售机票。民航公司的行为是理性的吗?

案例评析 从理论上说,短期内民航公司的成本分为固定成本和可变成本。固定成本包括飞机购置费(即购置飞机的贷款利息和折旧费)、乘务员工资、检修费用及机场设施和地勤人员费用等,这部分费用是必须支出的。可变成本主要由燃料费和服务费(安检、饮食、清洁)构成,这部分费用随着乘客人数的增加而增加。显然,就航空业而言,它的成本大部分是由固定成本构成的。当民航公司的一些航班空座很多的情况下,能否把机票的价格降低出售呢? 边际成本分析法告诉我们是可行的。因为根据边际成本分析法,决策不应当考虑全部成本,而应当考虑每增加一位乘客而额外增加的成本,这种额外增加的成本叫做边际成本。在这里,每增加一位乘客而引起的边际成本是很小的,它只包括乘客的餐饮费和飞机因增加载荷而增加的燃料费支出。而航空公司多卖一张机票所增加的收入叫做边际收益。如果航空公司机票打折后每多卖一张机票所增加的边际收益大于边际成本,那么,多卖机票就能增加公司的总利润。否则,如果机票没有灵活性,因票价过高使一些航班座位被虚空着,会造成浪费,这对航空公司是不利的。

当然,航空公司仅用让利的办法争取乘客是不够的,因为如果不能改进内部管理提高效率,光用让利的手段去竞争,也会造成企业的亏损。所以,机票打折后,航空公司还应该提高业务水平,既提高航空公司收入,又降低乘客负担。

案例来源:自编

案例讨论

为什么飞机票打折销售,而火车票很少打折? 汽车(包括出租车)票是否打折?

案例 13 为什么银行晚上不营业?

【案例适用】 边际成本与收益

案例内容 在我国,商场和超市晚上仍开门营业,给白天工作繁忙的市民购物带来了

极大的方便。但是,我们很少见到银行把工作时间延长到晚上。对此,有市民在报纸上刊文批评,但仍没有见到情况有所改善。为什么银行晚上不营业呢?

案例评析 我们知道,银行每延长1小时营业时间,就要支付1小时所耗费的成本,这些成本包括直接的物耗,比如水、电等,也包括由于延长工作时间而支付的银行员工的加班费,这些由于延长工作时间而增加的成本就是边际成本。假如某银行营业时间延长1小时增加的成本为1万元,在延长的1小时里银行由于办理各种业务而增加的收益小于1万元,表明该银行每多延长1小时营业时间所增加的收益小于所增加的成本。这时,对该银行来说,在不考虑其他因素的情况下,延长营业时间就是不明智的了,因为营业会造成亏损。相反,如果它延长1小时营业时间增加的成本是1万元,而增加的收益大于1万元,这时,对该银行来说,延长营业时间会使利润增加。作为一个精明的经营者,一定会将营业时间延长到晚上,把该赚的钱赚到手。

银行客户主要是企事业单位和居民。银行为每一位客户办理存贷款业务所付出的成本基本相同。但是,由于企事业单位每次所办理的存贷款数额较大,银行为它们办理存贷款业务所得到的收益显然要大于为居民办理小额存贷款业务的收益。企事业单位办理存贷款事项多在白天的上班时间。出于安全等因素的考虑,一些办理较大数额存贷款事项的居民也会选择白天的时间。这样,晚上去银行的客户通常是一些办理小额存贷款事项的居民,银行为他们办理各种业务所得到的收益不足以抵偿晚上营业所增加的成本,这就是为什么银行不愿晚上营业的经济学上的道理。

案例来源:http://webs. nbptweb. net/jpkc/yyjjxjc/files/anli/anli_04.mht

案例讨论

你对银行晚上不营业有何看法?

案例 14 为什么农民工的犯罪率高于城市市民

【案例适用】 机会成本

案例内容 现在报纸上经常报道一些刑事犯罪案件,案犯大多数是进城打工的农民,听公安局的朋友说农民工的刑事犯罪率远远高于城市市民,造成此现象的原因是什么?

案例评析 为什么农民工的犯罪率高于城市市民? 对此我们也不能一概而论,应确切地说,收入低、生活没有保障的弱势群体犯罪率高,收入高、生活有保障的群体犯罪率低。原因是收入低、生活没有保障的弱势群体犯罪的机会成本低。一部分进城打工的农民,没有固定工作和稳定的收入,生活的实际成本都满足不了,他们生活在社会的最底层,没有名誉和地位。为了解决温饱铤而走险走上犯罪道路,不被逮住得到的收益远远大于他们付出的成本,一旦被逮住,被判刑,他们失去的只是自由,犯罪的机会成本几乎是零。收入高的群体犯罪的机会成本是他们的高收入、稳定的职业、名誉和地位。难道高收入群体就不会犯罪？当然不是。高居党政要职的人,企业老板……我们称其为强势群体,他们当中也有人或贪污腐败,或走私贩私,或偷税漏税……为什么？还是因为犯罪的机会成本低。有的侥幸得逞,所获得的收益足以使其一生荣华富贵;有的被处罚,而其得到的收益高于受处罚的代价。如果真是法网恢恢,疏而不漏,公安机关破案率是100%;如果我们对犯罪分子的处罚严厉,对他们进行毁灭性的打击,那么犯罪率必然下降直至降低为零。

这并不是说机会成本低就有理由犯罪,这里只是从经济学的角度探讨影响人们犯罪的因素。对此问题,社会已给予了特别的关注。随着我国经济的发展,在雄厚的物质保障下,完善的社会保障制度的建立,使收入低、生活没有保障的弱势群体能够解决温饱;在政治体制和经济体制以及法制不断健全和完善下,使强势群体无犯罪的机会。在这种情况下,无论是弱势群还是强势群体,犯罪率都会下降。

案例来源:http://webs.nbptweb.net/jpkc/yyjjxjc/files/anli/anli_04.mht

案例讨论

请用机会成本理论解释少数政府职员的贪污腐败问题。

案例 15 让顾客自行定价的鞋城老板

【案例适用】 经济利润

案例内容 天津市某鞋城的促销口号是"公开成本价,让顾客自由加价"。此口号一时间在天津有线电视台连续播放数日。广告的效应不错,鞋城门庭若市,买鞋的人很多。一位顾客看中了一双鞋,标价是149.8元,他拿出150元就跟售货员说:"我加2角。"售货员说:"加价一般都在2元之上,如果都像你这样的顾客,我们就赔了。"顾客说:"我1分钱不加,你们该赚的钱都赚到手了,不信你问你们老板。"这时,走过来一位先生,好像是管理人员,同意顾客加2角钱。顾客买走了这双鞋。

案例评析 我们可以用经济学的原理来阐释鞋城"公开成本价,让顾客自由加价"的这句促销口号。

鞋城所公开的成本就是经济学的成本,而不是我们中国老百姓所讲的会计成本。"公开成本价"所讲的成本既有实际成本(会计成本),又有机会成本。鞋的实际成本包括鞋的进价、租用鞋城的场地租金、水电费、税收以及雇佣店员等销售费用的开支。假定实际成本支出是10万元。那么鞋的机会成本是多少呢？开鞋城需要投资10万元,如果不用来开鞋城,这10万元存在银行的利息是1万元;鞋城的老板如果不开鞋城,他有一份稳定的职业,每年工资收入是2万元。这二项之和3万元,就是开鞋城的机会成本。这3万元也是开鞋城的正常利润,是开鞋城的老板的报酬。他的"公开成本"就是实际成本和机会成本之和13万元。如果顾客一分钱不加,鞋城老板把该赚的钱都赚到手了;如果顾客高于公开的成本价买鞋,假设一年内顾客支付的高于成本价的钱累加起来是1万元,对鞋城老板来说,这1万元是超额利润。鞋城老板利用了经济学成本与会计学成本的差异,创造了这一新的销售方式,赚取了正常利润和超额利润。

鞋城老板为什么放弃原来稳定的工作而开鞋城?我们还是用机会成本来判断。鞋城老板作为一个人力资源,他不开鞋城的话,一年工资收入是2万元,开鞋城获利是3万元。不开鞋城的机会成本是3万元,开鞋城的机会成本是2万元。在其他条件都一样的情况下,投资决策应选择成本低、收益高的方案,这是一个连小孩都知道的道理。

机会成本是经济学的十大原理之一,它有助于我们在几种选择中作出理性的决策。

案例来源:张淑云. 经济学——从理论到实践. 北京:化学工业出版社,2004年

案例讨论

1. 你了解商家的定价策略吗?
2. 你是如何理解"买的没有卖的精"这句话的?

案例16 利润在经济学家与会计师眼中是不同的

【案例适用】 隐性成本

案例内容 王先生准备收购一个企业,需要资金30万元。方案一:王先生将银行的30万元存款取出;方案二,王先生从银行取出10万元存款,并以5%的利息从银行贷款20万元。请问,这两种方案的成本一样吗?

案例评析 王先生用自己的银行存款30万元收购了一个小企业,如果不支取这30万元,在市场利息5%的情况下,他每年可以赚到1.5万元的利息。王先生为了拥有自己的企业,每年放弃了1.5万元的利息收入。这1.5万元就是王先生开办企业的机会成本之一。经济学家和会计师以不同方法来看待成本。经济学家把王先生放弃的1.5万元也作为他的成本,尽管这是一种隐性成本。但是会计师并不把这1.5万元作为成本表示,因为在会计的账面上并没有货币流出企业去进行支付。

为了进一步分析经济学家和会计师之间的差别,我们换一个角度,王先生没有收购企业的30万元,而是用自己的储蓄10万元,并以5%的利息从银行借了20万元。王先生的会计师只衡量显性成本,将把每年为银行贷款支付的1万元利息作为成本,因为这是从企业流出的货币量。与此相比,根据经济学家的看法,拥有的机会成本仍然是1.5万元。

现在我们再回到企业的目标——利润。由于经济学家和会计师用不同方法衡量企业的成本,他们也会用不同方法衡量利润。经济学家衡量企业的经济利润,即企业总收益减生产所销售物品与劳务的所有机会成本。会计师衡量企业的会计利润,即企业的总收益只减企业的显性成本。

案例来源:http://webs. nbptweb. net/jpkc/yyjjxjc/files/anli/anli_04. mht

案例讨论

1. 比较经济成本与会计成本的区别与联系。在现实生活中,哪一个更重要?
2. 比较经济利润与会计利润的区别与联系。在现实生活中,哪一个更重要?

案例 17　福特公司产量的安排

【案例适用】 长期和短期

案例内容　对于许多企业来说,总成本分为固定成本和可变成本,固定成本和可变成本取决于时间。如福特公司,在只有几个月的时期内,福特公司不能调整其汽车工厂的数量与规模,它可以生产额外一辆汽车的惟一方法是,在已有的工厂中多雇佣工人。因此,这些工厂的成本在短期中是固定成本。与此相比,在几年的时期中,福特公司可以扩大其工厂规模,建立新工厂和关闭旧工厂。因此,其工厂的成本在长期中是可变成本。

由于许多成本在短期中是固定的,但在长期中是可变的,所以,企业的长期成本曲线不同于其短期成本曲线。长期平均总成本曲线是比短期平均总成本曲线平坦得多的 U 形曲线,这是因为企业在长期中有更大的灵活性。实际上,在长期中,企业可以选择它想用的那一条短期成本曲线。但在短期中,它不得不用它过去选择的任何一条短期成本曲线。

当福特公司想把每天的产量从 1 000 辆汽车增加到 1 200 辆时,在短期中除了在现有的中等规模工厂中多雇工人之外别无选择。由于边际产量递减,每辆汽车的平均总成本从 1 万美元增加到 1.2 万美元。但是,在长期中,福特公司可以扩大工厂和车间的规模,而平均总成本仍保持在 1 万美元的水平上。

对一个企业来说,进入长期要多长时间呢?答案取决于企业的性质。对一个大型制造企业,例如,汽车公司,这可能需要一年或更长。与此相比,一个人经营的柠檬水店可以在一小时甚至更短的时间内去买一个水罐。

案例评析　所谓短期(short run),是指厂商来不及调整生产规模以调整产量,生产只能在原有条件下进行。短期生产函数主要研究产出量与投入的可变要素之间的关系,以确定单一可变要素的最佳投入量。

所谓长期(long run),则是指厂商来得及调整生产规模以调整产量。例如,某产品的市场需求由于某种原因一下子扩大,短期内,厂商可以通过让工人加班加点等提高现有设备使用强度的方式来增加产量,以满足市场需求;长期内,厂商则要增加设备,扩大生产规模,以满足增长了的市场需求。也就是说,短期内,只有一部分生产要素如原材料、劳动等可变投入的数量是可变的,另一些生产要素如厂房、设备、高级管理人员等保持不变;长期内,则一切生产要素投入都可以变动。长期生产函数主要研究产出量与所有投入要素之间的数量关系,以确定多种要素之间的最优化组合及对生产规模的大小进行经济性分析。

短期与长期之间,并没有特定的区分标准(例如,一年),要视具体情况而定。例如,对一个汽水摊而言,长期可能仅意味着一两天;而在汽车制造业中则意味着五年,甚至更长的时间。

案例来源:blog. sina. com. cn

案例讨论

1. 分析钢铁厂与工艺品厂的长期成本与短期成本。

2. 区分长期成本与短期成本对企业的经营决策有何影响?

第5章　市场结构与厂商均衡

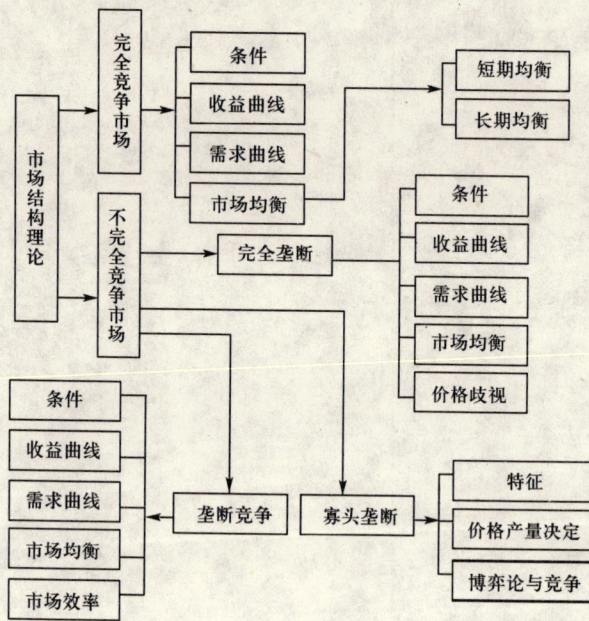

本章知识结构图

本章基本原理概要

一、完全竞争市场

1.市场类型分类

（1）市场是商品买卖双方相互作用并得以决定其交易价格和交易数量的一种组织形式或制度安排。

（2）在经济分析中，根据不同市场结构的特征，将市场划分为完全竞争市场、垄断竞争市场、寡头垄断市场和垄断市场四种类型。其特征见表5-1。

表 5-1 市场和厂商类型的划分及其特点

市场类型	厂商数量	产品差别程度	个别厂商控制价格的程度	厂商进出行业的难易程度	现实中接近的市场
完全竞争市场	很多	几乎没有	厂商只能被动地接受市场价格	很容易	农产品
垄断竞争市场	较多	有很小的差别	厂商对价格有很小的影响力	较容易	服装、香烟、餐饮
寡头垄断市场	很少,只有几个	有差别或者无差别	厂商对价格有较大的影响力	困难	汽车、钢铁、石油
垄断市场	只有一个	只有一种产品,没有替代品	价格受厂商的控制	不可能	自来水、电力

(3)相对应市场这一概念的另一个概念是行业。行业指为同一个商品市场生产和提供商品的所有厂商的总体。

2.完全竞争市场的条件

完全竞争又称为纯粹竞争,是指不存在任何阻碍和干扰因素的市场情况,即没有任何垄断因素的市场结构。

(1)完全竞争市场必须具备以下四个条件

①市场上有大量的买者和卖者;

②市场上每一个厂商提供的商品都是同质的;

③所有的资源具有完全的流动性;

④信息是完全的。

(2)完全竞争厂商的收益曲线

厂商的收益是指厂商的销售收入,可以分为总收益、平均收益和边际收益。

总收益(TR)是指厂商按一定价格出售一定量产品时所获得的全部收入。总收益的定义公式为

$$TR(Q) = P \cdot Q$$

平均收益(AR)是指厂商在平均每一单位产品销售上所获得的收入。平均收益的定义公式为

$$AR(Q) = \frac{TR(Q)}{Q}$$

边际收益(MR)是指厂商增加一单位产品销售所获得的总收入的增量。边际收益的定义公式为

$$MR(Q) = \frac{\Delta TR(Q)}{\Delta Q}$$

完全竞争厂商的收益曲线有以下两个特征:

第一,完全竞争厂商的平均收益曲线 AR、边际收益曲线 MR 和需求曲线 d 这三条曲线是重叠的,即有 $AR = MR = P$。

第二,完全竞争厂商的总收益曲线 TR 是一条由原点出发的并呈上升趋势的直线。

(3)完全竞争厂商的需求曲线

在完全竞争条件下,厂商所面临的需求曲线是一条由既定的市场均衡价格水平出发

的水平线。它表示:完全竞争厂商只是市场价格的接受者,而且在每一个既定的市场价格水平上,单个厂商总是可以把他愿意提供的任何数量的商品卖出去。

3. 完全竞争厂商的短期均衡

(1)厂商实现最大利润的均衡条件

厂商实现最大利润的均衡条件是边际收益等于边际成本,即: $MR=MC$。

(2)厂商的短期供给曲线

厂商的短期供给曲线应该用 SMC 曲线上大于和等于 AVC 曲线最低点的部分来表示,即用 SMC 曲线大于和等于停止营业点的部分来表示。

完全竞争厂商的短期供给曲线是向右上方倾斜的,它表示了商品的价格和供给量之间同方向变化的关系。更重要的是,完全竞争厂商的短期供给曲线表示厂商在每一个价格水平上的供给量都是能够给他带来最大利润或最小亏损的最优产量。

(3)生产者剩余

生产者剩余是指生产者愿意接受的产品卖价与其实际获得的产品卖价的差额。

4. 完全竞争厂商的长期均衡

(1)在长期生产中,所有的生产要素投入量都是可变的,完全竞争厂商通过对全部生产要素投入量的调整来实现利润最大化的均衡条件为 $MR=LMC$。

(2)完全竞争厂商的长期均衡出现在 LAC 曲线的最低点。此时,生产的平均成本降到长期平均成本的最低点,商品的价格也等于最低的长期平均成本。

由此,我们得到完全竞争厂商的长期均衡条件为

$$MR=LMC=SMC=LAC=SAC$$

(3)行业内厂商数目变化对厂商长期均衡形成所起的作用。在长期内,若行业内的单个厂商可以获得利润,则会吸引其他新的厂商加入到该行业的生产中来。随着新厂商的加入,行业的厂商数目增加,整个行业的供给就会增加,市场价格就会下降,市场价格会一直下降到使单个厂商的利润消失为止。反之,如果行业内的单个厂商的生产是亏损的,则行业内原有厂商中的一部分就会自动退出生产。随着原有厂商的退出,行业内厂商的数目就会减少,整个行业的供给就会减少,市场价格就会上升,市场价格会一直上升到使单个厂商的亏损消失为止。因为行业中的每一个厂商都处于一种既无利润又无亏损的状态,行业内厂商的进入和退出也就停止了,于是,完全竞争厂商便处于一种长期均衡状态。

(4)厂商结合生产规模的调整与行业内厂商数目的调整来实现长期均衡。在长期内,市场的商品价格会随着行业内厂商数目变化所引起的行业供给的变化而变化。因此单个厂商在每一个变化了的价格水平上,调整生产规模使其满足 $MR=LMC$ 的均衡条件。在这样一个调整过程中,单个厂商最后必然将生产规模调整到与利润为零的长期均衡所要求的产量相适应的最优生产规模水平。

5. 完全竞争行业的长期供给曲线

我们把完全竞争行业区分为成本不变行业、成本递增行业和成本递减行业。这三类行业的长期供给曲线各具有自身的特征。

(1)成本不变行业的长期供给曲线

成本不变行业是这样一种行业,该行业的产量变化所引起的生产要素需求量的变化,

不对生产要素的价格发生影响。可能是因为这个行业对生产要素的需求量,只占生产要素的市场需求量的很小一部分。此时,行业的长期供给曲线是一条水平线。

(2)成本递增行业的长期供给曲线

成本递增行业是这样一种行业,该行业产量增加所引起的生产要素需求量的增加,会导致生产要素价格的上升。成本递增行业是现实中较为普遍的情况,其长期供给曲线是一条向右上方倾斜的曲线。

(3)成本递减行业的长期供给曲线

成本递减行业是这样一种行业,该行业产量增加所引起的生产要素需求量的增加,反而会使生产要素的价格下降。行业成本递减的原因是外在经济的作用。成本递减行业的长期供给曲线是一条向右下方倾斜的曲线。

二、不完全竞争市场

1. 垄断

不完全竞争市场分为三种类型,它们是垄断市场、寡头市场和垄断竞争市场。其中,垄断市场的垄断程度最高,寡头市场居中,垄断竞争市场最低。

(1)垄断市场的条件

垄断市场是指整个行业中只有惟一的一个厂商的市场组织。具体地说,垄断市场的条件主要有这样三点:第一,市场上只有惟一的一个厂商生产和销售商品;第二,该厂商生产和销售的商品没有任何相近的替代品;第三,其他任何厂商进入该行业都极为困难或不可能。

(2)垄断厂商的需求曲线和收益曲线

垄断市场中只有一个厂商,垄断厂商的需求曲线就是市场的需求曲线。垄断厂商的需求曲线是向右下方倾斜的,它表示垄断厂商可以通过销售量的调整来控制或操纵市场价格。由此,垄断厂商的平均收益曲线与其需求曲线重叠,边际收益曲线位于平均收益曲线的下方。垄断厂商需求曲线和收益曲线的这些特征,对于其他非完全竞争市场结构中的厂商也都是适用的,只要这些厂商对市场价格有或多或少的控制力度,那么,这些厂商的需求曲线就是向右下方倾斜的。

(3)垄断厂商的短期均衡

垄断厂商为了获得最大利润,也必须遵循 $MR=MC$ 的原则。在短期内,由于无法改变固定要素投入量,垄断厂商是在既定的生产规模下通过对产量和价格的调整,来实现 $MR=SMC$ 的利润最大化的原则。

(4)垄断厂商的供给曲线

凡是在或多或少的程度上带有垄断因素的不完全竞争市场中,或者说,凡是在单个厂商对市场价格有一定的控制力量,相应的,单个厂商的需求曲线向右下方倾斜的市场中,是不存在具有规律性厂商和行业的短期供给曲线的。

(5)垄断厂商的长期均衡

垄断厂商在长期内可以调整全部生产要素的投入量即生产规模,从而实现最大的利润。

垄断厂商的长期均衡条件为: $MR=LMC=SMC$。垄断厂商在长期均衡点上一般可获得利润。

（6）价格歧视

以不同价格销售同一种产品，被称为价格歧视。价格歧视可以分为一级、二级和三级价格歧视。

①一级价格歧视：如果厂商对每一单位产品都按消费者所愿意支付的最高价格出售，就是一级价格歧视。

②二级价格歧视：如果厂商只要求对不同的消费数量段规定不同的价格，就是二级价格歧视。

③三级价格歧视：如果厂商对同一种产品在不同的市场上（或对不同的消费群）收取不同的价格，就是三级价格歧视。

（7）自然垄断和政府管制

①自然垄断的一个特征是厂商的平均成本在很高的产量水平上仍随着产量的增加而递减，也就是存在规模经济。

②垄断厂商在 $MR=MC$ 的时候，所定的价格一般都高于边际成本。简单进行价格控制的方法为边际成本定价，即 $P=MC$。但是此时价格小于平均成本，厂商亏损，肯定会退出市场。为了避免这种情况的发生，可以采取平均成本定价法和双重成本定价法。平均成本定价法即 $P=AC$，由于价格等于 AC，厂商不再亏损，可以进行生产。双重定价法类似于价格歧视，允许厂商对一部分购买欲望较强的消费者收取较高的价格，且 $P>AC$，此时厂商获得经济利润；对另外一部分购买欲望较弱的消费者仍按边际成本定价，由于 $P<AC$，此时厂商是亏损的。

另外一个较为特殊的管制为资本回报率管制。规定一个接近于"竞争的"或者"公正的"资本回报率，在一定程度上控制垄断厂商的价格和利润。

2. 垄断竞争

（1）垄断竞争市场的条件

垄断竞争市场是这样一种市场组织，这个市场中有许多厂商生产和销售有差别的同种产品。具体地说，垄断竞争市场的条件主要有以下三点：

第一，在生产集团中有大量的企业生产有差别的同种产品，这些产品彼此之间都是非常接近的替代品。

第二，一个生产集团中的企业数量非常多，以至于每个厂商都认为自己的行为的影响很小，不会引起竞争对手的注意和反应，因而自己也不会受到竞争对手的任何报复措施的影响。

第三，厂商的生产规模比较小，因此，进入和退出一个生产集团比较容易。

（2）垄断竞争厂商的需求曲线

垄断竞争厂商向右下方倾斜的需求曲线是比较平坦的，相对比较接近完全竞争厂商的水平形状需求曲线。

垄断竞争厂商面临的需求曲线有两种，它们通常被区分为 d 需求曲线和 D 需求曲线。

①关于 d 需求曲线。d 需求曲线表示：在垄断竞争生产集团中的某个厂商改变产品

价格,而其他厂商的产品价格都保持不变时,该厂商的产品价格和销售量之间的关系。

②关于 D 需求曲线。D 需求曲线表示:在垄断竞争生产集团中的某个厂商改变产品价格,而且集团内的其他所有厂商也使产品价格发生相同变化时,该厂商的产品价格和销售量之间的关系。

(3)垄断竞争厂商的短期均衡

在短期内,垄断竞争厂商是在现有的生产规模下通过产量和价格的调整,来实现 $MR=SMC$ 的均衡条件。

在短期均衡的产量上,必定存在一个 d 需求曲线和 D 需求曲线的交点,它意味着市场上的供求是相等的。此时,垄断竞争厂商可能获得最大利润,可能利润为零,也可能蒙受最小亏损。

(4)垄断竞争厂商的长期均衡

在长期内,垄断竞争厂商通过选择最优的生产规模来实现 $MR=LMC$ 的利润最大化原则。由于在垄断竞争市场上,厂商进出行业是比较容易的,所以,长期均衡时厂商的利润一定等于零。

3. 寡头

寡头市场又称为寡头垄断市场,它是指少数几家厂商控制着整个市场的产品生产和销售的这样一种市场组织。

在寡头市场上,寡头厂商之间的行为是相互影响的。古诺模型说明了寡头市场上每一个寡头厂商都消极地以自己的行动来适应其他竞争对手行动时的均衡,或者说,该模型分析了寡头厂商们之间反应函数的相互作用及其结果。斯威齐模型利用弯折的需求曲线和间断的边际收益曲线解释了寡头市场上的价格刚性。

4. 博弈论初步

博弈论,也称对策论,是描述和研究行为者之间策略相互依存和相互作用的一种决策理论。博弈均衡的两个主要的基本概念是占优策略均衡和纳什均衡。

(1)占优策略的定义:无论其他参与者采取什么策略,某参与者的惟一的最优策略就是他的占优策略。也就是说,如果某一个参与者具有占优策略,那么,无论其他参与者选择什么策略,该参与者都确信自己所选择的惟一策略是最优的。

博弈均衡指博弈中的所有参与者都不想改变自己的策略的这样一种相对静止的状态。由博弈中的所有参与者的占优策略组合所构成的均衡就是占优策略均衡。

(2)纳什均衡的定义:在一个纳什均衡里,任何一个参与者都不会改变自己的最优策略,如果其他参与者均不改变各自的最优策略。

占优策略均衡是比纳什均衡更强的一个博弈均衡概念。占优策略均衡要求任何一个参与者对于其他参与者的任何策略选择来说,其最优策略都是惟一的。而纳什均衡只要求任何一个参与者在其他参与者的最优策略选择给定的条件下,其选择的策略也是最优的。所以,占优策略均衡一定是纳什均衡,而纳什均衡不一定就是占优策略均衡。

5. 不同市场的比较

经济效率指利用经济资源的有效性。市场结构类型直接影响经济效率的高低,对不同市场结构下厂商的长期均衡状态的分析可以得出:完全竞争市场的经济效率是最高的,其次是垄断竞争市场,再次是寡头市场,垄断市场的经济效率最低。即市场的竞争程度越高,则经济效率也就越高;反之,市场的垄断程度越高,则经济效率越低。

案例1　旅行社在旅游淡季如何经营

【案例适用】　厂商短期均衡(亏损但生产比不生产要好)

　　案例内容　某旅行社在旅游淡季推出从天津到北京世界公园一日游38元(包括车费和门票)。我的一位朋友不信,认为是旅行社的促销手段,38元连世界公园的门票都不够。这种事情可能发生吗?

　　案例评析　根据经济学理论,这是真的。

　　因为旅行社在淡季游客不足,而旅行社的大客车、工作人员这些生产要素是不变的。一个游客都没有,汽车的折旧费、工作人员的工资等固定费用也要支出。任何一个企业的生产经营都有长期与短期之分,不仅从长期看如果收益大于成本就可以生产,而且在短期,如果收益大于可变成本,经营比不经营要好。更何况38元的票价旅行社也还是有钱赚的。我们算一笔账,一个旅行社的大客车载客50人,共1 900元。高速公路费和汽油费假定是500元。门票价格10元,共500元。旅行社净赚900元。在短期,不经营也有固定成本的支出,因此只要收益能弥补可变成本,就可以维持下去。换个说法,每位乘客支付的费用等于平均可变成本,就可以经营。另外,公园在淡季的门票和团体票也会打折,同样是这个道理。

　　资料来源:张淑云.经济学——从理论到实践.北京:化学工业出版社,2004年

案例讨论

1.企业发生亏损时,在什么情况下,生产比不生产要好? 为什么?
2.请用上述原理分析你身边类似的经济现象。

案例2　泛美航空公司的终结

【案例适用】　市场价格与平均可变成本理论

　　案例内容　1991年12月4日是一个值得注意的日子,世界著名的泛美国际航空公司寿终正寝。这家公司自1927年投入飞行以来,数十年中一直保持国际航空巨子的骄人业绩。有人甚至认为,泛美公司的白底蓝字徽记(PanAm)可能是世界上最广为人知的企业标志。

　　但是对于了解内情的人来说,这个巨人的死亡算不上什么令人吃惊的新闻:1980—1991年,除一年外,泛美公司年年亏损,总额接近20亿美元之巨。1991年1月,该公司正式宣布破产。在1980年首次出现亏损后,这家公司为什么不马上停止业务? 又是什么因素使这家公司得以连续亏损经营长达12年之久?

　　竞争市场理论告诉我们,企业在短期内只要市场价格大于平均可变成本,它就会继续

经营。但企业亏损的状态会迫使它通过资产处置来调整市场规模,如果还不能扭亏,企业可能会退出这个行业。

当然,企业要想在亏损情况下继续经营,必须通过出售其原有资产来维持。泛美公司在几十年的成功经营中积累了巨大的资产财富,足够它出售好一段时间。自20世纪80年代起,这家公司先后卖掉了不少大型财产,包括以4亿美元的价格将泛美大厦卖给美国大都会人寿保险公司,国际饭店子公司卖了5亿美元,向美国联合航空公司出售太平洋和伦敦航线,还把位于日本东京的房地产转手。到1991年末,泛美已准备将自己缩减成为以迈阿密为基地的小型航空公司,主要经营拉美地区的航线,而把其余全部航线卖给三角洲航空公司。换言之,在整个20世纪80年代,尽管泛美公司仍然坚持飞行,但同时已开始逐步撤出国际航空市场。

案例评析 从经济学角度看,这是以市场供求曲线为基础的企业进出(市场)模式作用的结果。可变成本是随生产规模的变化而变化的成本,按照企业进出模式,只要企业能够提出一个高于平均可变成本的价格并为顾客接受,那么不管该价格是否低于市场平均价格而必将导致企业亏损,这个企业的经营都算是有经济意义的,是可以继续存在的。

泛美国际航空公司在亏损的情况下为什么还要继续营业,关键在于其平均收益大于平均可变成本。平均收益小于平均总成本,但大于平均可变成本,即 $AVC<AR<SAC$,此时,厂商处于亏损状态,但由于此时厂商的平均收益大于平均可变成本,所以厂商继续生产,不仅可以弥补全部的可变成本,还可以弥补一部分总是存在的不变成本。所以在这种情况下,生产要比不生产好,厂商会继续进行生产。泛美国际航空公司在1980年首次出现亏损后,得以连续亏损经营长达12年之久,就是因为飞行的总收益大于燃料消耗、机组人员工资等可变成本,并有剩余收益可以弥补一部分不变成本。

案例来源:斯蒂格利茨.经济学小品与案例.中国人民大学出版社,2002年

案例讨论

1.泛美国际航空公司为什么要亏损经营? 举例说明与泛美国际航空公司类似的案例。

2.泛美国际航空公司为什么会倒闭? 亏损经营在什么情况下可以成功?

案例3 爱迪生是第一位美国产品倾销专家

【案例适用】 市场价格与平均可变成本理论

案例内容 大家都知道美国的爱迪生(Thomas Edison,1847—1931)是一位电器发明家。事实上,根据1911年12月20日《华尔街日报》的报道,他也是一位懂得可变成本与固定成本、边际成本与边际收益的营销专家。下面引述他在报上的谈话:

"我是美国第一位把卖不掉的存货向国外倾销的制造商。30年前我的财务报表显示没有赚什么钱。工厂的设备没有完全利用,因为产品在国内市场已经饱和。我们就想到

让工厂设备完全被利用,把生产出来卖不掉的产品以低于总成本(固定成本与可变成本之和)的价格向国外销售。所有同事都反对我,但我早就请有关专家做了成本的计算。如果我们增加产量25%,可变成本只增加2%,我就请人把国内卖不掉的产品以远低于欧洲产品的价格向欧洲倾销。"

案例评析　爱迪生了解到,只要卖到欧洲商品的价格高于可变成本,其售出的收入就可以用来偿付固定成本。在短期,这有助于减少损失;在长期,也有助于市场占有率的扩大、公司的成长与利润的增加。

案例来源:高希均,林祖嘉.经济学的世界.北京:生活·读书·新知三联书店,1999

案例讨论

1. 爱迪生为什么愿意将产品以低于总成本的价格出售?
2. 你了解倾销吗?

案例4　政府办的大型养鸡场为什么赔钱?

【案例适用】　完全竞争市场

案例内容　在20世纪80年代,许多大城市为了保证居民的菜篮子,由政府投资修建了大型养鸡场,结果失败者居多。一些大型养鸡场甚至竞争不过农民养鸡专业户,最后以破产而告终。这其中的原因很多,重要的一点在于鸡蛋市场是一个完全竞争的市场结构。

案例评析　完全竞争市场的假设条件主要有以下四个:第一,市场上有无数的买者和卖者。第二,同一行业中的每一个厂商生产的产品是完全无差别的。第三,厂商进入或者退出一个行业是完全自由的。第四,市场中的每一个买者和卖者都掌握与自己的经济决策有关的商品和市场的全部信息。

从经济学的角度看,鸡蛋市场有许多买者和卖者,每一个生产者包括大型养鸡场在市场上所占的份额都是微不足道的,难以通过产量来控制市场价格,而且,鸡蛋是无差别产品,企业不能以产品差别形成自己的垄断地位,只能接受市场供求决定的价格。鸡蛋市场没有任何进入障碍,投资小,技术难度不高,谁想进入都可以,这些特点决定了鸡蛋市场是一个完全竞争市场。

在鸡蛋这样的完全竞争市场上,短期中,供小于求,价格高,养鸡可获得超额利润。如果供大于求,价格低,养鸡可能亏本;但在长期中,养鸡企业在确定产量规模或在作出进入还是退出的决策时,一定要考虑价格和平均成本的关系。如果价格大于平均成本,原有的养鸡企业就会扩大生产规模,其他的厂商也会进入该行业;如果价格小于平均成本,企业就会作出减产或退出养鸡行业的决策;当价格等于平均成本时,鸡蛋市场实现了长期均衡,这时企业的总成本等于总收益,企业可以得到正常利润。

政府建立的大型养鸡场在完全竞争市场上没有什么优势。它的规模不足以大到控制市场,产品也没有特色。在鸡蛋市场竞争激烈、产品价格很低的情况下,养鸡的农户可以把成本压得很低,因为农民几乎没有什么固定成本,也不向自己支付工资,成本支出主要是购买种鸡和饲料。而大型养鸡场的成本则压不下来,养鸡场要建大鸡舍,采用机械化方式,具有一批管理人员,还要向工人支付工资。这使养鸡场的成本大大高于行业平均成本。而农民则以低成本占领了鸡蛋市场。农民的市场份额决定了他们的成本就是行业平均成本,养鸡场的成本高于农民的养鸡成本,也就是高于行业平均成本,当价格等于行业平均成本时,养鸡场的破产就是必然的。

政府出资兴办大型养鸡场的动机或许是好的,但是,鸡蛋市场不需要大型养鸡场这样的"庞然大物",即使农民养鸡也实现了现代化,还是难以有大型养鸡场的地位。鸡蛋市场的行业技术特点决定了小规模、低成本是该市场合理的企业组织方式。政府花钱建养鸡场是出力不讨好。这些年政府不再干预鸡蛋市场,市民们反而吃到了物美价廉的鸡蛋。

案例来源:梁小民. 微观经济学纵横谈. 北京:生活·读书·新知三联书店,2000 年

案例讨论

在完全竞争的鸡蛋市场上,政府应采取什么措施调控鸡蛋价格?

案例 5 德比尔公司为什么要做广告?

【案例适用】 垄断市场

案例内容 德比尔是南非的钻石公司,它的广告词"钻石恒久远,一颗永流传"为许多人熟知,也使许多人怦然心动。德比尔控制了世界钻石生产的 80% 左右,成为世界钻石市场的垄断者。当它在英国伦敦舰队街的一座小楼上举行每年的钻石交易会时,不许买主有讨价还价的权利,谁要不接受它的一口价,下次就不许参加交易会。这样霸道的垄断者为什么还要做广告呢?

案例评析 我们知道,垄断者是某种产品惟一的供给者,这种市场上没有竞争,当然也就不需要作为竞争手段的广告了。德比尔尽管没有控制世界上 100% 的钻石生产,但 80% 的市场份额已使它可以像垄断者一样行事了。德比尔之所以做广告主要并不是由于它的垄断地位受到本行业之内来自俄罗斯和斯里兰卡的厂商们(它们主要控制世界上另外 20% 的钻石供给)的威胁,而在于它是一种无保障垄断。

按照经济学的解释,如果一个企业是其产品惟一的卖者,而且如果其产品并没有相近的替代品,这个企业就是垄断者。形成垄断的基本原因是进入障碍,即其他企业无法进入该行业,使这个企业保持了惟一卖者的地位。进入障碍有两个来源,资源控制和规模优势(只有一个生产者时平均成本才能最低)所引起的垄断称为自然垄断,政府立法(如政府特许经营或专利权)所引起的垄断称为立法垄断(或合法垄断、人为垄断)。垄断者控制了该行业的市场,可以通过控制产量来确定价格,从而实现利润最大化。这就是说,垄断市场上无竞争,所以,不用采取价格竞争或非价格竞争(如广告)手段。

但是,有两种情况会威胁到垄断者惟一卖者的地位。其一是相近替代品的存在或出

现;其二是潜在进入者的进入威胁。在这两种情况下,原有垄断者的地位没有保障,称为无保障垄断,也就是它们的垄断地位随时可能被打破。这些无保障垄断者在感到自己的地位受到威胁时,就要为未来可能的竞争,或阻止潜在竞争者进入而未雨绸缪,采取一些预防式的竞争手段。

德比尔公司正处于无保障垄断者的地位,它可能的竞争对手不是来自潜在进入者(因为现在还看不出哪个地方能发现南非这么多的钻石,已知的钻石资源难以对它形成威胁),而是来自相近的替代品。与钻石类似的装饰品有翡翠、红宝石和蓝宝石等。这些其他宝石能否替代钻石取决于人们的评价。如果人们认为,钻石和其他宝石都有类似的装饰作用,可以满足自己炫耀性消费的欲望,或足以代表自己的身份,其他宝石就是钻石的相近替代品,德比尔的垄断地位就被打破了。这时,德比尔对钻石收取高价或采用不许讨价还价的霸道做法,就会使人们转向其他宝石。

但是,如果人们认为钻石有其他宝石所不能代替的独特之处,例如,只有钻石才能象征爱情的永恒,作为结婚或定情信物只能送钻戒,德比尔就可以保持钻石的高价,并在那座小楼里继续霸道下去。因此,德比尔做广告的目的就是要把钻石与其他宝石分开,让消费者接受钻石无可替代的观念,以确保自己的垄断地位。从现在德比尔在舰队街那座小楼里的霸道来看,这个广告是成功的。

德比尔的事例告诉我们两个重要道理。一是打破垄断的一个重要方法是扶植替代产品竞争者或潜在竞争者。当垄断者的地位受到威胁时,它会以提高自己的效率来未雨绸缪。例如,现在中国电信仍具有垄断地位,但在联通日益强大,而且我国要开放电信市场时,它不也在努力降价或改善服务吗?二是垄断者自己要善于发现替代产品的出现和潜在竞争者,千万别在已有的垄断地位上做平安梦。例如,过去被称为"铁老大"的铁路运输在长途运输上曾有不可替代的垄断地位。但正由于它没有看到民航与公路运输(尤其是高速公路)对它的潜在威胁,才在竞争中蒙受打击,客货运量减少,并出现亏损。这个教训值得许多现在仍具有垄断地位的企业汲取。

市场瞬息万变,不可能有永恒的垄断者,现在美国连传统上作为自然垄断的电力行业也开始竞争了。企业的成功要依靠自己的竞争力,千万别迷恋于垄断地位。居安思危适用于包括垄断者在内的任何一个企业。

案例来源:梁小民. 微观经济学纵横谈. 北京:生活·读书·新知三联书店,2002 年

案例讨论

你认为垄断经营需要做广告吗?我国的垄断企业做广告吗?

案例 6 新经济时代的微软反垄断案

【案例适用】 垄断市场

案例内容 在美国反垄断法实施的历史上,还没有哪起案件像美国司法部指控微软

公司的反垄断案那样一波三折,跌宕起伏,其案件本身的戏剧性色彩以及微软公司的大名都使得该案件引起了空前的关注。

　　成立于 1974 年的微软公司目前是世界上最大的个人电脑软件供应商,全球 90% 以上的个人电脑都安装了其 Windows 操作系统,可以说微软在个人电脑操作系统市场上处于垄断地位。2000 年 6 月 7 日,地区法院法官杰克逊对微软垄断案作出判决,下令将微软肢解为两家独立的公司,以防止软件业巨头微软公司利用其在计算机操作系统上的垄断地位进行不正当竞争。根据这份裁决书,微软将被肢解为两家独立的公司,一家专营计算机操作系统,另一家则经营除操作系统外微软目前所经营的其他业务,包括 Office 系列应用软件、IE 浏览器等。这份反垄断判决是自 1984 年肢解 AT&T 以来,美国最大的法庭强令肢解公司的判决。在 1984 年的判决中,美国电信业巨头 AT&T 被强制肢解为一家专营长途电话业务的公司和若干地区电话公司。

　　该案源于美国微软公司和另外一家软件公司网景公司之间的网络浏览器之争。早在 1995 年 6 月,微软公司在自己尚未研制出网络浏览器的情况下,要求网景公司不要发布与其 Windows 操作系统配套的网络浏览器。在遭到拒绝后,微软采取了一些惩罚性措施,如撤回对网景公司的技术支持,投巨资迅速开发出自己的网络浏览器并免费与其 Windows 操作系统捆绑销售来打击网景公司,导致网景公司的浏览器市场份额从最初的 80% 降至 62%,并仍呈下降趋势,而微软浏览器的市场份额则从零激增至 36%,并且微软的这些举动还最终导致网景公司被美国在线收购。当然,在美国受到微软公司胁迫的公司远不止网景一家,还包括英特尔、苹果、IBM 等一些著名的厂商。如苹果公司曾被迫放弃在自己的苹果电脑中安装网景公司的浏览器而改装微软公司生产的浏览器,英特尔也曾因害怕失去微软的技术支持而被迫放弃投入巨额费用开发出来的一种新型的中央处理器的市场开拓。

　　这项裁决刚一宣布,微软主席比尔·盖茨就表示他们将提出上诉申请,后来在微软公司的多方努力下,这个判决并没有真正实施。

　　事情发展到 2001 年 9 月 6 日,峰回路转。美国司法部发表声明,决定不再以拆分方式来处罚微软公司,并拟撤销对微软将网络浏览器和视窗系统捆绑销售的垄断指控。2001 年 11 月 2 日,美联邦政府司法部与微软公司宣布,反垄断官司已达成和解。根据双方达成的协议,微软将执行一项限制其商业行为的规定,实施期为 5 年。这表明微软已经逃过了被强行拆分的命运。

　　案例评析　微软毕竟成功地逃脱了被拆分的命运。所以,人们也就自然要问个为什么。

　　微软的命运之所以能够发生如此戏剧性的转折,客观地说,有两个原因:一是与大企业有密切关系的共和党总统布什在 2001 年入住白宫及阿什克罗夫特掌管司法部;二是微软有强大的律师团和顾问团,因此,也就有向国会和法院进行强大游说的能力。但是,除此之外,专家们认为,更主要的,是美国的反垄断法发生了变化,即从过去的维护价格竞争转向新经济时代的促进创新。

　　美国的反垄断工作可追溯到 19 世纪末。1890 年,美国通过了第一部反垄断法——谢尔曼法。在此后的 100 多年间,美国国会又通过了一系列补充性法案来加强反垄断工作,这些法律构成了美国政府反垄断的基础。美国的反垄断法适用于几乎所有行业和公司。反垄断法禁止三类违法行为:阻碍交易的行为;有可能大幅降低某一特定市场竞争程度的企业兼并;旨在获得或维持垄断地位的反竞争行为。美国政府实施反垄断法的最终目的是"通过促进市场竞争来保护经济自由和机会"。

从美国的反垄断法来看,虽然通过"不正当行为"维持或获得垄断地位是违法的,但一家公司拥有垄断地位或企图获得垄断地位并不一定违法。所以,垄断行为如果不是通过不正当的方式,就构不成拆分的理由。这实际上就等于说,在新经济时代,用拆分来破除垄断已经落伍。因为在新经济时代,网络科技具有高竞争性及快速更新换代的特点,任何领先的技术都将被更加先进的技术所代替,在高速增长的科技领域,垄断往往是一时的事情。

而在法官们的眼里,微软是新经济的代表,新经济的生命力在于不断的技术创新。微软也是以创新为武器来为自己辩护的,比尔·盖茨在法庭上说,美国的反垄断法是为了保护竞争机制而不是保护竞争对手,反垄断法不反对通过正常竞争获得的垄断地位,而是反对运用不正当的竞争手段来获得或者巩固垄断地位。AT&T(美国电话电报公司)的拆分是由于它的垄断地位是通过美国政府的特殊政策确立的,而微软在操作系统上的地位是通过市场竞争获得的。

有关专家指出,与美国历史上一些重大的反垄断案相比,微软案具有显著的特点。首先,微软基本上是靠自我发展起来的垄断公司;而在1911年和1984年分别被拆分的美孚石油公司和美国电话电报公司则都是靠并吞竞争对手成为各自行业的"巨无霸"的。其次,微软的发展是以知识产权和知识创新为基础的。如果"视窗"软件多年一贯制,可能早就被市场淘汰了。再次,微软虽然对个人电脑操作系统市场拥有绝对垄断权,但并没有利用这一垄断优势无理地抬高价格,其网络浏览器开始时还是免费赠送的。此外,这是美国进入新经济时代以来最具代表性的反垄断案件,其结局很可能成为今后高技术领域反垄断案件的一个判例。

因此,针对这样一个具有里程碑意义的案件,美国司法部打出了"推动创新"的旗号。在杰克逊2001年作出拆分微软的判决前夕,当时的司法部长雷诺表示,对微软采取反垄断行动是为了创造竞争环境,以增加消费者的选择。这种观点得到不少反垄断问题专家的赞同。美国布鲁金斯学会反垄断问题专家罗伯特·利坦认为,在美国的绝大部分行业中,创新是最重要的推动力,因此,微软一案必须具有开创先例的价值。美国著名经济学家、"新增长理论"的创立者保罗·罗默同样支持对微软采取反垄断行动。他认为,创新是决定消费者福利的最重要因素,而竞争比垄断更有可能带来创新。

保持创新的活力是美国经济能否继续领先于世界的关键,近几年来,美国以反垄断为核心的竞争政策重点转向促进创新。可以说,正是为了重振信息产业,促进科技发展,美国政府最终放弃拆分微软。

案例来源:根据相关资料自编

案例讨论

1. 请你概述垄断状况下的非效率表现。

2. 美国政府为什么要起诉微软？为什么历时十年的美国政府对微软的调查起诉最后不了了之？

3. 新经济时代下如何处理反垄断和科技进步的关系？

4. 谈一下你对目前我国反垄断的评价。

案例7 "春运"期间铁路涨价——"一石激起千层浪"

【案例适用】 垄断市场

案例内容 2000年11月国家计委作出了《关于部分旅客列车票价实行政府指导价有关问题的批复》，同意对春运、暑运、"五一"、"十一"等主要节假日期间部分客运繁忙线路的列车票价实行上浮。到2007年为止，铁路旅客列车票价的涨幅如下：

2001年中国铁路春运开始实行票价上浮；

2002年硬座票价上浮15%，硬卧、软座和软卧票价上浮20%，学生票、革命伤残军人票价不上浮；

2003年票价上浮最高维持在20%，有涨有降；

2004年上浮幅度为硬座15%，其他席别20%；

2005年硬座票价上浮15%，其他席别20%；

2006年硬座票价上浮15%，其他席别上浮20%，学生票、革命伤残军人票价不上浮。

近20年的中国季节性大迁徙——"春运"，已成为中国特色。"春运"市场提供了世界上罕见的爆发性商机。2001年"春运"，自1月9日开始至2月17日结束，共40天时间，全国运送客员约16.6亿人次，比2000年增长2.7%。据国家有关部门的数字统计分析，在16.6亿人次中，公路将承担14.9亿人次的运力，铁路春运1.34亿人次，使用这两种交通工具者占中国春运预计总数的90%以上。这是中国改革开放20年来最高峰值的一次"春运"。据广东省的资料显示：仅春运40天时间，竟能够创造一些客运"专业户"本年度至少50%以上的营业总额；而70%以上的参加者，在这40天"工作"中所创造的价值可抵本年度价值的120%以上，甚至可以在未来这一年内什么都不用做也能够正常维持。这一切在很大程度上要归功于涨价。

案例评析 铁道部春运办有关人士解释，涨价是为了"削峰平谷"，以达到"均衡运输"的目的。但就以关键的广州铁路客运为例，1月16日涨价后的事实证明：广州铁路客运高峰更为尖锐，超过历史最高峰，"均衡运输"就当然成了画饼充饥；对于中国大多数老百姓而言，出门坐火车是首选交通工具，无论火车票涨不涨价，该回家的还得回家，涨价根本无法削峰平谷，只能是让铁路部门狠狠赚一笔。据北京一家报纸报道，节前15天，北京西站和北京站的客票收入增长了50%，收入近3亿元。春节给了铁路部门一个极为厚重的大礼包。有奥论指责,这是"垄断行业大发横财"。

不过,中国老百姓这次不买账了。河北律师乔占祥首先就铁路调价方案向铁道部提出行政复议,这无疑是破天荒的。2月12日,中国消费者协会也致函铁道部,要求就涨价问题给个说法。中国政法大学法学硕士郝劲松一直以个人力量反对春运涨价,以公开诉讼的方式起诉铁道部,就在2007年1月7日下午他还专门致函铁道部部长刘志军,呼吁春运停止涨价。以往习惯于沉默的中国老百姓,今天终于有了维权的意识,"铁老大"再要"惟我独尊",恐怕不那么容易了。可喜的是,2007年1月10日,铁道部新闻发言人王勇平对外宣布:从今年起,铁路春运火车票价格不再实行上浮制度。

案例来源:根据 www. tlu. edu. cn 和央视国际 www. cctv. com 2007 年 01 月 11 日等资料改编

案例讨论

你认为应该如何解决铁路垄断经营问题?

案例8 "进场费"与"买方垄断"

【案例适用】 垄断市场

案例内容 最近一段时期,我国零售商与供货商之间由进场费引起的摩擦和冲突不断激化。大型零售商向其供货商收取进场费是零售业高度集中后出现的规律性的现象。所谓进场费是指大型零售商在商品定价外,向供货商直接收取或从应付货款中扣除,或以其他方式要求供货商额外负担的各种费用。

从披露的某超市对供货商收取的费用来看,除了进场费、新品上架费、新店开业赞助费、店庆赞助费、媒体广告费、落地陈列广告费、快讯赞助费、各类节庆费、无条件返利、新店开业折扣、损耗补偿等费用外,还有五花八门巧立名目的持续性的收费。

更为严重的是,零售商不仅拖欠货款,还会擅自在应付货款中扣除各种事前并未约定的费用。例如,一些商品在活动期间经零售商折扣、低价甩卖后,其损失不但要求供货商自己负担,零售商还会从支付给供货商的货款中扣除其利润差额。所以,有些供货商甚至不但结不到货款,反而欠零售商的钱。据广东媒体披露,广州浙江风味食品厂于2002年4月份与广州万佳百货公司签订供销合同,然后向万佳百货公司提供食品进行销售,4月份的销售额为63 518元。结账时结算汇总表上显示,浙江风味食品厂本月应支付的费用有新店庆贺费、折让费、广告费等几项合同外费用,费用总额高达10万元。也就是说,浙江风味食品厂不但拿不到一分钱的货款,反倒欠广州万佳百货公司近4万元。

供货商作为这种不平等交易关系中的受害者,为了渠道畅通、维持交易关系,多数敢怒不敢言。而零售商对个别供货商的发难置若罔闻,依然我行我素,因为零售商确信自己的渠道主导权是无可动摇的。对于持续已久的进场费之争,暂且不论哪些费用合理,哪些费用不合理,从大型零售商的骄横态度便可判断其在交易中已居优势地位。

案例评析 大型零售商在交易中优势地位的形成,是市场经济从自由竞争走向垄断竞争的必然结果,是现代商品流通发展的规律使然。现代商品流通的最主要特征之一是,一方面大型垄断生产企业通过控制中小商业者或设置自己的销售机构,确立自己的渠道主导权,从上游控制流通;另一方面,大型垄断零售企业通过培育自有品牌控制中小制造商,确立自己的渠道主导权,从下游控制流通。

大型零售商对市场的控制是一种买方垄断的形式,表现为对购买过程与销售过程两个方面的控制。对购买过程的控制表现为大量采购商品,不仅可以节约购买活动从而降低成本,而且在价格交涉中占有优势,实现低价购买。所以大型零售商在大量采购时,一般都会提出苛刻的条件,如价格折扣、数量折扣,还有初次进货准备折扣、临时无偿供货、广告折扣等。我国大型零售商也不例外,一旦确立了支配地位,自然会提出苛刻的条件和要求。所以,进场费、通路费等所谓国际惯例,正是市场竞争的规律。

再从大型垄断零售商对销售过程的控制来看,由于其巨大的资本力量,可以垄断有利的店址,为自己带来巨大的销售额。同时,对店址的垄断,提高了进入壁垒,限制了竞争者的加入。另一方面,大型零售商有能力采用新的商业技术,如引进计算机系统,在销售方面加强了对市场的控制。此外,还通过大规模的广告宣传,丰富的商品备货,对个人消费者的控制,从而实现对市场的垄断和控制。大型零售商正是由于其在下游交易中居于供给垄断地位,所以才能在上游交易中处于买方垄断的地位。

市场经济从自由竞争向垄断竞争过渡的过程中,随着市场集中度的提高,大型零售商逐步实现了对购买过程和销售过程的控制,从而确立了其交易中的优势地位。大型零售商与大型垄断生产商一样,其本性都是要排除自由竞争,以确立自己的垄断支配地位。这种对自由竞争加以限制和排除的结果,必然导致"市场的失灵"。

另外需要特别强调的是,与生产商不同,以个人消费的分散性为基础的零售商,对消费者来说具有地区垄断的特点。这就是说,有些零售商如超市等贴近消费者选址的业态,即使在市场中不具有垄断地位,在与中小供货商的交易中也具有优势地位,从而形成支配与被支配的关系。

从以上分析可以看出,零售商具有很大的控制零售终端的力量,并表现出潜在的反竞争倾向。这种反竞争的表现形式是典型的"买方垄断势力"。大型零售商滥收进场费的买方垄断行为,对公平交易的市场原则和有效竞争的危害是显而易见的。

首先,如果在某一市场具有垄断地位的供货商在这一市场中最大零售商那里得到排他性位置,竞争性伤害将会出现。它可运用支付进场补助、保管费或者排他性协议来减少竞争企业的数量或者妨碍竞争者的竞争力,从而维持产品的垄断地位。事实上,滥收进场费已经阻止了中小生产商获得超市货架空间。另外,进场费中各种费用的支付,使生产商减少了能创造消费需求的广告支出。对新产品收取高额上架费、推广费、试销费,对于那些计划扩展生产线来满足新品种需求的生产商来说是一种限制,无形中加大了新产品开发的成本。

其次,滥收进场费损害了消费者的利益。一般来说,买方垄断通常打着维护消费者主权的旗号,但实际上买方垄断所造成的低效率,对消费者转嫁的费用负担,至少是双层或者双层以上的:上游企业缺乏竞争所造成的低效率加上下游买方的双边垄断地位所造成的低效率,会双重地加价在消费者的购买价格中。

除此之外,付不起费用的供货商,便无法将商品摆上超市的货架,新产品开发受到进场费的抑制,这些都限制了消费者的选择权。滥收进场费行为持续下去的长期后果是导致零售价格的上涨趋势,或者是商品质量和服务水平的下降趋势,从而使消费者剩余减少。在我国相关法律制度不健全的情况下,更会导致一些极端的行为。如据媒体披露,有些不堪承受进场费负担的供货商为了保证一定利润,只好提高价格,或者向卖场提供质次量欠的产品。如一家蜜饯供货商在不提价的情况下,向大卖场提供质量稍差的产品;一家餐巾纸厂干脆粗制滥造一批"特价商品"卖给卖场。

最后,据美国的一项研究证明,进场费为零售商之间的柔性价格竞争提供了一个机制,导致了产品比较高的销售价格。由于预先取得利润,零售商很少运用价格竞争的方法来试图扩大销售。本质上,进场费为零售商之间的相互勾结提供了便利的条件。当滥收进场费行为得不到遏制而成为普遍现象甚至是商业习惯时,零售商便会放松内部管理和成本控制,不再有经营创新的动机,其市场角色也将从转售商品的中间商变为货架出租商。事实上也是如此,我国大型连锁超市公司的进场费有些已经超过了全年利润的总和,甚至是利润的好几倍。大型零售商大量拖欠、占用供货商的资金,四处圈地造势,其表面繁荣的背后,却是自身经营风险的不断积累,一旦现金流出现问题,便毫无抵抗风险的能力。

大型零售商利用优势地位滥收费用,是优势企业滥用主导权的行为,在竞争法中叫做"优势地位滥用",是典型的"市场失灵",所以只能依赖公共政策的介入加以纠正。

案例来源:高小勇.经济学帝国主义(第二卷).朝华出版社,2005年

案例讨论

现实生活中还有其他形式的"进场费"吗?你对"进场费"有何看法?

案例9 民航机票定价的另一种思路

【案例适用】 三级价格歧视

案例内容 近些年来,中国民航总局已经放弃了机票"禁折令",允许各航空公司以向乘客提供折扣机票的方式参与市场竞争。但是,由于各航空公司的业务水平没有相应提高,其效率没有太大改善,航班或者满员,或者乘客寥寥无几的现象依然存在。许多航空公司长期亏损的状况也没有得到明显改善。

现在机票可以打折了,票价越低,可以出售的客票数越多,但降低了票价也就降低了营业收入。如果不打折,票价过高,乘坐飞机的人难以增加。如何通过提高航空公司的业务水平,利用价格调剂余缺,既能让更多的人乘坐飞机,又能提高航空公司的收入呢?

国外民航业常用的一种定价方法是价格歧视,即对不同的乘客收取不同的票价。例如,有的航空公司对两城市间的往返机票收取两种价格:全价与折扣价。对周六在所到达

城市住一晚的乘客收取折扣价,对周六不在所到达城市住的乘客收取全价。

案例评析　航空公司实行价格歧视的一个重要条件是把乘客区分为不同的集团。区别哪些乘客是不计较票价的,他们不论票价高低都会坐飞机,对他们可以收取高票价;哪些乘客只有在票价低的条件下才会坐飞机旅行,对他们只能收取低票价。

实行价格歧视的关键是要能用一种客观标准区分这两类乘客。航空公司采用了不同方法。

第一种方法,周六是否在所到达城市住一晚上。对两个城市之间的往返乘客,周六在对方城市过夜的实行折扣价,周六不在对方城市过夜的实行全价。因为航空公司发现,通常公务出差者由于是公费支出,他们只考虑时间的合适性,很少考虑价格变动,因此他们不愿为省几个钱而放弃周末与家人的团聚。航空公司对他们收取高票价,乘客不会减少(需求缺乏弹性),来自这部分乘客的收入也不会减少。而私人乘客乘飞机是去玩,对他们来说时间是否合适不重要,他们更看重买折扣机票能节省自己的费用支出,私人乘客在有折扣时愿意选择周六在对方城市过夜。航空公司对他们收取低票价,由于需求富有弹性,乘客增加的百分比大于机票降价的百分比,来自这部分乘客的收益增加,这样,总收益也就增加了。而且,灵活性的票价也起到了优化资源配置的作用,公务乘客和私人乘客在选择上各得其所,航班乘客过多或过少的现象因此而消失。

第二种方法,根据订票时间定价。一般来说,私人乘客出行有一个计划,可以提前订票,而公务乘客中临时决定外出的购票者多。这样就可以根据订票时间不同而实行价格歧视了。如提前2周订票打7折或更多,登机前购票者是全价。

第三种方法,对不同收入者的价格歧视。机票价格在高收入者的支出中占的比例很低,需求就缺乏弹性;而对低收入者来说,机票价格占支出的比例可能就高,需求富有弹性。因此,可以根据不同的服务对象确定不同的票价。例如,高价票无任何限制,随时可以乘机,高收入者不在乎多花钱,方便得很。低价票有种种限制(周末不能乘机,提前2周订票,航班由航空公司制定等),低收入者也愿意接受。这些办法都有效地区分了不同需求弹性的乘客,可以有效地实行价格歧视。

价格歧视的形式很多。例如,美洲航空公司1992年将纽约至伦敦的经济舱分为高低不同的五种价格,最高价票无任何限制,最低价票则有必须提前购买、不能退票等限制。这两者之间又有不同的价格限制条件。这种方法把乘客区分为不同的收入集团,高收入者购买方便的高价票,低收入者也可购买低价票到伦敦一游。

价格歧视原理告诉我们,价格竞争不只是提价或降价,还可以灵活地运用多种价格形式。市场经济需要灵活的头脑和灵活的经营方式,经济学就是使你的头脑更加灵活的学问。

案例来源:梁小民.微观经济学纵横谈.生活·读书·新知三联书店,2000年

🐜 案例讨论

1.列举现实生活中的价格歧视现象。

2.如果你是一个经营者,你会如何利用价格歧视? 如果你是一位消费者,你将如何应对价格歧视?

案例 10 麦当劳连锁店的折扣券

【案例适用】 三级价格歧视

案例内容 麦当劳连锁店一直采取向消费者发放折扣券的促销策略。它们对前来就餐的顾客发放其产品的宣传品,并在宣传品上印制折扣券。为什么麦当劳不直接将其产品的价格降低? 回答是折扣券使麦当劳成功地实行了不完全价格歧视,从而获得了超额利润。这种不完全价格歧视称为三级价格歧视。三级价格歧视是指垄断厂商对同一种产品在不同的市场上(或对不同的消费群)收取不同的价格。

麦当劳知道并不是所有的顾客都愿意花时间将折扣券剪下来保存,并在下次就餐时带来。此外,剪折扣券的意愿与顾客对物品的支付意愿和他们对价格的敏感性相关。富裕而繁忙的高收入阶层到麦当劳用餐弹性小,对折扣券的价格优惠不敏感,不可能花时间剪下折扣券并随时带在身上,以备下次就餐时使用,而且使用折扣券所省下的钱他们也不在乎。但低收入阶层到麦当劳用餐弹性大,他们更可能剪下折扣券,因为他们的支付意愿低,对折扣券的价格优惠比较敏感。

麦当劳连锁店通过只对这些剪下折扣券的顾客收取较低价格,吸引了一部分低收入阶层到麦当劳用餐,成功地实行了价格歧视,并从中赚了钱。如果直接将产品价格降低,从不带折扣券的高收入阶层的高意愿消费中多得的收入就会流失。

案例评析 参见本章案例 9 的"案例评析"。

案例来源:张淑云.经济学——从理论到实践.北京:化学工业出版社,2004 年

案例讨论

你还能举出一些三级价格歧视的例子吗?

案例 11 公园向中国人收取的门票价格为什么比外国人低?

【案例适用】 三级价格歧视

案例内容 在我国,几乎所有旅游景点的大门口都清楚地昭示了中国人的门票价格和外国人的门票价格。我们看到,中国人的门票价格远远低于外国人的门票价格,这是为什么?

案例评析 这也可用三级价格歧视来解释。三级价格歧视是指企业根据不同的市场、不同的需求弹性制定不同的价格,以获得利润最大化。这里的不同市场不仅指不同的地理位置上的市场,而且指由于消费者的偏好、收入和产品用途不同而形成的不同市场。

外国人不远万里到中国旅游,到了旅游景点,不会因为门票价格比中国人的高而不进去。此时他们的消费弹性非常小,公园制定高价格就可以获得较高的利润。如果对中国人也制定高价格,就会挡住一部分消费者,公园由此就会减少收益。

案例来源:自编

案例讨论

为什么公园向中国人收取的门票价格比外国人低?

案例 12　经济学教科书的特色化经营

【案例适用】　垄断竞争市场

案例内容　在国内外的教科书市场上,经济学教科书可谓品种繁多。然而,1998 年当美国哈佛大学教授曼昆推出《经济学原理》之后,在美国初次印刷发行即达 20 万册,1999 年该书中文版问世后不到半年内也销售了 8 万册。在竞争激烈的经济学教科书市场上,曼昆的《经济学原理》为什么能一枝独秀?

案例评析　曼昆的《经济学原理》之所以能一枝独秀,是因为经济学教科书市场是垄断竞争市场结构。垄断竞争市场的特点之一就是每个企业生产的一种产品至少与其他企业生产的产品略有不同。

经济学教科书市场之所以是垄断竞争市场就在于这些教科书是有产品差别的市场。就国外比较流行的经济学教科书来说,有的以历史悠久和内容全面而著称,比如萨缪尔森和诺德豪森写的《经济学》。该书 1948 年出版第一版,以后的同类教科书均以其结构为范本;有的以理论体系严谨、内容有一定深度而受到欢迎,比如迈克尔·帕金的《经济学》;有的以通俗易懂,与电脑运用密切配合而畅销,比如奥沙利文和谢夫林的《经济学》;等等。这类教科书的品种很多,但每一种都有自己的特色,并以这种特色占有一定市场份额,受到一部分消费者的欢迎。但由于这些教科书属同类产品,它们之间的竞争也十分激烈。曼昆的《经济学原理》能在这竞争激烈的市场上获得成功就在于他创造出了自己产品的特色。他注意到一些经济学教科书求全求严谨的缺点,因此在书中以通俗的事例、故事、政策分析来介绍深奥的经济学原理,使沉闷的经济学让人读起来轻松、愉快。与其他同类经济学教科书相比,《经济学原理》具有简明性、通俗性和趣味性的特色,曼昆以他那幽默风趣、流畅简练的文风写出了这样一本书,也就创造了自己的产品差别,出版后很快得到读者的认可,并在经济学教科书市场上大获成功。

曼昆的《经济学原理》成功的事例告诉我们:只有市场不欢迎的产品,没有卖不出的产品。只要你能创造出自己有特色的产品就不怕没有市场,这个道理适合所有企业。

案例来源:梁小民.微观经济学纵横谈.生活·读书·新知三联书店,2000 年

案例讨论

1. 垄断竞争市场的特点有哪些？哪些产品市场属于垄断竞争市场结构？
2. 处在垄断竞争市场结构中的产品凭什么形成自己的垄断地位？

案例 13 为什么轻工业产品市场最需要做广告宣传？

【案例适用】 垄断竞争市场

案例内容 打开电视经常看到的是化妆品、家用电器、洗涤用品等轻工业产品的广告，而从来也没有看到过石油、煤炭、钢铁的广告，更没有看到过大米、白面、水、电的广告（不包括公益广告）。这是为什么？

案例评析 经济学家根据市场上竞争与垄断的程度把现实中的市场分为四种类型：完全竞争市场、垄断竞争市场、寡头垄断市场和完全垄断市场。

最接近完全竞争市场的产品是农贸市场，在这个市场上有很多的消费者，也有很多的生产者，这个市场上的产品是没有差别的。这里所说的产品差别不是指不同产品之间的差别，而是指同种产品在质量、包装、牌号或销售条件等方面的差别。例如，产品差别不是指自行车与汽车的差别，而是指自行车在质量、牌号或销售条件方面的差别。正是因为大米、面粉、鸡蛋和蔬菜等农贸市场上出售的商品没有差别，个别厂商也没有必要做广告。此外，在这个市场上价格与需求曲线是由全行业竞争决定的，个别厂商只能是全行业决定的价格的接受者。在完全竞争市场的条件下，价格可以充分发挥其"看不见的手"的作用，调节整个经济的运行。

打开电视经常映入你眼帘的电视广告，一般都是轻工业产品广告。这个市场就是垄断竞争市场。引起这个市场存在的基本条件是产品有差别，如我们前面提到的自行车，消费者的个人偏好不同，每一款自行车都可以以自己的产品特色在一部分消费者中形成垄断地位。但这种垄断又是垄断不住的，因为不同牌号的自行车是可以互相替代的。这就形成一种垄断竞争的状态，这也正是为什么生产轻工业产品的厂商不惜血本大做广告的目的。不仅如此，在这个市场上各个商家的定价决策要充分考虑同类产品的价格，正确估计自己的产品在市场上的地位，定价过高会被同类产品替代，失去原有的市场份额。

钢铁、汽车、造船、飞机等产品市场属于寡头垄断市场。为什么这些重工业中寡头垄断是最普遍的？因为这些行业有一个基本特点，就是这类产品只有在大规模生产时，才能获得较好的经济效益。因为这些行业投资巨大，只有产量达到一定规模时平均成本才会下降。

供水、供电这类政府自然垄断的行业属于完全垄断。在这个市场上一家就是一个行业。有许多经济学家认为政府对某些公用事业的垄断，一方面会给社会带来好处，另一方面政府完全垄断公用事业，往往也会由于官僚主义而引起效率低下。

对于广告的作用，经济学界还有许多观点和争论：

广告批评者：(1)广告抑制了竞争。通过增加心理上的产品差别度和品牌忠诚度，广告使消费者漠视同类产品之间的价格差别，从而企业可以增加定价权力获取高利润。一双 NIKE 球鞋与一双名为"莱克"的球鞋也许都由一家浙江的民营企业生产，但是 NIKE 球鞋因为请 NBA 球星在全球进行广告轰炸，就可以轻易卖出同类型球鞋几十倍的高价。

(2)大部分广告没有提供有关产品的有用信息，而是通过心理暗示来增加消费者的购买欲望。考虑哈根达斯的广告，它不告诉你任何关于其冰激凌的消费信息，而是通过一个浪漫场景让你意识到，哈根达斯代表浪漫与爱情。

广告辩护者：(1)广告加强了竞争。通过广告，消费者能够更充分地获得市场上所有企业的信息，这样消费者可以更容易地识别价格差异，因此每个企业的定价权力变小了。此外，广告使得新企业进入市场更容易，因为它可以帮助进入者从现有企业中吸引顾客。

(2)广告可以用来向消费者提供信息以改善市场上信息不对称的程度。广告提供商品的价格、新产品的出现和商店的位置，这些信息有助于提高市场配置资源的能力。

案例来源：http://www.xztvu.cn/kfy/teaching/2001a/hwjj/5ch/anli.htm

案例讨论

如何识别完全竞争市场、垄断竞争市场、寡头垄断市场和完全垄断市场？

案例 14 垄断竞争下的差异化战略

【案例适用】 垄断竞争市场

案例内容 产品差异化是垄断竞争市场上常见的一种现象，不同企业生产的产品或多或少存在相互替代的关系，但是它们之间存在差异，并非完全可替代的。垄断竞争厂商的产品差异化包括产品本身的差异和人为的差异，后者包括了方位的差异、服务的差异、包装的差异、营销手法的差异等，企业往往希望通过产品差异化来刺激产品的需求。

案例评析 常用的产品差异化战略有：

1. 产品的原材料——潘婷洗发水宣称其成分中有 70％是用于化妆品的，让人不能不相信其对头发的营养护理功效。舒蕾现下推广的"小麦蛋白"洗发水也是在试图通过原材料成分来加强产品的价值感。

2. 产品的手感——TCL 电工通过李嘉欣告诉大家"手感真好"，因为手感好也是消费者自己判断开关质量的简单而又重要的标准。

3. 产品的颜色——普通的牙膏一般都是白色的，然而，当出现一种透明颜色或绿色的牙膏时，大家会觉得这牙膏肯定更好。高露洁有一种三重功效的牙膏，膏体由三种颜色构成，给消费者以直观感受：白色的在洁白我的牙齿，绿色的在清新我的口气，蓝色的在清除口腔细菌。

4. 产品的味道——牙膏一般都是甜味的，可是 LG 牙膏反而是咸味的，大家觉得这牙膏一定好。那么,如果有种苦味的牙膏呢? 大家还会觉得好,这就是差异化的威力。

5. 产品的造型设计——摩托罗拉的 V70 手机,独特的旋转式翻盖成为其最大的卖点。

6. 产品功能组合——组合法是最常用的创意方法,许多发明都是据此而来。海尔的氧吧空调在创意上就是普通空调与氧吧的组合。白加黑也是一种功能的分离组合,简单的功能概念却造就了市场的奇迹。

7. 产品构造——"好电池底部有个环",南孚电池通过"底部有个环"给消费者一个简单的辨别方法,让消费者看到那个环就联想到了高性能的电池。海尔"转波"微波炉的"盘不转波转"也是在通过强调结构的差异来提高产品价值感。

8. 隐喻的概念——瑞星杀毒软件用狮子来代表品牌,以显示其强大的"杀力";胡姬花通过隐喻概念"钻石般的纯度"来强化其产品价值;白沙烟用鹤来表现飞翔、心旷神怡、自由的品牌感受。

9. 事件概念——相信全国人都知道海尔的"砸冰箱"事件,直到多年后,海尔还在不厌其烦地经常拿出来吆喝几声。该事件为海尔的"真诚到永远"立下了汗马功劳,可见事件概念的传播也是威力巨大。事件营销要注意把握时机,如能与社会上的最热话题联系起来,则会起到事半功倍的效果。2003 年的一大热点当然是"神五"飞天,"蒙牛"及时"对接成功",有效地提升了品牌形象,是近年来少见的优秀事件营销传播案例。

10. 广告传播创意概念——"农夫果园摇一摇","乐百氏 27 层净化","金龙鱼1∶1∶1"都属此类型。

11. 专业概念——专业感是信任的主要来源之一,也是建立"定位第一"优势的主要方法。很多品牌在塑造专业感时经常直称专家:方太——厨房专家;华龙——制面专家;中国移动——移动通信专家。

12. 建立"老"概念——时间长会给人以信任感,因此,诉求时间的概念也是一种有效方法。而且,时间的概念感觉越老越好,如玉堂酱园——始于康熙 52 年,青岛啤酒——始于 1992 年。

13. 产地概念——总有许多产品具有强烈的产地特点,如北京的二锅头、烤鸭,山东的大花生,新疆的葡萄,还有我们常说的川酒云烟等。提炼这些地域特色强烈的产品的地域概念显然是很有效的方法。如云峰酒业的"小糊涂仙"、"小糊涂神"、"小酒仙"等都在说"茅台镇传世佳酿","鲁花"花生油说"精选山东优质大花生"等。

14. 具体数字概念——越是具体的信任感越强。因此,挖掘产品或品牌的具体数字也是常用的方法。"乐百氏 27 层净化"、"总督牌香烟,有 20 000 个滤嘴颗粒过滤"等都是该方法的应用。

15. 服务概念——同样的服务,但如果有一个好的概念则能加强品牌的美好印象。比如海尔提出的"五星级服务"也为其"真诚到永远"作出不少的贡献;另外还有"24 小时服务"、"钻石服务"等都是不错的服务概念,在加强品牌美誉度方面起到了不可忽视的作用。

资料来源:北京大学经济学院《中级微观经济学》案例教学. 张元鹏. 2005-11-22

案例讨论

1. 在垄断竞争理论中，产品差异化有什么意义？

2. 从本案例中，你能否总结出显示企业决策中的差异化的类型？都有哪些类型？

3. 现实中，哪些企业很需要进行产品差异化？哪些企业不需要？请你论述这些企业进行产品差异化的理由。

4. 你还能举出一些产品差异化的例子来吗？我国企业进行产品差异化有什么特点？

案例 15 两败俱伤的保暖内衣大战

【案例适用】 垄断竞争市场

案例内容 当21世纪的钟声刚刚敲响时，中国保暖内衣市场上爆发了一场惨烈的价格战。许多企业生产保暖内衣，投巨资、请明星做广告，保暖内衣的价格卖到400～500元一套。可惜聪明的消费者在屡次吃过广告的亏以后也学乖了。他们发现其实保暖内衣与普通内衣没有多大差别，无非是厚一些，一层变两层而已。而且国家质检局又证明，保暖内衣两层之间的所谓高科技保暖层，实际上就是国外的裹尸塑料布——裹在死人身上臭味跑不了，包在活人身上热气也跑不了。但谁愿意未死先穿它呢？于是保暖内衣无人问津。企业只好进行价格竞争，保暖内衣降到50～60元，依然"臭大街"。这一场闹剧就以两败俱伤结束了。

案例评析 应该说产生这种结果的原因是多方面的，但很重要的一点是企业没有认识到自己所处的市场结构的类型。企业制定市场竞争战略首先要考虑到自己的竞争对手以及制约因素。企业主要的竞争对手是同行业的企业，即生产同一种产品的企业。但另外还有两个竞争对手：一是潜在进入者，即随时可以进入本行业的企业；二是生产替代品的企业。制约企业竞争的是消费者和供给商。

本行业企业是竞争的主要对手，因此在考虑与它们的竞争时就要考虑到本行业市场结构的特征，即属于哪一种市场结构。在不同的市场结构下，竞争策略是不同的。竞争策略包括企业竞争所要达到的目的，以及为达到目的所采用的竞争手段。市场结构不同，竞争目的和手段都不同。在完全竞争的市场上，长期中经济利润为零，企业只能实现会计利润，而实现这一目的的手段就是增加产量；在短期中可以实现经济利润，手段是提高生产率。完全竞争企业是价格接受者，没有定价决策，其产品是同质的，也没有产品差别之争。垄断市场、垄断竞争市场和寡头市场上，企业都可以在不同程度上影响价格的决定。这些市场上的企业成为价格决定者，因此都可以通过价格来实现竞争目的，但方法不同。垄断市场上如果没有政府干预，可以把利润率或利润量最大化作为目的，手段则是定价策略，可以完全由自己定价。垄断竞争市场上因为各个企业的目标客户有限，只能实现利润率最大化，竞争的手段是产品差别创造，要通过产品特色来提高价格。在寡头市场上，只能以利润量最大化为目标，手段主要是价格竞争。

保暖内衣企业的错误正在于没有考虑到制约竞争策略的因素及市场结构定位错误。保暖内衣市场进入门槛并不高,而且有一般内衣作为相近的替代品。定价过高,会吸引潜在进入者进入,而且又有传统保暖内衣作为替代品。同时高价格又没有考虑到消费者的接受能力与愿望。所以保暖内衣企业一开始制定离谱的高价就是错误的,不仅难以吸引消费者用保暖内衣替代传统内衣,而且吸引了更多企业进入,造成供大于求。从市场结构来看,保暖内衣属于垄断竞争的市场,要提高价格的关键还在于创造出传统内衣无法替代,而且受目标群体消费者欢迎的特色。产品特色不能只做广告,还在于实质。没有实质性特色,广告的作用也许还是负的。保暖内衣无实质性特色就无法替代传统内衣,也就无法定高价。所以在供大于求之后,各保暖内衣企业不得不大打价格战。而对消费者来说,越降价越没人买。其两败俱伤的结果其实在它把毫无特色的东西充当好产品,又定高价时就注定了。

从这个案例可以看出,企业在决定竞争策略时特别要考虑自己企业所处的市场结构类型:我的企业所处的市场是哪一种类型的市场结构。

资料来源:梁小民.写给企业家的经济学.北京:中信出版社,2006.1

案例讨论

处于垄断竞争市场结构中的产品生产厂家如何避免两败俱伤?

案例 16 武林中的产品差异化竞争

【案例适用】 垄断竞争市场

案例内容 大大小小或强或弱的门派,各怀绝技形形色色的高手,组成了武林这个特殊世界。各个武林门派和高手在激烈的竞争中生存和发展,颇像无数大大小小的企业和个人在市场上竞争。所以,可以用经济学中的市场竞争理论来解释武林中的争斗,也可以通过武侠小说中对武林各派争斗的描述来加深人们对市场竞争理论的理解与运用。

案例评析 武林不是一个垄断市场,如果只有一个武林门派一统江湖,也就没有武林了。没有武林各派的争夺,纵然金庸、古龙有再高的天赋也写不出这么吸引人的武侠小说。武林甚至也不是一个寡头市场。尽管武林中不同时期都有一些显赫的大门派,如许多书中都有的武当、少林,或者正邪两派,也有东邪、西毒、南帝、北丐、中神通,或张无忌、杨过这样的超级大侠,但他们都称不上寡头,难以像通用、福特、克莱斯勒这样的寡头控制美国汽车市场,或像波音和空客那样的寡头控制世界大型民用客机市场。说到底,把武林定义为垄断竞争市场比较合适。

垄断竞争市场中企业成功的关键是产品差异化竞争,即创造出有自己特色的产品。这就是说,在这种市场上有产品差别才有垄断,有垄断才有成功。所以,垄断竞争市场上企业成功的关键是靠产品特色建立自己的垄断地位。如果把这些话讲给武林各派掌门人听,他们自然会不屑一顾。但实际上他们正是这样做的。武林争斗的目的是为了建立本派在武林中的至高地位——垄断地位(尽管也打着什么主持正义之类的旗号),这种地位是在比武(武林竞争的主要形式)中形成的。他们达到这一目的的手段则是本门独特的武功——自己不同于他人的产品特色。其实不仅取胜必须如此,即使只为了在强手如林的武林中生存下来,也要靠自己本门的特色。

在金庸的笔下,各门派的绝活五彩缤纷,异彩纷呈,具有悠久历史的武当、少林自不必说。丐帮的"降龙十八掌"和打狗棍,使一帮叫花子也能驰骋天下。甚至蓝凤凰这样来自边疆的小女子也能以防不胜防的施毒术,令天下武林人士胆寒。如果仔细研究一下各门派的武功,那你会惊叹小小武功,有多少创新,又有多少差异。古龙似乎更注重情节的曲折性,武功不像金庸笔下那么多变。他笔下的英雄,无论小李飞刀李寻欢还是西门吹雪,都以出手快见长,对手什么也没看见,已经人头落地,刀又回到了手中。快也是一种特色。在这个竞争的武林中,武功没什么太大特色者,如沧州的小门派,就无以生存,遇强敌则溃败了。读武侠小说时人们往往会被各种武功所吸引,听王语嫣讲各派武功,你不能不对这小女子有几分敬意。在敬佩之余,你要想到这就是产品差别的创新。

与市场中的产品一样,已有特色的武功也要不断创新。洪七公、杨过诸位大侠都是在原有武功的基础上创新出了有特色的天下无敌之功夫,才得以成为一代宗师的。产品特色的关键在于创新,一旦扼杀了创新,一个门派也就完了。《笑傲江湖》中的华山派并不是失败在岳不群的个人品质上,而是失败在剑宗与气宗两派的争斗,以至于剑宗派从肉体上消灭气宗派上。华山派死守剑宗的精神,岂有不亡之理?相反,令狐冲正是在学剑宗的基础上又跟气宗派惟一幸存下来的传人风清扬学了气宗(并向任我行学了内功),才成为华山派真正的一代宗师。但武林又近乎一个独裁的领域,各派掌门人是绝对权威,弟子若有创新之想法,就被认为是本门的叛徒,必死无疑。正是这种政治上的独裁抑制了创新。所以,历史悠久的门派往往是徒有其名,在武林中风光的往往是传统较少的新门派,或者杨过、令狐冲这类离经叛道的人。创新是企业的生命,也是武林的生命。

创造出武功特色不容易,偷来当然容易,因此,寻找武功秘籍就成为金庸小说中的一大中心。那些成为大侠者也是由于偶然的机遇得到了某一种秘籍,并照此修炼。什么是秘籍呢?就是练一门功夫的诀窍。用企业的话来说,就是某种特色产品的核心技术。可口可乐的配方、同仁堂某些药和云南白药等的配方,都是和武功秘籍一样的宝贝。企业有这种配方才能生产出与众不同的特色产品,垄断一块市场。武林各门派有这种武功秘籍才能有自己威震天下的武功。武功秘籍和配方一样秘不示人,所以,才有人挖空心思去偷。《葵花宝典》之类秘籍对武林好汉们的吸引力之大,令人惊叹。吾等非武林人士,难以体会。为了得到这种秘籍,众好汉不惜付出生命。这说明武功的好坏在于其是否有特色。企业在市场上的竞争不也如此吗?形式不同,道理是相同的。

当然,有了秘籍也不一定能练成神功,有的人练不好还会走火入魔。练成神功要有秘籍指点,但还须有基础。在武侠小说中,这种基础就是内功。什么是内功,大概金庸也不大明白,内功尚且可以输出输入,更令人莫名其妙。但内功是重要的。你看,杨过与小龙女在古墓中苦练了内功,所以,杨过的剑术,从最早靠好剑,发展到把树枝当剑,最后进入剑术的最高层次——无剑胜有剑。书中的各路高手,没有一个不是身怀深厚之内功。可见武功诀窍或有特色武功的基础在于内功。企业创造产品特色同样也需要内功。不过这种内功不是金庸笔下神神秘秘的东西,而是企业产权明晰和公司的治理结构。许多企业创造不出产品特色,关键还在于缺乏内功。产权不明晰,责权利不分,缺乏激励机制和管理方法,不会有特色产品。正如没有内功,练不成神功一样。

企业与武林中各门派,商场上的竞争与武林中的争斗,它们本质上是一样的。如果以这种眼光去读武侠小说,那些令人眼花缭乱的武功,对你会有启发。合上书想想那些绝世武功背后的故事,你会有更多感触。这样读武侠小说,你的兴趣会更浓,读起来也更有味,借用其中的三招两式,也许有助于你的成功呢!

案例来源:梁小民.黑板上的经济学.北京:中国社会科学出版社,2003.12

案例讨论

武林各派在江湖中立足的关键因素是什么?这对企业的经营决策有什么启示?

案例 17   欧佩克和世界石油市场

【案例适用】 寡头垄断

案例内容 "欧佩克"即世界石油输出国组织(OPEC),是由世界主要产油国自愿结成的一个政府间组织。在 1960 年最初成立时,欧佩克包括伊朗、伊拉克、科威特、沙特阿拉伯和委内瑞拉。到 1973 年,又有其他 8 个国家加入:卡塔尔、印度尼西亚、利比亚、阿联酋、阿尔及利亚、尼日利亚、厄瓜多尔和加蓬。这些国家控制了世界石油储藏量的四分之三。和其他卡特尔一样,欧佩克力图对其成员国的石油政策进行协调,以通过控制产量来维持石油价格的稳定,从而保证各成员国在任何情况下都能获得稳定的石油收入。为此,欧佩克对石油生产实行配额制。如果石油需求上升,或某些产油国石油产量减少,欧佩克将增加其石油产量,以阻止石油价格飙升;如果石油价格下滑,欧佩克将根据市场形势减少石油产量。

然而,欧佩克并不能完全控制国际石油市场。首先,自实行原油生产配额制以来,欧佩克从未有效杜绝过其成员国的超产行为。欧佩克的成员国受到增加生产可得到更大利润份额的诱惑,常常就减少产量达成协议,然后又私下违背协议。为限制成员国超产,欧佩克不得不一再调低生产限额,因此形成了一个"超产—限产—再超产—再限产"的怪圈。其次,欧佩克成员国的财政预算绝大部分依赖以美元结算的财政收入,在美元汇率持续下滑的情况下,虽然欧佩克毅然决定按期履行减产承诺,但为减少美元汇率下跌造成的巨大损失,并非每个欧佩克成员国都愿意买单。

现在,欧佩克依然每两年开一次会,但作为一个各怀想法的利益聚合体,欧佩克很难再通过达成或实施协议来控制产量和价格了。其成员国基本上是独立地作出生产决策。世界石油市场具有相当大的竞争性,在稳定世界石油市场价格方面,欧佩克已不再能起到任何实质性的作用。

案例评析 世界石油市场属于寡头垄断市场。寡头垄断行业是生产高度集中的一种行业,为数不多的几家厂商在市场容量中占有很大份额这一点,决定了寡头垄断行业有别于其他类型行业的一个独有的特点,是寡头垄断者之间存在着被认识到的相互依存性。我们知道,在垄断行业中,垄断厂商在作出价格、产量的决策时,无须考虑其他生产者的反应,因为在这个行业中根本没有竞争者。在完全竞争行业中,单个厂商对于市场价格的决定是无能为力的。在垄断竞争行业中,一个厂商的变动价格的行为有可能会引起其他厂商的反应,但这种反应并不大。从这一方面讲,在完全竞争和垄断竞争行业中,各厂商之间不存在相互依存性。

但在寡头垄断行业中,由于厂商数目很少,所以当一家厂商决定削减产品售价时,由于会对其他厂商产生显著的影响,所以其他厂商也必然会作出相应的反应。欧佩克成员国间一方的产量的变动会对其他成员国造成影响,各成员国之间会根据自身利益最大化原则调整产量,因此形成了今天各成员国独立地作出生产决策的局面。

案例来源:根据相关资料编写

案例讨论

1. 如果寡头能就总产量达成一致,他们会选择什么产量?

2. 如果寡头不能同时行动,而是个别地作出决策,那么他们的总产量比上一问题所得到的产量大还是小?

案例 18　自律价为什么总是短命?

【案例适用】　寡头垄断

案例内容　若干经济主体人结成产业内"卡特尔",是当代经济生活中利益共谋的一种形式。卡特尔现象的寿命很短,这是"谎言"和"欺骗"作怪的结果。

卡特尔的形式不是单一的。欧佩克是以压缩产量抬高价格的卡特尔。卡特尔有时候也采取规定价格的形式,这是中国民众比较熟悉的类型,通常称为"行业自律价",比如对电视机等家用电器设定最低价格。

行业自律价是一种利益共谋,是独立的企业通过签订协议成立的"独联体"形式的临时联盟。1998 年 11 月 19 日《羊城晚报》在第二版报道,昔日轰轰烈烈的两大旅游联合体"广州旅游新联盟"和"粤顺旅游大联盟"至今已名存实亡。究其原因,就是这种独立企业协议成立的"独联体"形式的联盟,从制度上难以保证独立各方遵守协议。报道说,有关各方实际上是"各怀鬼胎",只想别人遵守协议,自己好讨便宜。殷鉴不远,人们对后来成立的"珠江水上旅游联合体"同样表示怀疑。

怀疑是有道理的,卡特尔的成立,已经为它的瓦解准备了力量。以压缩产量抬高价格的卡特尔来说,价格抬高越是成功,卡特尔成员"偷步"悄悄把产量提上去可能获得的利益就越大,从而对违反协议"偷步"的激励越大。这种"越成功越容易瓦解"的内在矛盾,注定了卡特尔寿命不长。

市场经济之初,我们的新闻媒体对于"空调峰会"、"彩电峰会"还十分关注。时至今日,这个峰会那个峰会已经很难吸引人们的关注了,因为大家都已经清楚,峰会顶多也就是"作秀"而已,冠冕堂皇达成的协议,一定很快名存实亡。老总们只是相互探底,顺便说说漂亮话而已。

案例评析　寡头维持垄断利润是有困难的。垄断结果对寡头是共同理性,但每个寡头都有违背协议的激励。正如利己使囚犯坦白一样,利己也使寡头难以维持低产量、高价格和垄断利润的合作结果。

案例来源:王则柯.信息经济学平话(七).北京:中信出版社,2002 年

案例讨论

自律价为什么总是短命?

案例 19　雷克航空公司的搏斗

【案例适用】　寡头垄断市场

案例内容　1977 年,一个冒失的英国人弗雷迪·雷克闯进航空运输市场,开办了一家名为"雷克"的航空公司。他经营的是从伦敦飞往纽约的航班,票价是 135 美元,远远低于当时的最低票价 382 美元。毫无疑问,雷克公司一成立便生意不断,1978 年雷克荣获大英帝国爵士头衔。到 1981 年"弗雷迪爵士"的年营业额达到 5 亿美元,简直让他的对手们(包括一些世界知名的老牌公司)气急败坏。但是好景不长,雷克公司于 1982 年破产,从此消失。

案例评析　出了什么事?原因很简单,包括泛美、环球、英航和其他公司在内的竞争对手们采取联合行动,一致大幅度降低票价,甚至低于雷克。一旦雷克消失,这些公司的票价马上回升到原来的高水平。更严重的是这些公司还达成协议,运用各自的影响力阻止各大金融机构向雷克公司贷款,使其难以筹措借以抗争的资金,进一步加速雷克的破产。

但"弗雷迪爵士"并不甘心,他依照美国反垄断法提起上诉,指责上述公司联手实施价格垄断,为了驱逐一个不愿意接受其"游戏规则"的公司,竟然不惜采用毁灭性价格来达到目的。1985 年 8 月,被告各公司以 800 万美元的代价同雷克达成庭外和解,雷克随即撤回起诉。1986 年 3 月,泛美、环球和英航三大公司一致同意设立一项总值 3 000 万美元的基金,用于补偿在雷克公司消失后的几年中,以较高票价搭乘这几家公司的航班飞越大西洋的 20 万旅客的损失。

赔款达成和解不等于认罪。从技术上讲,官方没有认定"弗雷迪爵士"是被垄断价格驱逐出航空运输市场的。但是这个案例已经明显地透露出威胁信号,那就是如果其他任何人企图加入跨越大西洋的航空运输市场分一杯羹,必须认真考虑到其中可能面临的破产危险。从来没有其他公司尝试提供低廉的越洋机票,至少没有做到雷克公司做到的地

步。

这个案例告诉我们寡头之间的竞争不适宜价格竞争。

案例来源：［美］斯蒂格利茨.经济学小品与案例.北京：中国人民大学出版社,1998.11

案例讨论

1. 寡头企业的垄断地位是如何形成的？

2. 寡头企业之间是否有竞争？寡头企业如何实现利润最大化？

案例 20　纳什均衡——博弈论策略之一

【案例适用】　寡头垄断市场

案例内容　博弈论是研究人们在各种策略下如何行事。这里的"策略"是指每个人在决定采取什么行动时,必须考虑其他人对这种行动会作出什么反应的状况。由于寡头市场上企业数量少,每家企业都必须按策略行事。每个企业都知道,它的利润不仅取决于它生产多少,而且还取决于其他企业生产多少。在作出生产决策时,寡头市场上的每个企业都必须考虑到它的决策会如何影响所有其他企业的生产决策。

博弈论对理解寡头的行为很有帮助,其中美国经济学家约翰·纳什创建的纳什均衡理论很有代表性。纳什均衡是指这样一种均衡:在这一均衡中,每个博弈参与人都确信,在给定其他参与人战略决定的情况下,他都选择了合理办法以回应对手的战略。也就是说,所有人都认为自己的战略是最优的。纳什最著名的一个"博弈"案例就是"囚徒困境"。这个博弈说明了维持合作的困难。

囚徒困境是一个关于两名被警察抓住的犯罪分子的故事。我们把这两个犯人称为张三和李四。警察有足够的证据证明张三和李四犯有非法携带枪支的轻罪,因此每人都要在狱中度过一年。警察还怀疑这两名罪犯曾合伙抢劫银行,但他们缺乏有力的证据证明这两名罪犯有严重罪行。警察在分开的屋子里审问了张三和李四,而且向他们每个人提出以下的交易：

"现在我们可以关你一年,如果你什么也不说的话。但如果你承认银行抢劫案,并供出合伙者,就免除你的监禁,你可以得到自由。你的同伙将在狱中度过 20 年。但如果你们两人都承认罪行,我们就不需要你的供词,而且我们可以节省一些监禁成本,因此你可以有一种中间型的 8 年监禁。"

如果张三和李四是残忍的银行抢劫犯,只关心自己的刑期,你预计他们会怎么做呢？图 5-1 表明了他们的选择。每个囚犯都有两种策略:承认与保持沉默。他们每个人的刑期取决于他所选择的策略,以及他的犯罪同伙选择的策略。

首先考虑张三的决策。他会如此推理:"我并不知道李四将会怎么做。如果他保持沉默,我的最好的战略是交代,因为我将获得自由而不是在狱中呆 1 年。如果他坦白,我的最好的战略仍然是坦白,因为这样我将在狱中呆 8 年而不是 20 年。因此,无论李四怎么

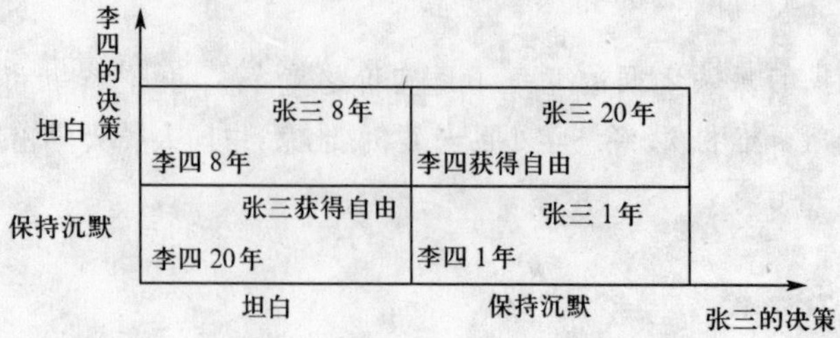

图 5-1　囚徒困境

做,我选择坦白会更好些。"

用博弈论的语言来说,如果无论另一个参与者采用什么策略,它都是一个参与者所遵循的最好的策略,那么,这种策略被称为占优策略。在这个例子中,坦白是张三的占优策略。无论李四承认还是保持沉默,如果张三承认了,他在狱中呆的时间就短。

现在考虑李四的决策。他面临着和张三同样的选择,而且他的推理也与张三相似。无论张三怎么做,李四可以通过坦白减少他呆在狱中的时间。换句话说,坦白也是李四的占优策略。

最后,张三和李四都坦白了,两人都在狱中呆了 8 年。但从他们的角度来看,这是一个糟糕的结果。如果他们两人都保持沉默,他们两人的状况都会更好些,只会因为非法持有枪支而在狱中呆 1 年。由于追求自己的利益,两个囚徒共同达到了使每个人状况变坏的结果。

为了说明维持合作如何困难,设想在警察逮捕张三和李四之前,两个罪犯作出了不坦白的承诺。显然,如果他们两人坚持这种协议,这种协议就会使他们两人的状况变好,因为他们每人只在狱中呆 1 年。然而,这两个罪犯实际上保持沉默,仅仅是由于他们有协议吗?一旦他们被分别审问,利己的逻辑就会发生作用,并使他们坦白。两个囚犯之间的合作是难以维持的,因为从个人的角度来看,合作是无理性的。

当两个企业用广告来吸引相同的顾客时,他们面临与囚徒困境类似的问题。例如,考虑两家烟草公司——万宝路与骆驼面临的决策。如果两家公司都不做广告,它们瓜分市场。如果两家公司都做广告,它们仍然瓜分市场,但利润减少了,因为每家公司都要承担广告费用。但如果一家公司做广告而另一家不做,做广告的一家就会把另一家的顾客吸引走了。

图 5-2 表示两家公司的利润取决于它们的行动。你可以看出做广告是每一家公司的占优策略。因此,尽管两家企业都不做广告,状况会更好,但两家都选择了做广告。

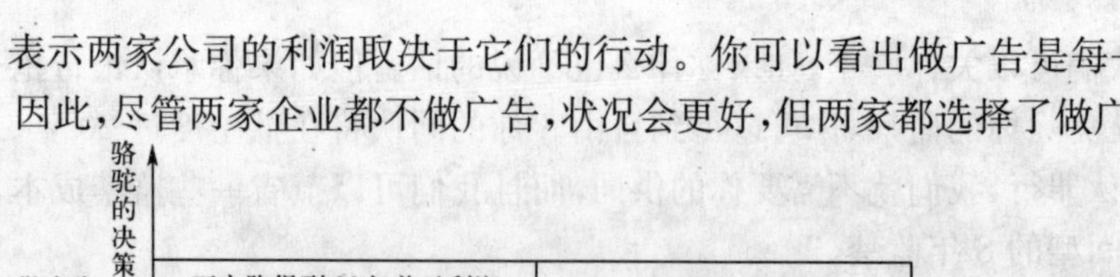

图 5-2　广告博弈

这种广告理论的检验出现在 1971 年,当时美国国会通过了禁止在电视上做香烟广告的法律。令许多观察者奇怪的是,烟草公司并没有利用它们在政治上相当大的影响力去反对这项法律。当该项法律实施后,香烟广告减少了,而烟草公司的利润却增加了。这项法律为烟草公司做了一件它们自己做不到的事,它通过强制实现了低广告高利润的合作,结果解决了囚徒困境问题。

囚徒困境反映了个人理性与集体理性的冲突。囚徒的两难困境普遍反映在经济、政治和生活现象中。例如,两国的裁军问题就是一个博弈,每个国家都希望能拥有比另一个国家强大的军队。如果参与双方都能裁军,不仅大家都安全,还可以减少大批军费开支,对双方都极为有利。问题是,如果一方主动裁军,而另一方不裁军,裁军的一方就处于弱势并受到威胁。那么,纳什均衡则是,双方都扩大军备,大量增加军费预算。在日常生活中这样的例子也比比皆是。在公共汽车站候车的人们总希望能排队上车,因为排队上车对大家都好。但是,每个人都在想:如果我规规矩矩排队,而别人却来插队,那我不是"吃亏"了吗?所以,排队是大家都期望的,然而,人人都有插队的冲动。结果候车人的纳什均衡是,大家都不排队。

案例来源:曼昆.经济学原理(上).北京:机械工业出版社,2003 年

案例讨论

你能举出一些经济决策中类似"纳什均衡"博弈的例子吗?

案例 21 我国彩电市场的价格博弈

【案例适用】 寡头垄断市场

案例内容 1996 年 6 月上旬,在中国几大新闻媒体,如《经济日报》、《中国电子报》等报刊上同时刊出一份深圳康佳电子集团的"宣言",称康佳要"领先国内,赶超世界",宣布说"谁升起,谁就是太阳"。与此同时,康佳集团宣布:从 6 月 6 日起,康佳彩电从 37cm(14 英寸)至 74cm(29 英寸)所有的品种全部降价,让利幅度达 20%,最高让利金额达 1 200 元/台(2910A)。一石激起千层浪,康佳这一举措使得 1996 年本不平静的彩电市场风云再起,形成自长虹率先宣布降价后的又一次降价风潮。

1996 年 3 月 26 日,中国最大的电视机生产厂家四川长虹电器股份有限公司宣布,大幅度降低其主导产品彩电的销售价格,其规格有 43~74cm 共 76 个品种,降价幅度为 8%~18%,降价额为 100~850 元,由此引发了自 1989 年以来彩电市场的又一次降价风潮。如果说自上一次彩电降价后,几年来彩电市场的竞争还是比较温文尔雅的话,那么,此次长虹又一次率先大规模降价,则使竞争局面变得表面化、白热化。虽然长虹声称此举是针对 4 月 1 日开始的大幅度降低进口关税而作出的重大举措,但是,人们尚未看到进口彩电有何反应,倒是其他国内彩电企业纷纷闻风而动——TCL 彩电宣布:以拥抱春天为题自 4 月份到奥运会结束期间让利 5%;康佳则以迎奥运五环大奖回报消费者为口号,大搞产品

促销活动;北京牡丹电器集团表示要以其质量和完善的售后服务稳定原有的市场份额,而不是以降价为手段进行促销。由此看来,长虹的此次降价,与 1989 年的降价有异曲同工之妙——那就是彩电行业又将面临一次资产重组和结构调整,这就意味着又有部分本处于劣势的国内彩电企业将面临再一次被淘汰出局的考验,而抵御进口彩电"入侵"的作用目前看来则在其次了。有目共睹的事实是,进口彩电并未因为关税降低而大幅度降低其零售价格,除韩国三星电子的"名品"7277P 因售价偏低而在销售上占有一定优势外,其他进口彩电均处于平销状态。事实也多多少少证明了这一点。有资料显示,在长虹降价后的一个月内,北京彩电市场的国产彩电销售格局发生了巨大变化,像长虹、康佳、TCL 王牌等主动参与此次降价风潮的企业在北京的市场销售量均有大幅度提高,尤其是长虹的销售量几夺榜首,那些在生产规模、技术水平、资金实力等方面有诸多不足的企业则明显大受影响。

一波未平,一波又起。继长虹降价之后,康佳集团紧随其后,掀起了更大规模的降价浪潮。据康佳集团发言人宣称,此次降价的目的:一是为回报社会,回报消费者;二是欲与长虹联手,共同抵御国外彩电行业对中国民族彩电行业的冲击。据北京市几大商场的市场调查,康佳在此期间的销售额已开始出现明显的抬头势头。康佳的降价在本已不平静的家电市场上又激起层层浪花。

从市场经营角度看,产品降价大致可以分为两类:其一是竞争性降价,主要是为扩大自己产品的市场占有率;其二是常规性降价,将原有过时或过季的老产品清仓销售。综观今年长虹与康佳的降价举措,既有扩大市场份额之意图,又有清仓甩卖之效果,而扩大市场份额则是首要之举。在国产彩电的售价中,51~74cm 这一范围内,长虹的零售价是偏高的,尤其是 64cm(25 英寸)以上的产品。而长虹彩电的年产量已于 1995 年达到 300 万台,市场占有率达到 23%。1996 年长虹产量将达 400 万台,康佳为 200 万台,而 1996 年全国市场需求量为 1 500 万台。这样一个竞争格局,一旦市场上有风吹草动,势必会造成上述两大彩电企业的产品积压。同时,国内年产量 50 万台以下的彩电企业仍有数十家,依然占有一定的市场份额。据统计,长虹与康佳两家的国内市场占有率加起来为 30%,另有 50%被进口彩电所占有。此番长虹率先降价,无疑其竞争对象首先主要是国内彩电企业,因为降价后长虹大屏幕彩电价格并未与进口彩电价格拉开多大的档次。康佳集团总经理陈伟荣表示,降价后康佳 29 英寸(2910A)的零售价为 5 000 多元,与进口大屏幕彩电 8 000 元的价格有近 3 000 元的差距(三星"名品"的最低售价为 7 500 元左右),所以与进口彩电的竞争优势自不待言,这也是欲与长虹联手共同抵御进口彩电"入侵"的优势之所在。

近年来,国外彩电企业的"大举入侵"已经不单纯是异地生产、进口销售了。以日本彩电企业为例,其彩电生产基地正由东南亚一带向中国内陆转移,像松下正与山东电视机厂合资,索尼公司与上海合资。另外,韩国三星电子与天津"北京"合资,菲利浦与苏州"孔雀"合资等等。据说这些合资企业的年生产能力均可达到千万台以上,加之它们拥有的先进技术,建成后足以对国内彩电企业造成灭顶之灾。因为人们不难看出,由长虹彩电引发的降价热潮,也绝非属于一两个厂家的个体行为,而是大小气候都蓄积到一定程度的必然产物。但是,在此次彩电风潮中受冲击最大的,首当其冲的是国内彩电企业。长虹与康佳的大幅度降价,势必首先打破现有国内彩电企业市场占有的格局,在这场激烈的拼杀中,必然会有一批中小企业优胜劣汰,从而形成新的市场格局。因为市场经济的法则就是自由竞争,适者生存。而市场经济的核心是资本经济,谁拥有雄厚的资本,谁就有可能拥有先进的技术,进而拥有更多的市场份额,最后达到瓜分市场、获得最大利润的目的。

在规范的市场经济条件下,一个企业的生存依赖于四个方面:技术、产品、市场、资金。有了上述四个条件,就如同一辆汽车形成四轮驱动一样,才有可能在市场经济的轨道上纵横驰骋。一个企业的强弱之分,也恰恰是看其是否兼备上述的"四轮驱动"的实力。今天的长虹与康佳之所以有如此大幅度降价的魄力,主要取决于它们在技术、产品、市场、资金上的实力。

长虹的"红太阳"一族,康佳的"彩霸"系列,以及它们各自的生产规模,市场占有率,都决定了它们有实力参与对中国彩电市场的竞争,进而与进口彩电一争天下。长虹、康佳两企业均为上市公司,不但本身自有资金雄厚,且有融资渠道。据介绍,1994 年长虹自有资金达 10 亿元,到 1996 年上半年,自有资金达 20 亿元。而其他企业则不具备这一优势,流动资金的 80% 由银行提供。在资金匮乏的情况下,一些企业引进技术,扩大生产规模,加大广告宣传力度已成为奢谈,更谈不上扩大市场占有率,能保住原有的市场份额已属万幸。综观中国彩电市场,长虹、康佳、熊猫、福日等几家企业,拥有国产彩电市场 70% 的份额,而这些企业又无一不是在技术领先、规模经济、资金运作等方面进入良性循环的轨道。

案例来源:北京大学中级微观经济学案例. http://ciobbs. enet. com. cn/thread-2868975-1-1. html

案例讨论

1. 你认为几年前我国彩电市场的竞争属于什么类型的博弈? 请说出你的理由。

2. 如果你是当时长虹和康佳的决策者,你会采取什么样的策略在竞争中取胜?

3. 你能否用你学过的博弈模型来描述几年前的彩电市场的竞争状况?

4. 如果要摆脱当时彩电市场"价格战"的局面,形成一个共赢的结果,可以采取什么样的策略? 请你用博弈论的思想来制定策略。

第6章　生产要素价格决定

本章知识结构图

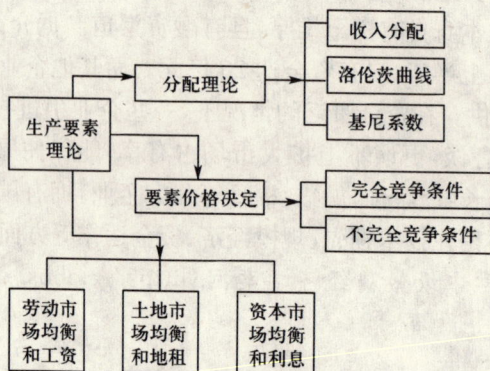

```
                              ┌──────────┐
                           ┌─→│ 收入分配 │
              ┌──────────┐ │  ├──────────┤
           ┌─→│ 分配理论 │─┼─→│ 洛伦茨曲线│
┌────────┐ │  └──────────┘ │  ├──────────┤
│生产要素│ │               └─→│ 基尼系数 │
│  理论  │─┤                  └──────────┘
└────────┘ │  ┌──────────┐  ┌──────────────┐
           └─→│要素价格决定│─┬─→│ 完全竞争条件  │
              └──────────┘ │  ├──────────────┤
                           └─→│不完全竞争条件 │
                              └──────────────┘
   ┌────────┐  ┌────────┐  ┌────────┐
   │劳动市  │  │土地市  │  │资本市  │
   │场均衡  │  │场均衡  │  │场均衡  │
   │和工资  │  │和地租  │  │和利息  │
   └────────┘  └────────┘  └────────┘
```

本章基本原理概要

一、分配理论概述

生产要素是指厂商为从事产品生产和提供劳务而投入的各种经济资源,通常也被称为生产资源。生产要素通常被分为四种,即劳动、土地、资本和企业家才能。

1.收入分配

社会收入的分配与生产要素价格有关,居民拥有生产要素,并提供生产要素,这是他们收入的来源:劳动的供给者得到工资;资本的供给者得到利息;土地的供给者得到地租;企业家才能的供给者得到利润。

2.洛伦茨曲线

洛伦茨曲线用来检验社会收入分配的平均程度,如图6-1所示。

纵轴 OZ 表示国民收入百分比,横轴 OX 表示人口百分比,对角直线 OY 是收入分配绝对平均曲线,折线 OXY 为绝对不平均曲线,而 OHY 曲线为实际收入分配曲线,即洛伦茨曲线。洛伦茨曲线的弯曲程度越大,即 OHY 曲线越凸向横轴,收入分配越不平均,反之亦然。

3. 基尼系数

基尼系数是衡量收入分配平均程度的指标。在图 6-1 中，A 为洛伦茨曲线与 45°线之间的部分，B 为洛伦茨曲线与折线 OXY 之间的部分，即

$$基尼系数 \ G = \frac{A}{(A+B)}(0 \leqslant G \leqslant 1)$$

基尼系数越小，收入分配越平均；基尼系数越大，收入分配越不平均。

图 6-1 洛伦兹曲线

二、完全竞争条件下要素价格的决定

1. 完全竞争的要素市场

完全竞争的要素市场具有以下四个条件：(1)要素市场上有无数个卖者和买者；(2)同一种生产要素都具有同质性；(3)买卖双方都能自由地进出要素市场，要素可以自由流动；(4)要素买卖各方对市场都能获得完全的信息。

2. 厂商使用要素的原则

厂商为了使利润最大化，在使用生产要素时遵循边际成本等于边际收益的原则，亦即边际收益产品等于边际要素成本的原则。

要素的边际收益即增加一单位要素所增加的收益，用要素的边际收益产品 MRP 来表示，利用数学式我们可以得出 MRP。

$R(L) = Q(L) \cdot P[Q(L)]$ 为收益函数，其中 L 为使用的要素，$R(L)$ 为厂商的收益，$Q(L)$ 为产量，$P[Q(L)]$ 为产品需求价格。它的一阶导数为

$$MRP = \frac{dQ(L)}{dL} \cdot P + \frac{dP}{dQ} \cdot \frac{dQ}{dL} \cdot Q$$

$$= \left(Q \cdot \frac{dP}{dQ} + P \right) \cdot \frac{dQ}{dL}$$

$$= MR \cdot MP$$

因为对完全竞争厂商来说，$MR = P$，得到 $MRP = MP \cdot P$，我们定义要素边际产品 MP 与产品价格 P 的乘积 $MP \cdot P$ 为边际产品价值 VMP，因而完全竞争厂商使用要素的原则为：边际产品价值等于边际要素成本。

3. 完全竞争厂商面临的要素供给曲线

完全竞争厂商面临的要素供给曲线是一条水平线。因而厂商的平均要素成本、边际要素成本和要素价格三者相等。

4. 完全竞争厂商的要素需求和供给的均衡

根据完全竞争厂商使用要素的原则，可以得到完全竞争厂商的要素需求和供给的均衡条件为

$$MRP = VMP = MFC = AFC$$

三、不完全竞争条件下要素价格的决定

不完全竞争市场分为垄断、垄断竞争和寡头。现分三种情况分析一种生产要素在垄断条件下的价格决定问题。

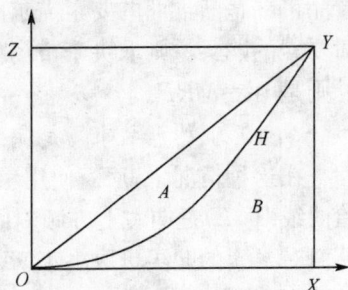

1. 某厂商的产品市场是垄断的,而要素市场是完全竞争的

在此情况下,厂商的要素供给曲线是水平线,要素需求曲线则由 MRP 曲线表示。该厂商的产品需求曲线是市场对该产品的需求曲线,市场的要素需求曲线是使用该要素的产品市场垄断厂商的要素需求曲线的总和。要素市场价格由市场的供求曲线决定,厂商对要素的购买量则取决于市场价格和垄断厂商的要素需求曲线。即厂商使用生产要素的原则是 $W=MRP$。

2. 某厂商的产品市场是完全竞争的,但要素市场是买方垄断

在这种情况下,厂商使用生产要素的边际收益是 VMP,边际成本是 MFC,要素的供给曲线 $W(L)$ 是向右上方倾斜的市场供给曲线。要素价格由要素供给曲线 $W(L)$ 决定,厂商对要素的购买量取决于 VMP 和 MFC 的均衡点。即此种情况下,厂商使用生产要素的原则是 $VMP=MFC$。

3. 产品市场的卖方垄断和要素市场的买方垄断共存条件下要素价格的决定

此时,厂商使用生产要素的边际收益是 MRP,边际成本是 MFC,厂商对要素的购买量取决于 MRP 曲线和 MFC 曲线的均衡点,并与 AFC 曲线一起决定均衡价格。即厂商使用生产要素的原则是 $MRP=MFC$。

四、工资、地租、利息和利润

1. 劳动市场均衡和工资

工资是劳动这一生产要素提供劳务的报酬,它由劳动市场上劳动的供给和需求相均衡时决定。

2. 土地市场均衡和地租

地租是在一定时期内利用土地的生产力的代价或土地这一生产要素提供的劳务的报酬,由土地市场上土地的供给与需求决定。

3. 资本市场均衡和利息

利息是指作为生产要素的资本所获得的市场报酬,它由资本要素的供求关系决定。

西方经济学者将利润区分为正常利润和超额利润,认为正常利润是对企业家才能这一生产要素的报酬,他们把正常利润归入成本,看做是工资的一种特殊形式,其高低由企业家才能的供求所决定。超额利润是指超过正常利润的那部分利润,主要来源于企业家才能的创新、冒险经营的风险以及市场竞争的不完全性。

案例 1　我国劳动力价格优势逐渐下降

【案例适用】　劳动力要素价格决定

案例内容　"我刚开始工作的时候每月只有 50 块钱,家里又有两个孩子,每个月花销很大,一个月下来基本上就'月光'了。"作为一名地方公务员,50 岁的李先生对自己工作 20 多年工资的上涨情况记得很清楚,"1995 年左右工资涨到了每月 500 元。三四年前,我的工资涨到了每月 1 000 元,这才有点缓和,前年工资又上涨了 600 元,再加上各种补贴,大概是每月 2 000 元。去年全国公务员涨工资,我涨了 1 000 元,目前的工资为每月 2 600元,再加上各种补贴,基本上每月能达到 3 000 元,在我们这个地方,这也算是高工资了。"

粗略计算一下,李先生在这20年里,工资上涨了20多倍。

近些年来,中国劳动力成本在不断增加,有专家分析,这是由于中国的GDP增幅一直保持在7%～8%之间,工资相应增长是正常的。

中国劳动力成本的上升在大城市显得尤为明显,摩托罗拉公司一位管理人员对记者说,目前中层管理人员的月薪是6 000～8 000元,而五六年前的月薪为5 000元左右。造成薪酬上升的主要原因是由于同行业竞争的日趋激烈,对人员的高素质要求进一步提高。同时社会普遍生活水平的提高使薪酬同样水涨船高,还由于业务的增长,在同行业中始终能保持龙头的地位,效益的提高,使人员的薪酬也随之提升。此外,该公司一线工人的月薪,近几年保持在2 000元左右,但是也确实有了一定的涨幅。

案例评析　我国经济过热导致劳动力成本增加,社会上正日益蔓延的一种说法是——"中国劳动力价格优势正在丧失"。这个优势到底还能维持多久?

首先,加入世贸组织,对国内企业来说,面临与强势外企争夺人才,这会造成廉价劳动力优势的消失。过去,我们的劳动力价格便宜,劳动密集型产品有价格优势。加入世贸组织后,竞争不仅表现在产品上,而且更多地表现在要素市场特别是人才的竞争上。众多跨国公司进入中国,与国内企业争夺高素质劳动力,原来相对封闭的人力资源体系一下被迫放开,我们的廉价劳动力优势将会在与跨国公司的"零距离竞争"中消失。

另一个不容忽视的现实是,我们的劳动力优势在被周边国家蚕食。例如,广东丰泰集团是耐克公司在中国的一家代加工厂,多年来,中国市场上销售的大多数耐克运动鞋都是由该公司加工的。但是,2006年以来,耐克公司却把许多原属丰泰的订单改到了越南,大规模扩充在越南的4个加工厂生产线,并计划到次年年底,把越南建成耐克公司最大的海外生产基地。而耐克公司之所以作出这样的决策,很重要的一个原因就是越南劳动力成本比中国更低。

另外,德国《财经时报》报道称,从1998年至2004年,中国平均工资的年增长率在8%到12%之间,虽然无法跟一些发达国家相比,但高于马来西亚、泰国、越南、印度尼西亚和菲律宾的同期水平。这也表明,相对于亚洲同等发展水平的国家,中国的劳动力成本优势在不断缩小。

更为严峻的是,当前,我们的廉价劳动力优势与发达国家相比也并不明显了。比如汽车制造业,随着国际汽车零部件公司生产规模的不断扩大,并通过到中国建工厂和采购中心,将不断缩小与我国汽车零部件产品的成本和价格差距。另外,劳动力成本的价格也并不完全等同于工人的工资成本。联合国发布的《2002贸易和发展报告》中指出,美国1998年的平均工资是中国的47.8倍,但考虑到生产率因素,创造同样多的制造业增加值,美国的劳动力成本只是中国的1.3倍。日本、韩国的劳动力成本反而比中国低20%。从这个角度看,我们的劳动力价格已经没有明显的优势了。

此外,生育高峰时代出生的人步入老年,对中国劳动力低成本的优势也将造成一定影响。上海社科院副院长左学金表示,随着老龄化趋势的发展,我国的"人口红利"将在2015年以后逐步终结。届时,庞大的社会保障成本将由已经减少的在职工人支付,中国劳动力将不再便宜,劳动密集型制造业将随之转移到劳动力成本更低的国家,如南亚的印度、孟加拉国等。

种种迹象表明,随着我国加入世贸组织、国际劳动力状况的改变以及人口红利的消失,廉价劳动力优势将变得不再明显。但是,也有部分学者认为,农村剩余劳动力转移进城,大量的大学毕业生进入社会,使得原本就已供大于求的就业市场矛盾更加突出,可能会在一定程度上阻止中国劳动力价格的上升。

资料来源:http://www.chinahrd.net

案例讨论

劳动力价格决定因素有哪些?

案例 2　国内外水价上涨

【案例适用】　生产要素价格决定

案例内容　中国水资源总量丰富,但人均水资源占有量仅相当于世界人均水资源占有量的 1/4,位列世界第 121 位,是联合国认定的"水资源紧缺"国家。专家预测,我国人口在 2030 年将进入高峰时期,届时人均水资源占有量大约只有 1 750 立方米,中国将成为严重缺水的国家。人类的眼泪将成为世界上最后一滴水。

2004 年 5 月 27 日下午,北京市十二届人大常委会议表决通过了《北京市实施〈中华人民共和国水法〉办法》,根据法规要求,本市今后用水将不再实行包费制,而是实行分类计量收费和超定额累进加价制度,即"阶梯式"水价。这一办法将从 2004 年 10 月 1 日开始正式施行。新法规还对耗水量大的工业、农业及服务业项目加以限制。对各市开发、利用雨水和再生水,以及饮用水安全等方面也作出了相关规定。

2005 年,沈阳的自来水价格将调整,有望实行"阶梯式"水价,这将改变沈阳自来水 7 年低价运营的状况。2 月 22 日,沈阳晚报记者获悉,沈阳市物价局将召集相关部门和部分市民代表,举行水价调整的听证会。沈阳市自来水公司张国祥总经理表示,调整水价不但有利于沈阳城市的建设和发展,也能促进居民和商家节约用水,使长期以来的用水"综合征"得到有效根治。

广州正酝酿对居民生活用水推行定额用水管理,超定额用水的实行分级累进加价收费制度(俗称阶梯式水价),用水越多,水价越贵。同时,《广州市城市供水条例(征求意见稿)》提出,为节约用水,对全市年度用水要实行总量控制。南方都市报记者于 2004 年 12 月 13 日从有关方面获悉,《广州市城市供水条例(征求意见稿)》已成稿,该条例有望成为下一年立法的预备项目。

伦敦消息:近日(2005 年),许多泰晤士水务公司的用户遭到打击,因为他们的水价账单从 4 月份开始将飞涨 36%。从 4 月份开始,Kidlington 地区的家庭主妇 Susan Walke 将要面对水价账单从上一年的 186.70 英镑涨到 252.43 英镑的事实。她说:"这简直是一记耳光,更让人恼火的是对此我们无能为力。我们可以拒付账单,但是那样我们的供水就要被切断了。"她接着说:"我觉得这次涨价让人吃惊,我怀疑有多少靠工资吃饭的人能应付得了。"

雅加达城市理事会在 2004 年 7 月 23 日批准的水价自动调整方案表明,雅加达当局已经将自来水供水价格悄悄地提高了 4%～16%。提价幅度根据用水户和用水量的不同而不同。雅加达水管理委员会主席 Achmad Lanti 说水价上涨从 2005 年 1 月 20 日生效。他说这次水价调整是未来 5 年中每半年一次的自动上涨。"我们已经决定在今年调整水价,而且在未来 5 年中每 6 个月提高一次水价。"Lanti 说。在 2005 年 1 月 20 日之前,雅加达穷人的水费为 500 卢比/吨,富人为 9 100 卢比/吨。价格提高后,穷人的水价为 550 卢比/吨,增加了 10%;富人为 9 750 卢比/吨,增加了 7%。

案例评析 联合国在发表的一份报告中指出,20 世纪全世界的总耗水量增加了 6 倍多。全世界淡水总消耗量年增长率为 2.5%,比人口增长率高出 1 倍。到 2025 年,全球人均年可用水量将减少 1/3。最新资料显示,到目前,世界上已有 100 个国家缺水(包括中国),26 个国家严重缺水,40% 的人口遭受缺水之苦,每年有 2 500 万人因水污染而死亡,有 10 亿人喝不到干净的饮用水。我国人均水资源占有量仅相当于世界人均水资源占有量的四分之一;在全国 600 多个城市中,有 400 多个城市供水不足。近年来各个国家不断对水价进行改革,希望靠价格来控制用水量,唤醒人们节约用水的意识。目前我国普遍开始推行"阶梯式"水价,其总的思想是:用得越多水越贵,希望用水价上调来提醒人们拧紧水龙头。水是极为有限的稀缺资源,我国的水资源现状更是不容乐观,但多年来水的稀缺价值没有得以体现。这种状况再持续下去,我们必将面临严重的缺水危机。

各个国家水价由低到高的不断上涨的现象和趋势表明,水资源在人们生活和工业生产中的重要性越来越高;同时,水资源作为一种自然资源,它的储存量将会随着人们的使用而逐渐减少,资源变得越来越稀缺。

资料来源:http://www.huaxia.com,http://info.water.hc360.com

案例讨论

1. 影响水价格的因素有哪些?

2. 为什么在水价改革之前我国水资源的稀缺价值没有得到体现?

3. "阶梯式"水价改革使得平均水价是上升了还是下降了?

案例 3 国际石油价格的起起落落

【案例适用】 不完全竞争市场生产要素价格决定

案例内容 20 世纪 70 年代初以来,世界石油市场受到了欧佩克和海湾政治风波的冲击。1974 年,通过集体限制石油产量,欧佩克成功地将世界油价提升至远高于竞争市场应有的价格。欧佩克的生产商们之所以能做到这一点,是因为他们占据了世界石油生产的很大一部分(1974 年约占 2/3)。1979—1980 年之间,油价再次飞涨,因为伊朗革命和两伊战争的爆发使伊朗和伊拉克的石油产量急剧下降。20 世纪 80 年代,油价开始逐步下跌,因为原来的高价使需求减少、竞争性的(即非欧佩克)供给增加。1988—1996 年间,油价保持了相对的稳定,除了 1990 年的一次短暂上涨,那时伊拉克入侵科威特。

2005 年 6 月 20 日,国际原油价格上涨至每桶 60 美元。据调查,本次油价上涨的主要原因是全球第三大石油出口国挪威可能爆发石油工人罢工,同时市场对炼油产能不足的忧虑加重。

2005 年 8 月 8 日,市场对原油供应不足的担忧再起,纽约商品交易所 9 月份交货的原油期货价格在开盘后不久便冲破每桶 63 美元,并再次刷新该原油期货合同进入交易以来的最高纪录。当天,伦敦国际石油交易所北海布伦特原油期货价格在盘中也曾经超过每桶 62 美元的高位。国际油价继续攀高,其诱因主要是美国驻沙特阿拉伯大使馆称其受到恐怖袭击警告。另外,美国能源部的最新数据显示,同年初相比,7 月份美国汽油消费量增加了 1.1%,对其他成品油需求增加了 4.2%。而目前,美国炼油企业的生产能力已经达到极限。这些消息使市场对能源供应短缺的担忧情绪加重,从而推高油价。

案例评析　生产要素的价格变化不仅受到市场供给和需求的影响,也会受到市场心理预期的影响。石油是工业经济的血液,是最重要的工业能源,它的价格变动不仅仅会简单地引起某一行业生产成本的变动,更会大面积提高各个产业的生产成本,进而提高全社会乃至全世界的生产成本,从而导致通货膨胀。因此,无论是微观主体,还是宏观主体,他们的决策都受到石油价格的牵制。

正因为重要性非比寻常,因此石油市场上石油产品的主要供给方面(主要是石油输出国组织)占据主动地位,石油价格变化不仅受到工业需求变化的影响,而且很大程度上被供给方垄断。从石油消费者来说,则变得非常被动,他们甚至会受到心理预期的影响,不断表现出对价格变化的恐慌和忧虑,这在很大程度上也推进了石油价格的变化。

资料来源:新华社.每日经济新闻;平狄克.微观经济学(第四版).中国人民大学出版社,P43

案例讨论

1. 影响石油价格的主要因素有哪些? 其对石油价格有哪些影响?
2. 比较石油、劳动力和水的价格影响因素。

案例4　油价大跌事出有因

【案例适用】　生产要素价格决定

案例内容　2007 年 8 月 10 日,继周一 WTI 9 月原油下跌 3.42 美元、跌幅高达 4.5% 之后,在最近五个交易日里 WTI 9 月合约已从最高的 78.77 美元跌至最低点 71.14 美元,跌幅近 10%。然而从这一周之内的基本情况看,并没有发生多大的变化。那么,油价出现巨幅波动的原因又是什么呢?

美国经济下跌是诱因

今年一月以来,在美国准备增加战略原油储备消息的刺激下,原油开始大幅上涨。但是油价却在 62～68 美元/桶之间震荡三月有余,迟迟未能向上突破 70 美元/桶。原因之一就是美国第一季度经济增长乏力,GDP 增长仅为 0.7%。但是第二季度美国经济增长强劲,GDP 增长达 3.4%,有力地支撑了油价上涨。而近来美国房地产次级抵押贷款风波不断,使人们对美国经济的增长产生忧虑,进而忧虑对原油的消费。而上周五公布的美国 7 月份非农就业人口小于预期,且失业率达到 4.6%,高于预期。这样再度导致美国股市大跌,最终原油市场也难以独善其身,大幅杀跌。

货币因素推波助澜

二季度原油价格在 62～68 美元之间震荡三个月之后,在利好消息影响下,终于向上突破。而 6 月 14 日的突破是决定性的,此后坚定不移地步步走高。实际上,美元指数正是在 6 月 14 日开始从反弹的高点 83.27 向下走,一直跌到 80 整数关口才开始反弹。从中可以看出美元下跌是原油上涨的助推器,不仅如此,原油期货的持仓量也开始不断增加,一直达到 154 万手,如果按 10 吨一手计算的话,相当于国内燃料油期货单边持仓 2 000 万手以上,可见众多基金正把原油期货当成保值增值的工具以对付美元贬值。

从用美元与黄金标价的原油期货走势图中可以看出,2002 年以后用美元标价的原油走势图不断走高,而用黄金标价的原油走势图 7 年来基本上是窄幅震荡行情。众所周知,影响原油与黄金的供求关系是不一样的,但是用黄金标价的原油走势图却基本不变,这一方面说明原油、黄金的上涨都得益于世界经济的增长,另一方面也说明美元贬值在其中起到了相当大的作用。

案例评析　这则案例同样讲述的是石油价格的变化,但与案例 3 不同的是,这则案例中体现的是美国经济对石油价格的影响。

在石油市场上,美国无论在生产还是在消费领域,都是一个比较大的石油需求国家,而且美国经济在全球所占的比重比较大,有"美国经济打喷嚏,全球经济就感冒"一说。这主要在于美国经济变化对石油需求的影响比较大,正如案例中所报道,美国经济如果走势低迷,则其石油需求会下降,全世界石油总需求量也将下降,油价就有下降趋势;反之,美国经济如果增长势头强劲,则其石油需求增加,全世界石油总需求量也将增加,油价就有上升趋势。美国对石油的需求表现在生产和消费两方面:一方面,经济增长带动产业增长,工业生产石油需求增多;另一方面,美国经济增长,失业率下降,人均收入增加,消费石油需求增加,因此,美国失业率也会对油价产生影响。

另外,货币汇率价格也会对石油价格产生影响。简而言之,美元汇率下跌,如果石油美元标价不变,则意味着实际原油价格下降,在石油供给和需求不变的情况下,石油美元标价必然要上升;反之,美元汇率上升,实际原油美元标价上升,若供求情况不变,则必然要求石油美元标价下降。

资料来源:中证网,http://www.cs.com.cn

案例讨论

世界上哪些国家的经济增长变化会对石油国际价格产生影响? 哪些国家货币价格变

化会对石油国际价格产生影响？为什么？

案例5 油价上涨，工资下降

【案例适用】 生产要素价格影响

案例内容 对于汽油、柴油涨价甚至严重缺乏的消息，你可能因为自己没有车而漠不关心。不过，如果告诉你，因为油价上涨，我们的公共交通可能面临涨价、水价也可能会涨、大米也会受牵连，我们的旅游休闲、经济数字都会受影响，你还会觉得与自己无关吗？

石油被称为"黑色的金子"、"工业的血液"。事实上，除了上述提到的以外，石油对我们生活的影响要大得多。

具体到我们的生活细节中，浙江省城调队消价处副处长叶飞霞分析："油价上涨对百姓来说，最明显的变化就是交通燃料和液化气价格不断攀升。而食品类、工业消费品类等的价格不会出现明显的上涨。预计今年下半年的居民消费价格指数将低于去年。"

实际工资会下降。我们每个人每个月拿到的工资，在经济学上有一个专门的名词叫做"名义工资"，这剔除了通货膨胀对于工资的影响。而实际上，衡量我们收入的应该是实际工资，也就是说，我们拿到的以货币计算的工资实际上可以买到多少产品和服务。

如果买到的产品和服务少了，那么实际上工资就是下降了。那么，石油价格上涨对于我们的影响是什么呢？答案是，实际工资下降。

案例评析 油价的上涨会增加企业和居民的用油成本。除政府调控企业外，其他企业都会向下游进一步转嫁成本，最终导致交通运输和相关行业以及用油工业的产品价格上涨。

另一方面，国际原油价格的上涨使得原油加工企业（国内主要是中石化与中石油两大集团）的成本提高，它们会通过有机化工产品来向下游顺利转嫁原油涨价成本。在中游，以有机化工产品为原材料的合成材料制造业如化纤制造、塑料制造、橡胶工业等企业的成本会因此而上升，它们是否能向下游企业以及消费者转嫁，取决于产品的市场供求状况和行业竞争的激烈程度。

资料来源：http://www.txooo.com

案例讨论

哪些生产要素价格的变化会引起其他生产要素价格的变化？

案例6 我国棉花市场价格改革历程

【案例适用】 生产要素价格决定

案例内容 新中国成立以来我国棉花流通体制的形成和发展经历了以下几个阶段：

1. 1949 年至 1953 年，棉花自由购销阶段。这一阶段，国民经济正处于恢复时期，中央人民政府对旧中国棉花自由贸易体制进行改造，加强管理。

2.1954年至1978年,棉花统购统销阶段。

3.1978年至1998年,棉花政策调整和棉花体制改革探索阶段。1985年中央决定从1985年度起取消棉花统购,改为合同定购,定购总量为425万吨;1990年又将合同定购改为国家定购。1994年指出在不具备条件的情况下,当前仍坚持不放开棉花经营、不放开棉花市场、不放开棉花价格,继续实行国家统一定价,由供销社统一经营。1995年,决定再次提高棉花收购价格,并实行棉花的省长负责制。1996年实行棉花交易会制度,实行在国家计划指导下的供需直接见面、双向选择的棉花供应方式;改进棉花供应价格管理形式,由国家定价改为国家指导价。

4.1999年至今,棉花购销价全部放开。从1999年9月1日新的棉花年度起,棉花的收购价格、销售价格主要由市场形成,国家不再统一价格。国家主要通过储备调节和进出口调节等经济手段调控棉花市场,防止棉花价格的大起大落。

2003年初,国内棉花价格一路飙升,棉纺织企业开始叫苦。为此,国家发改委、国家工商总局等五部委发布《紧急通知》,决定对棉花市场流通进行宏观调控,以平抑棉价。

《紧急通知》的核心内容有两条:一是禁止棉花经营企业囤积棉花,经营者必须将棉花直接销售给纺织企业,不得倒手。二是掐断倒手企业的银行资金来源,规定各级农发行不得支持棉花经营企业在交易市场购买棉花;各商业银行亦应严格控制倒棉贷款的发放。

棉花大战年年打,政府的宏观调控年年采用堵与禁的老套。刚出台的《紧急通知》依然禁字当头,全然不考虑禁的成本和收效是否能成比例,宏观调控失效是必然的。

我国棉花购销体制的改革由来已久。但久禁而放、放因一时不适应而乱,棉花价格上涨引发了棉市之乱。2004年1至4月份,国内棉价上涨22.6%。到2004年3月上旬,国产原棉价格已经超过国际现货棉价,而且还在一路走高。

案例评析 棉花是关系国计民生的重要生产要素,尤其是对我国这样的人口大国,纺织业在国际市场上具有绝对优势。入世以后,我国纺织产品在国际上将会减少配额,更多更广地参与国际竞争。我国棉花市场无论是内销还是出口,都将保持比较大的需求量。因此随着我国经济总量的发展,对外开放程度的提高,对棉花的持续增长的需求必将带来棉花价格的上涨。下面是2007年中国棉花供需状况分析:

为了稳定棉花价格,规范市场,稳定经济,政府不得不出面规范棉花市场。但是从本案例中可以看出,从新中国成立以来,我国棉花购销制度的改革,殊途同归,任何一次政府的干预只能暂时缓解市场风险或者将风险后移,最终稳定市场还需要市场需求和供给的共同调节。与此同时,政府宏观调节手段越来越成熟,从简单的抑制销售或者购买到最后买卖自由,在供不应求的情况下,用鼓励种植的方式来增加供给从而调节棉花价格,稳定市场,熨平价格突变给经济带来的波动。

资料来源:摘自2004年4月18日《中国青年报》

案例讨论

是什么原因导致市场棉花价格不正常变化?

案例 7 漂亮的收益

【案例适用】 分配理论

案例内容 美国经济学家丹尼尔·哈莫米斯与杰文·比德尔在 1994 年第 4 期《美国经济评论》上发表了一份调查报告,根据这份调查报告,漂亮的人的收入比长相一般的人高 5% 左右,长相一般的人又比丑陋一点的人收入高 5%～10% 左右。为什么漂亮的人收入高?

经济学家认为,人的收入差别取决于人的个体差异,即能力、勤奋程度和机遇等的不同。漂亮程度正是这种差别的表现。

个人能力包括先天的禀赋和后天培养的能力,长相与人在体育、文艺、科学等方面的天赋一样也是一种先天的禀赋。漂亮属于天生能力的一个方面,它可以使漂亮的人从事其他人难以从事的职业(如当演员或模特)。漂亮的人少,供给有限,自然市场价格高,收入高。

漂亮不仅仅表现在脸蛋和身材上,还包括一个人的气质。在调查中,漂亮由调查者打分,实际是包括外形与内在气质的一种综合,这种气质是人内在修养与文化的表现。因此,在漂亮程度上得分高的人实际往往是文化高、受教育高的人。两个长相接近的人,也会由于受教育不同而表现出漂亮程度的不同。所以,漂亮是反映人受教育水平的标志之一,而受教育是个人能力的来源,受教育多,文化高,收入水平高就是正常的。

漂亮也可以反映人的勤奋和努力程度。一个工作勤奋、勇于上进的人,自然会打扮得体,举止文雅,有一种朝气。这些都会提高一个人的漂亮得分。漂亮在某种程度上反映了人的勤奋,与收入相关也就不奇怪了。

最后,漂亮的人机遇更多。有些工作,只有漂亮的人才能从事,漂亮往往是许多高收入工作的条件之一。就是在所有的人都能从事的工作中,漂亮的人也更有利。漂亮的人从事推销更易于被客户接受,当老师会更受学生热爱,当医生会使病人觉得可亲,所以,在劳动市场上,漂亮的人机遇更多,雇主总爱优先雇用漂亮的人。有些人把漂亮的人机遇更多、更易于受雇称为一种歧视,这也不无道理。但有哪一条法律能禁止这种歧视呢?这是一种无法克服的社会习俗。

漂亮的人的收入高于一般人。两个各方面条件大致相同的人,由于漂亮程度不同而得到的收入不同。这种由漂亮引起的收入差别,即漂亮的人比长相一般的人多得到的收入称为"漂亮贴水"。

收入分配不平等是合理的,但有一定限度,如果收入分配差距过大,甚至出现贫富两极分化,既有损于社会公正的目的,又会成为社会动乱的隐患。因此,各国政府都在一定程度上采用收入再分配政策以纠正收入分配中较为严重的不平等问题。

案例评析 漂亮就能得到更高的收益吗?对于不漂亮的人来说这简直就像个噩梦,让他们觉得非常不公平。有可能就因为两个人的长相不一样,长相漂亮的人很可能呼风唤雨,少年得志,腰缠万贯;而长相相对差一些的人很可能要比他的美丽的同伴路途坎坷,收入也相对要低一些。漂亮的人看起来总是比不漂亮的人的平均收入要多一些。

在现实中大家会感觉到确实如此。不仅长相漂亮的人会有更高的收益,有的人可能因为其他原因也会得到比别人多但是大家又认为很不平等的收入,比如,有垄断资源的人、有某种权力的人等。漂亮只是收入不平等现象的一个映射。正如本案例中告诉大家的,收入不平等是确实存在的,而且在一定程度上是合理的。现实生活中,每个人每天每个月的收入都是不一样的,造成这种差异的原因有很多,有可能是因为工作量的差异,也有可能是因为工作难度的差异,这些都是正常的,而且这些差异导致的收入差异也是合理的。但是下面一则报道告诉大家,不合理的收入差异会给我们的经济带来很坏的影响。

中新社 2002 年 5 月 9 日报道,国务院发展研究中心副主任鲁志强日前表示:按照国际通行的判定标准,中国已经跨入居民收入很不平等国家行列,中国的收入不平等问题比其他国家和地区要复杂得多。他说,公众对收入分配现状,特别是对高收入者的部分高收入没有认同。百分之七十以上的人认为,"贫富悬殊"已经影响到了社会稳定,对依靠行业垄断的不合理高收入,以及贪污腐败、权钱交易等违规违法收入表现出强烈不满。

那么,造成"收入不平等"是什么原因?著名经济学家吴敬琏在中国科学院创新战略论坛上说:中国的收入差距拉大,主要原因是因为机会的不平等。机会的不平等为不正常收入和腐败收入提供了来源。如腐败过程中的寻租活动,就是利用权力创造收入,最突出地表现在许可证、调拨物资、上市指标等审批制度方面。在国有资产重新界定的过程中,利用机会不平等,掌权者也可以方便地蚕食、侵吞公共财产。

资料来源:摘自 2004 年 4 月 18 日《中国青年报》

案例讨论

你身边收入不平等的现象主要是由哪些原因造成的?

案例8 中国的基尼系数已超警戒线

【案例适用】 分配理论

案例内容 基尼系数是国际上用来综合考察居民内部收入分配差异状况的一个重要分析指标,由意大利经济学家于 1922 年提出。其经济含义是:在全部居民收入中,用于进行不平均分配的那部分收入占总收入的百分比。基尼系数最大为 1,最小等于 0。前者表示居民之间的收入分配绝对不平均,即 100% 的收入被一个单位的人全部占有了;而后者则表示居民之间的收入分配绝对平均,即人与人之间收入完全平等,没有任何差异。但这两种情况只是在理论上的绝对化形式,在实际生活中一般不会出现。因此,基尼系数的实际数值只能介于 0~1 之间。

按照国际惯例,基尼系数在 0.2 以下,表示居民之间收入分配"高度平均",在 0.2~0.3 之间表示"相对平均",在 0.3~0.4 之间为"比较合理";同时,国际上通常把 0.4 作为收入分配贫富差距的"警戒线",认为在 0.4~0.6 之间为"差距偏大",0.6 以上为"高度不平均"。

2005 年 6 月,国家统计局城市社会经济调查总队对全国 5.4 万户城镇居民家庭抽样调查显示,今年一季度收入和消费支出均呈现增长趋缓的态势。一季度人均可支配收入为 2 938 元,同比增长 11.3%,扣除价格因素,实际增长 8.6%,增幅较上年同期回落 1.2 个百分点。人均消费性支出 2 020 元,同比增长 9.9%,实际增长 7.2%,增幅回落 0.7 个百分点。同时,数据显示,高低收入组的收入差距有所扩大。最高 10% 收入组人均可支配收入为 8 880 元,同比增长 15.7%;最低 10% 收入组人均可支配收入为 755 元,同比增长 7.6%。高低收入组之比为 11.8∶1,比 2004 年同季(10.9∶1)有所扩大。

中国社科院研究收入分配的专家指出,目前中国的基尼系数 2005 年迅速逼近 0.47,已经超过了警戒线 0.4,收入差距已经处于高水平,形势严峻。

案例评析 基尼系数逼近警戒线说明我国收入不公平程度越来越严重。我国著名经济学家魏杰(2007 年,中国经济改革若干问题)论述目前造成收入分配不公的原因主要有:

一是垄断行为形成的非法性收入差别。在我国目前经济体制转轨过程中,某些行业的行政垄断因素仍然严重干扰甚至限制市场的作用,造成许多不平等竞争现象。一些部门、行业通过垄断经营获得垄断利益或者高额利润,其中的成员就从中获得了相对高额的收入,甚至有的成员将集团的消费转化为个人消费,而其他群体或个人则不能,最终形成了非常不合理的收入差别。

二是寻租行为形成的非法性收入差别。由于中国市场资源配置的功能还不完备,政府在资源配置中仍起着举足轻重的作用,于是一些国家与社会管理者利用自己手中的权力进行权钱交易,为自己牟私利。这种由于政府行为而产生的各种寻租行为和腐败现象,同样形成了非常不合理的收入差别。

三是其他非法行为形成的非法性收入差别。在经济转型中,由于各种法律制度不健全,一部分群体通过偷税漏税、制假售假、走私贩私等非法手段攫取财富,拉开了与那些合法经营者之间的收入差距,这种收入差别也是不合理的。

总之,这三大方面的原因造成了非法性的收入差别日趋扩大。相当一部分人通过垄断收益、腐败行为或各种非法手段变成了社会中的富裕阶层,他们掌握了整个社会的很大一部分财富。而为数众多的工薪阶层却逐步地落到社会财富分配的底层,使得中国的收入分配格局有形成金字塔形的结构的趋势,使得中国的基尼系数越来越高。

通过上面的分析我们可以看出,收入分配不公是中国处于经济转型过程中制度缺失的产物。现存的非法性收入差别所导致的收入分配不公,不仅严重扭曲了国内的有效需求和消费结构,而且还造成了社会的不稳定。因此,当务之急是要解决非法性收入差别和收入分配严重不公的问题。主要措施一是要坚持公平公正原则,做到消除腐败、消除垄断、消除歧视、机会均等;二是要进一步完善我国的市场化收入分配体制;三是要加强法制社会建设,抑制和消除非法性收入差别产生的根源。

案例来源:

① 魏杰.中国经济改革若干问题.北京:中国发展出版社,2007.1

② 相关网站资料

案例讨论

1. 基尼系数变化的原因是什么?
2. 基尼系数逼近警戒线会给一个国家带来哪些方面的影响?

案例9 为何亨利·福特付给其员工的工资是其他汽车生产商的两倍

【案例适用】 劳动力生产要素价格的决定与收入分配理论

案例内容 1914年1月,亨利·福特宣布他将把福特汽车工人每天的工资由2.34美元提高到5美元,即给工人每小时支付0.625美元,而其他汽车企业给工人支付的平均工资只有每小时0.20美元。为什么亨利·福特要支付给自己的员工超过其他企业两倍的工资? 福特刚刚在密歇根州高台公园的工厂里安装了第一条流水线,这条流水线极大地提高了劳动生产率,但大多数福特的员工非常憎恨它。

在旧的安装体系下,汽车在工厂的地面上保持不动,然后工人在汽车之间穿梭并完成多项组装任务。而在流水线体系下,每个工人整天在同一地点不变,重复同样的工作,有时仅仅安装一个螺钉或拧紧一个螺母,千篇一律。很多工人觉得这样的工作极端无聊,从而辞职转投其他的自动化企业工作。每当一个工人离开,福特就必须支付雇佣和培训新人的开支,这些开支相当之高。1913年12月31日在该公司任职的150 000名工人,只有640人在福特的工作时间长于3个月。

引人每天5美元工资制后,福特要维持每天早上在工厂门外求职队伍的秩序都成了问题。《纽约时报》报道了福特刚开始这一工资政策时早上的情形:"1.2万名男性……(冲向)工厂,形成骚乱,并不得不求助于水龙头以驱散人群,但这都无济于事……只要这些寻求工作的人衣服干了或换了,他们就又回来了。"福特开始支付的就是效率工资。根据福特的正式传记作者所言,支付每天5美元的工资政策,具有"改进了工人纪律,给了他们更忠诚的利益驱动,提升了个人效率"的作用。福特自己也在后来写道:"每天5美元的8小时工作制是我们最成功的成本削减方法。"

案例评析 效率工资是指企业为了提高工人的生产率而支付的高于均衡工资的工资。这种效率工资能够带来更高的效率。那么这种高工资如何能带来高效率呢?

首先,这种高工资能吸引最好的工人。在实行每天2.34美元的市场工资时,可以招到所需的工人数量,但不能保证工人的质量。市场上汽车工人的素质并不一样,对工资的最低要求,即保留工资的水平也不同。职业道德好、技术水平高、身体强壮的工人要求的保留工资要高一些。但在实行每天5美元的工资标准时,素质好与不好的工人都来应聘。只要用一个简单的测试,就可以把好工人留下。福特公司采用这种效率工资的确吸引了全国各地优秀的汽车工人来应聘。这样,整个工人的素质就大大提高了。

其次,在这种工资水平时,工人自动消除了怠工。工人也是理性人,是否怠工同样取决于成本与收益。在每天2.34美元工资时,尽管怠工被发现有被开除的风险,但开除并不怕,无非是换一家工厂,再找份同样工资水平的工作而已。开除对工人来说成本几乎为零,工作时休闲的收益大于成本,何乐而不为呢?福特公司支付每天5美元的工资时,若被这家工厂开除在其他工厂就找不到工资如此之高的工作,怠工被开除的风险成本就增加了,理性的工人当然就不会怠工,并积极工作以求能保住这个金饭碗。福特也发现实行每天5美元的工资后,工人怠工这种顽疾很快就消失了,勤奋工作成为了一种风气。

最后,工人的流动性大大减少。新进厂的工人总要进行一些必要的培训,以适应本企业的生产特点。培训是有成本的,工人流动性大,增加了培训成本,尤其是一些熟练工人的离去对企业的损失更大。但市场经济中工人有自由流动的权利,工人很可能由于各种原因而流动。例如,家搬到了离企业远的地方,与工头或其他同事关系不和谐,或者仅仅是这山望着那山高。当实行市场工资时,工人的流动性相当大,反正各个企业给的工资一样多,在哪里工作,收入也没什么差别,工人考虑的是其他因素。但当实行效率工资时,流动会使自己失去获得高工资的机会,流动性就大大减少了。

效率工资会使福特公司工人的素质大大提高,工作勤奋而流动性小。在这种条件下,自动流水装配线充分发挥出效率优势,汽车成本大大下降,价格下降,从而进入家庭,成为经济中一个主要的行业。

在当代社会中,效率工资同样有意义。外企能招到最好的员工,而且效率高,正在于其支付了高于一般工资水平的高工资。所谓"民工荒"并不是劳动力供给短缺,而是工资太低。据报道,珠三角地区民工的工资与10年前接近。这样的工资水平当然没人愿意去,更不用说工作条件差、工作时间长和企业对民工的苛刻了。

案例来源:[美]格伦·哈伯德,安东尼·奥布赖恩.经济学(宏观).北京:机械工业出版社,2007.4

案例讨论

工人的工资有哪些决定因素?

案例10 人力资本投资的回报

【案例适用】 劳动力生产要素价格决定

案例内容 什么是人力资本投资?学生上大学时,每年要交10 000美元的学费,他们为了上大学而放弃的收入我们称之为机会成本,每年为15 000美元。

上大学真的划算吗?有证据表明它是划算的。作为这笔很大的投资回报,一个大学毕业生每年的收入要比一个高中毕业生多10 000美元或更多,而且在过去15年中,大学教育的回报上升的幅度很大。在20世纪70年代末一个大学毕业生比一个有相同背景的高中毕业生工资要高45%,10年之后,工资差异扩大为85%。在现今的服务经济中,各公司需要处理的是越来越多的信息而不是原材料。在信息经济中,大学学到的技能是得到一份高薪工作的先决条件,而一个高中没毕业的学生在职业市场中一般来说处于非常严峻的不利地位。

即使你不得不借钱受教育,推迟挣钱时间,离家外住,自己购买食品和书等,你在一生中也仍然能够从那些只对大学毕业生开放的工作机会中取得高收入,很可能不仅仅是补偿你为教育所付出的成本。近期数据表明,一个大学毕业的 18 岁男子,到 65 岁时大约能挣 450 万美元(按 1996 年的价格和收入水平计算),而他的一个仅高中毕业的同龄人大约只能挣 270 万美元,没能读完高中的人一生平均仅能挣 180 万美元。

案例评析　人力资本理论告诉我们,劳动力不仅是一种生产投入要素,它本身也是一种产品,如果你想取得高收益,则必须进行投资,使之具有高附加值。

人力资本投资最通常的方法就是进行教育培训,使劳动者具有理论素养或者具有某一方面的劳动技能,较一般没有接受过教育培训的劳动者有优势,以此来取得高额收益。

目前,对人力资本投资的理解和看法存在着误区。

一种误区认为"读书无用",即认为与其花费高昂的学费和大好青春去上学,还不如早一点参加工作开始赚钱。这种思想在我国西部地区尤其是一些经济发展滞后的偏远地区存在较广。相当一部分人认为如果现在去工作,每年就可以得到一笔收益,但是如果先去上学要花费很高昂的学费,而且将来"前途未卜",在就业形势严峻的情况下学成不一定能就业,上学付出的费用就更没有希望收回了。

教育培训固然要付出成本,其中包括隐性成本和显性成本,或者会计成本和机会成本。一个人在青年时期如果选择去继续教育,则除了每年要花费昂贵的学费和学习期间的生活费用之外,他还必须要放弃每年可能出去打工而得到的一笔数目可观的收入。因此他必须在鱼和熊掌之间进行选择。明智的选择一定是选择前者,去参加教育培训,因为这样的培训短期来看会让他经济紧张,但是在不久的将来他的状况会比他直接去找工作而好很多,工作会更容易找到,工资水平也不能同日而语。这就是个人对教育投资得到的回报,牺牲眼前的短期利益,对自身进行投资,则会在投资期满回收期开始后得到更高的收益和报酬。

另一种误区是认为教育投资和一个国家与地区的经济发展没有关系。人力资本是一个国家与地区生产函数中两种主要的投入要素之一,人力资本投入的数量和质量直接影响到该国家与地区经济产出的总量和质量。通俗来讲,如果一个国家与地区的人民普遍文化素质和劳动技能水平都比较高,那么这个国家与地区的产出一定比其他国家与地区的产出多,质量更高。

因此上,人力资本的投资无论是对微观主体还是对一个地区和民族,都起着举足轻重的作用。

资料来源:[美]保罗·萨缪尔森,威廉·诺德豪森.经济学(十六版).北京:华夏出版社,1999.8

案例讨论

假如你所在的高三班级有一个学习成绩比较差的人选择毕业以后去城市打工,每个月可以收入 600 元,从而他放弃了去职业学校进行专业技能培训的机会。你认为这种选择从长远来说明智吗? 为什么?

案例 11 世界各国的收入不平等

【案例适用】 分配理论

案例内容 表 6-1 比较了美国和其他 6 个国家的收入分配。这个表说明每个五分之一家庭在收入分配中得到的税前收入的百分比。这些国家的排序从最平等到最不平等。该表的最上端是日本,最富的五分之一家庭的收入只是最穷的五分之一家庭的 4 倍左右。该表的最下端是巴西,最富的五分之一家庭的收入是最穷的五分之一家庭的 30 多倍。虽然所有国家都有相当大的收入不平等,但各国的收入不平等程度并不一样。

表 6-1 世界各国的收入不平等

国　别	最低五分之一	第二个五分之一	中间五分之一	第四个五分之一	最高五分之一
日本	8.7	13.2	17.5	23.1	37.5
韩国	7.4	12.3	16.3	21.8	42.2
中国	6.4	11.0	16.4	24.4	41.8
美国	4.7	11.0	17.4	25.0	41.9
英国	4.6	10.0	16.8	24.3	44.3
墨西哥	4.1	7.8	12.9	19.9	55.9
巴西	2.1	4.9	8.9	16.8	67.5

资料来源:World development report. 1994:220-221

当各国根据不平等排序时,美国大约排在中间。美国最穷的五分之一家庭赚到了总收入的 4.7%,相比之下日本为 8.7%,巴西为 2.1%。美国的收入分配几乎和英国的收入分配相同,这两个国家经济制度的相似性反映在收入分配的相似性上。

案例评析 本案例中的表格所显示的是各个国家的收入分配情况。以最高五分之一家庭收入所占比重为例来分析,巴西是富人最富有的国家,因为他们掌握了全国将近七成的财富。而日本则是富人最穷的国家,因为相对于巴西富人来说,他们只掌握了全国近四成的财富。再看最低五分之一家庭的收入,日本是穷人最富的国家,而巴西又是穷人最穷的国家。

很明显,日本富人和穷人的收入分配不公平程度要低于巴西,不仅如此,在表 6-1 中所列出的这些国家中,日本是收入分配不公平程度最低的国家,而巴西仍然是不公平程度最高的国家。所有这些国家又有一个共同点:最高五分之一家庭占据的全国财富比例比其他几个五分之一高很多。

我们可以从中得出这样一个信息:世界上大部分国家都存在收入分配不公现象,在这些国家中,日本和巴西分别是程度最低和最高的两个国家。

正如我们在前面案例中分析到的,不论在哪个国家,导致收入分配不公平的因素有很多,各个国家有自己的特殊情况,但是收入分配不公也有若干治理措施。日本的收入分配不公程度之所以能够低于巴西以及其他国家,就是因为其国内对收入分配实施的措施。

资料来源:转引自曼昆所著的《经济学原理》,北京大学出版社,1999 年

案例讨论

各个国家收入分配不公的程度差异主要有哪些原因?

案例 12 2007 年房地产价格飞速增长

【案例适用】 土地生产要素价格决定

案例内容 2007 年 6 月 5 日下午,石家庄土地交易市场,随着一声槌落,河北历史上最高的地价出现了。河北隆基房地产开发有限公司以土地总价 1.95 亿元竞得[2007]003号地块,这块位于新石中路北、省冶金学校东的住宅用地,地价已折合到了 553 万元/亩!这比去年 10 月水泵厂地块创下的 320 万元/亩纪录,已经整整涨了 7 成多。

[2007]003 号地块的面积为 24 428.2 平方米,用于住宅用地。按规定的容积率等指标综合计算,地价加上契税已经合到了 553 万元/亩,折合成楼面地价为 2 683 元/平方米。即使放眼全河北,这个价格也是目前土地招拍挂市场中最高的了。按照政府规定的"住宅建筑面积净密度不超过 3.5;住宅建筑净密度不超过 20%"等指标来测算,最终[2007]003 号地块能出面积 8.5 万多平方米。按照楼面地价 2 683 元/平方米,加上建安成本 1 400 元/平方米、市政配套 100 元/平方米,再加上 2%的营销费用、相关的勘察设计等费用,[2007]003 号地块建成后,每平方米的房价成本将超过 4 500 元/平方米。再将其他融资等不可测的成本支出考虑进来,假如开发商卖不到 5 000 元/平方米,可能就没有利润。而目前,该地块周边的"春江花月"等高品质楼盘项目的均价约 4 650 元/平方米。假如以[2007]003 号地块作为参照,周边这些项目都找到了房价上涨的理由。

案例评析 土地越来越金贵,已经成为全国的一个现实问题。即使在河北,土地价格也在同样快速攀升。就连房价偏低的邯郸,日前招拍挂的一块非城市核心区域的地块,都已经到了 280 万元/亩。唐山、秦皇岛这两个房价较高的城市,土地价格更高。

"地价一直在涨,房价又怎么控制?"市民老张的话代表了众多普通百姓的心声:一边是开发商大力开发高端住宅,走"质高价高"的路线;一边是土地交易市场价格连创新高。普通百姓寄予希望的房价下降是否只能是黄粱一梦?

在 6 月 25 日举行的全国土地日座谈会上,石家庄市国土资源局透露,受用地指标有限,以及要首先保证生态用地和公用设施用地等因素影响,石家庄市这两年住宅土地市场的供应量依然趋紧。据透露,2006 年石家庄市全年土地出让 329 宗,出让面积 806.704 2公顷。其中,商服用地面积 55.062 7 公顷,工矿仓储用地 501.792 7 公顷,公用设施用地22.35 公顷,公共建筑用地 0.920 6 公顷。而住宅用地为 226.578 2 公顷,其中,普通商品住房用地面积 209.976 9 公顷,经济适用房用地面积为 7.021 3 公顷,其他住宅用地面积为 9.58 公顷。

在越来越高的地价会给房价"抬轿"这个争议话题上,房价的决定因素是市场,而市场受需求左右。要想控制房价走势,还应该由市场因素起决定作用。但因为石家庄的土地储备库不充裕,所以要想增加经营性、住宅性用地的投放量,利用土地投放量来打压市场,这个想法不是太现实。但北京等城市已经开始征收土地使用税,这预示着国家将逐步探索调控房价的新手段。

今年石家庄国土资源局将重点狠抓节约用地、集约用地、加强土地储备。伴随着4 800亩左右的闲置土地即将投放市场,以及解决石市生态、污染等问题,预计未来石市还会出现一批新增的可利用土地。土地源头增加供应量了,天价地的出现也将不再是常规现象。

其实,不管是地价给房价"抬轿",还是房价反过来又给了地价暴涨以"催化剂",说白了,房价和地价就是一对孪生兄弟,房地产的价格虽不全是成本的反映,但是只要土地和建安成本一有涨价的迹象,房价就会应声而起。业内人士建议,现在河北的土地出让方式依然是价高者得的招拍挂,北京住宅用地出让方式去年已从以价高者得的招拍挂为主,改为以招投标为主,通过对投标企业的综合评估决定花落谁家,而招标出让中土地的出让价只占到综合评估的40%。

土地出让的游戏规则,如何才能更加客观合理,如何在竞地价的同时也能保障房价的平稳,国土资源相关部门任重而道远。

资料来源:《置家》杂志,2007 年 8 月

案例讨论

土地价格和房屋价格之间有什么关系?二者之间如何相互影响?

第7章　一般均衡理论与福利经济学

本章知识结构图

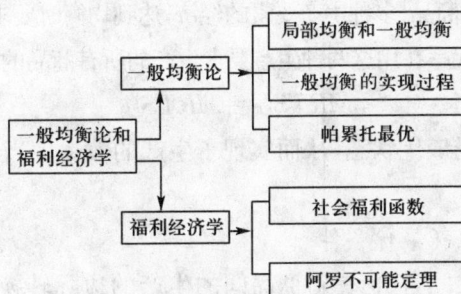

```
                                    ┌──→ 局部均衡和一般均衡
                          ┌─ 一般均衡论 ─┼──→ 一般均衡的实现过程
                          │             └──→ 帕累托最优
一般均衡论和 ─────────────┤
福利经济学                │             ┌──→ 社会福利函数
                          └─ 福利经济学 ─┤
                                         └──→ 阿罗不可能定理
```

本章基本原理概要

一、一般均衡论

1. 局部均衡和一般均衡

局部均衡是指在假设其他市场不变的情况下,某一特定产品或要素的市场均衡。

一般均衡是指在一个经济体系中,所有市场的供给和需求同时达到均衡状态。一般均衡分析从微观经济主体的行为出发,考察每一种产品和每一个要素的供给和需求同时达到均衡状态所需具备的条件和相应的均衡价格以及均衡供销量应有的量值。

2. 一般均衡的实现过程

瓦尔拉斯首创了一般均衡理论体系。他认为经济社会是由相互联系的各个局部组成的体系,当消费者偏好、要素供给和生产函数为已知时,就可从数学上论证所有商品市场和要素市场可以同时达到均衡状态,即整个经济可以处于一般均衡状态。在这种状态下,所有商品和要素的价格和数量都有确定的量值,均衡条件是消费者的效用极大化和生产者的利润极大化,所有市场的供需总量相等。

二、帕累托最优状态

1. 帕累托最优

如果对既定资源配置的状态予以改变,而这种改变使得至少有一个人的境况变好,同时其他人的境况没有因此而变坏,则认为这种改变增加了社会福利,或称帕累托改进。很显然,如果对于某种既定的资源配置状态,不存在任何帕累托改进使得社会福利增加,则此即为帕累托最优状态。

2. 交换的帕累托最优条件

在交换方面,任何一对商品之间的边际替代率对任何使用这两种商品的个人来说都相等,即

$$MRS_{XY}^A = MRS_{XY}^B$$

此时该社会达到了产品分配的帕累托最优状态,从而实现了交换的效率。当然,此时也就实现了交换的一般均衡。

3. 生产的帕累托最优条件

对于有多个个人、多种商品、多种生产要素的经济,达到均衡时要求:在生产方面,任何一对生产要素之间的边际技术替代率在用这两种生产要素生产的所有商品的生产中都相等,即

$$MRTS_{LK}^X = MRTS_{LK}^Y$$

此时该社会达到了帕累托最优状态,从而实现了生产的效率。当然,此时也就实现了生产的一般均衡。

4. 交换和生产的帕累托最优条件

在生产与交换两者之间,任何一对商品间的生产的边际转换率等于消费这两种商品的每个个人的边际替代率,即

$$MRS_{XY}^A = MRS_{XY}^B = MRT_{XY}$$

只要 MRT 与 MRS 不相等,重新配置资源都会使消费者受益。只有 $MRS = MRT$ 时,才能既使生产满足消费者的需要,又使资源达到有效的配置,实现生产和交换的帕累托最优状态。

5. 完全竞争市场与帕累托最优

在完全竞争市场下,通过市场机制的作用,可以导致生产资源和产品的分配实现帕累托最优状态,从而将使得经济效益体系达到经济效率的境界。

三、社会福利函数与阿罗不可能定理

1. 社会福利函数

社会福利函数是社会所有个人的效用水平的函数,在两个人的社会中,社会福利函数可以表示为:$W = (U_A, U_B)$。式中 W 表示社会福利,U_A、U_B 表示两个人的效用水平指标。

2. 阿罗不可能定理

社会福利函数的形成,就是在已知社会所有成员的个人偏好次序的情况下,通过一定的程序,把各种各样的个人偏好次序归结为单一的社会偏好次序。但是这往往是很难做到的。阿罗认为:用投票的方式不可能把个人偏好集中起来,形成合乎理性的社会偏好。在非独裁的情况下,不可能存在适用于所有个人偏好类型的社会福利函数,这就是著名的阿罗不可能定理。

案例1 国际市场的相互依赖

【案例适用】 一般均衡理论

案例内容 由于在世界大豆市场上巴西与美国是竞争的,因此巴西对其国内大豆市场的管制会显著影响到美国的大豆市场,而这反过来又会对巴西市场产生反馈效应。当巴西采取旨在提高其短期国内供给和长期大豆出口的管制政策时,将导致预料不到的结果。

在20世纪60年代末和70年代初,巴西政府限制大豆的出口,导致巴西的大豆价格下降。巴西希望大豆的价格下降会鼓励国内大豆的销售,并刺激对大豆产品的国内需求。最终出口限制将会取消,巴西的出口也会上升。

这一预期是建立在对巴西大豆市场的局部均衡分析上的。事实上,巴西出口的减少使美国的出口增加,并使美国的大豆价格上升,生产扩大。这使得巴西即使在取消出口限制之后也难以出口大豆了。

案例评析 巴西的大豆政策是误导的,并从长期来看是巴西受损。决策者没有考虑这一政策对美国大豆生产和出口的影响。现实中的市场分析不仅要考虑到局部市场均衡,更多时候要考虑到市场的一般均衡。因为市场上各种各样的产品不是相互独立的,绝大多数产品相互之间是有着千丝万缕的联系的。

局部均衡分析的是单个(产品或要素)市场,其分析方法是把所考虑的某个市场从相互联系的构成整个经济体系的市场全体中"提取"出来单独加以研究。在这种研究中,该市场上商品的需求和供给仅仅被看成是其本身价格的函数,其他商品的价格则被假定为不变,该市场的需求和供给共同决定了市场的均衡价格和数量。一般均衡分析则要将所有相互联系的各个市场看成一个整体来加以研究。因此,在一般均衡分析中,每一商品的需求和供给不仅取决于该商品本身的价格,而且也取决于所有其他商品(如替代品和补充品)的价格。每一商品的价格都不能单独地决定,而必须和其他商品价格联合决定。当整个经济的价格体系恰好是所有的商品供求都相等时,市场就达到了一般均衡。

案例来源:平狄克.微观经济学.P504,中国人民大学出版社,2000年9月1日

案例讨论

试比较局部均衡与一般均衡。

案例2 帕累托最优标准——满意即最优

【案例适用】 帕累托最优概念

案例内容 帕累托是20世纪初的意大利经济学家,他是新福利经济学的代表人物之一。以他的名字命名的"帕累托最优"是现代经济学中的一个重要概念,是经济学的一个美好的理想境界。

这一命题是判断福利优劣的新标准,其含义是:在其他条件不变的条件下,如果某一经济变动改善了一些人的状况,同时又不使另一些人蒙受损失,则这个变动就增进了社会福利,称为帕累托改进;在其他条件不变的条件下,如果不减少一些人的经济福利,就不能改善另一些人的经济福利,则标志着社会经济福利达到了最大化的状态,实现了帕累托最优状态。

这个概念非常费解,我们举一个例子来说明。假如原来甲有一个苹果,乙有一个梨,他们是否就是帕累托最优呢?这取决于甲乙二人对苹果和梨的喜欢程度。如果甲喜欢苹果大于梨,乙喜欢梨大于苹果,这样就已经达到了最满意的结果,也就已经是"帕累托最优"了;如果是甲喜欢梨大于苹果,乙喜欢苹果大于梨,甲乙之间可以进行交换,交换后的甲乙的效用都有所增加,这就是帕累托改进。我国经济学家盛洪在他所著的《满意即最佳》里说过一句话:"一个简单的标准就是,看这项交易双方是否同意,双方是否对交易结果感到满意。"而如果真是谁也不愿意改变的状态,就已经是"帕累托最优"了。

通俗地讲,"帕累托改进"是在不损害他人福利的前提下进一步改善自己的福利,用老百姓的俗话说就是"利己不能损人"。同样,只有在不损害生产者和经营者权益的前提下维护消费者的权益,才能在市场经济的各个主体之间达到"帕累托最优"的均衡状态。

案例评析 市场经济有两个最本质的特征,其一是提高资源配置效率,其二是实现充分竞争。所谓的帕累托最优,通俗的解释就是在资源配置过程中,经济活动的各个方面,不但没有任何一方受到损害,而且社会福利要尽可能实现最大化,社会发展要达到最佳状态。西方经济学中的帕累托最优,实际上就是要求不断提高资源的配置效率。

在现实经济生活中,有很多经济措施旨在针对全社会总体福利的帕累托改进,使全社会达到帕累托最优。例如,教育改革总是希望穷人也可以上得起学,希望中学学习成绩不好的人也有机会去参加继续教育,但有个重要的前提条件就是不能损害富人和中学学习成绩好的人的利益。这样一来,穷人受教育的福利提高了,中学学习成绩不好的人的福利也提高了,全社会受教育者总的福利就得以提高,这样就实现了帕累托改进或者帕累托最优。如果为了增加穷人的福利而使富人的福利受损,例如同样的学校穷人可以不交学费而富人则必须交学费,或者降低分数将学习成绩不好的学生与学习成绩好的学生招收到同一所学校,则会使学习成绩好的人受损,这时候社会总福利并不能增加。

案例来源:中国杂文网,http://www.zawen.net.cn

案例讨论

帕累托最优的核心思想是什么?它实现的前提条件是什么?

案例3 少数服从多数原则的局限性

【案例适用】 阿罗不可能定理

案例内容 在我们的心目中,选举的意义恐怕就在于大家根据多数票原则,通过投票推举出最受我们爱戴或信赖的人。然而，通过选举能否达到这个目的呢？1972年诺贝尔经济学奖获得者，美国经济学家阿罗采用数学中的公理化方法，于1951年深入研究了这个问题，并得出在大多数情况下是否定的结论，这就是鼎鼎大名的"阿罗不可能定理"。阿罗不可能定理是指在一般情况下，要从已知的各种个人偏好顺序中推导出统一的社会偏好顺序是不可能的。我们对此加以证明。

假定有张三、李四、王五三个人，他们为自己最喜欢的明星发生了争执，在刘德华、张学友、郭富城三人谁更受观众欢迎的问题上争执不下，张三排的顺序是刘德华、张学友、郭富城；李四排的顺序是张学友、郭富城、刘德华；王五排的顺序是郭富城、刘德华、张学友。到底谁更受欢迎呢？没有一个大家都认可的结果。如果规定每人只投一票，三个明星将各得一票，无法分出胜负。如果改为对每两个明星都采取三人投票然后依少数服从多数的原则决定顺序，结果又会怎样呢？

首先看对刘德华和张学友的评价。由于张三和王五都把刘德华放在张学友的前边，二人都会选择刘德华而放弃张学友，只有李四认为张学友的魅力大于刘德华，依少数服从多数的原则，第一轮刘德华以二比一胜出；再看对张学友和郭富城的评价，张三和李四都认为应把张学友放在郭富城的前边，只有王五一人投郭富城的票。在第二轮角逐中，自然是张学友胜出；接着再来看对刘德华和郭富城的评价，李四和王五都认为还是郭富城更棒，只有张三认为应该把刘德华放在前边，第三轮当然是郭富城获胜。

通过这三轮投票，我们发现对刘德华的评价大于张学友，对张学友的评价大于郭富城，而对郭富城的评价又大于刘德华，很明显我们陷入了一个循环的境地。这就是"投票悖论"，也就是说不管采用何种游戏规则，都无法通过投票得出符合游戏规则的结果。一些关系到国家命运的事情的决定上，也往往会出现"投票悖论"问题。对此很多人进行了探讨，但都没有拿出更有说服力的办法。

在所有人为寻找"最优公共选择原则"奔忙而无所获的时候，美国经济学家阿罗经过苦心研究，在1951年出版的《社会选择与个人价值》中提出了他的不可能定理，并因此获得了1972年的诺贝尔经济学奖。阿罗不可能定理的意思是，"只要给出几个选择者都必然会接受的前提条件，在这些前提条件的规定下，人们在一般或普遍意义上不可能找到一套在个人选择顺序基础上推导出来的规则（或程序）"。由此进一步推出，在一般或普遍意义上，无法找到能保证所有选择者福利只会增加不会受损的社会状态。

阿罗所说的几个选择者必然接受的条件是：①广泛性。至少有三个或三个以上的被选方案，以供选择者选择；②一致性。即一定的社会选择顺序以一定的个人选择顺序为基础，但必须符合公众的一致偏好；③独立性。不相关的方案具有独立性；④独立主权原则。对备选方案的选择和确定，应由公民完全依据个人的喜好而定，不能由社会强加；⑤非独裁性。不能让某一个人的喜好决定整个社会对备选方案的排序顺序，应坚持自由和民主的原则。

阿罗认为上述五个相互独立的条件每一个都是必要的，但是要构造能同时满足这些条件的社会福利函数是不可能的。导致不可能的原因在于这五个条件之间存在相互矛盾，因此不可能达到完全一致。他从中得出了一个似乎不可思议的结论：没有任何解决办法能够摆脱"投票悖论"的阴影，在从个人偏好过渡到社会偏好时，能使社会偏好得到满足,又能代表广泛的个人偏好的这样一种排序方法,只有强制与独裁。这样,寻找合理的社会选择机制的努力就几乎陷入了困境。

案例评析 阿罗不可能定理打破了一些被人们认为是真理的观点,也让我们对公共选择和民主制度有了新的认识。因为我们所推崇的"少数服从多数"的社会选择方式不能满足"阿罗的五个条件",如市场存在着失灵一样,公共选择原则也会导致民主的失效。因此,多数票原则的合理性是有限度的。

从福利经济学的角度来看,采用"少数服从多数"的民主投票原则,并不能使全社会的福利达到最大化,它只是一种不得不"次优"的选择,因此不能说"少数服从多数"一定是绝对的或者最彻底的民主。

案例来源:中国杂文网,http://www.zawen.net.cn

案例讨论

说明多数票的不合理性。

案例4　上海对马路摊点不再一律封杀 对百姓赞成者发证

【案例适用】 帕累托改进

案例内容 新华网上海 2007 年 2 月 26 日电(记者 陆文军):随着一份《城市设摊导则》在今年五月前即将新鲜出炉,上海对马路摊点不再一律封杀。不久的将来,弄堂口的水果摊、小区里的修鞋铺,都将回到上海市民的生活中。

"上海无证摊贩粗略估计不低于 5 万个,以前我们疏导不够,一味采取冲击、取缔的简单管理办法。其实许多居民区的小摊是受居民欢迎的,方便了居民的生活,与其死堵不如有选择地疏导,让一些老百姓赞成的摊贩安心经营。"上海市环卫局市容环卫处处长孙芝兴说。

孙芝兴透露,对无证摊贩疏堵结合、因势利导的管理思路是有关部门早已有之的设想,并一直在研究实施细则。上海市政府不再把本来看做城市顽疾的无证乱设摊简单否定,而是引入一种人性化的城市管理理念,能不能设摊要听各方意见,尤其是设摊者和周边居民的意见,只要是老百姓赞成的、真正便民的,政府就发临时许可证。这样既节约了城市资源,也有效利用了城市空间。现在城市对无证设摊"开禁",要在便民利民和维护市容的两难中走出一条新路,寻找一种受老百姓欢迎的折衷方案,这本身就是对城市管理水平的一种挑战,但上海要努力做好这份答卷。

无证设摊还是不能放松监管,根据规划,上海将分为严禁区域、严控区域、控制区域。严禁区域内的 9 个重点区域和 79 条主干道一律不准设摊;严控区域将仅允许在居民区开设小型修理铺等便民设施;控制区域将可以有条件地允许设摊,但必须在安全、卫生、噪音控制等方面达标,关键还要听取周边居民的意见,让市民有更多的话语权和决定权。

案例评析 在城市化过程中,大量进城农民与城市无业人员需要在服务业中寻找生存机会。在税费沉重的情况下,他们只有靠"无照经营"才能获得微薄收入;这些行业的人毋庸讳言是良莠不齐的。

于是,两难的情形出现了:如放任自流,城市的基本秩序将无法保障;如彻底治理,一批人将失去生存机会。由于存在这样两难的矛盾,因此经常发生执法者和"无照经营者"之间的冲突,有时甚至还会发生暴力事件。从经济学的角度分析,在执法中,目前我国城市管理的原则,应当是在这两个原则之间的一种兼顾,这符合帕累托改进的原则。

根据帕累托标准我们知道,一种制度的改变中没有任何人受到损害,而至少有一些人受益,这种改变才可以称为帕累托改进。说明这种改变使整个社会的福利水平都获得了提高。对生存和秩序而言,如果用帕累托标准来衡量的话,二者同等重要。社会应不应该为了弱势群体的生存而牺牲城市人的秩序?社会应不应该为了城市人的秩序而剥夺弱势群体的生存权利?而帕累托改进则要求我们一个都不能少。社会不该为了弱势群体的生存而牺牲城市人的秩序,社会也不该为了城市人的秩序而剥夺弱势群体的生存权利。任何一场伟大的改革都不可能使社会中的每一个成员都成为受益者,有受益者必定就有受损者。阿罗不可能定理告诉我们,追求一个全社会人人都满意的改进是不可能的,我们在处理各种社会问题的时候,只能把帕累托改进作为不懈追求的一个理想境界,我们只能退而求其次。弱势群体的生存我们要照顾,对生存在城市里这个阶层的人们我们要通过政策给他们更广阔的生存空间,取消各种各样的限制,给予他们与城市人群同等的生存权利;在市容管理方面,要改进管理方式,提倡人性化管理,在影响不很严重的一些地方也没有必要把小商小贩赶得到处流窜。

令人欣慰的是,上海市最近率先作出了改革。

案例来源:太仓视窗,http://www.tc.cn

案例讨论

你认为如果将你身边的马路摊点全部封杀,你和你所在的城市生活福利一定会增加吗?如果不是,有什么更好的增进福利的办法?

案例5 汽油价格与小型汽车的需求

【案例适用】 市场一般均衡

案例内容 如果市场对某几种产品的需求相互影响,可能出现什么情况呢?其中一种情况就是,导致一种产品价格发生变化的因素,将同时影响对另一种产品的需求。举例而言,在20世纪70年代,美国的汽油价格上升,这一变化马上对小型汽车的需求产生了影响。

回顾20世纪70年代,美国市场的汽油价格两次上升,第一次发生在1973年,当时石油输出国组织切断了对美国的石油输出;第二次是在1979年,由于伊朗国王被推翻而导致该国石油供应瘫痪。经过这两件事件,美国的汽油价格从1973年的每加仑1.27美元猛增至 1981 年的每加仑 1.40 美元。作为"轮子上的国家",汽油价格急剧上升当然不是一件小事,美国人面临一个严峻的节省汽油的问题。

既然公司和住宅的距离不可能缩短,人们只好继续奔波于两地之间。美国司机找到的解决办法之一就是他们需要放弃自己的旧车,在购置新车的时候,选择较小型的汽车,这样每加仑汽油就可以多跑一段距离。

分析家们根据汽车的大小来分类确定其销售额。就在第一次汽油价格上升之后,每年大约出售 250 万辆大型汽车,280 万辆中型汽车以及 230 万辆小型汽车。到了 1985 年,这三种汽车的销售比例出现明显变化,当年售出 150 万辆大型汽车,220 万辆中型汽车以及 370 万辆小型汽车。由此可见,大型汽车的销售自 20 世纪 70 年代以来迅速下降;反过来,小型汽车的销售却持续攀升,只有中型汽车勉强维持了原有水平。

对于任何产品的需求曲线,均假设其互补产品的价格保持不变。以汽车为例,它的互补产品之一就是汽油。汽油价格上升导致小型汽车的需求曲线向右移动,与此同时大型汽车的需求曲线向左移动。

造成这种变化的理由是显而易见的。假设你每年需要驾驶 15 000 英里,每加仑汽油可供一辆大型汽车行驶 15 英里,如果是一辆小型汽车就可以行驶 30 英里。这就是说,如果你坚持选择大型汽车,每年你必须购买 1 000 加仑汽油;如果你满足于小型汽车,你只需购买一半的汽油,也就是 500 加仑就够了。当汽油价格处于 1981 年的最高点,即每加仑 1.40 美元的时候,选择小型汽车意味着每年可以节省 700 美元。即便你曾经是大型汽车的拥护者,在这种情况下,在每年 700 美元的数字面前,难道你就不觉得有必要重新考虑一下小型汽车的好处吗?

案例评析 局部均衡市场分析中,对于石油的价格我们只考虑对石油的需求和供给。但是在一般均衡市场分析中,石油供求变化导致的石油价格的变化并不是一件事情的最终结果,或许只是整个经济事件的开端而已。因为市场上很多其他产品的价格和石油价格有着千丝万缕的联系,正如本案例中提到的小型汽车的价格。

每个理性的人都会算一笔经济账:同样多的汽油如果可以跑更多的里程,那么对于汽车的所有者来说肯定是划算的,尤其是在油价越来越昂贵的时候,哪怕是将原来耗油量高的旧汽车花一定的费用替换成新型的节能小汽车,从长远的角度来说也是划算的。这会导致全社会汽车消费结构的变化,在消费者理性的假设前提下,绝大部分人都会选择购买小型汽车,小型汽车的需求增加,价格上涨。

汽车仅仅是和石油价格有紧密关系的产品中的一种,这样的关系还可以衍生到其他产品,例如飞机以及其他使用石油能源的机械设备等,油价的变动同样会影响这些产品的市场均衡,当所有有关系的产品市场达到最终均衡的时候,市场的一般均衡也就实现了。

案例来源:中国杂文网,http://www.zawen.net.cn

案例讨论

汽油产品与汽车产品是互补还是替代关系?这样的关系使得它们的价格在变化的时

候会对彼此互相产生什么样的影响？

案例6 争鸣："尾号无4"的帕累托改进意义

【案例适用】 帕累托改进

案例内容 最近北京市交管局酝酿着一项针对车辆管理的具有"帕累托改进"意味的制度，即"尾号无4"，其中的良苦用心众所周知。不过这种"意向"被媒体公布出来后受到了许多批评家的非议，有人说这一举措是在迎合社会上不健康的数字迷信心理，有人说这是在搞噱头，是为了少数人的"个性化"误了多数人的"大众化"。这些激烈的批评"吓"得当事一方赶紧出来"辟谣"："尾号无4"只是他们在工作中曾经初步议论过的一件事，到目前为止根本没有施行。

案例评析 帕累托改进是经济学中的一个概念，它是指在某种经济境况下如果可以通过适当的制度安排或交换，至少能提高一部分人的福利或满足程度而不会降低所有其他人的福利或满足程度，即一种制度的改变中没有输家而至少能有一部分人赢。帕累托改进是基于人们的既得利益而言，而不是人们试图取得的东西，因为后者是没有止境的；另外，如果一种改进剥夺了一部分人的既得利益，不管是否能带来更大的整体利益或者是否有助于实现怎样崇高的目标，都不是帕累托改进。

本案例中事件的争论焦点在于管理者是否应该针对公众对"4"的忌讳，虽然很多人不赞成说"尾号无4"中有什么"管理人性化的具体体现"，但是，其中所具有的帕累托改进意义是不能否定的：尾号无4，尊重了民间对于"4"的忌讳，回避了关于"4"号车牌有可能产生的矛盾。对于管理者来讲，不会再有尾号为"4"的车滞留在办公大厅内影响了正常的工作秩序；对于车主来讲，不会有遇到"4"号车牌的机会从而败坏自己的心情，对于已经拥有车牌者或者将要拥有车牌者的利益也没有损害。有百益而无一害，为什么那些批评家会横眉冷对嗤之以鼻呢？

而且"尾号无4"象征了一种非常开放的改革思维，管理者没有把"连续性的数字习惯"当做固定不变的东西从而禁锢自己的思维。既然大家都对这些数字有共同的"回避"心理，何不痛快地废除之？ 与其以道德鸵鸟式的姿态对公众迷信"4"的"愚昧"做无效的谴责，还不如尊重这种"愚昧"，回避道德上的争议，采用一种既不损害他人既得利益又能给"迷信者"带来"益处"的形式安排。刻舟求剑的举动非常可笑，但我们反思一下那些批评家的言辞，又何尝不是"刻舟求剑"思维绝对的现代版呢？

一个思维陷入混乱和僵化的管理者，就像一个在房间里想要出去又不知道怎么办的人。他试着想从窗子出去，但是窗子太高；他试着从烟囱出去，但是烟囱太窄。然而其实只要他一转过身来，他就会看见房门一直是开着的。同样，对于人们关于"4"的迷信，如果你把"4"当做不可改变的系列，把人们思想的"健康"和"进步"当做启蒙和教化的对象，那是非常愚蠢的，因为废除数字是比较简单的事情，而"启蒙"和"教化"的成本则会很高很高。老是埋怨公众"封建迷信"的病态并执著于想改变它的人不正像那个"想着从窗子和烟囱里钻出去"的人吗？ 解放思想，换个角度看啊！

其实，非仅"尾号无4"的问题为然，经济管理中许多问题都面临着这种僵化，许多管理者和改革者的思维非常"硬",认死理,一根筋,老是盯着一个方向看,都把一些东西当做思考的前提,然后在这个前提上奢谈改革和创新,实际上,他们从来没有对这些"前提"进行过思考和质疑,其实在很多情况下,正是这些"前提"让一切陷入了困境。

案例来源:人民网,2003 年 7 月 21 日,http://www.people.com.cn

案例讨论

如果你的电话号码或者车牌号码尾号为"4",你会有什么心理反应?如果给你选择的机会你还会选择尾号为"4"的号码吗?为什么?

案例 7　民办教育:为什么没有实现帕累托改进

【案例适用】　帕累托改进

案例内容　家住保定市军学胡同附近的陈帆至今仍对 3 年前保定市第十三中学的改制耿耿于怀。2001 年,陈帆的孩子小学毕业升初中,按照保定市区初中招生政策"划片招生,就近入学"的原则,他的孩子可以顺利进入近在家门口的市区重点初中之一的保定市第十三中学。

但令他没有想到的是,十三中在这个时候进行了改制。2000 年,河北省教育厅批准十三中成为保定市第一所纯初中的"公办民助"学校,最新的招生计划和学费收取办法从 2001 年开始正式实施。经省教育厅批准,十三中改制为"公办民助"学校后,不再按照原来"划片招生,就近入学"的原则招收学生,而是择优招收,并且学生要一次性交纳 5 100 元学费。

陈帆的孩子当年的分数虽然远高于十三中的分数线,但最终由于学费高昂,只能去了离家较远的另外一所普通中学。

保定市第十三中学的一位老师告诉记者,借助原来公办学校的传统优势,学校发展很快,想把孩子送到十三中的家长很多,他们对学校改制后高昂的学费似乎不以为然。他承认,确实也有很多像陈帆这样家庭经济条件不好的孩子被排斥在外。

但是记者了解到,如果按照政府的明确收费规定,陈帆完全可以承受得起改制后的学费。根据冀发[1999]33 号文件精神,保定市教育局在 2000 年 6 月会同财政局联合行文,制定了该市"公办民助"学校的收费标准,规定市区一类学校初中学费 1 700 元/年,住宿费 400 元/年。十三中的收费高于政府规定的数额。

在保定市区和下面所属的县乡,陈帆遇到的情况并不是特例。记者从保定市教育局了解到,保定市学校公办民助教育改革始于 1997 年,截止到 2000 年 6 月底,全市经省教委审批开办的公办民助学校 36 所,其中,高中 18 所、初中 16 所、小学 2 所,在校生 47 000 人。

这些改制学校在改制前大都是优质学校,教学质量和师资力量都比较强。而且,这些学校改制的目标很明确,就是多收费。记者拿到的一份《保定市公办民助学校情况调查报告》表明,尽管现有的改制学校大都以企业联办的形式出现,但实际上名不副实,企业投资很难到位,当谈起如何理解"公办民助"时,大部分校领导都说,民助就是向学生多收费。

案例评析　民办教育被认为是教育产业化、利国利民的一个典型。根据最新的统计,到 2004 年年初,我国共有各级各类民办学校 6.12 万所,在校生总规模达 1 115.97 万人。中国内地自 1980 年开始兴起民办教育的浪潮,当时的大背景是国家经济刚刚复兴,政府难以承担沉重的公共教育经费支出压力,面对庞大的教育需求,公办学校所提供的教育服务远远不能满足实际的需求。

"到 20 世纪 80 年代中期,中央有一个新的提法,鼓励个人采用多种形式办学。"北京理工大学高等教育研究所杨东平教授说。他所说的这个鼓励多种形式办学的新提法,是指 1985 年发布的《中共中央关于教育体制改革的决定》,《决定》中明确提出,地方要鼓励和指导国有企业、社会团体和个人办学,并在自愿的基础上鼓励单位集体和个人捐资助学。

浙江大学民办教育研究中心主任吴华教授认为,民办教育减轻了对政府公共教育经费的需求压力,对于改善教育供给和增加教育的选择性发挥了重要的作用,这在民办教育出现之前 30 余年间的中国内地是不可想象的。他强调,民办教育给社会提供的教育机会并不是一个存量调整和转移的过程,而是一个增量产生和存量增加的过程,是一个典型的帕累托改进过程。因此,也必然是一个教育公平增加的过程。

但是,现实的逻辑并没有按照专家们的良好设想展开,由于公办民助学校的出现,使整个教育收费格局发生了变化,也使教育格局产生了变化。由于改制学校基础好,师资力量强,即使收费高昂,大部分家长也愿意让孩子上公办民助学校,挤垮了一部分社会力量办的纯粹的民办学校。

"从教育产业化的角度看,我国的民办教育发展出了一个非常矛盾的现状。"杨东平认为,真正的民办教育并没有按照原来的设想发展起来,"总的来评价 20 年的民办教育发展,民办教育处于被边缘化的尴尬地位。"

教育产业化的实质是教育利益化,需要政府起到将经济利益转化为社会利益的作用。但在民办教育的政府职责问题上,政府同时存在着缺位与越位,该管的不管,不管的却管。对于公办学校改制过程中出现的很多问题,比如一些地方借发展民办教育为名,把优质的公办教育资产卖掉,但教育主管部门睁只眼闭只眼;然而对于那些需要政策扶持又可以在更大层面上实现教育公平和提供更多教育机会的普通民办教育,则管理过于严格。

这样的结果是,不仅经济利益没有转化为更多的社会效益,反而把作为公共产品的教育变成了经济利益的俘虏。全社会教育总福利没有增加,帕累托改进没有实现,反而在部分地区有后退和下降的趋势。

案例来源:新浪财经网,http://finance.sina.com.cn,2004 年 11 月 11 日

案例讨论

民办教育应该如何发展才会填补公办教育的空白? 二者的关系应该如何?

案例 8 农民进城的帕累托改进

【案例适用】 帕累托改进

案例内容 2004 年 3 月 5 日,在十届全国人大二次会议上,温家宝总理对近 3 000 名全国人大代表庄严承诺:"国务院决定,用三年时间基本解决建设领域拖欠工程款和农民工工资问题。"为实现这一目标,国务院有关部门进一步明确清欠具体目标:2005 年春节前,基本解决 2003 年及以前拖欠的农民工工资。

建设部建立了报告通报等制度,向各地通报了拖欠农民工工资的偿付情况。

各级建设行政主管部门还会同劳动保障部门,通过加强对施工现场的监督检查,及时发现和查处拖欠农民工工资的企业,对拖欠数额大和恶意拖欠的单位,采取了暂停投标资格、不批准新的项目开工、公开曝光等措施,力促清欠工作的完成。各地还健全了举报投诉制度,农民工可以通过电话、信件、上访等方式反映问题。许多省市还设立了专门机构,负责协调有关部门督促拖欠企业及时偿付拖欠的工资。

据建设部统计,2003 年年底前,建设领域共拖欠工程款 1 860 亿元,涉及 13 万个项目、1 万 3 千多家企业。到 2007 年 1 月 19 日,已清付工程款 1 834 亿元,其中农民工工资 330 亿元。

案例评析 从传统的农业社会或二元社会向现代社会转型,除了工业化道路,目前并无更好的选择。伴随着中国工业化的进程,大量农业人口向工业人口转移,这个转移过程大致是一个民工与企业主的收入都得以提高的过程。农民进入工厂,获得了远比从事农业生产更多的收入,这是基本事实,否则,不足以解释为什么民工会选择源源不断地进入工厂。这个转移过程可以用"帕累托改进"进行描述,即民工和企业主双方的收入都得到了提高,这是一个双赢格局。

但是在实际的农民工劳动力市场中,他们处于弱势群体,由于种种原因,他们中很大一部分人并不能及时拿到属于自己劳动所得的那部分"帕累托改进"带来的收入。那么,真正的帕累托改进也就没有实现。而且这种情况持续下去只会引发更深的社会矛盾。而解决这一问题只能从根本上着手,依靠政府政策和法律制度的力量来帮助这一弱势人群克服一切社会制度的弊端,取得自己合法的收入,温家宝总理的这一承诺的实施,则是这一问题最好以及最有力的解决方法的提出。

通过三年来的努力,农民工资拖欠问题得到了很好的解决,他们的福利得到了改善,而其他人的合法权益和福利并没有因此而受损,整个社会福利增加,"帕累托改进"成功实现。

案例来源:人民网,http://finance.people.com.cn

案例讨论

随着我国城市化建设进程的加快,我国农村有大量劳动力流入城市进行打工生活,这些人以及他们的家人进城以后的生活状态是否实现了"帕累托改进"? 为什么?

第8章 市场失灵与微观经济政策

本章知识结构图

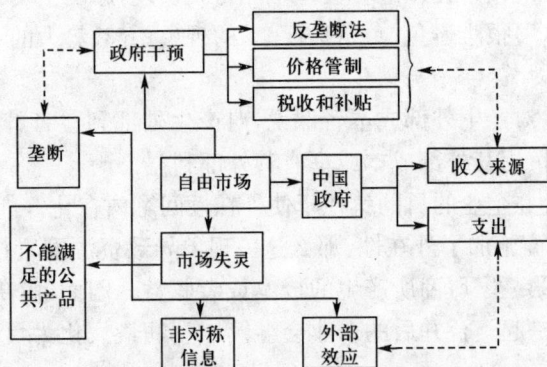

本章基本原理概要

一、市场失灵的含义与成因

市场失灵是指完全竞争的市场机制在很多场合下不能导致资源的有效配置，不能达到帕累托最优状态的情形。市场失灵的几种情况：垄断、外部性、公共物品和非对称信息。

二、垄断与政府管制

垄断产生的原因主要是生产的物质技术条件、人为因素和自然条件。自由的市场经济不可避免地会产生垄断。垄断行业缺乏效率，垄断厂商的产量低于社会最优产量，其市场价格高于成本。同时，垄断行业中的技术停滞、寻租等现象，会造成更大的社会成本。但是，垄断对于一些行业来说可能比过度竞争更有益，例如，大多数自然垄断行业就不适合多厂商竞争。

针对垄断造成的市场失灵，政府可采取经济的、行政的和法律的手段限制垄断行为，其中包括行业的重新组合、经济和行政处罚以及实施反垄断法。对垄断行业进行管制，也是解决垄断问题的一种可供选择的政策。

三、外部性

1. 外部性的含义

外部性是指一个经济活动的主体对其所处的经济环境的影响。外部性的影响会造成私人成本和社会成本之间，或私人收益和社会收益之间的不一致，因此容易造成市场失灵。外部性的影响方向和作用结果具有两面性，可以分为外部经济和外部不经济。那些能为社会和其他个人带来收益或能使社会和个人降低成本支出的外部性称为外部经济，它是对个人或社会有利的外部性；那些能够引起社会和其他个人成本增加或导致收益减少的外部性称为外部不经济，它是对个人或社会不利的外部性。

2. 外部性与经济效率

外部性影响的存在造成了一个严重后果：市场对资源的配置缺乏效率。在存在外部性影响的条件下，潜在的帕累托改进机会并不能得到实现，原因主要有以下这几种：(1)存在巨大的交易费用。(2)很难避免"免费搭便车"的现象。(3)势力的不对称性。

3. 削减外部性的对策

(1)课税与补贴。对产生外部成本者课税，对产生外部利益者补贴，其目的在于使外部效果的产生者自行负担其外部成本或享有其外部利益。

(2)合并企业。合并企业的目的就在于使外在性问题内在化。如果生产 Y 商品的厂商对生产 X 商品的厂商施加了外在性，那么这一现象导致资源配置扭曲的原因是第二家厂商不考虑其行为对第一家厂商所产生的成本或者收益。因而，解决这一问题的思路是将这两家企业合并在一起。合并后的企业会继续以利润最大化为目标，这将导致社会资源的有效配置。

(3)赋予财产权。对能排他的公共财富或无主物赋予财产权，这样就能对享用者收取费用，对破坏者要求赔偿，使外部性削减，从而提高经济效率。

(4)政府直接管制。主要是指政府对产生外部成本的情况加以管制。

4. 产权与科斯定理

科斯最早在 1960 年提出了采用产权纠正外部性的办法，即所谓的科斯定理。其内容就是：在交易费用为零时，只要产权初始界定清晰，并允许经济当事人进行谈判交易，就可以导致资源的有效配置。科斯定理说明，只要假设条件成立，市场势力就足够大，从而外部性问题总能通过市场自身来解决，而不需要政府的干预。

四、公共物品

1. 公共物品的特征

私人物品是那种可得数量将随任何人对它的消费或使用的增加而减少的物品，它具有两个特征：第一是竞争性，如果某人已消费了某种商品，则其他人就不能再消费该商品；第二是排他性，对商品支付价格的人才能消费商品，其他人则不能。与之相对应，公共物品通常具备非竞争性或非排他性。同时具备非排他性和非竞争性的物品为纯公共物品，如国防。只是非竞争性而不是非排他性的物品为非纯公共物品，如道路。

2. 公共物品的最优数量

在私人物品市场上，供求均衡决定商品的最优数量，此时社会处于帕累托最优状态。

与私人物品一样,公共物品的最优数量也是由市场供求均衡所决定的。从生产的角度而言,公共物品的生产和私人物品的生产并无区别。因而,公共物品的供给曲线也是由生产这一公共物品的厂商的边际成本曲线横向加总得到。与私人物品不同的是,公共物品在消费上具有非排他性,这就决定了消费者可以共同消费既定的数量。因此,公共物品的市场需求曲线是由所有消费者的需求曲线纵向加总得到的,即对于既定的数量加总所有消费者愿意支付的价格。公共物品的市场需求和供给可以决定市场的最优数量。

3.公共物品与经济效率

(1)无法排他的公共物品常有供给不足的现象

对于无法排他的公共物品,私人多不愿提供或充分提供福利产量,因此,其产量常低于最大社会福利产量,影响经济。

(2)可以排他的公共物品常有利用不足的现象

非排他性并不代表所有公共物品都不能排他,有些公共物品是可以排他的。一种可以排他的公共物品如果只供付费的人享用,则常会使利用率偏低,造成浪费而影响效率。

4.公共物品的处理方式

(1)公共物品的兴办主体与经费来源

一般来说,对人民福利影响深,并且范围较广的公共物品,如国防、治安及重要的交通设施等,通常均由政府兴办,其他仅让少数人受惠或影响不大的公共物品则鼓励私人兴办。至于经费来源,一种公共物品如果受惠的对象是全体国民,则以收税的方式来筹措经费;如果只供某一部分人享用,则以使用者付费的方式来筹措经费,这样比较公平。

(2)公共物品的收费标准

公共物品收费标准的制定必须同时满足两个条件,即维持适当品质与尽可能地予以充分利用。一般来说,这两个条件是互相冲突的,一种公共物品如认为充分利用比维持品质重要,则其收费标准应较低,甚至不收费,如某些大众化的公园及公厕等,为使其能充分利用,则常不收费。反之,一种公共物品如认为维持品质比充分利用重要,则其收费标准应较高,如某些高水准的博物馆及演艺场所等,为维持其品质,其收费标准应较高。

五、非对称信息

非对称信息是指市场上的某些参与者拥有,但另一些参与者不拥有的信息;或指一方掌握的信息多一些,另一方所掌握的信息少一些。非对称信息会导致资源配置不当,减弱市场效率,并且还会产生道德风险和逆向选择。

1.逆向选择

逆向选择是指在买卖双方信息非对称的情况下,差的商品总是将好的商品驱逐出市场;或者说拥有信息优势的一方,在交易中总是趋向于作出尽可能地有利于自己而不利于别人的选择。逆向选择的存在使得市场价格不能真实地反映市场供求关系,导致市场资源配置的低效率。解决逆向选择问题的方法主要有:政府对市场进行必要的干预和利用市场信号。

2.道德风险

道德风险是指在双方信息非对称的情况下,人们享有自己行为的收益,而将成本转嫁给别人,从而造成他人损失的可能性。解决道德风险的主要方法是风险分担。

3. 委托人—代理人问题

由于信息的不完全性,委托人往往不知道代理人要采取什么行动或者即使知道代理人采取某种行动,也不能观察和测度代理人从事这一行动时的努力程度,同时两者之间存在的利益分割关系,通常会使得代理人不完全按照委托人的意图行事,这在经济学上被称为委托人—代理人问题。由委托人—代理人问题而导致的效率损失不可能通过政府的干预解决,而需要通过设计有效的激励措施加以解决。解决委托人—代理人问题最有效的办法是实施一种最优合约。最优合约是指委托人花费最低限度的成本而使得代理人采取有效率的行动实现委托人目标的合约。

六、政府的经济职能

在现代经济社会中,政府有许多经济职能,其目的一方面在于促进经济效率,另一方面则在于维持经济公平。

为促进经济效率,政府可能采取的措施有以下几点:

(1)对自然垄断产业,政府可能采取的措施主要有两种:①由政府自己经营,成为国有企业;②由私人经营,但政府监督其产品定价,不使其有太多的垄断利润。

(2)对于经济的外部性,政府可对制造外部成本者课税,或主动加以监督;对产生外部利益者予以补贴,其目的均在于使外部效果内部化,以提高经济效率。

(3)关于公共物品的提供方面,对全民福利有重大影响的公共物品,政府应设法充分提供。至于经费则以课税或使用者付费的方式筹措,以达到取之于民、用之于民的目的。

(4)关于经济结构的调整成本方面,尤其是在经济形势有重大变化的时候,政府可以提供融资、减轻税负以及技术指导等措施,以减少经济结构调整所产生的成本与困难。

案例 1 市场失灵

【案例适用】 市场失灵

案例内容 20 世纪初的一天,列车在绿草如茵的英格兰大地上飞驰。车上坐着英国著名经济学家庇古。他边欣赏风光,边对同伴说,列车在田间经过,机车在田间经过,机车喷出的火花(当时是蒸汽机)飞到麦穗上,给农民造成了损失,但铁路公司并不用向农民赔偿。这正是市场经济的无能为力之处,称为"市场失灵"。

将近 70 年后,1971 年,美国经济学家乔治·斯蒂格勒和阿尔钦同游日本。他们在高速列车(这时已是电气机车)上见到窗外的农田,想起了庇古当年的感慨,就问列车员,铁路附近的农田是否受到列车的损害而减产。列车员说,恰恰相反,飞速驰过的列车把吃稻谷的飞鸟吓走了,农民反而受益。当然铁路公司也不能向农民收"赶鸟费"。这同样是市场经济无能为力的,也称为"市场失灵"。

案例评析 同样一件事情在不同的时代与地点结果不同,两代经济学家的感慨也不同。但从经济学的角度看,火车经过农田无论结果如何,其实说明了同一件事:市场经济中外部性与市场失灵的关系。

蒸汽列车对附近农田的损伤可以看做铁路公司运输服务产品的外部性所在,同样的道理,电气列车对农田的"无意识的帮助"即将飞鸟赶走也是其外部性所在。对农民来说,电气列车使他们的农田受益,但是他们无须为这种受益缴纳费用,因为他们之所以受益不是因为有人故意提供产品或服务,而是受到列车运输服务的外部性影响;同样,蒸汽列车使农田受损,农民也无法收到铁路公司对农田的补偿,因为列车不是"有意伤害"他们的农田。这两种对农田的影响在现行的市场经济运行中仅仅依靠市场"看不见的手"找不到有力的解决方式,只能通过政府这只"看得见的手"实施微观经济政策来弥补市场失灵。

具体的方案有可能是政府对经过农田的蒸汽列车征收附加税,用来弥补农民的损失;政府也可能因为电气列车附近的农田免受虫害而将这部分农田认定为优质农田,对其征收高额税收,"熨平"这部分农田主的超额利润。

资料来源:www.baidu.com

案例讨论

什么是市场失灵? 市场失灵有哪些类型?

案例2 为何叫停发菜贸易

【案例适用】 市场失灵和政府调控政策

案例内容

1. 发菜与发菜贸易

发菜是一种藻类植物,属于蓝藻门,念珠藻科,念珠藻属。发菜作为分布在干旱半干旱地区中的藻类,在植物界陆生藻类进化中十分罕见。发菜藻体细长,干燥时呈黑褐色,形状似头发丝一般,并因此而得名。发菜主要分布在亚洲地区,我国为主。在我国又主要分布在内蒙古、宁夏、甘肃、青海、新疆五省区。其中内蒙古生长面积较大,产量也最多。发菜具有食用性,但其营养价值未必高。甘肃省科学院生物研究所认为发菜藻体的主要物质含量中只有钙的含量高于其他藻菌植物。

发菜在市场上"走俏",价格急剧攀升,主要是因为"发菜"与"发财"谐音。故在港澳台、东南亚以及广东一带十分流行,是春节年夜饭的必备食品,以图来年"发菜(财)利市"。

发菜贸易始于20世纪初,但贸易规模的扩大始于20世纪90年代。以内蒙古出口发菜为例,1989年为3吨,1990年上涨为16吨,至1996年竟达到955吨。

2. 搂发菜的收益

搂发菜的农民在一般情况下平均一天大约可搂667 hm² 草地,收获2两左右发菜,即收入40~50元。每年按5个月计,除了往返路途、寻找草场、安营扎寨等非工作时间,净搂发菜按80天计,再按一半时间挑拣毛发菜,年收入也可达1 000~2 000元。

3. 发菜贸易对内蒙古草地生态环境的影响

由于搂发菜的工具是密度为1 cm左右的钢丝齿耙,作业时往往采取"扫荡"式的反复搂拔,所到之处90%的草本植物被连根拔起,对草地的破坏是毁灭性的。

搂发菜造成的经济损失包括:牲畜和畜产品损失、焚烧灌木损失、额外管理费用支出、草原沙化损失、其他损失。

根据由亚男的研究(发菜贸易对内蒙古草地生态环境的影响及政策建议.干旱区地理,2000年7月),搂发菜带来的经济损失非常巨大,若不考虑珍稀、濒危野生动植物无法估价的因素,每年因搂发菜带来的损失将近30亿元左右,其中主要是草地被破坏、土壤沙化带来的损失。如果考虑价值的时间因素,完全退化草地恢复时间为10年,严重退化草地恢复时间需要3~5年,贴现率取12%,则搂发菜给内蒙古带来的环境经济损失近百亿元。

4.发菜贸易对草地影响的经济学分析

由于贸易需求导致发菜价格攀升仅仅是致使内蒙古草地退化的外因,而环境成本没有内部化才是草地退化的内因。环境成本没有内部化的原因主要是市场失灵与干预失灵。

发菜贸易存在着严重的市场失灵。主要表现在三个方面:

一是发菜价格与其价值严重不符。发菜之所以近年来在市场上"走俏",价格急剧攀升,并非是因为它的营养价值和医药价值,而主要原因是"发菜"与"发财"谐音。

二是草地生态环境的破坏随着发菜贸易量的增长而急剧扩大。根据由亚男的研究,20世纪90年代,内蒙古每年因搂发菜造成的环境经济损失高达100亿元,1996年内蒙古产发菜955吨,按每公斤500元计,收益也只有4.78亿元左右。那么收益与损失之比高达1:20.9。如此巨大的反差在贸易活动中是非常罕见的。

三是发菜价格的畸形攀高毫无环境成本因素,价格攀高的获益者分散在流通领域的各个环节上。一般来说,从事搂发菜粗加工的人员年收入至少在600元以上,商贩年收入至少在1 000元以上,而一些对发菜贸易有一定控制力的人收入更高。也就是说发菜价格畸形攀高与环境成本毫无关系。

为了保护草原,国务院于2000年6月14日发布了《国务院关于禁止采集和销售发菜制止滥挖甘草和麻黄草有关问题的通知》(国发[2000]13号)。通知指出,为了保护生态环境和草原资源,防止采集发菜造成沙漠化现象的扩大,自2000年7月1日起,禁止采集发菜,取缔发菜贸易。

5.相关政策

为进一步控制外贸出口的过快增长,缓解我国外贸顺差过大带来的突出矛盾,优化出口商品结构,抑制"高耗能、高污染、资源性"产品的出口,促进经济增长方式转变和经济社会可持续发展,经国务院批准,财政部和国家税务总局商国家发展改革委、商务部、海关总署于6月18日发布了《财政部 国家税务总局关于调低部分商品出口退税率的通知》,规定自2007年7月1日起,调整部分商品的出口退税政策。

这次政策调整主要包括三个方面:一是进一步取消553项"高耗能、高污染、资源性"产品的出口退税;二是降低2 268项容易引起贸易摩擦的商品的出口退税率;三是将10项商品的出口退税改为出口免税政策,其中"高耗能、高污染、资源性"产品的出口退税商品主要包括:濒危动植物及其制品、盐和水泥等矿产品、肥料、染料等化工产品、金属碳化物和活性炭产品、皮革、部分木板和一次性木制品、一般普碳焊管产品、非合金铝制条杆等简单有色金属加工产品,以及分段船舶和非机动船舶。

财政部有关负责人说,这次在政策设计时采取了"有保有压"的区别政策,释放了国家产业结构、出口商品结构调整的明确信号。从长远看,将有利于促进我国经济增长方式转变和经济社会可持续发展,符合国家和全民的长远利益。

案例评析 发菜市场的市场失灵主要原因在于发菜种植的负外部性。负外部性的典型例子是生产造成环境污染。正如我们前面所分析的,导致市场失灵的其中一项原因就是外部性,发菜在市场上由于人们生活文化理念对其谐音的偏好带来对发菜本身不理性的过度需求,这种需求带动的过度搂发菜又给我国西部地区大部分省份的自然环境带来严重的破坏。

从微观角度分析,发菜市场价值增加,菜农利润增加,不能不说是件好事。但是从宏观角度来看,部分菜农的利益增加背后付出的是大面积草原植被遭到严重破坏,加快了大部分西部地区产生沙漠化,得不偿失。

正是由于这种市场失灵的情况出现,政府才有必要干预和调控该产品市场,就像本案例中提到的直接的以及相关的措施一样,能够有效地缓解环境压力,而这种效果没有办法通过市场价格机制来调节。

资料来源:

1. 由亚男. 发菜贸易对内蒙古草地生态环境的影响及政策建议. 干旱区地理,2000 年7 月

2. 国家发展改革委员会相关政策

案例讨论

1. 现实生活中有哪些产品类似于发菜贸易一样,出现市场失灵,生产产生强烈的外部性(包括正外部性和负外部性)?

2. 如何纠正由外部性引起的市场失灵?

案例 3 "石光银现象"的经济学思考

【案例适用】 外部经济性

案例内容

1. 石光银现象

2002 年 8 月 10 日中央电视台《新闻调查》栏目播出了《石光银的选择》节目,时年 60 岁的石光银,是陕西定边县人,1984 年成立治沙公司,营造了 60 000 多亩林木,林木的经济价值高达 3 000 多万元,因为他造的大多是生态林,一棵也不许砍,直到今天,石光银不仅没有拿到一分钱,反而欠银行几百万元贷款。人们常说林子是绿色银行,造林是往绿色银行里存钱,石光银往绿色银行里存了上千万元,按一般经济学常识,石光银应该取得一

定的利息,即收益,可悲的是石光银不仅没有取得利息,反而连本也取不出来了。像石光银这种投入了人力物力到头来不仅没挣钱却赔钱的现象不在少数,人们将这种现象统称为"石光银现象"。

据统计,仅石光银这样的大户在西部就有 300 多万户。但是到头来石光银们却处境艰难,很可能是竹篮打水一场空。

2. 经济学分析

森林有显著的生态效益,包括防风固沙、保持水土、清新空气、调节气候、释放氧气、固定二氧化碳等。森林的这些生态效益由社会共同享有(外部效益),而且,社会不需要付费就可以享受森林的这些效益。森林的生态效益无法通过市场的方式变现,也就是市场失灵。

案例评析　这则案例同样提到了市场失灵,我们从微观经济学课本中可以清楚地看到,市场失灵主要包括四种现象:垄断、外部性、公共物品和非对称信息。本案例中石光银所成立的治沙公司为市场提供的产品或者服务具有特殊性,之所以特殊在于它给市场上几乎所有的人都提供了"环境保护"这样一种产品或者服务,这样的产品或者服务尽管是石光银主动生产的,可是对大众来说不是主动购买的。不难理解,这样的产品或者服务具有非常强的正外部性,即外部经济。

这种产品或者服务的典型特征就是对社会大部分人都有益,但是对于生产者来说,生产对外部经济影响强烈的产品却不能得到能够弥补自己成本的收益,甚至会影响他继续生产和经营。外部经济性越强,产品或者服务越没有办法通过市场交易的渠道取得能够弥补生产成本的收益,正如本案例中的石光银。

像石光银这样生产和生活的人,如果想走出困境则必须使他们生产的产品或者服务在经济上得到补偿,以此来获得继续生产经营的资金和动力。但是对他们的补偿到底应该由谁来承担呢? 治沙公司生产的产品和服务对大众有益,因此上毫无怀疑应该由所有受益的人为自己所居住的环境的改善而支付费用。可是现实中肯定没有一个人愿意这样做,因为他们会觉得我只是受益群体中微不足道的一分子,而且我也没有主动要求提供这样的产品和服务。

资料来源:

1. 周永. "石光银现象"的法经济学分析. http://www. riel. whu. edu. cn/show. asp? ID=2295

2. 2002 年 8 月 10 日中央电视台《新闻调查》栏目播出的《石光银的选择》

案例讨论

1. 石光银现象产生的根源是什么? 举例说明现实中的类似事例。

2. 解决石光银的生活困境的最有效的方法有哪些? 依据的经济学原理是什么?

案例 4 为何关停污染严重的企业

【案例适用】 市场失灵与宏观经济政策

案例内容 中国环境报 2007 年 8 月 2 日报道了山西围歼污染"黑三角"的情况,详见背景资料。

背景资料

一把手现场协调 多部门联手攻坚 山西围歼污染"黑三角"

随着山西省河曲、保德、偏关 3 县交界区域响起隆隆炮声,一场如火如荼的污染歼灭战开始打响。

2000 年,山西省政府展开跨世纪的环境达标攻坚战,对河、保、偏"黑三角"进行全面围剿,黄河沿岸"土小"企业被成片成片推平。2003 年,国家环保总局派出环境执法暗访组,对晋、陕、蒙交界地区进行突击查处,屡禁不止、死灰复燃的污染企业被大面积摧毁。2007 年世界环境日之际,山西省环保局派出环保执法队伍强势出击,重拳打击河、保、偏"黑三角"污染,淘汰取缔环境违法企业。

6 月 29 日,山西省环保局局长刘向东给忻州市委书记张建欣打电话通报了此事。7 月 1 日,刘向东向全局党员和干部发出"军令":派出副局长挂帅的环保执法队,与忻州市共同行动,对河曲、保德、偏关 3 县的污染进行全面清理,要求消灭不掉污染不撤回。

山西省环保局副局长刘四龙立即率队开赴忻州市,要求忻州市政府超常规加大环保攻坚力度,彻底清剿"黑三角"污染。

刘四龙要求,忻州市市长及 3 县县长要担负起"黑三角"清理的第一责任,对环保不敏感、不到位、不行动、不得力的地方,要依法追究"一把手"的责任;凡属死灰复燃的违法企业,要一律按法律程序停贷、停电、停水、停煤、停运、吊销执照,并立即彻底取缔;凡属超标排污的企业,要一律进行限期治理,并坚决依法处以最高罚款,环保不达标坚决停产;如果污染企业漏逃法网,要依法追究责任人的责任;如果河、保、偏环境整治过不了验收关,在追究问责基础上,山西省环保局将实行"区域限批",冻结忻州市所有项目审批。

忻州市委书记张建欣接到刘向东的电话后,当机立断召集会议,提出要壮士断腕,背水一战,宁可牺牲 GDP 和经济增长,也要关闭一批设施,炸掉一批烟囱,停产一批企业,坚决淘汰落后的生产能力。

忻州市市长耿怀英立即部署在全市拉开环保百日攻坚大行动,对各类"土小"污染企业,要求坚决彻底铲除;对非法排污企业,要求采取强硬手段;对已经取缔关停的污染企业,绝不允许死灰复燃;对新建、改建和扩建项目,必须履行环评手续。

市政府领导迅速实行包县负责制,责任到人,任务到人,3 路人马急赴河、保、偏"黑三角"打响治污战。忻州市环保局 3 名副局长任组长、市监委 3 名领导任副组长组成联合督察组,连夜赶赴河、保、偏地区进行督察。河、保、偏 3 县县委、政府连夜开会,紧急行动,调集部门"一把手"形成执法统一战线,清剿排污企业,要求"一把手"必须亲自到现场组织协调,坚决实施污染关停取缔行动。河、保、偏 3 县各部门对环境违法企业形成联动,合力出拳,公安部门威慑抗法行为,工商部门吊销营业执照,电力部门切断供电电源,国土部门清理土地,监察部门调查追究污染者责任,确保污染企业被彻底关停取缔。

山西省各方连出重拳、频频亮剑,以迅雷不及掩耳之势,对河、保、偏"黑三角""土小"企业和区域环境污染以及违反环评法和"三同时"的问题,给予毁灭性打击。仅仅一个月时间,省、市、县三级出动执法监察人员2 126人次,停止企业供电122家,铲除"土小"企业80余家,铲除小石灰窑61座,停产治理企业33家,炸毁窑炉烟囱38支,限期治理企业23家,摧毁焦炉铁炉5座,爆破电厂凉水塔1座。据有关部门统计,此次清剿行动损失GDP 5.7亿元。

案例评析 政府为什么要关停这些企业?原因就是"市场失灵"。从企业角度看,这些被关停的企业只顾生产,不管环境保护,从而"节省"了大量的环境保护(污染治理)成本。因此,这些企业的经济效益都非常好。从社会角度看,这些企业污染十分严重,同时严重浪费资源,企业生产给社会造成了严重的损失。但是,这些企业不会为其造成的社会损失买单,而是将这些损失转嫁给社会。如果将社会损失计入企业的生产成本,这些企业必然亏损。

可能有些人还会有疑问,应该让这些企业治理污染,不必关停它们。根据相关专家测算,如果这些企业按照环境保护的要求治理污染,则其成本会大幅度上升,一般都会亏损。这与这些企业的生产目的不一致,因此它们也不可能选择治理污染。因此,关停这些企业是惟一的选择。

资料来源:中国环境报,2007年8月2日

案例讨论

在我国经济高速发展时期,煤是最重要的工业燃料之一,为什么政府不大力支持案例中这些煤矿的生产,反而关停?

案例5 污水处理设施为何不能正常运转

【**案例适用**】 市场失灵与宏观经济政策

案例内容 2007年8月2日中国环境报报道:"云南省环境监察总队日前针对九湖流域周边的13家污水处理厂进行了突击检查,发现正常运行的仅有7家,6家不能正常运行。滇池、抚仙湖、星云湖、杞麓湖、阳宗海这五湖流域内不能正常运行的6家污水处理厂中,呈贡县污水处理厂、澄江县污水处理厂、江川县污水处理厂以运行成本高、资金缺口大和污泥量少为由,未经环保部门同意,长期停止运行污泥脱水机。"

云南的情况从一个侧面反映了我国的现状。国家环保总局于1984—1987年进行了全国工业废水处理设施运行情况的调查,在调查的5 556套工业废水处理设施中:因报废、闲置、停运等原因没运行的设施占32%;运行处理设施占68%。而在运行的处理设施中有52.4%的设施有效运行率不足50%,只有30.7%的设施有效运行率大于80%,有

16.9%的设施有效运行率为50%～80%,设施的总有效运行率为44.9%。

总之,我国环境保护设施的运行率普遍偏低。

案例评析　企业闲置、停运环境保护设施,造成了资源的闲置和浪费。企业为什么要建设环境保护设施(污水处理设施)? 根据我国的环境保护政策,新建项目必须执行"三同时"(主体设施与环境保护设施同时设计、同时施工、同时投产运营),否则,项目不会被批准。企业为了应付环境保护部门的审查,以便项目能够顺利建设,只能将建设环境保护设施列入建设方案,并付诸实施。

企业为何不用环保设施? 据有关专家研究和环保部门的统计资料,目前,我国的工业污水处理成本一般为2～5元/吨污水,高的甚至超过10元/吨污水。如果企业将污水直接排入环境,只需交纳0.5～3元/吨污水的排污费。如果将污水偷偷排放,连排污费也不用交。面对巨大经济利益的诱惑,多数企业选择停运环境保护设施。

由此可以看出,对污染治理而言,市场失灵也十分突出。市场机制不能保证企业主动治理污染,保护环境。因此,环境保护需要依靠政府。正是基于这一点,20世纪80年代,世界银行在总结发达国家经验的基础上,提出了"经济靠市场,环保靠政府"。

为了提高污水处理设施的运行率,可以采取提高排污收费标准、加大环境保护执法力度、信息公开等措施。

资料来源:中国环境报,2007年8月2日

案例讨论

1.举例说明现实生活中的类似案例,并分析其原因。

2.你认为可以采用哪些措施来提高我国的环境保护设施的运行率?

案例6　非典中的市场失灵

【案例适用】　市场失灵与宏观经济政策

案例内容　2002年11月16日中国广东佛山发现第一起后来称为非典型性肺炎(SARS)的病例,2003年2月广东发病率进入高峰。此后,非典型性肺炎迅速在全国传播。到2003年6月,非典疫情得到控制。

非典型性肺炎让我们看到了典型的市场失灵。引人注目的首先是商品价格的不正常上涨。以北京为例,起初是与治疗非典有关的药品和医疗器械、用品的价格迅速上涨,人们熟知的有中草药板蓝根、医用口罩、消毒剂、体温表等;后来,4月23日、24日,是以蔬菜、粮食为主的生活必需品的大幅度涨价。

应该说,涨价有正常成分:由于人们对部分非典关联商品的需求增加,供求关系在短时间内发生了较大的变化,不少商品从供过于求变为供不应求。而且,在商家加紧调货的过程中,进货成本有一定增加是可能的。然而,从稍长时段看,这些商品的大幅度涨价不正常因素更多。因为就全国看,大多数商品(包括中草药)供过于求,这种供求关系并未发

生根本的变化。一些药品、蔬菜价格的成倍甚至成十几倍上涨缺乏内在理由。

案例评析 为什么这些商品的价格能够扶摇直上,达到平时人们想都想不到的高位?

原因之一是由于这部分商品需求的骤然增加,使供应商成为一种市场势力。所谓市场势力是指能够在一定程度上控制市场的力量。在追逐暴利的本能左右下,多数供应商达成某种默契,共同抬高价格。你嫌贵不买,还有人争着要买。

原因之二是信息不完全,或者说信息不对称。俗话说:北京到南京,买的没有卖的精。消费者再善于砍价,最后还是会给商家留下可观的利润空间。但在持续多年的买方市场条件下,这种信息不对称被商家之间的充分竞争甚至过度竞争消弭了。非典流行之后,各种谣言在民间流传,在相当程度上扰乱了正常的市场信息传播。尤其是在4月下旬的头几天,有关北京要封城、要戒严之类的谣言满天飞,加剧了人们原本就有的恐慌心理,从而出现波及全市的抢购风潮。一些卖菜的小贩有意趁火打劫,言之凿凿地称“明天就没地儿进菜了”,使这种信息的扭曲、失真达到空前高度。

市场失灵的另一个表现是以伪劣商品冒充合格商品。比较典型的案例是一些奸商以碎布条塞进纱布中冒充十六层纱布口罩,也有一些人在药材市场买到假的中草药。与商品涨价类似,商家以假乱真和以次充好的主要原因也是信息不对称。如果说对口罩这类简单的医疗用具人们还有可能在使用中发现质量问题的话,普通消费者几乎没有能力辨别药材之类商品的真伪和好坏。如果商家有意欺骗,而政府有关管理部门又没有提供质量监督的公共服务,消费者将完全处于被动的地位。

市场失灵的第三个表现是商家在提供商品和服务时没有考虑其负的外部性。负的外部性的典型例子是工厂造成环境污染。污染对于工厂来说是其产生的负面的外部影响,对于这种外部影响工厂一般不支付成本或不支付足够的成本,因此在经济学上叫负的外部性,通俗地说,就是不好的溢出效应。非典疫情中,商家的经营活动如果客观上加剧了非典流行,对社会来说就是一种负的外部性。前两天有报道说,北京市朝阳区的两家大型网吧在营业时,竟不采取任何预防非典的措施——不消毒、不开窗通风,还拉上厚窗帘,这两家网吧因此被有关部门查封。显然,如果任这两家网吧不负责任地营业,在这里上网的人很可能在网吧传染他人或被他人传染,并在走出网吧后成为传染其他人的种子——这也是一种负的外部性。政府查封这两家网吧,正是惩罚和遏制其可能带来的负的外部性。

市场失灵意味着看不见的手不能正常发挥作用了。这时,看得见的手就要出面矫正市场失灵,这就是政府调控和管制。我们看到,非典疫情加重以后,政府在这方面做了大量工作,堪称及时、有力,效果显著。

首先是价格管制。如广东省,经省人民政府授权,广东省物价局从27日起,在全省范围内对属于市场调节价的防治非典型性肺炎的部分医药用品及相关商品实行价格干预措施,规定这些商品的销售利润率、购批差率、批零差率和最高限价范围等,相关生产经营者必须严格执行各级物价部门的有关规定。

在各种管制措施中,直接的价格管制是刚性较强的行政干预措施,在非典疫情爆发这样的非常时期是完全应该使用的,但在轻度的市场失灵中则不宜使用,至少不宜较长期、大面积使用。因为它对自由竞争的市场机制有较大的损害作用。

第二种矫正措施是组织货源增加供应。这是一种对市场势力釜底抽薪的做法,这种做法不仅能迅速平抑市场,而且没有副作用。如北京市 23 日出现抢购风潮和物价暴涨后,在市委市政府的调度安排下,流通主渠道积极组织货源,保障北京蔬菜、粮食市场的正常供应,市场价格很快应声下落。另据报道,商务部已经采取五项措施,确保基本生活物资和防治非典型性肺炎重要物资的市场供应。商务部负责人还宣布,商务部手中握有数十种与非典有关的物资储备,且数量充足。这必将对全国的相关商品价格产生良性影响。

第三种矫正措施是通过官方新闻发布会及新闻媒体的报道澄清事实,消除谣言,这正是改变信息不对称、不完全状况的重要手段。谣言一除,消费者的恐慌心理大大减弱,市场势力有意无意控制信息、利用信息的企图不攻自破。从这个角度说,及时、准确地向公众通报非典信息不仅具有政治意义,而且深具经济意义。当然,政府有关部门帮助消费者鉴别商品真伪和质量的工作还需跟上。

第四种措施是强制交通工具、公众聚集的营业性场所采取消毒、通风等措施,尽可能消除加剧非典流行的因素。前述北京市朝阳区对两家网吧的查封,以及后来北京市作出暂停全市文化娱乐场所经营活动的决定,都是为了最大限度地遏制和消除这类经营活动给全社会可能带来的负的外部性。当然,这种严厉的管制措施对商家来说损失是极大的,不到万不得已不能采用。但当企业个体的经济效益与全社会的福利相比微不足道时,政府也别无选择。

非典流行客观上产生了市场失灵的诸多机会,从而也给政府恰当运用管制措施矫正市场失灵铺开了一份考卷,从全国范围说,这是中国初步建立市场经济体制以来第一份此类考卷。前几道题各级政府应答得当,但更多的考验还在后面。最大的难点在于,如何既有效地医治了市场失灵,又不致伤害市场机制的筋骨——市场经济下的政府管制绝不等同于计划经济下的政府包办。

资料来源:中国经济时报,2003 年 4 月 29 日

案例讨论

非典发生后哪些领域产生了市场失灵? 政府应该采取哪些政策来纠正这些市场失灵?

案例 7 从矿难看"市场失灵"与"政府失灵"

【案例适用】 市场失灵与宏观经济政策

案例内容 近年来,我国矿难事故接连不断,大有一波未平,一波又起之势,伤亡数目令人惊心。在有关矿难的各种报道中,我们看到几乎每一起矿难背后,都有一批腐败的地方官员。发生矿难的矿点大多是生产与安全状况严重不符合国家标准的,有些甚至是国家曾经三令五申要求关闭的。尽管国家在相关法规以及落实方面比以前完善了很多,但非法开采依然屡禁不止。矿主之所以仍然能够非法开采,大多是买通了地方上包括从拥有审批权到拥有生产安全监督权的各级官员。2005 年 8 月 7 日发生的广东兴宁矿难中,

调查证实事故背后存在"官煤勾结"的现象。该煤矿 65 名股东中,有的就是当地的公务员。

案例评析 正如"幸福的家庭都是相似的,不幸的家庭各有各的不幸",矿难发生的原因也各种各样,但是纵观近年来许多矿难发生的原因,我们会发现存在不少相似的地方。总的来看有两方面,一方面是"市场失灵",另一方面是有些地方"政府失灵"。

"市场失灵"不难理解。随着我国城市化、工业化、现代化的快速推进,经济规模进一步扩大,资源需求不断升级,资源供需矛盾和环境压力越来越大,煤炭等重要矿产资源价格一路看涨。马克思说,当有利润可图时,资本家就会不惜代价,甚至铤而走险。在矿业权市场还不是很健全的条件下,不少惟利是图的矿主违法违规操作,导致矿难不断发生。特别是对于小矿主来说,他想的是以最小的成本获取最大的利润。同时,我国农业边际效益为零甚至为负数,我国农业人口众多,劳动力供给几乎是无限的。为了养家糊口、供孩子上学,不少农民工"明知山有老虎,偏向虎山行",在极其简陋的、随时都存在生命危险的条件下从事生产,而一旦发生矿难,赔偿的金额也有限。在极端不平等的、缺乏外在约束的条件下,大多数小矿主肯定不会自掏腰包加强卫生安全管制。如果没有外界的干预,因安全投资不足引起的矿难肯定会不断发生。

在"市场失灵"导致矿难不断发生的情况下,就需要政府的干预。但是出发点是好的,未必能收到好的效果。以政府的干预作为主要的管理方式,往往带来适得其反的效果,造成"政府失灵",经济学上把这种现象称为"诺斯悖论"。所谓"诺斯悖论"是指政府部门本应该提供公共产品,成为一个有效、公正的契约第三方执行者。但由于种种原因,却打着提供社会公共产品的招牌,为了政府部门的利益而损害社会的利益,最后提供的可能就是公共祸害。

当需要政府部门干预矿业时,一些政府官员自然就成为一些不法矿主的寻租对象。一些被勒令停产的矿主,总是千方百计"摆平"主管领导干部,非法谋取暴利。有些领导干部贪图钱财,收到"好处"后对矿主暗中支持,对发生在眼皮底下的违法行为"睁一只眼、闭一只眼"。更有个别利欲熏心的领导干部以权谋私,入股经营。这样,"官煤勾结"导致一些矿主无法无天、我行我素,即使出点小问题,也都能"轻松过关"。

另一种"官煤勾结"也不应该忽视。有的领导干部没有参股,也没有收取矿主贿赂,但也情愿充当不法矿主的"保护伞"。这种现象目前普遍存在,却未引起足够重视。一些地方以"促进当地经济发展"为名,联合起来对抗中央政策和国家的法律法规。其结果是,不法经营者得到非法收入,官员出了政绩,损害的是国家利益、党和政府的公信力,受害的是群众。

广东兴宁矿难就是一个典型。之前曾被关闭,后来当地有关部门要求尽快"恢复生产",为当地经济"多作贡献"。在一些地方,这种让中央政策、国家法律、群众利益让位于所谓的"地方发展"、局部利益的不良观念,逐渐成了"大气候",成了谁也不好公开反对的"潜规则"。这种"官煤勾结",不涉及金钱,但是危害很大,实际上,这正是造成许多煤矿非法开采、事故频发的深层原因。一些干部要政绩,会自觉或不自觉地成为各种非法经营的"保护伞",这就使那些受贿、参股的不法分子更加有恃无恐。许多不该发生的事故,接二连三地发生。一发生事故,又是"矿主发财、矿工遇难、政府买单"。

因此,在处理矿难问题时,对以权谋私的领导干部要严肃查处,对置党纪国法于不顾、给群众生命财产造成损失的干部,也要严肃处理。同时,要加强教育,完善监督机制,引导干部树立正确的发展观和政绩观,防止这类"官煤勾结"的腐败现象蔓延。同时,还要加快规范完善矿业权市场,这才是治本之策。

矿难频繁发生背后隐藏的主要原因是市场失灵,但市场失灵的领域政府不一定能够完全弥补。

资料来源:中国矿业报,2005 年 11 月 2 日

案例讨论

1.市场失灵与矿难有什么关系? 现实生活中还有类似的事例吗?

2.政府失灵与矿难有什么关系? 请设计解决此类问题的根本措施。

案例8　房地产市场失灵

【案例适用】　市场失灵

案例内容　近年来部分城市房价涨得过快、房价过高,已是一个不争的事实。今年前三季度,南京江南八区商品房价格达到 5 397 元,涨幅超过 17%,位居全国第二;与此同时,我省其他大中城市也出现了类似情况。在近日举行的 2004 年秋季江苏经济形势分析会上,不少专家学者直言,这种市场态势会造成两种后果:一是房地产市场的泡沫可能不断扩大,市场风险进一步积累;二是相当多的中低收入者缺乏"小康水平住房"的现实购买力。"当前动辄五六千元每平方米的房价,是很不合理的"。省社科院院长宋林飞教授算了一笔细账:小康住房标准大约是人均建筑面积 30 平方米。一个 3～4 口人的家庭,一套小康住房的价格达到 50 万～70 万元,许多普通市民家庭只能望房兴叹。问题的要害是房价收入比过高。

据介绍,目前美国的平均房价收入比是 3∶1 左右;日本的平均房价收入比在 4∶1 以内;联合国公布的合理的房价收入比为 2∶1 至 3∶1,这是世界住房价格的普遍规律;世界银行则认为要控制在 5∶1 以内。然而,对于南京来说,相当多的家庭甚至达到了13∶1左右,这就严重影响了小康生活的质量。大部分市民将消费集中到购房上,甚至用毕生的积蓄也难以购买一套住房,这势必减少诸如教育、医疗、旅游等方面的消费,会给社会经济的可持续发展带来负面影响。由此带来的高居住成本也抬高了城市的进入门槛,在一定程度上影响了农民向城市的流动,不利于积蓄城市发展的后劲。

社会上有种说法,认为房地产业是一个暴利行业,目前来说这种说法并不过分。以前文件确定的房地产合理利润率的上限是 8%,而现在往往是 20%～30%,有的楼盘利润率甚至达到了 50% 以上。房价的确定没有严格的成本核算,部分楼盘同一期商品房每平方米价格竟然相差 300 元、500 元,甚至 1 000 元左右。相形之下,一大批急需购房的市民实

在是"囊中羞涩",无力承受。

案例评析 现阶段城市房价收入比为什么严重失衡？直接的原因是开发商追求暴利,而深层次的原因是房地产市场混乱、无序,是"市场失灵"。

资料来源:新浪新闻网,http://gz. house. sina. com. cn

案例讨论

1. 房价上涨过快的主要原因有哪些？其中属于市场失灵的有哪些？

2. 谈谈你对房价上涨的看法。你认为应该采取哪些措施来抑制房价过快上涨？

案例9 老虎为什么斗不过牛

【案例适用】 产权制度

案例内容 历史上,许多动物都遭到了灭绝的威胁。即使现在,像老虎、大象等动物也面临着这样的境况,偷猎者为了经济利益而进行疯狂捕杀。但并不是所有有价值的动物都面临这种威胁。例如,黄牛作为人们的一种有价值的食物来源,却没有人担心它会由于人们对牛肉的大量需求而绝种。

在自然环境中,老虎要比牛"牛"得多,10头牛也不是一只老虎的对手。但是凶猛的老虎斗不过老实的黄牛是我们必须承认的现实。老虎的皮、肉和骨头等都有很高的经济价值,而黄牛作为牛肉的重要来源,也有很高的商业价值。目前,老虎已经濒临灭绝,牛的种群却不断扩大。

案例评析 为什么老虎的商业价值威胁到老虎的生存,而牛肉的商业价值却成了黄牛的护身符呢？这就涉及产权的界定问题。因为野生老虎没有确定的产权,而黄牛属于私人所有。老虎是共有资源,而黄牛是私人物品。任何人都可以捕杀老虎获取经济利益,而且捕杀的越多,获取的经济利益越大。而黄牛生活在私人所有的牧场上,每个农场主都会尽最大努力来维护自己牧场上的牛群,因为他们能从这种努力中得到收益。

在市场机制中,牛、羊、猪等被驯养得非常温驯的家畜,得到了很好的生长和繁衍;而那些无主的野生动物(不仅是老虎,还有大象、狮子、狗熊、熊猫等各类野生动物)都一直面临着灭顶之灾。

政府试图用两种方法解决老虎、大象等野生动物的问题。例如,肯尼亚、坦桑尼亚、乌干达等非洲国家把捕杀大象并出售象牙作为一种违法行为,但由于法律实施难度较大,收效甚微,大象种群仍在继续减少。而同在非洲,纳米比亚以及津巴布韦等国家则允许捕杀大象,但只能捕杀自己土地上作为自己财产的大象,结果大象开始增加了。由于私有产权和利润动机在起作用,非洲大象或许会像黄牛一样摆脱灭顶之灾。

资料来源:郭万超,辛向阳.轻松学经济.北京:对外经济贸易大学出版社,2005

案例讨论

1. 现实生活中还有哪些类似的事例？分析其原因。
2. 珍稀动植物是否应该保护？为了保护珍稀动植物，你认为应该采取哪些措施？

案例 10　我国首例异地二氧化硫排污权买卖成交

【案例适用】　产权制度

案例内容　2002 年 12 月 30 日，新华社播发了一条极具经济学价值的新闻稿：从 2003 年 7 月起，江苏省太仓港环保发电有限公司将以每年 170 万元的价格，跨市向位于南京市的下关发电厂购买 1 700 吨的二氧化硫排污权。这是我国首例成交的异地二氧化硫排污权交易。

案例评析　国家环保总局自 1987 年起在全国部分省市开展了排污权交易的试点工作，探索在市场经济条件下，运用经济杠杆的作用，充分调动企业主动削减污染物排放总量的积极性。

所谓排污权交易制度，是指在实施排污许可证管理及排放总量控制的前提下，鼓励企业通过技术进步和污染治理节约污染排放指标，这种指标作为"有价资源"可以"储存"起来以备自身加大发展之需，也可以在企业之间进行商业交换。那些无力或忽视使用减少排污手段、导致手中没有排放指标的企业，可以按照商业价格，向市场或其他企业购买指标。在世界发达国家，排污权交易制度对污染总量的控制起到了重要作用。

建立排污权交易制度，并不意味着企业只要有钱就能无所顾忌地扩大排污。无论"买""卖"双方，其交易都只能在满足国家总量控制的前提之下进行。

二氧化硫排污权是个什么东西呢？顾名思义，是政府下放给某些化工企业排放二氧化硫的权限。为什么会有这个权限呢？按照经济学的观点来说，某些化工企业有很强的外部性，也就是，它的成本除了生产成本之外，还产生一定的社会成本（比如排放有害气体造成了一定程度的环境污染），但在企业的成本核算里，却只包括自己的生产成本，它不会为社会成本买单。在科斯的《社会成本问题》里，他讨论到这种负面的外部性问题。按照他的说法，只要交易成本足够小，产权的初始界定无关紧要，也就是说，给予企业污染权或者给予受害者免受污染权都无不影响社会资源的有效配置。但是，在他讨论的案例里，受害者往往只有一个，而在现实中受害者往往就不是一家两家，这种情况下，交易费用非常大，需要政府站出来，对企业的生产进行一定程度的管制，即给它一定的污染权限，来保护环境免受污染。企业只能在给定的污染权限里进行生产活动，如果超过给定的污染权限，政府将干预它的生产活动。

但是这种政府管制会出现新的问题。污染权的限制将使企业的发展受到严格的制约。比如，在本案例中的江苏省太仓港环保发电有限公司决定扩建发电供热机组，并对扩建发电供热机组进行脱硫治理，尽管脱硫效率达到 90%，但由于公司的二氧化硫总量控制指标已没有余量,公司每年仍要增加 2 000 吨的二氧化硫排放量。这个时候怎么办?

南京下关发电厂引进了先进的治理技术,使脱硫效率达到 75% 左右。这样,电厂每年排放的二氧化硫实际量就比环保部门核定的排放总量指标减少了 3 000 吨。也就是说,该企业尚有 3 000 吨的排放权限闲置,没有得到充分的利用,对该企业来说,这无疑是一种浪费。

两个企业面临着截然相反的状况:一个因扩建将造成排污总量突破上限,一个因脱硫成功而实现了排污总量指标剩余。如果在同一地区,也许大家坐下来协商一下或者上级主管部门协调一下,就完了。而要命的是,两个企业在不同的地区。怎么办? 新闻里讲,江苏省环保厅热情牵线,撮合两家企业坐下来商谈"买卖"。经几轮协商,这笔二氧化硫排污权交易终于签字成交。按照协议规定,从 2003 年 7 月至 2005 年,太仓港环保发电有限公司每年将从下关发电厂买回 1 700 吨的二氧化硫排污权,并以每公斤 1 元的价格,每年向下关发电厂支付 170 万元的交易费用。2006 年以后,双方要根据当时的二氧化硫排污权交易市场行情,再定买卖价格。

这里的关键是更上一级的有关单位——江苏省环保厅的牵线搭桥。可以看出,目前在我国还基本没有形成一个污染权限的交易市场,那些外部性很强的污染型企业还不能通过有效的途径来获取有效的信息。否则的话,也不用劳江苏省环保厅的大驾了。事实上也的确如此,江苏省是我国推行二氧化硫排污权交易较早的省份之一,从 2002 年 10 月 1 日起才开始实施。而在国际上,这样的市场已经大行其道了,甚至扩展到国与国之间污染权的交易。

也许有人会质疑,一个企业的排污权不够用,一个企业的排污权却绰绰有余,那么政府给定企业的污染权是否值得怀疑? 这里要强调的是,化工企业的污染权应该有一个划分标准,或者根据地区的分布,或者根据行业的布局,这些技术层面也许不是经济学家能顾及到的地方。但是,如果已经形成了一个完善的污染权交易市场的话,恰恰可以印证科斯定理的玄妙之处:无论污染权的最初界定是否无关紧要,企业之间自会在这个市场上进行污染权的交易,最终达到社会资源的最优配置。

资料来源:中国环境报和国家环境保护总局相关资料

案例讨论

1. 举例说明现实生活中与排污权交易类似的政策。
2. 你认为应该如何确定公共商品的产权?

案例 11 违法成本与守法成本

【案例适用】 政策失灵与市场失灵

案例内容 松花江污染事件曾于 2005 年底在国内外引起轩然大波。2005 年 11 月 13 日,吉化双苯厂发生爆炸,导致松花江发生重大水污染。据不完全统计,这场公害事故大约造成了数亿元直接经济损失,影响到沿江1 000多公里流域内1 000多万居民的日常生活,并导致外交磋商以及联合国出面敦促治理。然而,一年多之后,国家环保总局向中国石油天然气股份有限公司吉林石化分公司下发《松花江水污染事故行政处罚决定书》,决定对该公司只处以100万元的罚款。根据现行法规,环保部门可对造成重大水污染事故的单位处以最高100万元的罚款。此番对吉化的罚款,已是法律规定的最高数额。然而相对于污染所造成的破坏,这100万元实在微不足道。

2004年3月2日和5月3日,长江上游的主要支流沱江被坐落在江边的川化集团有限公司严重污染,造成内江、资阳等沿江地区近百万群众饮水中断达26天,大量工业企业和服务业企业停业、停产,损失严重,直接经济损失约3亿元。据专家测算,沱江生态环境遭受严重破坏,需要5年时间才能恢复到事故前水平。但对造成污染的企业罚款也只有100万元。

河南省三门峡化纤厂是向黄河排污的大户之一。2001年以来,曾有三次"偷排"被环保、黄河河务部门发现,按有关规定的最高限额,最多的一次只罚了10万元。黄河内蒙古段一家造纸厂负责人曾向媒体透露,按制浆能力4万吨的造纸厂计算,日处理污水成本近2万元,每周投入的治污成本大致相当于购买一辆桑塔纳轿车。

全国人大环资委历次调查证实,许多企业宁愿缴纳排污费,取得合法的排污权,也不愿意投资建设处理设施,甚至有的企业建有处理设施也不运行。

"守法成本高,违法成本低",是我国环境保护工作中的普遍现象。

案例评析 市场经济体制下,由于垄断、信息不全、经济外部性和公共商品存在等原因,会出现市场失灵。在环境保护领域,由于生态环境资源的产权不明晰、生态环境资源的公共商品属性、环境污染及生态破坏的负外部性、生态建设及环境保护的正外部性、生态环境信息的稀缺性和不对称性、生态环境资源无市场和自然垄断等原因,必然出现生态环境资源配置的市场失灵。换句话说,在环境保护领域,市场失灵尤其突出。

实践证明,政府调控是纠正市场失灵的有效手段。因此,应该加强政府对环境保护的干预力度,即环保靠政府。

但是,当政府干预力度过大、过小以及干预方式不当,就不能纠正市场失灵,甚至会加剧市场失灵。"守法成本高,违法成本低"就是这一现象的表现。目前,"守法成本高,违法成本低"已经引起了各级政府和理论界的高度重视,国家正在采取完善法律和环境经济政策、加大执法力度、信息公开、加强管理、推进技术进步、加强宣传教育等措施,扭转"守法成本高,违法成本低"的现象,促使市场主体主动保护环境。

资料来源:根据中国环境报、国家环境保护总局的相关报道、资料、公告整理

案例讨论

1. "守法成本高,违法成本低"在其他领域存在吗? 请举例说明。

2. 你认为纠正环境保护领域"守法成本高,违法成本低"现象的有效措施有哪些?

案例 12　科斯与科斯定理

【案例适用】 市场失灵

案例内容　1991 年罗纳德·哈里·科斯荣获了诺贝尔经济学奖。他于 1910 年生于伦敦,1931 年取得伦敦经济学院商学学士学位。

1937 年通过对美国许多企业的调查,科斯提出了一个新概念——交易费用。在其 1937 年发表的论文《企业的性质》中,科斯创造性地提出了交易费用理论和企业理论。

科斯认为,交易成本是运用价格机制的成本。它至少包括:获取准确的市场信息的成本;谈判与监督履约的成本。企业作为参与市场交易的组织单位,其经济作用在于将若干要素所有者组合为一个整体参加市场交易。通过减少市场交易者数目,减少交易摩擦,从而降低交易成本。因此,企业产生的原因在于企业内在化了市场交易的过程而节约了市场交易成本。

科斯以前的经济学家习惯于将市场看做是运行良好的,整个经济活动在"看不见的手"的自发作用下得以协调和组织;生产者和消费者根据价格信号来使用各种稀缺资源;市场交易是及时进行的,而且不需要成本;当各种资源的替代率或者交换率等于各自市场价格的比率时,资源的配置就达到了帕累托最优状态。

科斯指出,这是个很不现实的假设,市场运行并非无本生意,市场经营会有所花费。他在第一次提出交易费用概念的那篇文章中写道:利用价格机制是有成本的。通过价格机制"组织"生产的最明显的成本就是所有发现相对价格的工作。随着出卖这类信息的专业人员的出现,这类成本就有可能减少,但不可能消除,市场上发生的每一笔交易的谈判和签约的费用也必须考虑在内。再者,在某些市场中,可以设计出一种技术,使契约的成本最小化,但不可能消除这种成本。在这里,"运用价格机制的成本"就是科斯所说的交易费用。

科斯认为交易费用是个极其重要的概念,它的效应遍布于经济活动之中,商人在决定他们做生意的方式和生产什么的时候必须计算交易费用。如果做一笔交易的费用大于交易所带来的利益,那么这笔交易就不会发生或实现。

尽管科斯突破性地提出了交易费用概念,但他本人并没有给这个概念下一个明确的定义。

科斯最为著名的是科斯定理。科斯定理有多种版本,最权威的版本如下:法定权利的最初分配从效率角度看是无关紧要的,只要交换的交易成本为零。

案例评析　科斯曾经分析了火车溅火星损害路边居民的案例。在这个案例中,铁路公司拥有合法权利经营火车业务,但是在火车运行时,溅出的火星将会对路边居民造成损害。科斯指出,如果火车有权溅出火星,则路边居民可能会购买这一权利。其表现方式为付给铁路公司一定数量的钱,要求其减少火星。如果铁路公司拒绝减少火星,它就收不到这笔钱;反之,如果路边居民有权要求火车不溅出火星,铁路公司可能会付给居民一定数量的钱,购买溅火星的权利,以保证铁路业务可以继续进行。因此,科斯进一步指出,不管在初始状态下产权如何分配,只要双方产权已明确界定,并可以自由交换,在交易成本为零时,其最终结果都是有效率的。

我国著名经济学家高鸿业分析的一个例子如下:

假设有一工厂,它的烟囱冒出的烟尘使得5户居住于工厂附近的居民所洗晒的衣服受到损失,每户的损失为75元,从而5户损失的总额为375元。要想矫正这一受污染之害的状态,又假设只存在两种治理的办法:第一种是在工厂的烟囱上安装一个除尘器,其费用为150元;第二种是给每户提供一台烘干机,使其不需要去晒衣服,烘干机的费用假设为每户50元,该办法的成本总和是250元。显然,在这两种解决办法中,第一种是比较节约的,它的成本较低,代表最有效率的解决方案。这种最有效率的解决方案,在西方经济学中被称为帕累托最优状态。

按照科斯定理的含义,上述例子中,不论给予工厂以烟囱冒烟的权利,还是给予5户居民晒衣服不受烟囱污染的权利(即上述的财产所有权的分配),只要工厂与5户居民协商时其协商费用为零(即上述的交易费用为零),那么,私有制的市场机制(即私人之间自由进行交易)总是可以得到最有效率的结果(即采用安装除尘器的办法)。

为什么如此?按照科斯等西方学者的解释,如果把排放烟尘的财产所有权给予工厂,即工厂有权排放烟尘,那么,5户居民便会联合起来,共同给工厂义务安装一台除尘器,因为除尘器的费用低于5台烘干机,更低于晒衣服所受到的烟尘之害(375元)。如果把晒衣服不受烟尘污染的产权给予5户居民,那么,工厂便会自动地给自己安装除尘器,因为,在居民具有不受污染之害的产权的条件下,工厂有责任解决污染问题,而在这两种解决办法中,安装除尘器的费用较低。

因此,科斯定理宣称,在交易费用为零的条件下,只要产权明晰化,不论产权归谁,私有制的市场机制总会找到最有效率的办法,从而达到帕累托最优状态。

当然,科斯定理的结论只有在交易费用为零时才能得到。如果不是如此,结果便会不同。例如,假设在工厂具有排放烟尘产权的条件下,如果5户居民联合在一起共同行动的费用很大,如为125元,那么,为了共同行动给工厂安装除尘器,总支出是275元(125+150=275)。在这样的情况下,5户居民便会各自去购买一台烘干机,因为,这样做只花费250元。显然,这不是一个最有效率的结果。

案例讨论

用科斯定理分析你身边的案例。

第9章 国民收入核算与决定

■ 本章知识结构图

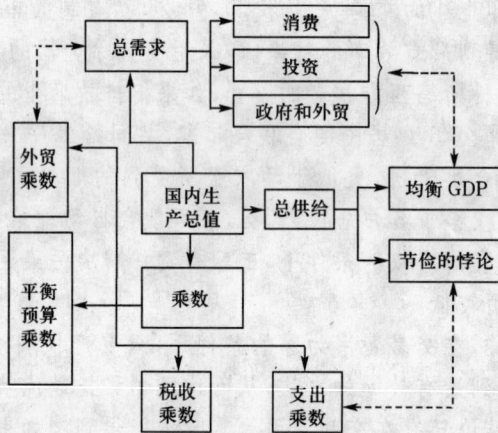

本章基本原理概要

一、宏观经济学

宏观经济学以社会总体的经济行为及其后果为研究对象,研究的是整个社会的经济活动,采用总量分析法,国民收入是进行宏观分析的关键。现代西方宏观经济学是在凯恩斯的《就业、利息和货币通论》于 1936 年出版后才正式成为一门独立的理论经济学分支学科。

二、GDP 与 GNP

核算国民经济活动的核心指标是国内生产总值(GDP),它是经济社会(一国或一地区)在一定时期内运用生产要素所生产的全部最终产品(物品和劳务)的市场价值。国民生产总值(GNP)为一国或地区的国民所拥有的全部生产要素生产的全部最终产品(物品和劳务)的市场价值。前者是一个地域概念,后者是一个国民概念。两者的关系是:

GNP=GDP+(本国生产要素在其他国家获得的收入—外国居民从本国获得的收入)

西方大多数国家都采用 GDP 作为国民收入核算基础,其中美国在 1991 年后也采用 GDP 作为核算基础。

三、核算国民收入的两种方法

对国民收入(以 GDP 为例)的核算可采用生产法、支出法和收入法,最常用的是后两种方法。

1. 支出法是根据一定时期内整个社会购买最终产品的总支出来计算 GDP。产品的最终使用去向有消费、投资、政府购买及净出口四个方面,因此,按支出法计算的 GDP,就是计算一定时期内消费、投资、政府购买以及净出口这几个方面的总和。计算公式为

$$国内生产总值＝消费(C)＋投资(I)＋政府购买支出(G)＋净出口(X-M)$$

2. 收入法即用要素收入亦即企业生产成本核算国内生产总值。但严格来说,最终产品的市场价值除了生产要素收入构成的成本,还有间接税、折旧、公司未分配利润等内容。计算公式为

$$国内生产总值＝工资＋利息＋利润＋租金＋间接税和企业转移支付＋折旧$$

四、与国民收入相关的几个概念

在西方国民收入核算体系中,实际上包括国内生产总值、国内生产净值、国民生产总值、国民生产净值、国民收入、个人收入和个人可支配收入等,这些概念通过一定的关系相互关联。

1. 国民生产总值(GNP):是指一个国家的国民在一定时期内所生产的最终产品和劳务的市场价格总额。

2. 国民生产净值(NNP):是指国民生产总值扣除折旧后的余额,即国民生产净值＝国民生产总值－折旧,即 NNP＝GNP－折旧。

3. 国内生产净值(NDP):是指国内生产总值扣除折旧后的余额,即国内生产净值＝国内生产总值－折旧,即 NDP＝GDP－折旧。

4. 国民收入(NI):是指按生产要素报酬计算的国民收入。从国内生产净值中扣除间接税和企业转移支付加政府补助金,就得到一国生产要素在一定时期内提供生产性服务所得报酬,即工资、利息、租金和利润的总和意义上的国民收入。

5. 个人收入(PI):从国民收入中减公司未分配利润、公司所得税及社会保险税(费),加上政府给个人的转移支付,大体上就得到了个人收入。

6. 个人可支配收入(DPI):个人收入不能全归个人支配,因为要缴纳个人所得税,税后的个人收入才是个人可支配收入,即人们可用来消费或储蓄的收入。

五、国民收入核算体系中存在的储蓄和投资的恒等式

1. 两部门经济国民收入核算:消费者(家庭)和企业(厂商)

在只有家庭和企业的两部门经济中,由于国内生产总值从支出角度看是 $Y＝C＋I$,从收入角度看是 $Y＝C＋S$,因此 $C＋I＝Y＝C＋S$,于是 $I＝S$。这一恒等式是由投资和储蓄的定义得出的,它的意义是,未用于购买消费品的收入(储蓄),等于未归于消费者手中的

产品(投资)。

2. 三部门经济国民收入核算:消费者(家庭)、企业(厂商)和政府购买

在三部门经济中,从支出角度看,$Y=C+I+G$,从收入角度看,$Y=C+S+T$,因此有 $C+I+G=Y=C+S+T$,亦即 $I+G=S+T$。

3. 四部门经济国民收入核算:消费者(家庭)、企业(厂商)、政府购买和进出口支出

在四部门经济中,从支出角度看,$Y=C+I+G+X$,从收入角度看,$Y=C+S+T+M$,因此有 $C+I+G+X=Y=C+S+T+M$,亦即 $I+G+X=S+T+M$。

六、国内生产总值有名义的和实际的之分

名义 GDP(或货币 GDP)是用生产物品和劳务的当年价格计算的全部最终产品的市场价值;实际 GDP 是用从前某一年作为基期的价格计算出来的全部最终产品的市场价值。

七、均衡产出与非计划存货投资

与总需求相等的产出称为均衡产出,或者说均衡的国民收入。均衡产出用公式表示为:$Y=C+I$。C、I 代表的是意愿消费和投资数量,而不是国民收入构成公式中实际发生的消费和投资。在均衡产出水平上,计划或意愿的投资一定等于计划或意愿的储蓄。

八、凯恩斯的消费理论

1. 边际消费倾向(MPC)

边际消费倾向是指增加的消费与增加的收入之比率。从数学上说,可以认为 MPC 是消费函数的导函数。计算公式为

$$MPC=\frac{\Delta C}{\Delta Y}=\frac{dC}{dY}$$

2. 平均消费倾向

平均消费倾向是指在任意收入水平上消费支出在收入中的比率。计算公式为

$$APC=\frac{C}{Y}$$

3. 线性消费函数的经济含义

$C=\alpha+\beta Y$ 表示消费等于自发消费与引致消费之和。其中 α 是自发消费,是必须要有的基本生活费用;β 是收入中用于消费的比例(显然大于 0 小于 1)。在此情况下,平均消费 APC 随 Y 的增加逐渐趋于边际消费 MPC。

4. 储蓄与收入的关系

$$S=S(Y)$$

5. 从储蓄函数可以推导出 MPS 和 APS

$$MPS=\frac{dS}{dY}, \quad APS=\frac{S}{Y}$$

6. 消费函数和储蓄函数的关系

A. 消费函数与储蓄函数之和等于收入;

B. 若 APC 和 MPC 都随 Y 的增加而递减,但 $APC>MPC$,则 APS 和 MPS 都随 Y 的增加而递增,但 $APS<MPS$;

C. $MPC+MPS=1,APC+APS=1$。

九、国民收入决定的变动及乘数

1. 两部门经济

假定:①只存在家庭和企业两个部门;②投资是一个给定的量,不随 Y 的改变而改变。

国民收入推导方法:由收入恒等式 $Y=C+I$ 及消费函数(假定 Y 与 C 之间存在线性关系) $C=\alpha+\beta Y$,联立得

$$Y=\frac{\alpha+I}{1-\beta}$$

投资乘数 $k=\dfrac{1}{1-\beta}$。

2. 三部门经济

三部门经济加入了政府部门(包括政府支出和税收),因此三部门经济宏观均衡的条件为

$$Y=C+I+G=\alpha+\beta(Y-T)+I+G$$

$$Y=\frac{\alpha+I+G-\beta T}{1-\beta}$$

政府购买支出乘数为

$$k_G=\frac{\Delta Y}{\Delta G}=\frac{1}{1-\beta}$$

税收乘数为

$$k_T=\frac{\Delta Y}{\Delta T}=\frac{-\beta}{1-\beta}$$

政府转移支付乘数为

$$k_{TR}=\frac{\Delta Y}{\Delta TR}=\frac{\beta}{1-\beta}$$

平衡预算乘数为

$$k_b=1$$

3. 四部门经济

在三部门经济中的基础上加上净出口一项,若用 $M=M_0+RY$ 表示进口函数,则均衡收入决定公式为

$$Y=\frac{1}{1-\beta+R}(\alpha+I+G+\beta T_R-\beta T+\overline{X}-M_0)$$

对外贸易乘数为

$$k_M=\frac{\Delta Y}{\Delta M}=\frac{1}{1-\beta+R}$$

案例 1　GDP 是 20 世纪最伟大的发现之一

【案例适用】 GDP 的含义及意义

案例内容　美国著名的经济学家保罗·萨缪尔森说:"GDP 是 20 世纪最伟大的发现之一。仿佛卫星能探知整个大陆的天气情况一般,GDP 也可以显示一国的经济全貌。"没有 GDP 这个发现,我们就无法进行国与国之间经济实力的比较;贫穷与富裕的比较;我们就无法知道我国的 GDP 总量排在全世界的第六位;没有 GDP 我们也无法知道我国人均 GDP 在 2003 年已超过 1 000 美元;没有 GDP 这个总量指标我们也无法了解我国的经济增长速度是快还是慢,是需要刺激还是需要控制。因此 GDP 就像一把尺子、一面镜子,是衡量一国经济发展和生活富裕程度的重要指标。判断宏观经济运行状况主要有三个重要的经济指标,即经济增长率、通货膨胀率和失业率,这三个指标都与 GDP 有密切关系,其中经济增长率就是 GDP 增长率,通货膨胀率就是 GDP 紧缩指数,失业率中的奥肯定律表明当 GDP 增长率大于 2.25 个百分点时,每增加一个百分点的国内生产总值,失业率就降低 0.5 个百分点。

案例评析　GDP 如此重要,所以我们必须首先搞清楚到底什么是 GDP。美国经济学家曼昆在其风靡世界的《经济学原理》中指出,国内生产总值(GDP)是在某一既定时期一个国家内生产的所有最终物品和劳务的市场价值。曼昆认为,准确理解 GDP 的要点是:①GDP 是按照现行的市场价格计算的;②GDP 包括在市场上合法出售的一切物品和劳务,例如你购买了音乐会的票,票价就是 GDP 的一部分;③GDP 只算最终产品,不包括中间环节;④GDP 是一个国家之内的,例如外国人暂时在中国工作,外国人在中国开办企业,他们生产的价值是中国 GDP 的一部分。

如果你要判断一个人在经济上是否成功,你首先要看他的收入。高收入的人享有较高的生活水平。同样的逻辑也适用于一国的整体经济。当判断经济富裕还是贫穷时,要看人们口袋里有多少钱,这正是国内生产总值(GDP)的作用。

GDP 同时衡量两件事:经济中所有人的总收入和用于经济中物品与劳务产量的总支出。GDP 既衡量总收入又衡量总支出的秘诀在于这两件事实际上是相同的。对于一个整体经济而言,收入必定等于支出。这是为什么呢? 一个整体经济的收入和支出相等的原因就是一次交易都有两方:买者和卖者。如你雇一个小时工为你打扫卫生,每小时 10 元,在这种情况下小时工是劳务的卖者,而你是劳务的买者。小时工赚了 10 元,而你支出了 10 元。因此这种交易对整体经济的收入和支出作出了相同的贡献。无论是用总收入来衡量还是用总支出来衡量,GDP 都增加了 10 元。由此可见,在经济中,每生产一元钱,就会产生一元钱的收入。

GDP 与人民生活息息相关。确定 GDP 有用性的一个方法是把 GDP 作为经济福利的衡量指标来考察国际数据。富国与穷国人均 GDP 水平差异巨大。如果高的 GDP 导致了高的生活水平,那么,我们就应该看出 GDP 与生活质量的衡量是密切相关的。在美国、日本和德国这样一些富国,人们预期可以活到 70 多岁,而且,几乎所有的人都识字。而在一些穷国,人们一般只能活到50多岁,而且,只有一半人识字。人均GDP低的国家往往婴儿出生时体重轻,婴儿死亡率高,母亲生孩子时死亡率高,儿童营养不良的比率高,而且,不能普遍得到安全的饮用水。在人均GDP低的国家,学龄儿童实际在校上学的人少,而且上学的儿童也只有很少的教师来教。这些国家往往拥有的收音机少,电视少,电话少,铺设的道路少,而且,有电器的家庭也少,更谈不上汽车等奢侈品。国际数据无疑表明,一国的GDP与其公民的生活水平密切相关。

中国自1985年起建立了GDP核算制度,1993年正式成为国家统计的核心指标。

GDP在衡量国民财富上有巨大的功绩,但也存在着较大的缺陷,如它不反映分配是否公平,非市场活动得不到反映,有些严重影响社会发展和人们生活质量的内容也无法得到反映。因此世界上一些国家开始尝试用幸福指数、绿色GDP等指标反映国家财富和人民生活的状况。

资料来源:根据相关资料自编

案例讨论

1.为什么说GDP是20世纪最伟大的发现之一?

2.GDP是否全面地反映了一国的财富和人民生活水平?

案例2　GDP不是万能的,但没有GDP是万万不能的

【案例适用】 GDP的核算

案例内容　从GDP的含义到它的计算方法不难看出,GDP只是用来衡量那些易于度量的经济活动的营业额,不能全面反映经济增长的质量。美国的罗伯特·肯尼迪(美国总统约翰·肯尼迪之弟)曾说:"GDP衡量一切,但并不包括使我们的生活有意义的东西。"这句话就是他在竞选总统的演说中对GDP这个经济指标的批评。他不是经济学家,但他的这句话颇受经济学家的重视。

越来越多的人包括非常著名的学者,对GDP衡量经济增长的重要性产生了怀疑。斯蒂格利茨曾经指出,如果一对夫妇留在家中打扫卫生和做饭,这将不会被列入GDP的统计之内。假如这对夫妇外出工作,另外雇人做清洁和烹调工作,那么这对夫妇和佣人的经济活动都会被计入GDP。说得更明白一些,如果一名男士雇佣一名保姆,保姆的工资也将计入GDP。如果这位男士与保姆结婚,不给保姆发工资了,GDP就会减少。

天灾人祸和灾后重建可以让GDP增长,"拉链工程"也可以让GDP增长。城市不断建路修桥盖大厦,由于质量原因,没多久就要拆除翻修,"马路拉链"每次豁开,挖坑填坑,GDP都增加了一次。

一位德国学者和两位美国学者在合著的《四倍跃进》一书中,对GDP这样描述:"乡间小路上,两辆汽车静静驶过,一切平安无事,其对GDP的贡献几乎为零。但是,其中一个

司机由于疏忽,突然将车开向路的另一侧,连同到达的第三辆汽车,造成了一起恶性交通事故。'好极了',GDP说。因为随之而来的是救护车、医生、护士,意外事故服务中心、汽车修理或买新车、法律诉讼、亲属探视伤者、损失赔偿、保险代理、新闻报道、整理行道树等,所有这些都被看做是正式的职业行为,都是有偿服务。即使任何参与方都没有因此而提高生活水平,甚至有些还蒙受了巨大损失,但我们的'财富'——所谓的GDP依然在增加。"他们最后指出:"平心而论,GDP并没有定义成度量财富或福利的指标,而只是用来衡量那些易于度量的经济活动的营业额。"

类似的情形真是太多了。例如,卖假药的人让GDP增长,吃坏身体的人去看病也让GDP增长。看看中央电视台"每周质量报告"的这些题目吧,《"黑"佐料调"白"腐竹》、《竹笋保鲜的"秘方"》、《病死母猪肉做鲜肉松》、《淘汰母猪变"鲜"肉》、《腐肉"巧"炼猪油》、《防寒服"败絮"其中》、《"果肉果冻"裹的是什么》、《"无公害蔬菜"令人心惊》、《土办法生产的"卫生筷"》、《黑心厂生产"黑心肠"》、《"美味"腊肉如此出炉》、《硫黄熏制"注水"中药材》、《鸡精里的"商业秘密"》……它们都可以让GDP增长。

需要进一步指出的是,国内生产总值中所包括的外资企业虽然在我国境内从统计学的意义上给我国创造了GDP,但利润却是汇回了他们自己的国家。一句话,他们把GDP留给了我们,把利润汇回了自己的国家,这就如同在天津打工的安徽民工把GDP留给了天津,把挣的钱汇回了安徽一样。看来GDP只是一个"营业额",不能反映环境污染的程度,不能反映资源的浪费程度,看不出支撑GDP的"物质"内容。在当今中国,资源浪费的亮点工程,半截子工程,都可以算在GDP中,都可以增加GDP。

案例评析 我们不难看出,目前在评价经济状况、经济增长趋势及社会财富的表现时,使用最为广泛的国民经济核算所提供的GDP指标,不能完全反映自然与环境之间的平衡,不能完全反映经济增长的质量。这些缺陷使传统的国民经济核算体系不仅无法衡量环境污染和生态破坏导致的经济损失,相反还助长了一些部门和地区为追求高的GDP增长而破坏环境、耗竭式地使用自然资源的行为。可以肯定的是,目前GDP数字里有相当一部分是靠牺牲后代的资源来获得的。有些GDP的增量用科学的发展观去衡量和评价,不但不是业绩,反而是一种破坏。我们要加快发展、加速发展,但不能盲目发展。

尽管GDP存在着种种缺陷,但这个世界上本来就不存在一种包罗万象、反映一切的经济指标,在我们现在使用的所有描述和衡量一国经济发展状况的指标体系中,GDP无疑是最重要的一个指标。正因为有这些作用,所以GDP不是万能的,但没有GDP是万万不能的。

案例来源:根据 www.zyrtvu.com 等相关网站编写

案例讨论

为什么说"GDP不是万能的,但没有GDP是万万不能的"?

案例 3　从一个面包看美国和中国 GDP 的差距

【案例适用】 国民收入

案例内容　我国是农业大国,农产品的商品化程度很低,也就是价值链短。农民吃的东西很少是到市场上买来的,他们吃的粮食、蔬菜、蛋类等都是自己生产的。再看美国的农民(美国农业人口占全国总人口的 2.8%),如果他是个农场主,生产出的麦子,自己不磨面、不烤面包,而是从市场上把面包、黄油、蛋类、蔬菜等买回来吃,这样一来,他们的价值链就做长了,GDP 的总量就做大了。具体是怎样大的呢? 美国农民是先把小麦送进面粉厂,面粉加工出来又进面包厂,生产出来的面包又进超市,超市再把它卖出去。光是吃这个链条就有如此长,在这个链条上每一个环节价值都在增值。而我国农民只做了一道工序,那就是把粮食种出来放进嘴了。

案例评析　我们知道,把全社会各种产品的价值加起来就是社会生产总值。相应的,如果把全社会各种产品的增加值都加起来,就是国民生产总值。从本案例来看,美国农民第一步生产出小麦,第二步将小麦送到面粉厂,第三步将面粉转到面包厂,第四步由面包厂将面包卖到超市,最后一步由超市卖给农民。在每一个环节都使市场价值在增值,因此GDP 在增加。而我国农民的流程是生产出小麦后直接自己加工做成食物。从简单的面包的生产过程我们可以看到,在增加国民生产总值的过程中,我国与美国的差距在于我国的产品和服务的价值链较短,从而使产品的增加值较小。

案例来源:http://www.zyrtvu.com/file_post/display/read.php? FileID＝2278

案例讨论

如何实现产品或服务的价值链的延长?

案例 4　经济指标与裙子的长短

【案例适用】 国民经济的核算指标

案例内容　谈到经济形势如何,人们都知道利用 GDP、人均 GDP、通货膨胀率、失业率这些数字,但这些数字就能准确地反映经济状况吗?

谁都知道 GDP 等数字在统计上都有缺陷。一个常为经济学家引用的例子是,B 女士作为管家为 A 男士提供家务劳动,每月获得 1 000 美元,这当然统计在 GDP 中。如果 B 女士和 A 男士结婚,B 女士仍提供与原来一样的家务劳动,但 1 000 美元工资没有了,每月的 GDP 就减少了 1 000 美元。这种减少在统计方法上说一点没错,但这种变动并没有反映出经济活动不变的真相。这也许是一个笑话,但类似这样的问题在 GDP 统计中还真不少。

冷冰冰的统计数字即使反映了真实变动也是非人性的。人们从事经济活动的目标是实现福利最大化,但数字不等于福利。前苏联的 GDP 并不低,但生产的那些洲际导弹、军备对人民福利又有什么用呢？号称超级大国的前苏联，人民缺衣少食，那么大的 GDP 又有什么用呢？再如有些地区，先靠污染发展了经济，GDP 上去了，官员的职务也上去了；然后又治理污染，GDP 又上去了，官员的职务也又上去了。经济一正一负回到了原来的状况，这增加了 GDP，但增加了福利吗？

如果从个人的角度来看，GDP 等数字更不着边际。经济学家总爱说人均 GDP 如何，但人均绝不是人人平均得到的。假设一个社会有 10 个人，每人平均收入原来为 1 万元，称为人均收入 1 万元。现在 10 人中有 1 人收入增加了 10 万元，其他 9 人没有变。说起来人均收入增加到 2 万元，翻了一番，但这与那 9 人有什么关系？

对于统计数字中的种种问题，经济学家并不否认。但是，如果不用 GDP 之类的统计数字又用什么呢？所以，统计数字是一种没有更好替代方式的无可奈何的选择，是一种不完善的经济状况衡量指标。GDP 之类的数字用还是要用的，无非是不要过分迷信，加一点更为具体的分析就是了。

经济学家在努力改进统计数字指标，但仅仅是在数字上做文章，近期内很难有根本性突破。例如，早在 20 多年前美国经济学家萨缪尔森与诺德豪斯就提出了用净经济福利（NEW）来代替 GDP。就是在 GDP 中减去对福利没有贡献的项目（如不必要的军备竞争支出、环境污染），加上对福利有贡献而没有包括在 GDP 中的项目（如闲暇与环境），以便衡量经济福利。可惜这种设想由于难以数字化，至今仍然只是一个设想。于是人们就寻找另一些能反映社会经济与福利的非数字指标。

英国的《经济学家》曾经提出过观测英国经济复苏的 6 项"民间指标"：一、新车销售量大大增加；二、司机需求量大大增加；三、出现置业人潮（房地产热）；四、赴海外度假者大增；五、纯种狗和纯种狗主人数量同时增加；六、女性做隆胸手术者与女性胸围尺码剧增。这些指标都反映了消费的状况，而且颇为人性化。试想，如果经济没有复苏，有多少人有心去买车、雇司机、买房、买纯种狗或隆胸？经济变好了，人们有能力了，也有这份闲心了，才有心去做这些可以说是"奢侈"的事。这些指标远远不像 GDP 那样准确，但反映的经济状况不是比那些干巴巴的统计数字更具体、更鲜活吗？

美联储主席格林斯潘更有意思。他在评论美国经济发展与 20 世纪 90 年代经济增长时不是说 GDP 增加了多少，而是说 GDP 变轻了。这就是说过去的 GDP 主要是煤、钢铁、石油这些重量大的东西，而现在是服务业、电脑、互联网这些重量轻，甚至没有重量的东西。尽管 100 多年来，美国的 GDP 平均每年增长 3％左右，但由于技术进步和劳务在 GDP 中占四分之三左右，GDP 反而变轻了。这个"轻"字用得确实好。一个"轻"字概括了当代经济增长的基本特点——以技术进步为动力，傻大黑粗的东西少了。你想想现在个人电脑的重量是第一代同样运行速度电脑的多少分之一？随着经济增长，消费者享受到的服务更多了。格林斯潘用重量标准来衡量经济的进步，多有创意！

还有经济学家提出了一个垃圾指标，就是用垃圾量的变动来衡量经济状况。这就是说，当经济繁荣时人们扔的东西多了——过时的家具、衣服等都被扔掉，同时人们购买的大件商品多了，这些商品的包装都成为垃圾。当经济衰退时，人们无力购买新东西，新的不来旧的不去，不买大件东西，没有什么包装箱子，垃圾当然少了。美国经济学家约翰·凯尔曼用这个指标进行了检验。在芝加哥 20 世纪 90 年代的繁荣时期，每年垃圾增加 2％～10％，但在

1999—2000 年衰退时,大件垃圾(旧家具、电器和包装箱)只增加了 1‰,而总垃圾量减少了 6‰。经济好了,什么都成了垃圾;经济不好,没什么垃圾可扔。垃圾指标,多么具体、生动而有说服力啊! 对老百姓来说,这不比什么 GDP 更令人可信吗?

还有一个更具体的指标也许你没听说过——女人裙子的长短。在 20 世纪四五十年代,有人注意到,当股市牛气冲天时,女人的裙子短;而当股市熊气弥漫时,女人的裙子长。这还被称为股市的裙摆理论。有道理吗? 据说当时丝袜价格昂贵,是女性的时尚物品。当股市牛气,经济好时,男人有钱给女人买丝袜,女人以穿丝袜为时尚,就要穿短裙子显示自己的丝袜。反过来,当股市熊气,经济不好时,没钱买丝袜,也没有显示自己秀腿的心情,穿长裙的人就多了。你觉得这个指标是不是更人性化? 这个指标和英国《经济学家》杂志六指标中的女人隆胸和胸围这一条有异曲同工之妙。尽管现在丝袜已不是时尚了,但女性打扮得时尚的确与经济状况密不可分。用时尚变动来衡量经济的确是一种创意。

这些非数字指标体现了人性化的东西。经济状况的好坏反映在人们的生活态度和方式上,也许这些变化比 GDP 等数字更有说服力,也更鲜活。

关于中国这些年经济的迅速增长我们有各种统计数字。但如果用人性化的指标来衡量是否可以有这样几项:第一,道路更拥挤了,车辆急剧增加;第二,餐饮业、旅游业乃至整个服务业发展极为迅速;第三,城市更漂亮了,也更现代化了;第四,女性更年轻、更漂亮,也更时尚了;第五,2008 年在我国举办奥运会——没有强大的经济基础能做到这一点吗?这些指标我们每一个人都可以深切地感受得到,也比 GDP 更令人信服。

案例评析 对于国民经济的核算指标,本案例中有几种提法,比如净福利指标、民间指标、重量指标、垃圾指标和女人裙子长短指标。这些非数字指标相对于 GDP 指标、通货膨胀率指标等更为具体和生动。通过本案例我们可以看到:我们可以从身边的一些现象观察和分析一国经济的增长情况。我们的日常生活经常会折射出经济学原理的内容,而且比枯燥的数据可能会更好地反映现实问题。

资料来源:梁小民"经济指标与裙子的长短",《发现》2003 年第 10 期

案例讨论

1. 本案例中的非数字指标与数字指标相比有哪些优势和劣势?

2. 你认为 GDP、人均 GDP、通货膨胀率、失业率等指标能准确反映经济状况吗?

3. 你是如何看待本案例中所谓的"民间指标"、"垃圾指标"、"股市状况"等这些能反映社会经济与福利的非数字指标的?

4. 对本案例中反映中国经济增长状况的人性化指标,你如何评价?

案例 5 经济增长率的错觉

【案例适用】 国民收入的核算指标

案例内容 所谓的"经济增长率"是什么? 如果我们将经济增长率理解为"财富增长

率"或者"收入增长率",那么,"收入增长率"又往往和"感觉良好增长率"成正比。票子越码越高,谁会不高兴呢? 这就是问题的关键。对于大部分老百姓而言,他们的收入增长率并不与宏观经济增长率保持同步,套用一句股市上的话说,就是"赚了指数赔了钱",不能"跑赢大盘"。如果每个人的收入增长率都能与宏观经济增长率保持同步,那么,自然就不会有这种争议。我们举个例子来说明一下。比如,某个国家共有 10 个"有效劳动人口",每人年平均收入为 2 万元,这个国家的年度 GDP 就是 20 万元。第二年,由于这个国家大量发放绿卡,有效劳动人口激增至 20 人,而每人年平均收入由 2 万元下降到 1.5 万元,这时,虽然人均收入下降了,但这一年度的 GDP 仍然较上一年度增长了 50%。虽然"宏观经济增长率"很惊人,但是,"国民感觉"却非常差,因为收入下降了近 3 成。

这就造成了数字和感觉的矛盾错觉:一方面,经济总量和人均收入(总人口)是增长的;另一方面,个体收入以及劳动者的平均收入(总有效劳动人口)又是增长缓慢的。因为劳动者的收入增长缓慢,所以,他们的感觉便有些偏差了。

案例评析 一国国民收入增长的变化,并不意味着该国国民的生活水平就提高了相应的数量,相反甚至可能产生负增长。本案例中以国民收入增长和人均收入做对比,虽然近年来我国国民收入增长迅速,但是,我国的有效劳动人口数量巨大。当国民收入这块蛋糕分到每人手中的时候,就显得很少了。如果有效劳动人口增长量超过国民收入增长量,那么每个有效劳动人口分得的这块蛋糕相对于原来却是减少的。因此,我国国民收入不断增长的今天,对于我们个人收入而言,并没有 GDP 那样的增速。这就是经济增长率与个人收入的不同步性造成的错觉。

案例来源:自编

案例讨论

一国国民收入增长的变化,是否意味着该国国民生活水平提高的相应程度?

案例6 美国总统赚多少钱?

【案例适用】 物价指数

案例内容 1931 年,当时的美国总统胡佛年薪是 7.5 万美元,1995 年美国总统克林顿的年薪是 20 万美元。他们谁赚的多呢?

案例评析 如果仅仅从货币量来看,美国总统的工资当然是增加了。但是我们在比较收入时,重要的不是货币量是多少,而是这些货币能买到多少东西,即货币的购买力。用货币来衡量的工资是名义工资,用货币的实际购买力衡量的工资是实际工资。我们在比较不同年份美国总统的工资时应该比较实际工资,而不是名义工资。

当名义工资既定时,实际工资是由物价水平决定的,即名义工资量除以物价水平为实际工资。衡量物价水平的是物价指数。要比较不同年份美国总统的工资,首先要知道这一时期物价水平的变动。

根据实际资料,以1992年为基年,这一年的消费物价指数为100,则1931年的消费物价指数为8.7,而1995年的消费物价指数为107.6,这就是说,在这64年间,物价水平上升了12.4倍(107.6÷8.7)。我们可以用物价指数来计算以1992年为基年的胡佛与克林顿的工资。

先来按1995年美元的购买力计算1931年时胡佛总统的工资:

$$1995年胡佛的工资 = 1931年的名义工资 \times \frac{1995年消费物价指数}{1931年消费物价指数}$$

$$= 7.5万美元 \times \frac{107.6}{8.7} = 92.758\ 6\ 万美元$$

再来按1931年美元的购买力计算1995年时克林顿总统的工资:

$$1931年克林顿的工资 = 1995年的名义工资 \times \frac{1931年消费物价指数}{1995年消费物价指数}$$

$$= 20万美元 \times \frac{8.7}{107.6} = 1.617万美元$$

这就是说,胡佛的实际工资是克林顿的4.6倍,克林顿的实际工资仅仅是胡佛的22%。这60余年期间美国总统的实际工资大大下降了,即使现任总统小布什的工资增加到40万美元,但其实际工资也仍然不如胡佛。

案例来源:梁小民.宏观经济学纵横谈.北京:生活·读书·新知三联书店,2002.1

案例讨论

1. 如何比较不同年份的工资?
2. 名义工资和实际工资的区别是什么?

案例7 "泰坦尼克号"上豪华套房的价格是多少?

【案例适用】 消费者物价指数

案例内容 白星海运公司(White Star Line)所拥有的游轮"泰坦尼克号"是由爱尔兰贝尔法斯特的 Harland & Wolff 公司打造的。在1912年,"泰坦尼克号"是当时世界上最大、最豪华的游轮,它的重量超过9 200万磅,长882.5英尺,宽92.5英尺。

"泰坦尼克号"于1912年4月10日(星期三)中午12点,运载2 000多名乘客,从英格兰的南安普敦港出发,开始它的首次航行。它首先去法国的瑟堡,接着到爱尔兰南部的昆士敦,然后横渡大西洋向纽约驶去。

在4月14日(星期天)晚接近午夜的时分,"泰坦尼克号"撞上了冰山。在随后的两个半小时里,"泰坦尼克号"一直在下沉。到了4月15日(星期一)凌晨2:20分,"泰坦尼克号"被冰冷的大西洋完全"吞噬"了。大约有70%的乘客(约1 500人)在这次事故中丧生。

在"泰坦尼克号"的乘客当中,包括一些有钱有势的人,他们为曾经乘坐世界上最豪华的游轮出海旅行而感到兴奋("泰坦尼克号"是世界上第一艘设有游泳池和健身房的游轮）。乘客当中也包括渴望从欧洲移居到美国的人,他们希望能在美国建立起自己的新居。

"泰坦尼克号"的船票共分头等舱、二等舱和三等舱三种。住头等舱的乘客可享受特别的豪华套房,这种套房的价格为 4 350 美元,而属于低档的三等舱的船票仅售 36.25 美元。

现在,假设你生活在 1912 年,那时的 4 350 美元和 36.25 美元所表达的意义肯定与今天的 4 350 美元和 36.25 美元所表达的意义不一样,这是因为 1912 年的物价要比今天的物价低。1912 年的 1 美元所买到的东西要比今天的 1 美元所买到的东西多。

对于生活在 1912 年的人来说,4 350 美元和 36.25 美元到底意味着什么? 对于今天的物价水平来说,"泰坦尼克号"的豪华套房的价格是多少?

案例评析 为了理解这个问题,我们必须把这些(过去的)美元金额换算成今天的美元。使用下式计算

$$用当前的美元来表示的船票价格 = 票价_{较早的年份} \times \frac{CPI_{现年}}{CPI_{较早的年份}}$$

1912 年的 CPI 为 9.0,1999 年的 CPI 为 164.3。如果我们让 1999 年作为现年,那么在 1912 年用做支付"泰坦尼克号"头等舱豪华套房的 4 350 美元相当于 1999 年的 79 412 美元。

$$4\ 350 \times \frac{164.3}{9.0} = 79\ 412\ 美元$$

三等舱船票的价格 36.25 美元相当于 1999 年的 662 美元。

$$36.25 \times \frac{164.3}{9.0} = 662\ 美元$$

资料来源:[美]罗杰·A·阿诺德.经济学.北京:中信出版社,2004.1

案例讨论

"泰坦尼克号"一张三等舱的船票的价格(以 1999 年美元计算)比今天一张从纽约飞往伦敦的经济舱飞机票的价格还要高,你认为是什么原因促使旅游的价格随着时光的流逝而下降?

案例8 经济的收入流量循环模型——家庭、企业、政府和进出口

【案例适用】 国民收入核算

案例内容 两部门经济的收入模型第一个部门是家庭,第二个部门是企业。家庭出卖劳动,用到企业去做工挣来的钱去购买企业生产的产品;企业生产出来产品,再卖给家庭,收回来的钱继续用来生产。一国经济要想平衡的条件是:家庭挣的钱全花了,企业生产的产品全卖了,这样宏观经济就能够正常运转了。但在现实中没有一个家庭会把挣来的钱全部花光,总是有点积蓄;作为企业来说,也不可能总是简单的再生产,想扩大再生产

就需要资本。家庭不花的钱存进银行，有了储蓄；企业扩大再生产找银行借钱，有了投资。宏观经济中出现了储蓄和投资，只要企业的投资等于家庭的储蓄，宏观经济也能正常运转。这时宏观经济平衡的一个重要条件是：储蓄等于投资。我们现在储蓄等于投资吗？结论是储蓄大于投资。我国现在银行储蓄超过了11万亿元。为什么企业不用来投资？因为企业还有大量的商品卖不出去。2002年国家经贸委的调查数据显示，我国86%的商品供过于求，企业找不到赚钱的投资项目。11万亿元的银行储蓄说明了家庭挣来的钱没花出去，企业当然就有大量的商品没有卖出去。这样经济就不能正常循环了，为了保证经济的正常循环，国家想了很多的办法刺激消费和投资。

任何一个国家的经济，都不能没有政府，否则社会将会陷入混乱状态。所以在上述模型中，再加入一个政府部门。政府怎样才能生存呢？它也需要收入，收入的来源是税收。有了收入，政府用它去维持政府的生存，支付公务员的工资，支付国防、公共教育、社会福利等。这时，宏观经济要想正常运行，它的平衡条件是：财政收入等于财政支出。如果政府是财政收入等于财政支出叫财政平衡；财政收入大于财政支出叫财政盈余；财政收入小于财政支出叫财政赤字。现在我国政府为了保障经济的平衡，扩大了财政支出，由此出现了财政赤字。

现在，没有一个国家的经济可以封闭起来，既不出口，也不进口。所以在上述模型中又加入了一个国外部门。这时宏观经济平衡的一个条件是：出口等于进口。

如果出口等于进口，就是国际收支平衡；如果出口大于进口，就会出现一个贸易顺差；如果出口小于进口，就会出现一个贸易逆差。我国现在是出口大于进口，出现了贸易顺差，美国是贸易逆差。在一般情况下，各国追求的是出口等于进口。

案例评析　一国的国民经济由消费、投资、政府支出和进出口这四部分组成。如果用支出法来计算GDP，那么产品的最终使用去向有消费、投资、政府购买及净出口四个方面。因此，按支出法计算的GDP，就是计算一定时期内消费、投资、政府购买以及净出口这四个方面的总和。计算公式为

$$国内生产总值＝消费(C)＋投资(I)＋政府购买支出(G)＋净出口(X－M)$$

其中：消费 C 包括耐用消费品、非耐用消费品和劳务，但不包括个人用于建筑住宅的支出；投资 I 是指增加或更换资本资产(厂房、机器设备、存货和住宅)的支出，这里的 I 为总投资，而净投资＝I－重置投资，重置投资是指当年以前资本品的折旧；G 为政府购买物品和劳务的支出，转移支付不计入；$X－M$ 为净出口，净出口＝出口－进口，可能是正值也可能是负值。

如果经济要正常循环就要满足：储蓄等于投资；财政收入等于财政支出；出口等于进口。

案例来源：自编

案例讨论

1.一国的国民经济由哪些部分组成？

2.一国经济正常循环的条件是什么？

案例 9　为什么中国的消费者更节俭？

【案例适用】　国民收入决定理论

案例内容　据估算,中国的消费倾向,即消费支出在可支配收入中占的比例是0.48,而美国的消费倾向约为0.68。许多人从消费观念上解释这种差别的存在,认为中国人比美国人更崇尚节俭,节俭是中国的传统美德。而经济学家则认为不能从消费观念上去解释这种差别,而应该探讨不同消费观念背后的经济原因。

中国消费倾向偏低的主要原因是人们对未来预期收入的增加缺乏信心。首先,中国是一个转型国家,计划经济下的"铁饭碗"打破了,人们对未来普遍存在一种不确定的心态。企业改制或者破产,都会使部分工人失业,机关、事业单位精简机构,也会有人暂时失去工作。即使现在收入高的人对未来收入也没有十分把握。一切都在变,未来会怎么样,许多人心中没底。在面对未来收入不确定时,有多少人敢寅吃卯粮,今天去花明天的钱呢？其次,人们对未来收入的预期在很大程度上还取决于整个社会的保障体系。改革开放以来,我国原有计划体系下的社会保障体系不适用了,城镇居民原来由政府包下来的失业、住房、养老、医疗等项支出改由企业和个人共同负担,政府不再直接注资,而农民还延续着几千年来"自我保障"的状态。在我国新的社会保障体系还没有完全建立起来,现有的社会保障体系覆盖面窄且水平偏低,与社会保障配套的私人保险也不完善的情况下,这一变革势必会制约人们的消费支出。人们在考虑未来养老、医疗、子女上学等问题的情况下,会把增加的收入更多地用于增加储蓄,消费倾向偏低是很自然的,而且短期内也难以提高。第三,我国的消费倾向偏低还与收入分配差距较大有关。通常在一国的总收入既定时,收入分配越平等,消费倾向越高。就个人而言,消费倾向与实际收入反方向变动,即高收入者消费倾向低,低收入者消费倾向高。这样,一个社会收入分配差距越大,消费倾向就越低。因为高收入者得到大部分社会收入,而这些收入的大部分被他们储蓄起来,低收入者消费倾向高,但收入太少,这样,整个社会的消费倾向就低。在我国,改革开放后的头七八年,居民的收入水平有了较大的提高,但是,在很长一段时间内,由于"价格双轨制"和国有资产监管制度的欠缺,收入增长有相当一部分都落入了少数资源支配者的腰包,社会分配严重不公,居民收入增长乏力,这使我国收入分配不平等的矛盾日渐突出,2000年基尼系数已达到0.45。更重要的是,中国尚未形成一个庞大的中等收入阶层。中等收入阶层的边际消费倾向通常较高,他们是一个社会最重要的消费者。这样,在中国,富人的消费倾向低,中低收入者在收入中占的比例小,消费倾向当然不会高。

案例评析　消费函数理论认为,消费主要取决于收入,但这种收入不是现期收入,而是一生的收入或持续三年以上的固定持久收入。决定一生收入或持久收入的是未来收入的预期,人们对未来收入的增加越是有信心,消费支出就越多。相反,即使现在收入水平高,但如果未来预期收入有较大的不确定性,人们就不敢消费,而要把部分收入储蓄起来,以防患于未然。

公众越节俭,降低消费,增加储蓄,往往会导致社会收入的减少。因为在既定的收入中,消费与储蓄反方向变动,所以储蓄与国民收入也反方向变动。我国的消费倾向低,不是中国人更崇尚节俭,而是穷。穷而要活下去,只有节俭。可是一味节俭,生产没有了动力,经济萎缩,人们的收入下降,消费倾向会更低。

案例来源:http://jwc.njue.edu.cn/tjx/economics/chap13/essay13—2.htm

案例讨论

1. 从宏观经济学的角度看,节俭是否更有利于经济增长? 为什么?
2. 中国人的消费倾向为什么比美国人低?

案例10　假日经济能拉动一国经济增长吗?

【案例适用】 消费函数

案例内容　20世纪90年代后期,为了拉动内需,进而促进国内经济增长,人们把希望寄托在"五一"、"十一"、春节长假带动消费上,并称之为假日经济。假期经济能够实现一国经济的振兴吗?

案例评析　消费函数理论告诉我们,影响消费的因素很多,但最重要的因素是收入水平。既然消费取决于收入而不是有没有时间消费,那么,如果收入水平不提高,假期再长也难以增加消费。或者说,刺激消费的方法是增加收入,而不是放假。从我国的情况看,出现消费不足的原因不在于人们没有时间消费,而在于占人口绝大多数的低收入者没钱去消费。当城市中失业人口和低收入者居高不下时,放假有什么用呢? 特别是我国的农村人口,他们是我国消费的主力军。但自20世纪80年代上半期农民解决了温饱问题之后,由于各种原因,农民收入增加缓慢,很多地方甚至出现了实际收入水平下降的情况。农村消费市场长期启而不动,其原因就在于农民收入增长缓慢。不从根本上解决低收入者,尤其是农民的收入增加问题,靠放假刺激消费增长不过是一厢情愿。

消费函数理论还告诉我们,在长期中,消费函数是稳定的,即人们收入中消费的比例,从整个社会看是稳定的。这意味着,假日经济尽管会增加几百亿元的消费,但并没有增加社会总消费或提高人们的边际消费倾向,只是改变了消费的时间和方式而已。节假日商场内人头攒动,销售额猛增,但节日过后冷冷清清,平均起来并没有什么增加。长假使人们有机会外出旅游,但收入中用于旅游的支出增加了,其他物品的消费很可能会减少。比如,少买几件时尚服装,少去几次餐馆,或推迟购车计划,等等。假日期间消费的增加仅仅是购买时间的调整和消费方式的不同,对整体经济并没有什么影响。

消费函数的稳定性决定了靠刺激消费来带动经济增长较为困难。在总需求中,波动最大的是投资。因此,使经济摆脱衰退的关键不是刺激消费而是刺激投资,把拉动经济增长的希望寄托于假日经济是对假日经济的神话。

资料来源:梁小民.宏观经济学纵横谈.北京:生活·读书·新知三联书店,2002.1

案例讨论

你如何看待我国的"五一"、"十一"、春节长假制度?

案例11 从《蜜蜂的寓言》看"节俭悖论"

【案例适用】 消费对经济增长的作用

案例内容 18世纪,荷兰的德曼德维尔博士在《蜜蜂的寓言》一书中讲过这样一个有趣的故事。一群蜜蜂为了追求豪华的生活,大肆挥霍,结果这个蜂群很快兴旺发达起来。而后来,由于这群蜜蜂改变了习惯,放弃了奢侈的生活,崇尚节俭,结果却导致了整个蜜蜂社会的衰败。

蜜蜂的故事说的是"节俭的逻辑",在经济学上叫"节俭悖论"。众所周知,节俭是一种美德,既然是美德,为什么还会产生这个悖论呢?

宏观经济学的创始人凯恩斯对此给出了让人们信服的经济学解释,他认为从微观上分析,某个家庭勤俭持家,减少浪费,增加储蓄,往往可以致富;但从宏观上分析,节俭对于经济增长并没有什么好处:公众节俭+社会总消费支出下降+社会商品总销量下降,导致厂商生产规模缩小、失业人口上升、国民收入下降、居民个人可支配收入下降、社会总消费支出下降……1931年1月他在广播中断言,节俭将促成贫困的"恶性循环",他还说"如果你们储蓄五先令,将会使一个人失业一天"。关于这种观点,我国明代学者陆楫也有相似的论述,陆楫认为:"自一人言之,一人俭则一人可免于贫;自一家言之,一家俭则一家可免于贫。至于统论天下之势,则不然。"

凯恩斯的解释后来发展成为凯恩斯定理,即需求会创造自己的供给,一个国家在一定条件下,可以通过刺激消费、拉动总需求来达到促进经济发展和提高国民收入的目的。

由于东南亚金融危机等因素的影响,我国经济发展从1997年开始步入困难时期,而与此同时,据全国商业信息中心对我国市场主要商品供求情况的分析结果显示,1997年下半年供过于求的商品占31.8%,2001年下半年则升至83%,2002年下半年达到88%,几乎没有供不应求的商品。在这种情况下,我国政府依据凯恩斯理论,通过各种途径来拉动和刺激内需,如增发国债以大兴基础设施建设,实施"黄金周"的节假日政策以刺激旅游业的发展等,事实证明,这些政策对于帮助我国走出困境和提高收入水平起到了很大的推动作用。

当然,我们必须要科学地看待"节俭悖论","节俭悖论"的产生是有其特定的时空条件的,只有在大量资源闲置、商品供过于求、社会有效需求不足或存在严重失业时,才有可能出现这种悖论所呈现的矛盾现象。2003年以来,我国频频发生油荒、电荒、煤荒等现象,在这种情况下,节俭不但不会产生悖论,反而会给我们带来更多的好处。

案例评析 经济学中有一个基本规律叫合成谬误,即当所有的局部都是正确的时候,全局往往会陷入错误。"节俭悖论"即是一个证明,当社会上每个人都节俭的时候,国民收入往往会下降,从而最终导致每个人的生活水平都会下降。明白"节俭悖论"的内涵对于我国这样一个崇尚节俭的社会具有积极的意义,我们应该根据自身的收入水平适当消费,而不是一味地去节俭,这样对自身、对社会都具有积极作用。但是,"节俭悖论"并不是要求我们要选择一种奢侈的生活方式,我国是一个人口众多的国家,自然资源尤其是能源非常紧缺,非常有可能成为制约我国未来经济发展的主要因素,所以理性的选择是"有选择地节俭",而不是一味地、不分场合地节俭。

案例来源:自编

案例讨论

1."节俭悖论"对现实生活有何作用?

2.举例说明合成谬误。

案例 12　与乘数"派对"

【案例适用】　乘数理论

案例内容　在为期一个多月的暑假期间,大学生经常会抛开书本,把短裤、泳衣和防晒油装入背包,然后跳上汽车,直奔海滩。当他们正向北戴河、大连、青岛海滩及其他沿海城市驶去时,乘数效应正准备发生。

仔细考虑下面情形。当来自全国各地的大学生动身前往(比如)北戴河海滩时,他们的口袋里必定装着钞票。他们将在北戴河海滩把大量的金钱花在饮食、汽车旅馆的房间、舞会等方面。对于北戴河海滩而言,这些金钱代表自主性支出。更重要的是,这些金钱可以为北戴河海滩带来数倍于其自身的总收入的增量。大学生购买面包、啤酒和汽水,那些销售这些商品的居民会发现自己的收入也增加了。反过来,他们又会把部分增加的收入花掉,正如我们所看见的,这又会增加其他人的收入,而这些人又把部分增加的收入花费出去……如此不断继续进行。

我们假定大学生在暑假期间在北戴河海滩花费了 700 万元。如果北戴河海滩的 MPC 为 60%,并且所有被产生的额外收入的花费均发生在北戴河海滩,那么大学生将使北戴河海滩的收入增加 1 750 万元。

$$\triangle 北戴河海滩的收入 = \frac{1}{1-MPC} \times \triangle 自主支出$$
$$= 2.5 \times 700 \ 万元$$
$$= 1 \ 750 \ 万元$$

住在北戴河海滩的居民希望大学生在暑假期间到他们的城市旅游吗? 多数人都希望,因为这会给他们带来额外的收入。来自城外的大学生,加上乘数效应,往往会给他们带来繁荣的经济境况。

资料来源:根据[美]罗杰·A·阿诺德所著的《经济学》改编。北京:中信出版社,2004.1

案例讨论

学习经济学有助于使我们发现其他人发现不到的东西。在暑假期间,主要的电视新闻网都会放映大学生在海南、大连、青岛等海滩度假的情景。在家里收看新闻的人只会发现大学生们的尽情玩乐,但经济学家却会发现乘数效应的发挥——为度假胜地大多数居民带来更高的收入水平。当大学生在暑假后返回校园时,经济学家又会发现什么情况呢?

案例 13 2008 年北京奥运会将给中国经济带来什么?

【案例适用】 乘数理论

案例内容 奥运会作为世界上规模最大、历史最久、知名度最高的体育盛会,自进行商业化运作以来,其影响力已远远超出了体育范畴,具有了政治、社会、文化和经济意义,奥运经济初露端倪。经过几年的成功运作,奥运会对举办国特别是对举办城市社会经济的深远影响,早已被国内外所瞩目和公认。众多经济学家均认为,北京申奥成功将会进一步促进中国经济的发展,由奥运会带来的大规模经济建设将平均每年对 GDP 增长贡献 0.3~0.4 个百分点,奥运经济即将显现,申奥成功将惠及各业,具体表现为三方面:

第一,北京奥运会提出"绿色奥运、科技奥运、人文奥运"的主题,今后在环境治理、绿化带建设、中心花园城市建设、"三废"治理等许多方面都将有大的投入。

第二,申奥成功将带来大规模的经济建设,直接拉动经济增长。为举办奥运会,北京将投入 2 800 亿元,其中有 1 800 亿元用于基础设施建设,713 亿元用于环境保护及污染治理,170 亿元用于场馆建设,113 亿元用于运营费用。这么大的投入,对北京乃至全国的经济必将产生很大的拉动作用。这些资金如果都按计划投入,北京近 10 年 GDP 的年增长率平均为 10%,申奥成功可在此基础上每年再增加 2~4 个百分点,并创造 30 万个新的就业机会。同时,对全国经济的拉动作用也会很大,整个国家不仅能加快发展经济,而且也有利于改革开放,有利于中国进一步融入国际社会。

第三,奥运会将带动广告业、旅游业、体育博彩业、地方零售业、公共交通、房地产业的发展。奥运会举办期间,还将增加就业机会,增加居民收入,这将从消费角度拉动经济增长。

从中不难看出,2008 年北京奥运会的举办将为我国经济带来极大的推动作用,产生积极深远的影响。

案例评析 乘数是总需求的增加所引起的国民收入增加的倍数。如果以 K 代表乘数,以 ΔY 代表国民收入增加量,以 ΔAD 代表总需求增加量,则乘数公式为 $K = \Delta Y / \Delta AD$。一般来说,乘数总是大于 1 的。因为国民经济各部门之间存在着密切的联系,某一部门需求的增加,不仅会使该部门收入增加,而且会在其他部门引起连锁反应,从而使这些部门的需求与收入增加。本案例中 2008 年奥运会的举办,不仅会给体育行业带来巨大的市场需求,而且与奥运会相关行业的需求都将极大增长,最终使国民收入的增加数倍于最初总需求的增加。总需求中投资增加,则是投资乘数;如果是总需求中的政府支出的增加,则是政府支出乘数;如果是总需求中的净出口的增加,则是对外贸易乘数。本案例用投资乘数为例,说明北京市对奥运会的巨大投资对国民经济的推动作用。

案例来源:自编

案例讨论

2008 年北京奥运会将给中国经济带来什么影响? 为什么?

第10章　产品市场与货币市场同时均衡

本章知识结构图

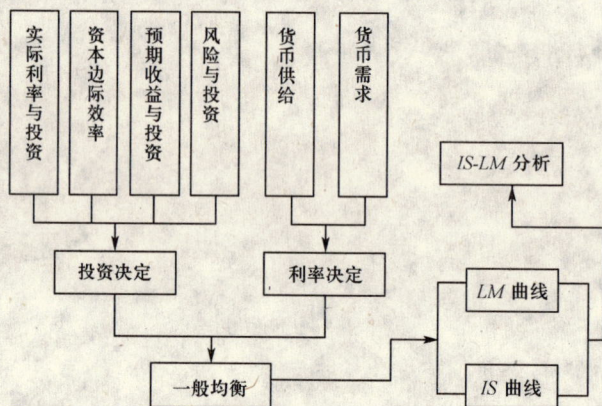

```
┌────┬────┬────┬────┐  ┌────┬────┐
│实际│资本│预期│风险│  │货币│货币│
│利率│边际│收益│与投│  │供给│需求│
│与投│效率│与投│资  │  │    │    │
│资  │    │资  │    │  │    │    │
└────┴────┴────┴────┘  └────┴────┘
                                        ┌──────────┐
                                        │IS-LM 分析│
                                        └──────────┘
     ┌────────┐      ┌────────┐        ┌────────┐
     │投资决定│      │利率决定│        │LM 曲线 │
     └────────┘      └────────┘        └────────┘
              ┌────────┐               ┌────────┐
              │一般均衡│               │IS 曲线 │
              └────────┘               └────────┘
```

本章基本原理概要

一、投资与利率

1. 投资函数：$I=I(r)$

◆利率是决定投资的首要因素。

◆企业用于投资的资金多半是借来的,因此利息是投资的成本;即使是自有资金的那一部分,利息也应被看成是投资的机会成本。

◆利率上升时,投资减少;利率下降时,投资增加。投资是利率的减函数。

◆简单的投资函数可表示成 $I(r)=e-dr$。

其中,e 为自主投资,表示利率为 0 时的投资量;$-dr$ 是投资中与利率有关的部分,d 表示投资需求曲线的斜率,即表示利率变化对投资量变化的影响程度。

2. 资本边际效率 MEC

资本边际效率是一种贴现率。这种贴现率使一项资本物品使用期内各预期收益现值之和等于这项资本物品的供给价格或重置成本。其公式为

$$R = \frac{R_1}{1+r} + \frac{R_2}{(1+r)^2} + \frac{R_3}{(1+r)^3} + \cdots + \frac{R_n}{(1+r)^n} + \frac{J}{(1+r)^n}$$

（R 代表资本物品的供给价格，$R_1, R_2, R_3, \cdots, R_n$ 为不同年份（或时期）的预期收益；J 代表该资本物品在 n 年年末时的报废价值；r 代表资本边际效率）

3. 投资边际效率 MEI

在使用投资的边际效率曲线情况下，利率变动对投资量变动的影响较小，因此，西方学者认为，投资的边际效率曲线是更精确地表示投资和利率间关系的曲线。$MEI <$ MEC。

二、IS 曲线

IS 曲线上的任何一点代表一定利率和收入的组合，在这些组合下，投资和储蓄是相等的。IS 曲线表示产品市场的均衡，即产品市场上总供给与总需求相等。

在二部门经济中，均衡收入代数表达式为

$$y = \frac{\alpha + e - dr}{1 - \beta}$$

在三部门经济中，均衡收入代数表达式为

$$y = \frac{\alpha + e - dr}{1 - \beta(1-t)}$$

IS 曲线的斜率的计算：

根据 $y = \frac{\alpha + e - dr}{1-\beta}$ 得，$r = \frac{\alpha + e}{d} - \frac{1-\beta}{d}y$，则斜率 $k = \frac{1-\beta}{d}$。

可见，斜率与 β、d 负相关，即：支出乘数越大，投资越大，投资对利率越敏感，则 IS 曲线的斜率越小，即 IS 曲线越平缓。

IS 曲线的移动：

(1) 投资需求提高，使 IS 曲线右移；反之相反；
(2) 增加政府购买支出，使 IS 曲线右移；反之相反；$\Big\}$ 扩张性财政政策
(3) 储蓄意愿增加，使 IS 曲线左移；反之相反；
(4) 增加政府税收，使 IS 曲线左移；反之相反。$\Big\}$ 紧缩性财政政策

三、利率的决定

当货币的需求等于货币的供给，也就是人们愿意持有的货币数量恰好等于社会上能够得到的货币数量时，货币市场就达到了均衡，此时的利率称为均衡利率。当货币的需求或货币的供给发生变动时，均衡利率水平会发生相应的变动。

1. 货币需求

按凯恩斯的说法，人们需要货币是出于交易、预防、投机三大动机。货币的交易需求和预防需求成正比，即 $L_1 = ky$。投机需求与利率成反比，即 $L_2 = -hr$。

由此得到货币需求函数

$$L = L_1(y) + L_2(r) = ky - hr \quad (L, L_1, L_2 \text{ 代表货币的实际需求})$$

当利率极低，人们会认为这时利率不大可能再下降，或者说有价证券市场价格不大可能再上升而只会跌落，人们不管有多少货币都愿意持在手中，这种情况称为"凯恩斯陷阱"

或"流动偏好陷阱"。

2.货币供给

货币供给有狭义的货币供给和广义的货币供给之分。狭义的货币供给是指硬币、纸币和银行活期存款的总和(一般用 M_1 表示)。狭义的货币供给加上定期存款,便是广义的货币供给(一般用 M_2 表示)。再加上个人和企业所持有的政府债券等流动资产或"货币近似物",便是意义更广泛的货币供给(一般用 M_3 表示)。

四、LM 曲线

货币的需求函数为 $L=L_1(y)+L_2(r)=ky-hr$,用 m 表示实际货币供给量,用 M 表示名义货币供给量,用 P 代表物价水平,则货币市场均衡的公式 $m=M/P=L=ky-hr$ 可表示为满足货币市场均衡收入 y 与利率 r 的关系,表示这一关系的图形即 LM 曲线,如图 10-1 所示。LM 曲线的斜率取决于货币需求的敏感程度(用 h 表示)和收入变动的敏感程度(用 k 表示),名义货币供给量和物价水平是 LM 曲线的移动因素。

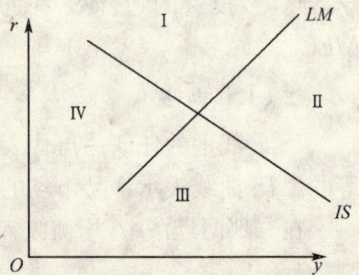

图 10-1

LM 曲线分为古典区域、凯恩斯区域、中间区域三个区域。LM 曲线的斜率在古典区域为无穷大,在凯恩斯区域为零,在中间区域则为正值。

五、IS-LM 分析

1.产品市场和货币市场同时均衡,要求国民收入与利率的组合既满足产品市场的均衡,又满足货币市场的均衡。而满足这一条件的国民收入与利率的组合,就是 IS 曲线与 LM 曲线交点所对应的国民收入与利率的组合,见表 10-1。因此,两个市场同时均衡的国民收入与利率水平,可以由 IS 曲线和 LM 曲线联立方程求得。

表 10-1

区域	产品市场	货币市场
I	$I<S$ 有超额产品供给	$L<M$ 有超额货币供给
II	$I<S$ 有超额产品供给	$L>M$ 有超额货币需求
III	$I>S$ 有超额产品需求	$L>M$ 有超额货币需求
IV	$I>S$ 有超额产品需求	$L<M$ 有超额货币供给

2.各个区域中存在的不同组合的 IS 和 LM 非均衡状态,在产品市场和货币市场的相互作用下,会得到调整。IS 不均衡会导致收入变动:投资大于储蓄会导致收入上升,投资小于储蓄会导致收入下降;LM 不均衡会导致利率变动:货币需求大于货币供给会导致利率上升,货币需求小于货币供给会导致利率下降。这种调整最终都会趋向均衡利率和均衡收入。

3.均衡国民收入和均衡利率不是固定不变的,它们随着 IS 曲线和 LM 曲线的移动而变动。若 LM 曲线不变,IS 曲线右移,将导致均衡国民收入增加,均衡利率上升;反之,IS 曲线左移,将导致均衡国民收入减少,均衡利率下降。若 IS 曲线不变,LM 曲线右移,将导致均衡国民收入增加,均衡利率下降;反之,LM 曲线左移,将导致均衡国民收入减少,均衡利率上升。若 IS 曲线和 LM 曲线同时移动,均衡国民收入和均衡利率会出现不同情况的变动,但可依据以上两种情况加以推导。

案例1　国民收入与利率"息息"相关

【案例适用】 *IS* 模型

案例内容 在经济学中,利率是一国用于调节经济的重要手段。当经济增长过热时,适当地加息将有助于挤压经济泡沫;相反,当经济增长处于低迷时,适当地减息则有助于刺激投资,从而引发需求、提高就业率。随着我国改革开放以来经济形势的发展,我国政府适时地采取不同的利率政策,有效地保证了中国经济的稳步发展。下面仅以20世纪90年代后我国利率政策的变动为例,见表10-2和表10-3。

表 10-2 　　　　　　金融机构人民币存款基准利率

单位:年　　利率:%

调整时间	活期	定期					
		3个月	6个月	1年	2年	3年	5年
1990.04.15	2.88	6.30	7.74	10.08	10.98	11.88	13.68
1990.08.21	2.16	4.32	6.48	8.64	9.36	10.08	11.52
1991.04.21	1.80	3.24	5.40	7.56	7.92	8.28	9.00
1993.05.15	2.16	4.86	7.20	9.18	9.90	10.80	12.06
1993.07.11	3.15	6.66	9.00	10.98	11.70	12.24	13.86
1996.05.01	2.97	4.86	7.20	9.18	9.90	10.80	12.06
1996.08.23	1.98	3.33	5.40	7.47	7.92	8.28	9.00
1997.10.23	1.71	2.88	4.14	5.67	5.94	6.21	6.66
1998.03.25	1.71	2.88	4.14	5.22	5.58	6.21	6.66
1998.07.01	1.44	2.79	3.96	4.77	4.86	4.95	5.22
1998.12.07	1.44	2.79	3.33	3.78	3.96	4.14	4.50
1999.06.10	0.99	1.98	2.16	2.25	2.43	2.70	2.88
2002.02.21	0.72	1.71	1.89	1.98	2.25	2.52	2.79
2004.10.29	0.72	1.71	2.07	2.25	2.70	3.24	3.60
2006.08.19	0.72	1.80	2.25	2.52	3.06	3.69	4.14
2007.03.18	0.72	1.98	2.43	2.79	3.33	3.96	4.41
2007.05.19	0.72	2.07	2.61	3.06	3.69	4.41	4.95
2007.07.21	0.81	2.34	2.88	3.33	3.96	4.68	5.22
2007.08.21	0.81	2.61	3.15	3.60	4.23	4.95	5.49

资料来源:中国人民银行网

表 10-3 　　　　　　金融机构人民币贷款基准利率

单位:年　　利率:%

调整时间	6个月	1年	1~3年(含)	3~5年(含)	5年以上
1991.04.21	8.1	8.64	9	9.54	9.72
1993.05.15	8.82	9.36	10.8	12.06	12.24
1993.07.11	9	10.98	12.24	13.86	14.04
1995.01.01	9	10.98	12.96	14.58	14.76
1995.07.01	10.08	12.06	13.5	15.12	15.3
1996.05.01	9.72	10.98	13.14	14.94	15.12
1996.08.23	9.18	10.08	10.98	11.7	12.42
1997.10.23	7.65	8.64	9.36	9.9	10.53

（续表）

调整时间	6个月	1年	1~3年(含)	3~5年(含)	5年以上
1998.03.25	7.02	7.92	9	9.72	10.35
1998.07.01	6.57	6.93	7.11	7.65	8.01
1998.12.07	6.12	6.39	6.66	7.2	7.56
1999.06.10	5.58	5.85	5.94	6.03	6.21
2002.02.21	5.04	5.31	5.49	5.58	5.76
2004.10.29	5.22	5.58	5.76	5.85	6.12
2006.04.28	5.4	5.85	6.03	6.12	6.39
2006.08.19	5.58	6.12	6.3	6.48	6.84
2007.03.18	5.67	6.39	6.57	6.75	7.11
2007.05.19	5.85	6.57	6.75	6.93	7.2
2007.07.21	6.03	6.84	7.02	7.20	7.38
2007.08.21	6.21	7.02	7.20	7.38	7.56

资料来源：中国人民银行网

上述两个表中存贷款利率变化的背后反映的是中国经济形势的冷热变化信息。

我国在1992年的时候，经济热得不得了，那时出现了开发区热、房地产热、股票热等。例如，我国在2 000多个县一下子冒出5 000多个开发区。房地产热的时候，在广西的北海市，陆地上的土地被炒光了，人们就造出一个岛来在海上接着炒。他们甚至头脑发热地说："未来全世界前十个城市中有北海一个。"当时，海南的房地产炒得更是热浪翻滚。人们统计了一下，就是再造一个海口市、再造一个三亚市的人口，也买不完这么多的房地产。

经济已经热到了烫手的地步，到1993年的时候，我国政府发现问题太多了，经济控制不住了，通货膨胀率达到21.7%，银行不良贷款的问题，股市泡沫的问题，金融风险的问题，所有的问题都冒了出来。

从1993年开始，面对过热的经济形势，我国政府对经济进行宏观调控，开始"踩刹车"，一次次提高存贷款利率，逐渐把货币供给的水龙头拧紧，把钱往回收，从流通领域中把钱抽走。利率是资金的价格，上调贷款利率会增加贷款需求方的资金使用成本，有利于减少贷款需求，抑制投资需求的过快增长，同时，也有利于抑制贷款和货币供应量的过快增长。央行在宣布加息时表示，这有利于引导货币信贷和投资的合理增长，有利于调节和稳定通货膨胀预期，维护物价总水平基本稳定。

经过三年的治理，到1996年底，我国经济成功地实现了"软着陆"。经济增长速度真的是平稳下降了，通货膨胀率从21.7%下降到6.1%，经济增长率达到了9.7%。但是没想到1997年亚洲发生了金融危机，1998年我国又赶上了百年未遇的洪水，使我国经济形势急转直下，经济又出现了过冷的现象，陷入低谷。

当一国经济过冷时，表现为总供给大于总需求，价格下降，商品供过于求，通货紧缩，利率下降，失业率上升，经济增长速度放缓。

面对这种经济萧条的局面怎么办呢？如果让经济继续冷下去，就会使我国经济陷入衰退。这时政府的宏观政策是"踩油门"。在财政政策上，政府是减税或增加政府支出；在货币政策上，政府是一次次降低利率，增加货币供给量。中国人民银行从1996年底到2002年连续8次降低了银行利率，使我国基准1年期存款利率由原来的10%以上降到1%左右，目的是鼓励人们消费；基准1年期贷款利率2002年降到自1979年来最低水平的5.31%。银行贷款如雨后春笋般迅速膨胀,通过利率的调整,把过冷的经济从谷底拉上来。

由于政府成功的调控,我国经济从2000年到2006年连续年均增长9%以上。然而,到了2007年经济形势发生了变化,贸易顺差过大、货币投放过多、投资增长过快的问题突出出来;信贷高耗能产业增长偏快,节能减排形势依然严峻;物价上涨压力持续加大。经济增速偏快,存在着转为过热的可能,国家的宏观政策也相应作出了调整。自2004年开始在货币政策上实行了加息政策,到2007年8月就连续6次加息,仅2007年一年就连续加息4次,频率之快,为历史上罕见。"稳中适度从紧"已经成为未来一段时期中国货币政策的走向:综合运用多种政策工具,减少银行体系流动性;加强信贷政策引导,合理控制商业银行信贷投放,进一步抑制信贷过快增长。

案例评析 用 *IS* 模型解释本案例:

1. 利率与投资反方向变化,即利率提高,投资减少;

2. 投资是国民收入组成要素的一个重要因素,且两者同方向变化(国民收入=消费+投资+政府支出+净出口),所以投资减少,国民收入总量减少;

3. 综合上述两点可以知道,利率提高,投资减少,最终导致了国民收入的减少。利率降低,消费增加,投资增加,导致国民收入增加。

通过调整利率而实现经济稳步发展的目的是当前国际社会普遍使用的重要工具之一。美国自从2001年发生"9.11事件"以后,经济开始走下坡路。美联储前后连续降息13次,利率从6.5%降到1%,创40年来新低,其目的就是想把经济从衰退中拉起来。

案例来源:根据新华网等资料自编

案例讨论

1. 在何种经济环境下要考虑加息或降息?

2. "9.11事件"后,美联储是如何利用货币政策,通过利率的变化刺激经济发展的?

案例2 粮价上涨是否会影响我国的货币政策

【案例适用】 货币市场和产品市场的均衡

案例内容 自2006年以来,我国外汇储备增加带来的基础货币投放导致了流动性泛滥,加上固定资产投资增速过快,引发了宏观层对于通货膨胀的担忧。但是统计数据显示,高经济增长、高固定资产投资、高货币增长并未伴随明显的通货膨胀,平和的CPI数据缓解了市场对于紧缩的预期,进而对债券市场形成一定支撑。然而,近几个月伴随食品价格的大幅上涨,CPI数据不断攀升,引起了市场对于未来通胀继续上升的担忧,并由此引发了对于宏观政策将进一步紧缩的担心。

食品价格上升引起居民消费价格指数上升。尽管2006年对CPI各组成部分的权重作出了适当调整,降低了食品在CPI中的比重,但调整幅度并不大,权重估计仍然在30%

以上,因此,食品价格的上涨成为推动 CPI 上升的主要因素。11 月食品价格比去年同月上升 3.7%,高于上月 2.2% 的水平;非食品类价格比去年同月上升 1.0%,与上月持平;在食品价格上涨的拉动下,全月 CPI 上升至 1.9%。1 至 11 月份累计,居民消费价格总水平比去年同期上涨 1.3%。从食品各分项近期的价格变动趋势可以看出,今年 10 月以来,特别是 11 月,粮食、油脂、肉禽及其制品、蛋的价格月同比均出现了较为明显的上升趋势,尤其是蛋、肉禽及其制品和油脂的涨幅比较大。各主要产品价格的普遍上涨,拉动了食品价格的快速上升。

全球粮食供求失衡的状态在短期内难以扭转。根据美国农业部最新公布的全球农作物年末库存和产量预估数据,主要农作物在 2006/07 年度将会继续维持供给小于需求的状况,年末库存将进一步减少。联合国粮农组织也指出,如果工业使用量以当前的速度持续增长,可能需要一个以上的丰产年才能使玉米的价格从当前的高位显著回落。从国际市场看,粮食供求仍会较为紧张,价格不会很快回落。

从中国的情况看,虽然中国玉米出口远大于进口,仍保持净出口状态,但伴随着粮食价格上涨,从 2006 年 4 月开始,我国玉米出口出现急速回落,而玉米的进口数量在今年 8 月则大幅度上扬,表明在价格机制的作用下我国玉米进出口结构也受到影响:减少出口、增加进口,以缓解国内供求之间的紧张关系。但从 2006 年 10 月份开始,我国玉米出口数量又开始增加,而进口明显减少。

另外,今年以来小麦的进口数量随价格上升出现明显下降,说明中国在小麦供求上存在较好的自我调节机制,即在应对国际价格上涨上存在较好的弹性。

在未来一段时间,粮食价格很难迅速回落,但再次大幅上扬的可能性也较小。首先,考虑工业用玉米需求的上升,玉米供求不平衡状态可能加剧,玉米价格回落的可能性较小。粗粮价格的上升会刺激农民扩大种植粗粮,种植结构调整会带动其他粮食价格的上涨,但这种影响可能不会非常显著。其次,由于我国粮价上涨幅度低于国际市场上涨幅度,国际粮价的上涨会在一定程度上刺激出口增加或进口减少,使国际市场价格进一步向我国传导。但国家会通过出口的限制性措施以及国储粮的买卖防止价格出现快速上扬。再次,农民在农产品销售上具有较高的价格敏感度,市场价格的上涨对市场预期产生一定影响,进而产生一定的惜售心理,但国家调节粮价会改变这种预期,使农民不会长期囤积粮食。

食品价格上涨不会对 CPI 上行产生很大压力。首先,要看到粮食价格的上涨会向下游传导,饲料价格的上升会引起养殖成本上升,进而拉动肉禽及其制品、蛋的价格上涨,考虑 CPI 计算的指标为月同比,即便目前粮食价格不出现进一步上涨,但相对于上年同期价格而言仍处在较高水平,对食品价格上涨形成一定压力。其次,从保护农民角度来看,稳步而适当的粮价上升,有利于增加农民收入,提高农村地区消费能力,对从整体上提高我国内需水平,并改善我国消费结构,具有战略性的积极意义。但粮食价格关系国计民生,过高、过快的粮食价格上涨,也会加大社会其他阶层的负担,给宏观调控带来新的难题,因此,正如我们已经看到的那样,政府会在粮价高涨时通过市场化操作平抑粮价。而从我国连续三年农业的丰收和政府所实施的一系列有利于农民的政策措施(如取消农业税等)来分析,目前中国政府是有足够的实力来实现粮价基本稳定这一目标的。因此,预计明年尽管食品价格还会有一定幅度的上涨空间,但不会带动 CPI 出现大幅上扬,而是小幅上涨,不会对我国明年通货膨胀产生很大的压力。因此,仅从粮食价格的角度看,我们认为其带来的 CPI 上行压力不足以导致央行出台进一步紧缩的政策,而从货币政策调控来看,对于基础消费品价格也并非十分有效。但是,目前的全球流动性过剩问题仍然存在,前期食品价格的平稳对于稳定 CPI 起到重要作用,如果后期非食品类价格不能维持稳定,投资过热不能被有效抑制,CPI 上行压力将会较大,央行出台紧缩性政策将不可避免。

案例评析 由产品市场和货币市场均衡理论得知:产品市场的变化将导致货币市场的变动。粮食价格的普遍上涨,将导致居民消费价格指数上行,加大了通货膨胀的可能性。要维持产品市场和货币市场的平衡,就要采取紧缩性货币政策,减少货币供应量。因此,一旦粮食价格上涨的幅度偏大,不可避免地要实施紧缩性货币政策。这是因为,价格上涨—企业利润上升—投资需求上升—总需求上升—供不应求问题更加严重—通货膨胀压力更大,这样一种恶性循环的可能性是存在的。

资料来源:中国证券报,2007 年 1 月 4 日,第 A10 版,颜炬

案例讨论

1. 食品价格变化与 CPI 的变化有何关系?
2. 粮食价格上涨到什么程度,会导致货币政策的变化?

案例 3　中国真的资本过剩了吗?

【案例适用】 货币市场与产品市场

案例内容 目前"流动性过剩"成为描述中国宏观经济的关键词语。人们纷纷惊呼:中国已进入"资本过剩时代"。日益扩大的银行存款,居高不下的储蓄余额,屡创新高的外汇储备,节节攀升的股市和房地产价格,都在昭示着:对于中国整体经济而言,"缺钱花"的时代已经过去了。仿佛就在不久之前,"资本短缺"还是中国经济面对的最大难题。为何这么快就变成了"资本过剩"?

从中国经济自身来看,由"资本短缺"转为"资本过剩"的最根本原因,当然是中国经济持续近 30 年的高增长和高积累。自 1978 年至今,中国 GDP 年均增速 9.6%,资本积累年均增速 12%左右,这虽然不是造成"流动性过剩"的直接原因,但也是其必不可少的基础。众所周知,对外贸易对中国的经济增长起了十分重要的作用。改革开放后,中国的对外贸易依存度不断提高,与世界经济的联系日益紧密。现在,中国的对外贸易依存度已高达 70%以上,是世界上外贸依存度最高的国家之一。不仅如此,中国对外贸易常年存在巨额顺差,外汇储备不断增加。近两年中国的外汇储备更是"突飞猛进",2006 年底已超过 1 万亿美元。在中国原有的外汇管理体制下,企业和居民不得持有外汇,必须将外汇出

售给国家,于是在形成外汇储备的过程中,中央银行用来购买外汇的人民币就进入货币市场,成为具有扩张功能的基础货币,通过乘数效应的放大作用,基础货币的增加带来了货币供应量的成倍增加。那么,货币供应量的增加为什么没有导致商品价格水平上涨,而是导致了以资产价格上涨为主要标志的"流动性过剩"呢?除了政府实行的局部反通胀政策以外,这主要与中国经济的体制性特征有关。首先,社会保障体系的缺失、医疗卫生制度的不健全、教育系统的不完善、经济环境的不确定性都使普通老百姓"有钱不敢花",而是愿意存进银行,或购买房地产等能够保值增值的资产,以备不时之需。这抑制了最终的消费需求,进而又通过经济中的连锁效应影响了投资需求的扩大。事实上,2000年以来,政府持续推行的增加国内消费的基本战略,已经在居民部门取得明显效果,居民消费倾向有所上升。但由于分配格局越来越向资本倾斜,居民可支配收入占国民收入的比重下降,故而居民消费倾向上升的作用不明显。其次,以间接融资为主的金融体系加剧了流动性过剩,大量资金以存款的形式集中在银行体系,给商业银行造成了沉重的放贷压力。选择贷款对象时,商业银行为了保证利润、降低风险,往往选择房地产、钢铁、水泥等大型投资项目和热门行业,使社会资金以贷款的形式向那些大型投资项目和热门行业集中,中小企业由于风险较高,很难从商业银行得到贷款。而另一方面,商业银行也有大量资金找不到放贷出路。此外还必须看到,中国的"流动性过剩"绝不是一个孤立现象,而是全球"资本过剩"在局部的突出表现。20世纪90年代以来,数万亿流动性极强的资金在国际资本市场上游荡,追逐着短期盈利机会。由于中国的GDP和出口一直保持强劲增长,国际上普遍存在着强烈的人民币升值预期,中国便成了国际游资逐利的目标。在中国尚未开放资本项目的条件下,大量国际游资通过各式各样的渠道进入中国,促使外汇储备快速增长,通过结汇完成流动性输入。可见,当前中国的"流动性过剩"有内因,也有外因,它体现了30年来中国经济发展的成就,也反映了现阶段的一些深层次问题。

案例评析 随着我国经济的发展,资本积累增多这是事实。同时我国对外贸易依存度不断加深,外汇储备迅猛增长以及国际游资的进入,使我国目前的资本市场表现出过剩局面,但是这种过剩只是一种表面现象。中国的资本增多了,但是并没有达到过剩的程度。按照 IS-LM 模型,货币供给量增加,LM 曲线向右下方移动,均衡利率降低,如图

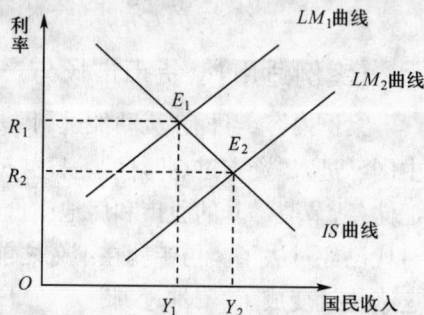

图 10-2 IS-LM 模型与利率的变化

10-2所示。货币如果供过于求,那么就会导致物价上涨。而我国的情况是由于居民将钱存入银行,而不是将其转化为消费,因此,没有带动商品价格上涨。在投资方面,由于银行在发放贷款时的局限性,出现了一边是中小企业拿不到贷款,一边是一些商业银行的钱贷不出去的情况。这说明我国资本并不是真的过剩,而是一种分配和使用的不合理。

案例来源:"流动性过剩与中国经济发展",齐良书,《经济纵横》,2007.2

案例讨论

1. 如何正确认识当前中国的"流动性过剩"？
2. 当前中国的"流动性过剩"对你的生活有何影响？

案例4　加息，房价会往下拐吗？

【案例适用】　产品市场与货币市场均衡理论

案例内容　央行2007年3月17日下午宣布，从3月18日起，同步上调金融机构人民币存贷款基准利率0.27个百分点。这是央行2007年以来、在连续两次上调存款准备金率后，首次上调银行基准利率。央视经济信息联播消息称，今年2月份的数据显示，投资、信贷、物价增长幅度都较大，这是促成央行决定加息的直接原因。专家认为，此次加息可能会成为房价下降的一个拐点。业内人士同时认为，它可能会挤压股市中存在的部分泡沫。

某城市一位居民2002年贷款买房，经历过多次银行加息，五年时间里，只见加息不见减息；贷款余额越来越少，月供却越来越高，从最初的2 450元，变成了眼前的3 077元。随着本次加息，从明年1月1日开始，月供还得增加几十元。今日增一点明日增一点，温水煮青蛙，每次加息时没有多少感觉，但前后一算，眼看着月供就增加了600多元。每次加息，那些不露庐山真面目的专家们都会说会打压房价，可事实呢？从2002年到现在，北京房价低的涨了百分之三四十，高的涨了将近两倍。全市几乎找不出一个降价的楼盘，除了因资金链断裂而被拍卖的烂尾楼和产品质量严重不合格的楼盘。

而在此过程中，受损害最大的，显然是那些普通的急于买房的工薪阶层。不论是提高首付，还是加息，也不论是增加营业税和物业税，对于那些有一定经济实力的炒房者来说，算不上巨大的不可承受的负担。但是对于普通工薪族，买一套房多付几万元，或者每月增加一两百元的月供，就往往是他们难以承受之重。

案例评析　本案例论述了在利率不断上涨的今天，房价不但没有下降，反而在连年上涨。按照总供给和总需求理论，利率上涨，会抑制投资、消费，稳定物价，降低总需求。那么总需求的下降，会导致物价降低。按照此理论，房价会由于加息而降低。但是现实却相反，我国的房价一直在上涨。这说明在我国仅仅靠利率的变动，对我国总需求的影响很小。因此在制定宏观政策时要考虑我国的国情。

案例来源：转载于《南京晨报》，2007年3月20日，童大焕

案例讨论

为什么加息对我国的总需求影响不大？

第11章 总供给-总需求

```
                    ┌──────────────────┐
                    │ 影响总需求曲线的因素 │
                    └──────────────────┘
                             │
                    ┌──────────────┐
                    │   总需求曲线   │
   ┌──┐  ┌──┐       └──────────────┘          ┌──┐
   │影│  │总│              │                  │总│
   │响│  │供│      ┌────────────────┐         │供│
   │总│  │给│─────▶│ 总需求－总供给模型 │────────▶│给│
   │供│  │曲│      └────────────────┘         │曲│
   │给│  │线│              │                  │线│
   │曲│  └──┘       ┌──────────────┐          │移│
   │线│            │  总需求曲线移动  │          │动│
   │的│            └──────────────┘          └──┘
   │因│
   │素│
   └──┘
```

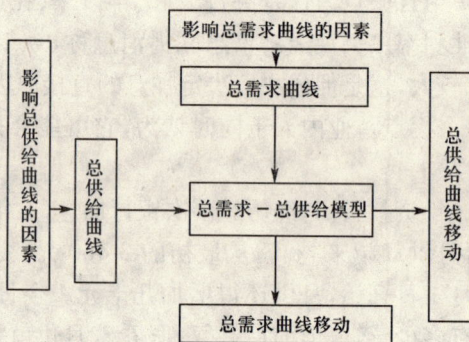

.... **本章基本原理概要** ....

一、总需求曲线

和微观经济学中供求曲线的交点决定个别产品的数量和价格相类似,总需求和总供给曲线的交点决定整个社会的产量和价格水平。

总需求是经济社会对产品和劳务的需求总量,这一需求总量通常以产出水平来表示。总需求由消费需求、投资需求、政府需求和国外需求构成。

1. 总需求函数

定义为产量(国民收入)和价格水平之间的关系。总需求函数的几何表示被称为总需求曲线。

2. 价格水平变化如何影响总支出水平变化

价格水平的提高使货币需求提高,但由于货币量保持不变,于是货币市场出现了非均衡,结果是利率提高。伴随着较高的利率,投资支出下降,从而导致产量下降;相反,较低的价格水平使货币需求下降,进而导致利率下降,较低的利率刺激了投资,从而导致产量的提高。

①利率效应:价格水平上升,导致利率上升,导致投资和总支出水平下降;

②实际余额：价格水平上升，导致利率上升，人们变得相对贫穷，导致消费水平相应降低；

③价格水平上升，使人们名义收入增加，从而税负增加，可支配收入下降，进而消费水平下降。

二、总供给曲线

总供给是经济社会所提供的总产量(或国民收入)。

短期宏观生产函数：由于资本存量和技术水平在短期内不可能有较大的改变，所以二者被认为是不变的常数。

长期宏观生产函数：包括生产函数中的三个主要自变量在内的一切自变量都可以改变。首先，技术水平可以有很大进步，存在着足够的改善技术的时间。其次，人口的增长能够影响充分就业的劳动者的数量。最后，资本存量也会随着积累的增加而发生很大的变化。

总供给函数是指总产量与一般价格水平之间的关系。在以价格水平为纵坐标，总产量为横坐标的坐标系中，总供给函数的几何表达即为总供给曲线。

宏观经济学将总产量与价格水平之间的关系分为三种，即古典总供给曲线、凯恩斯总供给曲线和常规总供给曲线。

1. 古典学派认为，总供给曲线是一条位于经济的潜在产量或充分就业水平上的垂直线。古典总供给曲线之所以具有垂直线形状，理由有两个：

第一，古典学派假设货币工资(W)和价格水平(P)可以迅速自行调节，使得实际工资$\left(\dfrac{W}{P}\right)$总是处于充分就业所应有的水平，从而，产量或国民收入也总是处于充分就业的水平，不受价格的影响。换言之，只要存在着 W 和 P 迅速或立即调整的假设，古典总供给曲线也是一个短期总供给曲线。

第二，古典学派一般研究经济事物的长期状态，而在长期中，即使不动用 W 和 P 能够迅速或立即调整的假设，货币工资和价格水平也被认为是具有充分的时间来进行调整，使得实际工资$\left(\dfrac{W}{P}\right)$处于充分就业应有的水平，从而，总供给曲线也是一条垂直线。以此而论，古典总供给曲线又代表长期总供给曲线。

2. 凯恩斯总供给曲线被认为是一条水平线。和古典总供给曲线相对应，凯恩斯总供给曲线之所以具有水平线形状，其理由也有两个：

第一，货币工资(W)和价格水平(P)均具有刚性，也就是说，二者完全不能进行调整。

第二，《通论》所研究的是短期的情况，即使不动用刚性工资的假设，由于时间很短，W 和 P 也没有足够的时间来进行调整。

3. 古典总供给曲线和凯恩斯总供给曲线分别代表两种极端状态。前者来自货币工资(W)和价格水平(P)能够立即进行调整的假设；后者则来自货币工资(W)和价格水平(P)完全不能进行调整的假设。西方学者认为，在通常的或常规的情况下，总供给曲线位于这两个极端之间。

三、总需求-总供给模型分析

1. 总需求曲线移动的结果

(1) 小于充分就业水平时,价格下降的比例小于就业量下降的比例;

(2) 大于充分就业水平时,价格下降的比例大于就业量下降的比例。

2. 总供给曲线移动的结果

一般而言,总供给曲线往往向左上方移动,即供给缩减,这样会导致产出减少(失业),价格水平上升(通货膨胀)。这种情况被称为滞胀。

3. 总需求-总供给模型数学小结

产品市场均衡条件:

$$i(r)+g=s(y-t)+t$$

货币市场均衡条件:

$$\frac{M}{P}=L_1(y)+L_2(r)$$

劳动市场均衡条件:

$$f(N)=\frac{W}{P}; \quad h(N)=\frac{W}{P}$$

短期总产量函数:

$$y=y(N,K)$$

案例 1 石油危机的影响

【案例适用】 总供给分析

案例内容 自从 1970 年以来,美国经济中一些最大的经济波动源于中东的产油地区。原油是生产许多物品与劳务的关键投入,而且世界大部分石油来自几个中东国家。当某起事件(通常是源于政治)减少了来自这个地区的原油供给时,世界石油价格将会上升,美国生产汽油、轮胎和许多其他产品的企业会有成本增加。结果是总供给曲线向左移动,这又引起滞胀。

第一起这种事件发生在 20 世纪 70 年代中期,有大量石油储藏的国家作为欧佩克成员走到了一起。欧佩克是一个卡特尔,一个企图阻止竞争并减少生产以提高价格的卖者集团。而且石油价格的确大幅度上升了。

在几年后几乎完全相同的事又发生了。在 20 世纪 70 年代末期,欧佩克成员再一次限制石油的供给以提高价格。从 1978 年到 1981 年,石油价格翻了一番多,结果又是滞胀。第一次欧佩克事件之后通货膨胀已有一点平息,但现在每年的通货膨胀率又上升到 10% 以上。但是,由于美联储不愿意抵消这种通货膨胀的大幅度上升,经济很快又是衰退,失业率从 1978 年和 1979 年的 6% 左右在几年后上升到 10% 左右。

世界石油市场也可以是总供给曲线向右移动的来源。1986 年欧佩克成员之间发生了争执,各成员私下违背限制石油生产的协议,在世界原油市场上,价格下降了一半左右。石油价格的这种下降减少了美国企业的成本,这又使总供给曲线向右移动。结果,美国经济结束了滞胀,走向它的反面:产量迅速增长,失业率下降,而通货膨胀率达到了多年来的最低水平。

案例评析 影响总供给曲线移动的因素很多,如劳动力和资本存量的变化、技术变革、预期未来价格的改变、某种重要自然资源价格未预测到的变化等,都会引起总供给曲线的移动。一种重要自然资源的价格发生未预测到的增加或者减少,会造成企业成本和预测的不同。石油价格很容易波动,而一些公司在生产过程中使用石油,另一些公司使用以石油作为原料的产品,如果石油价格有出乎意料的上升,这些公司的生产成本就会上升。有一些使用石油发电的公司,因此电力价格也会上升。增长的石油价格会带来增长的汽油价格,从而会增加很多公司的运输成本。因为公司面临增加的成本,它们只会以更高的价格来卖出相同水平的产品,从而使短期总供给曲线向左移动。一个没被预料到的造成短期总供给曲线向左移动的事件叫做供给冲击。供给冲击往往是由于一种很重要的自然资源的价格忽然上升或者下降所造成的。欧佩克成员通过限制产量来抬高原油价格,导致原油供应大幅减少,石油价格大幅上升,引起滞胀,经济停滞,工人失业。当欧佩克成员之间发生争执时,打破协议,扩大产量,结果石油价格下降一半,滞胀减轻,失业减少。这说明总供给的变动,会改变均衡价格,同时会影响就业和经济发展。

案例来源:汪祥春.宏观经济学(第四版).东北财经大学出版社,1990 年 6 月

案例讨论

影响总供给的因素有哪些? 总供给如何影响总需求的变化和总需求量的变化?

案例 2 增发 1 800 亿元国债 实施积极财政政策

【案例适用】 扩大总需求的方式——扩大内需

案例内容 国家信息中心经济预测部根据财政政策与货币政策的不同力度,运用中国宏观经济计量模型对 2002 年中国经济增长进行了初步的测算,在三个方案下,GDP 的增长率分别为 7%、7.5%和 8%。在各个方案中,农业按中等收入年景考虑。

方案一,GDP 增长率为 7%,与 2001 年相比有所回落。在此方案下,主要是考虑连续四年以来国债的发行规模已经达到了一定水平,财政支出对债务收入的依存度过高,2002年增发国债的力度保持不变,当年财政赤字占 GDP 比例不再继续升高,初步设想长期建设国债的发行规模依然保持在 1 500 亿元左右。该方案较好地兼顾了经济增长与稳定的平衡关系,财政赤字也处在可以控制的范围之内,其不足之处在于居民收入尤其是农村居民收入增长缓慢的状况未有明显改观,就业的压力持续加大,登记失业率与失业人数继续上升。另外从经济增长速度方面看,GDP 比 2001 年的增速又有所回落,企业及海外投资者对中国经济增长的预期可能会趋于谨慎。

方案二,GDP 增长率达到 7.5%,与 2001 年相比增幅基本持平,较好地保持了经济增长的连续性。此方案下要求当年发行长期建设国债 1 800 亿元左右,力度有所加大,通过

国债建设项目拉动固定资产投资需求稳步增长,投资需求仍然是拉动经济增长的重要力量,但民间投资需求仍持谨慎态度,预计当年全社会固定资产投资总额增长 13.5%,增速平稳;该方案同时要求狭义货币供应量(M_1)的增长不能再持续下滑,当年 M_1 的增幅要求达到 13.5%,货币供应量紧运行的矛盾有所缓解,当年货币流动性比率可望从上年的 38.1%提高到 38.6%,货币政策稳定并促进经济增长的功能初步得到发挥。在此方案下,国民经济运行呈现良好的"较高增长、较低通胀"格局,物价总水平虽然有所上升,但增幅不大,全国居民消费价格指数预计为 0.5%,处于可控的通货膨胀范围之内。国民经济总量的平衡关系处于较好状态,城乡居民收入总体上维持较快增长,为推进结构调整和国有企业改革提供了较大的回旋余地。

方案三,GDP 增长率达到 8%,增幅较 2001 年有明显提高,但同时对未来一段时间的国际收支平衡构成较大压力,当年贸易收支顺差出现大幅度下降,顺差将由上年的 156 亿美元下降为 14 亿美元。此方案下,要求发行长期建设国债达到 2 000 亿元左右,比上年增加 500 亿元,财政赤字相应增加达 555 亿元,财政支出对债务收入的依存度继续提高,使未来的偿债压力加大。2002 年维持国民经济稳定增长的格局,应该继续坚定不移地实施积极的财政政策,并进一步发挥货币政策的作用。在千方百计扩大出口的同时,又要着力于开发国内需求,加快结构调整,推进体制改革,努力保持国民经济的平稳增长。

案例评析　从本案例中可以看到,GDP 的增长幅度与国家发行国债的数量正相关。也就是说,在国家可以承受的范围内,国债增发的数量越多,国民经济的增长幅度将越大。这是因为政府支出是构成总需求的一个组成部分,政府支出增多,总需求扩大。AD 曲线向右移动,使国民收入增加。但是,国债不能无节制地发行,在考虑通货膨胀、就业等因素的作用下,我国在 2002 年采取了增发 1 800 亿元国债的方案,以扩大内需,拉动经济增长。

案例来源:国家信息中心经济预测部,华夏时报,2002 年 01 月 09 日

案例讨论

增加总需求的其他方式有哪些?

案例3　美国政府采购:不间断的采购盛宴

【案例适用】　政府支出

案例内容　7 倍于沃尔玛销售额的美国政府采购,对于国内中小企业而言是一个不可忽视的大蛋糕。一单 5 万个计算器的生意,尽管因全部以空运方式投送到芝加哥,造成了高达 29 万元人民币的运费成本,但制造企业的最终利润仍达到了 160 万元人民币。如此高额的利润获得,买家究竟是谁? 答案是——美国政府。(中国经营报/2007 年/4 月/16 日/第 C09 版/李晓蕾)

美国各级政府每年的采购总额达 2 万多亿美元,其中大约 50 多万个采购项目是通

过公开招标完成的。除采购总额大外,采购的每个订单,一般数量、采购金额都很大。同时,美国政府的采购订单周期性很强,大多数产品每年均会重复招标采购。(政府采购信息报/2007 年/4 月/6 日/第 004 版)

政府采购支出是一国财政支出的重要组成部分,在西方国家,政府采购支出通常可占财政支出的30％以上。搞好政府采购,实质上就控制了财政支出的一个重要"阀门",把政府采购称为公共财政支出领域中的一场"革命"毫不过分。

市场经济比较发达的国家的实践表明,政府采购占一国 GDP 的比重一般在 10％左右,是政府实施财政支出政策的重要工具之一。财政政策寓于财政收支之中,与收支相对应,财政政策也分为财政收入政策和财政支出政策。政府采购的数量、品种和频率,直接影响财政支出的总量和结构,反映一定时期的财政支出政策趋向。(中国财经报/2001年/11 月/27 日/第 007 版/理论纵横/姜爱华,潘磊)

案例评析 美国政府之所以采取扩大政府采购的政策,是因为政府采购有助于实现社会总供需的平衡。社会总需求主要由消费需求、投资需求和政府购买组成。通过调整政府采购的购买总量可以调整社会总需求,促进社会总供需的平衡。当社会总需求小于社会总供给时,政府可以扩大政府采购,以促进企业扩大投资,提高社会总需求水平;反之,当社会总需求大于社会总供给时,政府则可以缩减政府采购规模。政府采购作为财政政策,具有宏观调控的作用,能够有效地实现调节社会总供求的目的。

案例讨论

你了解我国的政府采购政策吗?

案例 4　房价:总供给与总需求错位

【案例适用】 总需求与总供给

案例内容 自 1998 年后中国经济遭遇了生产过剩、消费不足、新增长点难觅等困扰后,由于房地产业的关联产业带动效应很强,对经济增长指标的促进作用非常明显,本身也创造了大量就业机会,因而自然成为中国进入新一轮经济快速增长周期的领头羊。而活跃的房地产业又吸引了经济飞跃过程中迅猛积累甚至泛滥的货币财富大量涌进。

在这种产业增长背景下,房地产业容易形成价格虚高。首先,房地产是缺乏供给弹性的要素资本,随着社会总需求的增长,供给弹性越小的要素价格增长得越快。其次,房地产的真实需求往往比较稳定,但投机需求随预测而变化,极其不稳定,这种短期的投机行为加剧了房地产投资的非理性和"超前消费"倾向。

目前,房地产价格的上涨幅度已经远远超出了社会平均劳动力价值的提升幅度,不仅低收入家庭买不起,连中等收入家庭也望而却步。高房价还产生了"挤出效应",导致居民的其他消费进一步萎缩。另外,收入分配差距的扩大以及房地产消费"散户时代"的到来,国内游资与海外热钱相互汇集,通过银行杠杆的放大效应,刺激了房地产市场上的追本逐利行为。由此,投资需求正取代自主需求而成为住房增量需求的主要力量。

一旦房价越来越脱离基于自主用途的购买力,就会给实际经济发出错误的信号,同时引起社会财富的重新分配,最终会导致总供给与总需求的错位。首先,房价高意味着投资房地产会有更高的投资回报率。大量资金流向房地产业,导致银行贷款投向的区域、品种结构不合理,生产性企业缺乏足够的资金,或者说难以用正常的成本获得生产所必需的资金;其次,投资买房属于不真实的购房消费,经过炒作,进一步不合理地推高房价,对于最终的住房消费交易是有害而无益的;再次,房价泡沫使房地产持有者与非房地产持有者、大都市圈与地方圈的资产差距越来越大,导致社会分配的不公,形成阶层对立。

案例评析 市场价格应该是由总供给和总需求所决定的均衡价格。但是如果总供给和总需求之间由于投机行为,而使价格信号不能反映市场的真实供求情况,就会导致总供给和总需求的错位。我国目前的房地产市场,正面临着这种总供给和总需求错位的危险。房地产价格过高,不仅使有购买需求的消费者购买不起,而且使大量资金流入房地产行业,减少了生产性企业的资金,制约整个社会经济的发展。政府应该采取必要的措施,控制这种不利局面,实现总供给和总需求的平衡。

案例来源:上海证券报,2006-06-26

案例讨论

均衡价格变动的影响因素都有哪些?

案例 5 肉价和房价的调控之道

【案例适用】 短期总供给

案例内容 乍一看,猪肉和房子似乎不具有可比性,但它们同为基本生活需求范畴,完全可以把房价与肉价问题拿来做一番比较。与肉价的发展史不同的是,房价问题由来已有四年之久。从 2003 年开始,上海等长三角城市的居民都在抱怨房价涨得太快,经过几年的宏观调控,2005 年、2006 年长三角房价整体有所回落,可北京、深圳、广州、大连等城市却逆势而起,至今仍不肯低头。近两三个月,上海楼市重新升温,南京、杭州也跟着亢奋,整个长三角楼市似有"王者归来"之势,真让买房人摸不着房价的"筋"。对于房价居高不下,老百姓和部分专家认为是政府宏调不力和开发商捂盘所致,开发商们则认为房价上涨主要是因为需求旺盛、政府土地供应不足。客观地说,目前影响中国住宅价格的因素太多太复杂,比如股市获利资金回流已成为短期内的重要暖市因素——这是以前从未有过的。但若一定要找出最关键的一个原因,必定是市场有效供应不足。住宅有效供应不足的症结何在?不妨拿生猪供应作参照。首先,针对近期的肉价飙升,国务院立即通知"要抓好生猪生产",通过扩大供应抑制肉价的思路非常明确且正确。而针对房价的调控思路有一些值得商榷,2004 年、2005 年房地产宏观调控的重点是紧缩"地根"和"银根"、增加流通环节的税费、整治市场秩序等,其作用是同时增加了开发和购买成本,一方面不同程度地分别抑制了投机、投资、自居需求,另一方面也减少了土地出让规模、增加了开发成本、推高了房价。2006年"90/70"政策的出台,表明政府把调控房价的方式转向调整供应结构,大幅增加中小户型的普通住宅。这一思路是正确的,但却需要1~2年才能真正形成有效供应,而去年牵涉到各地政府和开发商在对"90/70"政策认知理解、讨价还价、修改原有项目设计方案等上面花费了不少时间,使部分楼盘开工时间推迟数月,也就在一定程度上造成了目前供应相对不足的状况。

案例评析　从短期总供给来看,价格如何影响产出:价格上升→原有生产者增加产出量并且吸引新的生产者投资→总供给增加。猪肉价格最近一路飙升,政府通过调控,扩大生猪生产,供给增多了,那么猪肉价格就会得到稳定。而对房地产来说,由于各种原因,价格上升不能顺利增加有效供给。所以,房子的价格短期内不能像猪肉价格一样得到有效控制。

案例来源:2007年06月07日,中国经济网

案例讨论

中国房地产有效供应不足的原因是什么?

案例6　谁推动了20世纪90年代美国的经济增长

【案例适用】　消费对总需求的影响

案例内容　克林顿总统把1996年美国经济的明显回升和活跃归功于自己,但分析家认为应主要归功于消费者。

在1996年的大部分时间里,美国人慷慨地支出于住房、汽车、电冰箱和外出吃饭,这使得在1月份时看来有停滞危险的经济扩张又得以持续下去。在这个过程中,他们基本上没有理会过分扩大支出的信号。

经济学家说,在星期五公布的惊人强劲的经济数据中,消费者的无节制支出是主要力量。劳工部估算,经济创造了23.9万个工作岗位,远远大于预期的水平,使这个月成为连续第五个月强有力的就业增加。现在的失业率为5.3%,是6年来的最低水平,而且经济增长如此迅速,以至于又开始担心通货膨胀。

在各个行业中,就业增长最大的是零售业,它在6月份增加了7.5万个工作岗位,其中有将近一半是政府划归为餐饮的行业。在汽车中间商、加油站、旅馆和出售建筑材料、园艺和家具的商店中,工作岗位的增加也是强劲的。建筑业增加了2.3万个,这部分反映了住房建设的持续性上升力量。

大多数经济学家还一致认为,1996年支出迅速增加主要是由临时的因素引起的——包括低利率,退税高于预期水平,以及汽车制造商的回扣等。

此外,消费者对股票市场将持续上涨的预期也使消费者支出更多。经济学家多年来一直在解决股票市场投资的纸面获益能在多大程度上引起消费者支出更多的问题,而且

他们仍然没有得出一个一致的答案。但是,他们说,近年来的牛市给消费者更多地支出提供了某种刺激。

案例评析 1996 年,美国经济迅速增长,这种增长的主要原因是总需求的增加。消费者总需求的增加带动了就业和物价的变动。以总需求增加为例。总需求增加是总需求曲线向右移动,在总供给曲线不变时,总需求曲线向右移动会形成新的宏观经济均衡。如果原来的均衡是失业均衡,总需求增加会使价格水平上升,实际 GDP 增加至充分就业水平。但如果原来的均衡是充分就业均衡,甚至高于充分就业均衡,那么总需求增加会引起工资和原材料价格上升,短期总供给曲线向上平行移动。在这种移动过程中,实际 GDP 减少,物价上升。最后,实际 GDP 又回到充分就业水平,但价格水平不会再下降,保持高于原来均衡时的水平。

案例来源:曼昆.经济学原理.北京大学出版社,1999 年

案例讨论

总需求减少对经济的影响有哪些?

案例 7　大学毕业后找一份工作对你来说有多难?

【案例适用】 总需求与总供给

案例内容 有些大学毕业生要比其他毕业生幸运。在某些年份里,就业市场表现活跃,大学毕业生找工作相当容易。但在另一些年份里,就业市场却表现冷淡,大学毕业生很难找到工作。

无疑,你也会在 1 年或 2 年后毕业离校。那时的就业市场将会是什么样的呢? 它会表现活跃吗? 它会活跃到在学生毕业之前,各个公司就已经派代表到校园对学生进行面试吗? 还是它会表现冷淡,因而在你向许多公司寄出求职信和简历后,却得不到一个回复?

当然,你的就业前景在一定程度上取决于你所学的专业、你的学历等级以及你在面试中的表现等,但它同时也取决于 AD(总需求)曲线与 $SRAS$(短期总供给)曲线在经济中的那一点"相交"。也就是说,你的就业前景,将取决于 AD 曲线和 $SRAS$ 曲线是上升、下降,还是保持不变。

案例评析 为了便于说明,我们假设在你毕业前的几个月出现利率上升,美元升值。我们看看这些变化会对你的就业前景带来什么样的影响。利率的上升会使耐用品的支出和投资支出趋于减少,这样消费和投资均会下降。如果美元升值,那么美国的商品对外国的购买者来说将变得较为昂贵,因此他们会减少购买;同时,外国的商品对美国的购买者来说将变得较为便宜,因此美国居民会增加对外国商品的购买。结果,出口减少,进口增加,从而净出口下降。

如果消费、投资和净出口均下降,那么美国经济的总需求也会下降。换句话说,AD

曲线向左移动。

由于经济中的总需求下降,因此出现了一个新的短期均衡。这个新的短期均衡处于较低的实际 GDP 水平上,换句话说,企业减少了商品和劳务的生产数量。在这些企业当中,有许多正是你希望在毕业后能从它那里求得职位的企业。因此,你的就业前景跟经济中出现这些变化之前的情况相比,看来就不那么乐观了。

你毕业后的就业前景取决于许多因素,有很大一部分取决于你的个人情况和你的选择。例如,你选择什么专业? 你学习有多勤奋? 你在大学中获得的是什么级别的学位? 但是,它同时也取决于由总需求和总供给所决定的经济状况。

资料来源:[美]罗杰·A·阿诺德.经济学.北京:中信出版社,2004.1

案例讨论

经济学家经常使用函数来进行论述。例如,某位经济学家可能会说:"收入、财富、利率等因素的变动会导致消费支出发生变动。你一生的成功也是许多变量的函数,你认为当中应包括哪些变量? 在你所确定的变量当中,有多少个与经济因素相关?"

案例8　政府有能力保障猪肉市场供应

【案例适用】　供需平衡

案例内容　2007 年 5 月中旬以来,我国猪肉市场经历了两次明显的上涨行情。据商务部监测,第一次价格上涨出现在 5 月下旬,全国 36 个大中城市白条猪肉每公斤平均批发价为 16.53 元,较 5 月 11 日上涨 16%。猪肉价格 6 月份比较稳定,但 6 月底 7 月初再次上涨。7 月 4 日,36 个大中城市猪肉每公斤平均批发价上升到 17.83 元,较 6 月 20 日上涨 7.2%。近日猪肉价格仍在小幅上扬,7 月 11 日全国 36 个大中城市猪肉每公斤平均批发价为 18.57 元,精瘦肉平均零售价格超过 22 元。如何认识这次价格波动?

案例评析　此次猪肉价格上涨,最根本的原因是猪肉供不应求,拉动价格上涨。

首先,我国生猪以分散养殖为主,由于信息传导不畅,经常发生"供不应求"和"供大于求"交替出现的周期性波动。2006 年上半年,全国生猪价格持续大幅下跌,养殖户为减轻损失,宰杀母猪,贱卖小猪,导致今年上半年生猪存栏和出栏数量严重不足。据发展改革委、农业部、商务部等部门联合调查,今年 5 月份生猪存栏数量比去年同期下降 15%～20%,主要屠宰企业的生猪屠宰量也出现明显下降,上市猪肉明显减少。

其次,部分生猪主产区发生生猪蓝耳病等疫情,造成母猪流产、死胎,生猪存栏数量进一步下降,也是一个重要原因。由于担心疫病带来的风险损失,养殖户在当前猪价升高的情况下,补栏积极性仍然不是很高,尤其是不敢补充母猪。据对部分种猪养殖企业调查,6 月份后备母猪销售量同比下降了 20%～30%。

再次,国内外饲料价格持续上涨,加大了养殖成本,对生猪供应产生不利影响。受深加工需求快速增长等因素影响,国内市场玉米价格持续上涨,直接影响到养殖成本。7 月

10 日,全国玉米平均价格达 1 650 元/吨,较 4 月中旬上涨 7.1％,平均每吨上涨 110 元。国际市场饲料价格今年以来也一路上扬,今年 6 月美国芝加哥期货交易所玉米期货价格同比上涨 57.6％,大豆价格上涨 39.7％。

此外,今年夏天我国部分地区持续高温,严重洪涝灾害频发,不少道路中断,给产销区之间的生猪及猪肉调运造成很大困难。加上我国物流体系总体还比较落后,运输成本高,也影响了商务部门进行区域调剂。

针对此次猪肉价格上涨,商务部门采取了积极的措施稳定市场。

解决猪肉供求矛盾,要从生产、流通两大环节入手。生产环节增加生猪产量,提供数量充分、无病无害的生猪上市,这是根本性、基础性的措施。流通环节加强产销衔接,做好区域调剂、保证质量安全,也是不可缺少的。商务部作为主管贸易的政府部门,主要做了以下工作:

第一,加强市场供求和价格监测。商务部 5 月下旬及时启动了生活必需品市场监测日报制度,全面监测从养殖场、屠宰场、肉食加工厂到批发市场、超市的全过程,对猪肉价格上涨原因、后期走势等问题进行分析,将市场动态及时上报国务院,并提出对策建议。同时,通过商务部网站"商务天气预报"栏目和社会媒体,发布猪肉及其替代品的市场供求及价格信息,指导企业生产经营,引导居民理性消费。5 月中旬以来,共向社会发布猪肉市场信息 880 余篇。

第二,做好产销、供求衔接。商务部组织北京与吉林、天津与山东、上海与河南等地商务主管部门,签订了猪肉主销区和主产区产销衔接合作意向书。北京市商务局组织屠宰企业与吉林省养殖基地合作,目前北京市场上产自吉林省的猪肉已达 20％以上。7 月 11 日,北京市重点肉类加工企业生猪屠宰量较 6 月 30 日增加 7.3％。其他传统的产、销区之间,也抓紧签订生猪长期供应协议,组织生猪采购调运,增加销区市场供应。

第三,根据应急预案加强市场调剂。商务部制定了猪肉市场供应应急预案,在发展改革委、农业部支持下,会同财政部进一步完善了中央、地方两级储备制度,要求各地对辖区内的猪肉储备进行检查,确保应急时能够调得动、用得上。为保障遭受严重自然灾害地区的猪肉供应不脱销、不断档,商务部已经投放了部分国家储备肉,保障当地人民群众的正常生活。今后如有必要,将继续适时向市场投放储备肉。

第四,加强肉品质量安全管理。商务部会同公安、卫生、工商、食品药品监管等部门,严厉打击私屠滥宰、制售注水肉和病害肉等不法行为,加强肉品市场管理,维护市场正常秩序,确保消费者食肉安全。商务部组织了 6 个检查组,对全国 17 个省市的生猪屠宰和肉品安全情况进行检查。

为了稳定猪肉供应,国务院成立了国家发展改革委牵头,农业部、财政部、商务部、工商总局、质检总局等共同参加的工作小组。发展改革委从宏观调控层面,多次牵头组织有关部门认真分析生猪的生产和供应形势。农业部不断加大支持生猪生产、加强疫病防控工作的力度;财政部对各项措施及时予以财政支持;工商总局、质检总局加强对肉类加工和市场秩序的执法检查;商务部积极配合有关部门,加强市场监测和调运,稳定供应。相信通过这些部门的工作,会逐渐缓解当前生猪供需之间的矛盾。

资料来源:中国新闻网(北京),2007-07-19

案例讨论

1. 什么原因引起猪肉价格上涨？
2. 从经济学的角度分析，政府准备从哪些方面对猪肉市场进行调节？

案例9　20世纪90年代日本经济的衰退

【案例适用】 总供给分析

案例内容　20世纪90年代，日本经济在多年迅速增长和极度繁荣之后经历了长期衰退。由于日本经济的长期增长以及日本企业采用终身雇佣制等因素，日本历史上的失业率是极低的，但这次失业率却从1990年的2%上升到1998年的4%。在1990年以前的20年中，日本的工业生产翻了一番，但1998年和1990年的GDP仍然一样，实际GDP停滞，有时甚至还下降。

在政府治理持续性经济衰退过程中，日本经济出现了典型的零利率、负通胀的经济局面。1995年9月，为了促进经济复苏，日本中央银行采取了把贴现率降到0.5%的超低利率政策；1999年2月，中央银行为进一步减轻企业利率负担和刺激国内消费，在维持贴现率不变的情况下，将短期利率从0.25%降到0.15%；同年3月份以后，日本央行大规模发行超出市场需求的货币，促使市场利率基本降到"零"。同期，日本的消费物价指数自1999年第三季度开始低于上年同期水平，1999年全年物价水平与上年持平，2000年负增长0.4%，2001年负增长0.9%。

案例评析　本案例较好地说明了凯恩斯理论中对萧条的解释。按照凯恩斯的宏观经济理论，总支出Y由消费C、投资I和政府购买G以及净出口$(X-M)$四部分组成。上述四部分需求的减少都有可能使得总需求减少，从而使得有效需求不足。

第一，造成日本经济衰退的原因之一是消费支出减少。这部分归因于股票价格的大幅度下降。在日本，1998年的股票价格不到10年前达到顶尖水平的一半。与股市一样，日本的土地价格在20世纪90年代崩溃之前的20世纪80年代也是天文数字。当股市和土地价格崩溃后，日本公民眼看着自己的财富都消失了，而财富和收入的减少使得人们减少了消费支出。

第二，造成日本经济衰退的另一个原因是投资支出减少。这部分归因于银行系统出现的"信用危机"。在20世纪90年代，随着泡沫经济的破灭，银行陷入了困境，并加剧了经济活动的衰退。20世纪80年代日本银行发放了许多以股票或者土地为担保的贷款。当这些抵押品价值下降之后，债务人开始拖欠自己的贷款，从而使银行形成了大量的不良贷款。以商业银行为例，截至2002年3月底，美国高盛公司估计日本金融机构持有的不良资产为236万亿日元。这种旧贷款的拖欠减少了银行发放新贷款的能力，所引起的"信用危机"使企业为投资项目筹资更加困难，从而压低了投资支出。

第三，上述两部分需求的减少使得总需求不足。同时我们观察到，在日本经济的衰退中,表现为经济产出的减少,同时利率降低。1998 年的日本和 1935 年的美国一样,名义利率不到 1%。这一事实说明,经济衰退的主要原因是 IS 曲线的紧缩性移动,因为这种移动既减少了收入又降低了利率。

日本为摆脱经济衰退采取了不少政策措施,但收效甚微。同时,这些政策也引起了争论。一些经济学家建议,日本政府要大幅度减税,以鼓励消费者更多地支出。但日本政府的决策者却不愿意大幅度减税,因为他们想避免预算赤字。另外一些经济学家建议,日本的银行体系要更迅速地扩大货币供给。在名义利率下降与土地很少的情况下,迅速扩大货币供给也许能提高预期的通货膨胀,降低实际利率,并刺激投资支出。无论如何,日本的经济衰退是由于总需求不足而引起的,而"解铃还需系铃人",办法还是要从总需求的扩张中去寻找。

案例来源:节选自曼昆所著的《宏观经济学》(第四版),中国人民大学出版社,2000

案例讨论

如何防止经济衰退?

案例 10 1997—2002 年我国的通货紧缩和对应政策

【案例适用】 从需求和供给两方面拉动经济增长

案例内容 以 1997 年 7 月东亚金融危机爆发为契机,不论是中国还是整个世界,宏观经济形势都出现了戏剧性的变化。各国面对的主要问题,不再是通货膨胀,而是经济衰退。中国在 1997 年出现需求不足、市场疲软和增长率下降,其原因是多方面的。

1. 需求不足的成因

1997 年下半年,我国国民经济开始感受到需求不足的压力。到年末,普遍形成了需要通过政府的宏观经济政策增加需求的共识。看来,需求不足是由多方面的原因造成的:

第一,1993 年以后紧缩措施的惯性。20 年来,中国经济大致按照"高涨—膨胀—治理—紧缩—停滞—放松—扩张"的轨迹发展。从 1993 年夏季开始的紧缩在 1996 年冬天取得了明显的成果,1997 年大体上实现了零通货膨胀。正像其他国家平抑物价的政策措施通常会出现滞后效应一样,1998 年中国也开始了通货紧缩的过程。

第二,在对国有经济进行战略性改组的过程中,一方面要废弃一部分多余的生产能力,例如纺织业在三年内要减少 1 000 万纺锭,占现有纺锭总量的 25%;另一方面还要有大量国有企业职工下岗。1997 年国有企业下岗职工总数达 1 275 万人,其中只有少数找到新的职业,1998 年又继续有大量国有企业职工下岗;再一方面,一部分属于乡、镇政府所有的乡镇企业在变革过程中增长减慢。这些都会造成需求的减少。

第三,由于在改革过程中,特别是住房制度改革和社会保障制度改革的过程中,旧的由国家统包的制度破除得快而新制度建立得慢,使人们提高了储蓄倾向,减少了对即期消费的选择。

第四,亚洲金融危机对中国经济造成的影响。由于亚洲经济、金融的持续动荡,邻近国家的货币深度贬值和进口购买能力大幅度降低,导致我国对这个地区的出口大幅度减少;与此同时,这个地区对中国的境外直接投资也大量减少。

以上四个因素同时发生作用,导致了中国经济的全面紧缩。

2. 增加内需的对策及效果

针对这种情况,中国政府在1998年初开始提出了扩大内需、拉动经济增长的方针。1998年中期以后,更从需求和供给两方面采取了强有力的政策措施以刺激经济增长。

(1)需求方面的政策

中国宏观经济当局从1998年初开始采取的扩大内需的政策包括:

第一,以国债投资为主的"积极的财政政策"。1998—2001年共发行长期建设国债约5 100亿元,主要投资于基础设施,如高速公路、交通、发电和大型水利工程等,很快地刹住了投资下滑势头。

第二,四大国有商业银行对国债投资项目的"配套资金"与财政拨款总额也大致相等。

第三,与财政政策配套的适度扩张的货币政策。中央银行7次降低存贷款利率,增加了货币供应,这种政府直接创造需求的经济政策有它的优势,就是可以很快地增加需求,迅速遏止投资下滑的势头。像1997年发生东亚金融危机后,中共中央和国务院在1998年年中提出增加1 600亿元的投资,在完成立法手续后,很快就陆续下拨到位。不过,用这种方法增加需求,特别是长期用这种方法增加需求,也有它的消极方面:一是财政投资具有相应减少民间投资可能性的"挤出效应";二是在一般的竞争性领域内政府财政投资的效益不如民间投资的效益高;更重要的是第三,从长远来看,政府投资所发的国债最终需要增加税收来偿还,这样就会抑制民间投资的积极性,使投资环境变得不那么有利。所以大致从2000年起经济学界就开始出现这样的呼声:积极财政政策需要逐步淡出。

(2)供给方面的政策

早在1998年,一部分经济学家就已提出,在需求不足、经济放慢的情况下,除采取扩张性的财政政策等需求方面的政策外,还应当采取发挥企业活力的供给方面的政策。虽然这种政策主张并没有在经济学界取得共识,也没有成为政府正式宣布的方针。但是,出于改革自身的逻辑要求和经济主体发展的迫切需要,中国政府实际上采取了增强企业活力以活跃经济的政策。属于这一范畴的政策包括:

第一,根据中共十五大对国有经济布局做有进有退的调整的要求,将数十万国有中小企业改制成为产权明晰、市场导向的民营企业。

第二,采取了一系列措施来改善民营企业的创业环境和经营环境,包括在国家经贸委设立中小企业司,专门帮助中小企业发展;在金融系统强调了改善中小企业的金融信贷服务,各省市都成立了中小企业信贷担保公司、基金来帮助中小企业改善融资环境;等等。这些措施改善了民营企业的经营环境,刺激了民间投资的积极性,使一些地区的民营中小企业得以迅速发展起来。

第三,加快了国有经济布局调整和国有企业改革的步伐。对石油、通信、铁路、电力等大型国有企业集中的部门进行了重组,同时进行这些企业的公司化改制,主要做了三件事情:

①实现政企职能分离和建立新的政府监管框架。

②打破行业垄断,促进企业间的竞争。

③公司重组并在海内外证券市场上市以后,在股份多元化的基础上搭起公司治理的基本框架。

以上措施,提高了各种所有制企业的活力,改善了它们的财务状况,使企业的投资活动活跃起来。

随着时间的推移,上述两种政策的作用力度对比也发生了变化。到 2001 年供给政策的作用已经超过了需求政策,成为支持我国经济快速增长的主要动力,主要体现在以下两个方面:

第一,民营企业的发展使得民间投资已经成为投资中的主要部分,影响力在逐渐增强。国务院发展研究中心的一份调查报告表明:1999－2001 年,集体经济、个体经济和其他经济的固定资产投资增长速度都快于国有经济的固定资产投资增长速度。与国有投资增幅放缓的趋势形成鲜明对照的是,全部国内民间固定资产投资的平均增幅在 1998－2001 年的四年中分别达到 20.4%、11.8%、22.7%和 20.3%,不仅高于国有经济,还高于全社会投资的增幅。

由于国内民间投资增长势头逐步加强,全社会投资增长对政府投资的依赖程度正在降低,投资自主增长能力逐步出现增强的趋势。1999－2001 年,据国家统计局报告,国债投资(包括国债资金和配套资金完成的投资额)占全社会固定资产投资的比重逐步下降,依次为 8.1%、8.8%、6.5%;预算内投资资金增长率也逐步下降,依次为 54.7%、13.9%、13.2%;而全社会投资增长率则逐步上升,依次为 5.1%、10.3%、13%。

第二,在国际经济状况恶化的情况下,出口继续保持了高速增长。1999 年政府开始允许民营企业自营出口。特别是在 2001 年美国、欧洲、日本这三大经济体的经济都没有起色,全球贸易的绝对额下降的情况下,中国出口大幅增加,在全球贸易中的比重显著上升。

资料来源:吴敬琏.当代中国经济改革.上海:上海远东出版社,2004.12,第 364～370 页

案例讨论

在经济低迷时期,我国政府是如何通过需求和供给政策方面的改变调节经济的?

第12章 失业与通货膨胀

1. 价格指数

宏观经济学中常涉及的价格指数主要有 GDP 折算指数、消费价格指数(CPI)和生产者价格指数(PPI)。

(1)GDP 折算指数＝名义 GDP/实际 GDP

(2)CPI＝$\dfrac{\text{一组固定商品按当期价格计算的价值}}{\text{一组固定商品按基期价格计算的价值}} \times 100\%$

(3)PPI＝$\dfrac{\sum kW}{\sum W}$(其中, k 代表商品的个体价格指数; W 为权数。)

2. 通货膨胀及其类型

通货膨胀是指经济社会在一定时期价格水平持续和显著地上涨。通货膨胀的程度通常用通货膨胀率来衡量。通货膨胀率被定义为从一个时期到另一个时期价格水平变动的百分比。用公式表示为

$$\pi_t = \frac{P_t - P_{t-1}}{P_{t-1}}$$

式中, π_t 是同时期的通货膨胀率; P_t 和 P_{t-1} 分别为 t 时期和 $(t-1)$ 时期的价格水平。

按照价格水平上升的速度将通货膨胀分类为:

①温和的通货膨胀。指每年物价上升的比例在10％以内；

②奔腾的通货膨胀。指年通货膨胀率在10％以上100％以内；

③超级的通货膨胀。指年通货膨胀率在100％以上。

3.通货膨胀的原因

(1)需求拉动通货膨胀

定义:总需求超过总供给所引起的一般价格水平的持续和显著上涨,又称为超额需求通货膨胀。解释为"过多的货币追求过少的商品"。

原因:在总产量达到一定产量后,当需求增加时,供给会增加一部分,但供给的增加会遇到生产过程中的瓶颈现象,即由于劳动、原料、生产设备的不足使成本提高,从而引起价格上升。或者当产量达到最大,即为充分就业时的产量,当需求增加时,供给也不会增加,总需求增加只会引起价格的上涨。消费需求、投资需求或来自政府的需求、国外需求,都会导致需求拉动通货膨胀,需求方面的总支出主要包括财政政策、货币政策、消费习惯的改变、国际市场的需求变动。

(2)成本推动通货膨胀

定义:在没有超额需求的情况下,由于供给方面成本的提高所引起的一般价格水平持续和显著上涨,又称为成本通货膨胀或供给通货膨胀。又可以分为工资推动通货膨胀及利润推动通货膨胀。

工资推动通货膨胀是指不完全竞争的劳动市场造成的过高工资所导致的一般价格水平的上涨。利润推动通货膨胀是指垄断企业和寡头企业利用市场势力谋取过高利润所导致的一般价格水平的上涨。

(3)结构性通货膨胀

定义:由于经济结构因素的变动所引起的一般价格水平的持续和显著上涨,称为结构性通货膨胀。

原因:由于生产部门的生产率提高的速度不同,两个部门的工资增长也应当有区别。但是,生产率提高慢的部门要求工资增长向生产率提高快的部门看齐,结果使全社会的工资增长速度超过生产率增长速度,因而引起通货膨胀。

4.通货膨胀的经济影响

(1)通货膨胀的再分配效应。①降低固定收入阶层的实际收入水平。即使就业工人的货币工资能与物价同比例增长,在累进所得税下,货币收入增加使人们进入了更高的纳税等级。②通货膨胀对储蓄者不利。随着价格上涨,存款的实际价值或购买力就会降低。③通货膨胀还可以在债务人和债权人之间发生收入再分配的作用。具体地说,通货膨胀靠牺牲债权人的利益而使债务人获利。

(2)通货膨胀的产出效应。在短期,需求拉动的通货膨胀可促进产出水平的提高;成本推动的通货膨胀却会导致产出水平的下降。

(3)通货膨胀对就业的影响效应。需求拉动的通货膨胀会刺激就业、减少失业;成本推动的通货膨胀在通常情况下,会减少就业。但在长期来看,上述影响产量和就业的因素都会消失。

(4)超级的通货膨胀会导致经济崩溃。

5.菲利普斯曲线

定义:菲利普斯曲线是菲利普斯根据现实统计资料所给出的反映货币工资变动与失业率之间相互关系的曲线。

货币工资增长率与失业率具有负相关的函数关系,即货币工资增长率越高的时候,失业率越低;失业率越高的时候,货币工资增长率越低。通常,我们可以用通货膨胀率替代货币工资增长率来描述菲利普斯曲线:通货膨胀率越高,失业率越低;反之则相反。菲利普斯曲线自左上方向右下方倾斜。

6.政府对通货膨胀的对策

(1)紧缩性的需求管理政策。在政策上,可以通过实施紧缩性的财政政策和货币政策来实现。在方法上,可以采取激进主义政策(冷火鸡政策)和渐进主义政策。前者是政府通过突然性的、大规模的紧缩性的需求管理政策,以名义国民生产总值明显下降和失业率显著提高为代价,在短时间内,争取消除通货膨胀的政策。后者是指政府持续不断地紧缩总需求,在很长的时间内逐步消除通货膨胀的政策,其基本特征是较小的失业率和较长的时间。

(2)收入政策。它是指政府通过影响实际因素来抑制通货膨胀的政策。这些实际因素包括对工资和物价的控制,道德的劝说,以及改变预期。

7.通货紧缩

通货紧缩是指在经济均衡的状况下,由于企业债务负担加重、货币供给锐减或银行信贷收缩等原因造成投资需求突然下降或泡沫破灭,居民财富萎缩造成消费需求突然剧减等原因使总需求下降,出现供给大于需求,于是物价下降。

8.失业与充分就业

(1)失业

失业是指在一定年龄范围内,有工作能力,愿意工作并积极寻找工作的人,未能按当时通行的实际工资水平找到工作。

衡量经济中失业状况的最基本指标是失业率。失业率是指失业人数占劳动力总数的百分比,用公式表示为

$$失业率 = \frac{失业人数}{劳动力总数} \times 100\%$$

公式中的劳动力总数是指失业人数和就业人数之和。

(2)充分就业

充分就业并非人人都有工作。有两种失业:第一,由于社会总需求不足而造成的失业叫周期性失业。第二,由于经济中某些难以克服的原因而造成的失业叫自然失业。消灭了周期性失业的就业状态就是充分就业。充分就业与自然失业的存在并不矛盾。实现充分就业时的失业率就是自然失业率。

充分就业时为什么仍有自然失业率存在?因为在一个国家中,由于高度的流动性、劳动力兴趣与才能的广泛差别、无数物品和劳务的供求不断变化,在这样的一个世界中,会存在相当多的由于劳动力的流动、季节性的变化等原因造成的失业。这种失业的存在不仅是必然的,而且是必要的。因为这些劳动的后备军可以随时满足社会对劳动的增加的

需求,并且作为一种对就业者的"威胁"而迫使就业者提高生产效率。此外,各种福利支出(如失业救济)的存在,也使得一定失业水平的存在不会对社会的安定构成危害。

自然失业率的高低,取决于劳动力市场的完善程度、经济状况等多种因素,各国政府可根据实际情况来确定自然失业率。

9. 自然失业

自然失业是指由于经济中某些难以避免的原因所引起的失业,在任何动态经济中这种失业都是必然存在的。自然失业可以分为以下几种:

(1)摩擦性失业

摩擦性失业是指劳动力在正常流动过程中所产生的失业。在一个动态经济中,各行业、各部门和各地区之间劳动需求的变动是经常发生的。即使在充分就业状态下,由于人们从学校毕业或搬到新城市而要寻找工作,总是会有一些人的周转。摩擦性失业率的大小取决于劳动力流动性的大小和寻找工作所需要的时间。由于在动态经济中,劳动力的流动是正常的,所以摩擦性失业的存在也是正常的。

(2)结构性失业

结构性失业是在对劳动力的供求不一致时产生的。供求之所以会出现不一致是因为对某种劳动的需求增加,而对另一种劳动的需求减少,与此同时,供给没有迅速作出调整。因此,当某些部门相对于其他部门出现增长时,我们经常看到各种职业或地区之间供求的不平衡。这种情况下,往往"失业与空位"并存,即一方面存在着有工作无人做的"空位",而另一方面又存在着有人无工作的"失业",这是劳动力市场的结构特点造成的。

(3)临时性或季节性失业

临时性或季节性失业是指由于某些行业生产的时间性或季节性变动所引起的失业。在农业、旅游业、建筑业中,这种失业最多。这些行业生产的时间性或季节性是由客观条件或自然条件决定的,很难改变。因此,这种失业也是正常的。

(4)技术性失业

技术性失业是指由于技术进步所引起的失业。在经济增长过程中,技术进步的必然趋势是生产中越来越广泛地采用了资本、技术密集性技术,越来越先进的设备代替了工人的劳动,这样,对劳动力需求的相对减小就会使失业增加。

(5)求职性失业

求职性失业是指工人不满意现有工作,离职去寻找更理想的工作所造成的失业。

10. 总需求不足的失业

总需求不足的失业就是周期性失业,凯恩斯认为这种失业是非自愿的。根据凯恩斯的分析,就业水平取决于国民收入水平,而国民收入水平又取决于总需求。总需求不足的失业也叫周期性失业,是因为总需求不足一般都出现在经济萧条时期,是周期性出现的。

凯恩斯认为失业的原因是总需求不足,即有效需求不足。而造成需求不足的原因则是三大心理规律的作用:边际消费倾向递减规律导致消费不足;资本边际效率递减规律造成投资需求不足;流动偏好规律使利率的下降有一个最低限度,无法拉开利润率与利率之间的差距以便刺激投资。其结果是总需求不足,出现紧缩性缺口。

11. 失业的代价

对于个人来说,如果是自愿失业,则会给他带来闲暇的享受。但如果是非自愿失业,则会使他的收入减少,从而生活水平下降。

对社会来说,失业增加了社会福利支出,造成财政困难,同时,失业率过高又会影响社会的安定,带来其他社会问题。从整个经济看,失业在经济上最大的损失就是实际国民收入的减少。

美国经济学家阿瑟·奥肯,研究了失业率变动对实际国民收入的影响,提出了奥肯定律。奥肯定律的含义是失业率与实际国民生产总值之间存在的一种高度负相关关系。其主要内容是:失业率如果超过充分就业的界限(通常以 4% 的失业率为标准)时,失业率每降低 1%,实际国民生产总值则增加 3%;反之,失业率每增加 1%,实际国民生产总值则减少 3%。

案例 1　就业增加　美元上扬

【案例适用】　失业与通货膨胀的关系

案例内容　尽管大多数经济学家预测美元将在 2007 年下挫,但新年伊始第一周,美元对欧元连续数个交易日走高,累计上扬 1.4%。周五尾盘,纽约汇市美元对欧元涨至六周高点,欧元自 2006 年 11 月末以来一直坚守的 1.305 0 美元附近支撑位被轻松跌破,1.30 美元的心理大关也承受压力,欧元一度跌至 1.298 1 美元,创下 2006 年 11 月 24 日以来的最低水平,但盘中大部分时间欧元一直稳定在 1.30 美元附近。美元对日元则收复了周五前夜的大部分失地,美元在伦敦交易时段一度跌至两周盘中低点 117.98 日元,但在纽约交易时段反弹至 118.70 日元一线。原因是美国劳工部周五公布的数据显示 12 月份就业人数大幅增加,超出了投资者的预期,提振了美元大幅上扬。目前,联邦公开市场委员会依然将通货膨胀视为最大的担忧,表明美联储短期内不会再度降息,从而抵消了美元看跌人气。数据显示,美国制造业以及建筑业的增长放缓对经济的其他领域的影响微乎其微,这种情况应该可以使美联储在 2007 年头几个月维持利率不变,同时不会因为要刺激经济增长和增加就业而面临降息压力。这些都是新年第一周使美元上扬的有利因素。

案例评析　根据菲利普斯的观点:当失业率较低时,货币工资增长率较高;反之,当失业率较高时,货币工资增长率较低,甚至是负数。根据成本推动的通货膨胀理论,货币工资增长率可以表示通货膨胀率。因此,失业率与通货膨胀率之间存在交替关系,即失业率高,则通货膨胀率低;失业率低,则通货膨胀率高。这就是说,失业率高表明经济处于萧条阶段,这时工资与物价都较低,从而通货膨胀率也就低;反之,失业率低表明经济处于繁荣阶段,这时工资和物价都较高,从而通货膨胀率也就高。失业率与通货膨胀率在短期内存在反方向变动关系,是因为通货膨胀使实际工资下降,从而能刺激生产,增加劳动的需求,减少失业。

案例来源:经济参考报/2007 年/1 月/8 日/第 005 版/史静媛

案例讨论

失业和通货膨胀的关系在短期和长期内是否相同？

案例 2　轻微通货膨胀并非坏事

【案例适用】　通货膨胀的影响

案例内容　2007 年上半年中国经济是否过热，是否应当采取严厉的宏观调控措施，引起了经济界的讨论。的确，目前中国正经受着通货膨胀的压力，房地产、资本市场过热，粮食、资源价格上升，第一季度房地产开发投资同比增加了 27％，上证指数上涨了 19.01％，深证成指上涨了 28.61％，食品价格上升了 6％，工业用电量增长了 16.86％，六大高耗能行业增加值增长了 20.6％。另外，信贷增加，固定资产投资增长过快，大量的外国资本流入，资产价格攀升，产能过剩，国际市场上钢材、铁矿石、铜、铝等的价格上升，燃油价格上涨，第一季度 12 个省级电网出现电力紧张或者拉闸限电的情况，以及环境压力加大，环保成本逐渐提高，这些事实都表明，我国通货膨胀的压力在加大，可能导致严重通货膨胀的因素在增加。

不过，只要调控得当，目前中国不会出现严重的经济过热，只会出现轻微通货膨胀，宏观经济形势基本上是健康的。判断经济过热与否，关键看企业利润是否增加，资源供应是否紧张。而 2007 年第一季度，12 个主要工业行业中，除电子行业利润低于去年同期外，其他行业利润增幅都在 20％以上，有的行业利润增长超过 40％，在岗职工工资增加 14.4％。原煤产量同比增长 14.8％，市场供应比较宽松；发电量增长 15.5％，同比加快 4.4 个百分点。同时，国民经济出现了另外一些利好的迹象——货币供应量增幅下降 1.5％，固定资产增速回落 4 个百分点，文化娱乐品价格下降，西部投资增长快于东部，社会消费品零售总额增幅加快，成本推动型通货膨胀正在向需求拉动型通货膨胀转变。如此轻微的通货膨胀并非坏事，它对资本形成、利润增加、政府收入的增长是有利的，能够促进生产、增加就业、改善国民收入分配。因此，目前宏观调控的措施必须适度，主要应采取市场化手段进行微调和结构性调整，贷款不宜控制过严，国债应当更多地投入到有利润的地方；还应积极发挥存款准备金率、利率、公开市场业务的调节作用，特别是进一步推动利率市场化，防范房地产和金融风险。

案例评析　不能一概地认定通货膨胀对经济发展总是不利的。首先，不同的通货膨胀类型，对经济发展的作用是不同的。其次，在不同的历史时期，通货膨胀有不同的作用，只有把通货膨胀放在具体的历史环境中考察才有意义。

关于通货膨胀对经济发展的作用的评价有三种观点："有利论"、"不利论"和"中性论"。

"有利论"者认为，通货膨胀尤其是温和的通货膨胀有利于经济发展。因为：

1. 通货膨胀引起的有利于雇主不利于工人的影响可以增加利润，从而刺激投资；

2.通货膨胀过程中引起的"通货膨胀税"可以增加政府的税收,从而增加政府的支出,进而可以刺激经济发展;

3.通货膨胀会加剧收入分配的不平等。而富人的储蓄倾向又大于穷人,所以可以通过加剧收入分配不平等而增加储蓄。

"不利论"者认为,通货膨胀不利于经济发展。因为:

1.通货膨胀导致价格扭曲,使价格失去调节作用,导致经济无法正常发展;

2.通货膨胀破坏了正常的经济秩序,造成社会动荡,经济混乱;

3.通货膨胀所引起的紧缩政策会抑制经济发展。

"中性论"者认为,通货膨胀与经济发展并没有什么关系。因为从长期来看,决定经济发展的因素是劳动、资本、自然资源等实际因素,而不是价格水平。

案例来源:第一财经日报/2007 年/5 月/8 日/第 A07 版/胡星斗

案例讨论

1.不同类型的通货膨胀对经济的影响一样吗?

2.如何认识我国目前的通货膨胀?

案例 3 大学生就业遭遇"供需结构"难题

【案例适用】 失业理论

案例内容 日前,由西南财经大学"中国高等教育供需追踪评估系统"项目组与中国零点调查公司合作开展的《中国企事业对大学毕业生求职与工作能力需求调查》发现,绝大多数大学生以能够进入国家机关、国有企业、外资企业和各种大型机构为第一就业选择,而只有 1.3%的大学生选择去私营企业。(该调查采用电子问卷的方式进行,中国内地的 3 972 个企事业单位完成了问卷。)

私企伸出"橄榄枝" 多数学生"不感冒"

该项调查显示,私营企业占了愿意招聘应届大学毕业生企业数量的 46%,撑起了大学毕业生雇主方的半壁江山,而国家机关、国有和集体企事业单位只占了 22.3%,不到私营企业的一半。相关机构进行的大学生就业意愿调查显示,有 35.4%的大学生愿意去党政机关、18.9%选择去国有事业单位、17.8%选择教学科研单位、13.6%选择国有企业、15%选择外资企业,这种供需结构的巨大差异必然造成就业困难。

调查显示,大多数私营企业对大学毕业生需求的突出特点是技能需求"刚性",在工作中不会留给大学生成长时间。它们本着即招即用的原则,力求以最快的速度实现效益最大化。这也给刚出校门的大学生需要成长的空间设置了难题,也直接影响着大学生的就业选择。

用人单位重能力　三成学生难符合

调查显示,2006 年,在已就业的大学生当中,有 13.2％因不能满足企业对其工作技能的要求而遭辞退。如果算上主动离职的人数,这个比例高达 29.4％,即每 3 名大学毕业生中就有 1 人因工作能力缺乏而痛失工作。在外资、合资和股份制与私营企业中,离职率更高。

西南财经大学商务数据挖掘中心王伯庆博士认为,应届大学毕业生在各类型企业中的离职率远高于政府机关和事业单位,表明我国应届大学毕业生存在一个突出的问题,就是对市场适应能力的不足,在学校所学非企业所需,以至于形成职业技能缺乏,不能在职场中站稳脚跟。该项调查还显示,越是热门的工作,对大学生交流能力的需求越高,在招聘市场上颇为火爆的国家机关和事业单位、外资企业、国有企业,认为此项能力非常重要的比例都接近 90％。大学生要想获得一份满意的工作,交流能力成为必须跨过的第一道门槛。

从调查数据来看,约 73.8％的企业在对员工工作技能进行评估的过程中,会把基本技能和专业技能放在同一水平上,进行平等对待。

基础岗位缺口大　热门行业挤破头

一家著名零售企业的人力资源经理称,一个大型零售商开设新店,一般情况下至少需要 500 名管理人员和基层员工,人才缺口十分明显。从供需情况来看,大学毕业生远远不能满足基础性岗位的需求。

调查显示,制造类企业对大学生人才的需求在各行业中位居首位,占到总职位需求的 27.1％;紧随其后的是服务业,占到总职位需求的 21.5％。招聘市场上颇为热门的金融、房地产、通讯、电力等行业,招聘职位总和只占总招聘量的 14.2％。

但是,多数大学生并不愿意到基础性岗位就业。四川某高校法学专业 2005 届毕业生小陈说:"我至少是个本科生啊,总不可能像打工仔那样,干体力活;也不可能像专科生那样,干技术活或者是到处推销、站柜台吧。"

小陈曾被一家保险公司看中,在培训中表现突出,领导很喜欢她。但小陈却炒了保险公司的鱿鱼,她说:"他们本来说的是招业务管理人员,结果却让我们直接做业务员。我一个本科生,才不会去干那么丢人现眼的事情。"

小陈渴望进入国家机关,至少是事业单位,那样才稳定。有编制、铁饭碗、有医疗等相关保险,是小陈和她的父母最关心的问题。

可是在市场岗位需求分布上,销售类人才、计算机类人才需求量巨大,二者之和接近总量的 50％。在具体职位分布上显示出明显的低层次化:销售岗位需求多是销售代表和售货员;计算机岗位需求集中在计算机专职操作员。这些职位的特点是工作覆盖面广,实践多理论少,需要掌握多项技能。

案例评析　众所周知,市场经济起源于西方国家,因此随着市场经济的发展,西方经济学早就有了对失业问题的研究。按照一般的惯例,西方经济学家把失业分为三个基本类型,分别是摩擦性失业、周期性失业和结构性失业。摩擦性失业是指工作者处在不同工作之间的过渡阶段,即由个别市场的变化引起的暂时性失业。周期性失业,它的变动与经济周期的不同阶段相关,在经济复苏和繁荣阶段,各厂商争先扩充生产,就业人数普遍增加;在衰退和低谷阶段,由于社会需求不足,各厂商压缩产量,大量裁减雇员,形成周期性失业。结构性失业,这是由于劳动力的流动不能适应劳动力需求变动所引起的失业,往往是"失业与空位"并存,即一方面存在着有工作无人做的"空位",另一方面又存在着有人无工作的"失业"。比如,传统矿区资源被开发尽之后,原有的大量矿工便会因为没有从事其他工作的技能等而面临着重新就业的困境。目前,我国大学生就业在供需结构上存在着"失业与空位"并存的结构性失业的现象。

案例来源:中国工商报/2007年/5月/25日/第003版

案例讨论

1. 如何处理我国的结构性失业问题?
2. 你对大学生就业难有何看法?

案例4 通胀与通缩:中国经济向左?向右?

【案例适用】 通货膨胀理论

案例内容 2006年下半年,事关百姓生活的部分产品先后涨价,如油、粮、猪肉等,尤以食用油为最。受此影响,2006年11月我国居民消费价格指数总水平比上年同期增长1.9%,创2005年3月以来新高。一些地方甚至出现了一定规模的抢购。

对此,有关人士纷纷提出,要警惕通货膨胀。粮价是"百价之王",是通胀的重要预警信号,因此对粮油价格的判断与调控将对民生产生重要影响。我国当前还没有发生"全社会物价总水平普遍、持续地上涨",但粮油价格上涨很可能成为通胀的前奏。一旦全社会形成通胀预期,通胀预期很可能"自我实现"。从历史上看,通胀来临时往往会造成"抢购风潮"以及经济、社会秩序混乱。因此尽快平抑粮油市场价格,消除通胀预期,对于正处在流动性过剩阴影下的中国经济来说至关重要。

而另一种观点认为,中国经济目前的主要问题仍然是通货紧缩而不是通货膨胀。

我国已经连续三年获得粮食丰收,粮油产品的足量供给应该没有问题,当前粮食市场的基本面良好,国际粮价的走高存在很多炒作因素,国内粮食产量也处于历史最高水平,不存在短缺的因素。2006年前三季度,粮食生产也获得了好收成,夏粮总产量1 138亿公斤,增长7%。分析人士预测,2006年全年粮食增产可能性很大。新华社日前发表评论称,这一轮粮油涨价是恢复性的,与国家一系列惠农促粮政策有关,由于担忧谷贱伤农,我国近年来实施了最低收购价政策,这有利于增加农民收入。这也说明,目前的粮油涨价是政策性调整的结果,是暂时的,由粮油价格上涨引发通货膨胀的可能性很小。

而与此相反的是,我国许多行业的产能过剩问题在近几年的投资高速增长拉动下越来越严重。中国煤炭工业协会第一副会长濮洪九日前透露,2006年前10月,全国煤炭产量 17.65 亿吨,同比增加 1.32 亿吨,全年产量肯定超过 23 亿吨。2006 年煤炭供应基本平衡,预计 2007 年将出现过剩压力。濮洪九指出:"煤炭固定资产投资经历 5 年多的快速增长,建设规模不断扩大,产能迅速增加。随着前几年的项目陆续投产,今后几年煤炭产量将集中释放。"中国钢铁行业产能扩张是近几年最为突出的现象。我国 1997 年钢产能突破 1 亿吨,2003 年钢产能翻一番,突破了 2 亿吨大关,而 2004 年至 2005 年,仅用两年时间又翻了一番,钢产能突破 4 亿吨大关,创出"世界纪录",并成为世界第一钢铁大国。从需求来看,我国近期粗钢表观需求为 3 亿吨左右,2010 年为 3.2 亿吨左右,如按在建和拟建项目匡算,炼钢产能约超过实际需求 1.5 亿吨以上。电力是近年来经济高增长中最为突出的紧缺行业,2004 年曾出现过 26 个省、市、区拉闸限电、"停四开三"等现象;同时,电力行业也是最为突出的产能最为快速增长的行业。据有关专家估计,如在建、拟建项目继续投资,未来几年将有 5 亿千瓦装机容量投产,届时我国电力产能将达 10 亿千瓦。随着增幅逐步趋缓,建设节约型社会的要求进一步落实,电力弹性系数将逐步下降,照此推算,我国经济增长今后若干年如保持 8%～9% 的增速,电力行业的潜在产能也将出现明显过剩。

案例评析 通货膨胀与通货紧缩是两种截然相反的经济现象。通货膨胀是指通货供应量过度增加,物价持续上涨,货币不断贬值。通货紧缩是指在经济相对萎缩期,物价水平在较长的时期内持续下降,货币不断升值的现象。分析我国此阶段的经济形势,关系百姓生活的部分商品先后涨价,居民消费价格指数上升。但我国当前还没有发生"全社会物价总水平普遍、持续地上涨",因此通货膨胀的说法不成立。根据通货紧缩的概念,我国目前经济发展旺盛,物价水平没有出现下降趋势,因此,通货紧缩的说法也不能成立。

案例来源:经理日报/2007 年/1 月/6 日/第 005 版/周琪

案例讨论

你认为我国经济的发展趋势是通胀还是通缩?

案例 5　沃尔克的反通货膨胀

【案例适用】 通货膨胀与失业的关系

案例内容 1979 年 10 月,当石油输出国组织在 10 年内第二次提高石油价格,从而给世界经济带来不利的供给冲击时,美国的通货膨胀达到了无法接受的水平,1980 年 2 月其通货膨胀率达到 14.9%。当时的美联储主席保罗·沃尔克感到除了实行反通货膨胀的政策之外别无选择。为此,联邦储备委员会采取了强有力的行动,紧缩信贷,同时提高利率,当时的利率甚至达到了超过 20% 的创纪录水平。由于美联储的这些行动,企业削减了它们的投资,居民减少了他们对汽车和住房等物品的购买。美联储所采取的行动的结果是,通货膨胀率从 1980 年的 14.9% 下降到 1983 年和 1984 年的 4% 左右。随后美国经济进入 20 世纪 80 年代的复苏与繁荣。应该说,沃尔克在反通货膨胀方面确实取得了成功。但另一方面,这一反通货膨胀的胜利却以经济衰退所造成的高失业率为代价。在 1982 年到 1983 年,美国的失业率为 10%左右。同时,按实际 GDP 衡量的物品和劳务的生产大大低于正常的水平,沃尔克的反通货膨胀引起了美国自 20 世纪 30 年代大萧条以来最严重的衰退。经济学家把通货膨胀减少 1%的过程中每年产量(GDP)减少的百分比称为牺牲率。对牺牲率大小的估算并不相同,但都承认有牺牲率的存在。产量的减少则会引起失业率上升,既要降低通货膨胀又要减少失业的好事是不现实的。这也说明了世界上没有免费的午餐,任何成功都必须付出代价。

案例评析 本案例认为降低通货膨胀和减少失业是不能同时实现的。新古典综合学派的菲利普斯曲线表示了失业率与通货膨胀率之间的替代关系,即失业率高,则通货膨胀率低;失业率低,则通货膨胀率高。通货膨胀率=货币工资增长率-劳动生产增长率。因此,沃尔克在降低通货膨胀方面确实取得了胜利,但这却是以经济衰退所造成的高失业率为代价的。

案例来源:自编

案例讨论

菲利普斯曲线的基本内容是什么?

案例 6　两次世界大战之间德国的超级通货膨胀

【案例适用】 通货膨胀的影响

案例内容 第一次世界大战之后,德国经历了一次历史上最引人注目的超级通货膨胀。在战争结束时,同盟国要求德国支付巨额赔款。这种支付引起德国财政赤字,德国最终通过大量发行货币来为赔款筹资。

从 1922 年 1 月到 1924 年 12 月,德国的货币和物价都以惊人的比率上升。例如,每份报纸的价格从 1921 年 1 月的 0.3 马克上升到 1922 年 5 月的 1 马克、1922 年 10 月的 8 马克、1923 年 2 月的 100 马克,直到 1923 年 9 月的 1 000 马克。在 1923 年秋季,价格实际上飞起来了:一份报纸的价格 10 月 1 日为 2 000 马克、10 月 15 日为 12 万马克、10 月 29 日为 100 万马克、11 月 9 日为 500 万马克,直到 11 月 17 日为 7 000 万马克。1923 年 12 月,货币供给和物价突然稳定下来。

正如财政赤字引起德国的超级通货膨胀一样,财政改革也结束了超级通货膨胀。在 1923 年底,政府雇员的人数裁减了 1/3,而且,赔款支付暂时中止并最终减少了。同时,新的中央银行德意志银行取代了旧的中央银行德国国家银行,政府要求德意志银行不要通过发行货币为其筹资。

案例评析 通货膨胀按照价格上升的速度进行分类,可以分为温和的通货膨胀、奔腾的通货膨胀和超级的通货膨胀。每年物价上升的比例在 10%以内,为温和的通货膨胀;年通货膨胀率在 10%～100%为奔腾的通货膨胀;年通货膨胀率在 100%以上为超级的通货膨胀。德国的通货膨胀已经构成了超级的通货膨胀。在这种超级通货膨胀下,会导致经济崩溃。首先,价格持续上升,居民和企业会产生通货膨胀预期,即估计价格会再高。这样,人们就不会让自己的储蓄和现行的收入贬值,而宁愿在价格上升前把它们花掉,从而产生过度的消费购买,这样,储蓄和投资都会减少,使经济增长率下降。

根据我们对货币需求理论的分析,随着持有货币成本的下降,超级通货膨胀的结束会引起实际货币余额增加。随着通货膨胀上升,德国的实际货币余额减少,然后,随着通货膨胀下降,实际货币余额又增加。但实际货币余额的增加并不是即刻的。也许实际货币余额对持有货币成本的调整是一个渐进的过程,也许使德国人民相信通货膨胀已真正结束需要一段时间,从而预期的通货膨胀比实际通货膨胀下降得要慢一点。

案例来源:汪祥春.宏观经济学(第四版).东北财经大学出版社,1990 年 6 月,第 216 ～217 页

案例讨论

通货膨胀对高、中、低收入阶层的影响一样吗?

案例 7　从一段相声看中国 1988 年通货膨胀的起因

【案例适用】　通货膨胀理论

案例内容　著名相声演员姜昆表演过一个相声段子,其大意是说:有一天,老百姓突然听说商品要涨价,于是就有人进行囤积性采购,最离奇的一位街坊,竟然买了一大水桶酱油、一洗澡盆米醋、一抽屉味精和一屋子面粉。相声虽属虚构,但说明了其中暗含的经济学道理。

案例评析　如果人们预期会发生严重通货膨胀,为避免货币贬值,理性的应对措施就是事先购买很多商品,因为只要商品的储存成本低于未来物价上涨的幅度,事先囤积商品就能减少损失。当然预期是对未来的猜测,是有可能出错的,错误预期支配的行为,不仅不能减少损失,还有可能带来更大的损失。相声结尾,居委会大妈高喊一声:"不涨价了!"那位囤积很多商品的街坊后悔不已。这段相声暗含的道理是:如果我们每个人都像那个街坊那样笃信物价将要上升,就会从银行取钱到市场上抢购商品,使商品市场需求在极短时间内急剧上升,生产供给难以立刻对需求变动作出充分反应,这就会引发需求拉动型通货膨胀。这一现象的实质是:人们由于预期物价会上涨而抢购,物价由于人们的抢购行为而上涨,结果导致通货膨胀预期自我实现。

中国自改革开放以来,发生了多次严重的通货膨胀,其中 1988 年那次通货膨胀在一定程度上具有"物价上涨预期导致物价上涨"的特点。宏观经济数据表明,历次通货膨胀高峰通常会在上一年有关指标中有所反映:或者是财政收支不平衡程度加剧,或者是投资或消费增长幅度过大,并且通常与银行信贷和货币供给量扩张较快相联系。

1988 年通货膨胀的特殊性在于:上述指标在 1987 年总的来看运行得相当平衡,1988

年似乎突然就发生了通货膨胀。现金流通量增长幅度从 1987 年的不到 20％ 急剧上升到 1988 年的 46％ 以上,广义货币供应量同时反而下降,很多人猛然间把大量的存款变成现金。相声段子夸张描述的居民反常购买行为,与上述宏观经济指标异常变动,二者之间具有一定联系。

为此,中国政府采取了一系列应对措施,如出台银行存款利率浮动保值措施,减少居民因为担心通货膨胀带来损失而提取存款消费的动机,暂时放弃价格改革计划;采取严厉手段控制信贷规模等。治理措施收到了明显成效。

案例讨论

通货膨胀的原因有哪些?

第13章 经济增长与经济周期理论

经济增长与经济周期理论
- 经济周期
  - 成因
  - 乘数－加速原理
- 经济增长
  - 经济增长源泉
  - 经济增长模型
    - 哈罗德-多马模型
    - 新古典经济增长模型
    - 新剑桥经济增长模型
  - 经济增长方式

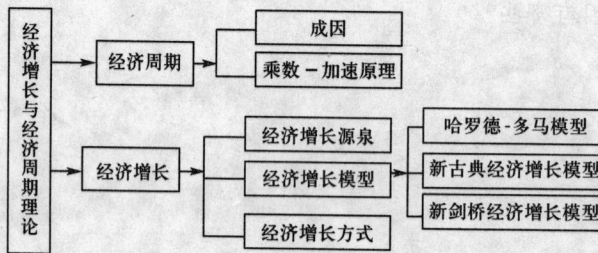

·············· 本章基本原理概要 ··············

一、经济增长

1.经济增长的定义

在宏观经济学中,经济增长通常被定义为产量的增加。这里,产量既可以表示为经济的总产量,也可以表示为人均产量。库兹涅茨把一国经济增长定义为:为人们提供各种经济物品的能力的长期增长,这一能力的不断增长是由于技术进步以及体制和意识的相应调整。

2.经济增长的源泉

经济增长的源泉要说明哪些因素导致经济增长,最主要的因素是劳动数量增加和质量提高、资本存量的增加、技术进步和资源配置效率提高。

3.经济增长的程度

经济增长的程度可以用增长率来描述。

二、增长核算

经济增长的源泉,可以通过增长核算的方法来认识。增长核算方法把产出的增长分为两个不同的来源:生产要素的增加和技术进步。当生产要素只包括资本和劳动时,则增长核算方法把产出的增长分解为资本增加、劳动增加和技术进步三个来源。

三、促进经济增长的政策

由增长核算方法可知,政府可以影响决定经济增长的3个因素为技术进步、资本形成和劳动投入,因此可采取的促进经济增长的政策有鼓励技术进步、鼓励资本形成和增加劳动供给。

四、经济周期

1. 经济周期的含义

所谓经济周期(又称商业周期或商业循环),是指国民总产出、总收入和总就业的波动。这种波动以经济中的许多成分普遍而同期地扩张或收缩为特征,持续时间通常为2~10年。在现代宏观经济学中,经济周期发生在实际GDP相对于潜在GDP上升(扩张)或下降(收缩或衰退)的时候。经济周期大致经历繁荣、衰退、萧条和复苏四个阶段。

2. 经济周期的类型

(1)长周期,又称长波,平均50年左右为一个周期。

(2)中周期,又称中波,平均8~10年为一个周期。

(3)短周期,又称短波,平均40个月为一个周期。

3. 经济周期理论

第二次世界大战前后主要的经济周期理论有:纯货币理论;投资过度理论;创新理论;消费不足理论。

4. 乘数-加速原理

(1)乘数原理:说明投资变动对收入变动的影响。投资数量的增长会通过乘数作用使收入增加,进而刺激消费,并进一步促进投资以更快的速度增长,从而产生循环放大效应。反之亦然。

(2)加速原理:是指产量水平的变动和投资支出数量之间的关系的理论。其含义包括:

第一,投资并不是产量的绝对量的函数,而是产量变动率的函数。即投资变动取决于产量的变动率,若产量的增加逐期保持不变(产量变动率为零),则投资总额也不变。

第二,投资率变动的幅度大于产量的变动率。产量的微小变化会引起投资率较大幅度的变化。

第三,若要保持增长率不至于下降,产量必须持续按一定比率增长。因为一旦产量的增长率变缓,投资增长就会停止或下降。即使产量的绝对量下降,而只是相对地放缓了增长速度,也可能引起投资缩减。

第四,加速数与乘数一样都从两个方向发生作用。即当产量增加时,投资的增长是加速的,当产量停止增长或减少时,投资的减少也是加速的。

第五,要使加速原理发挥正常作用,只有在过剩生产能力全部消除时才能实现。

案例1 我国经济的周期性波动

【案例适用】 经济周期

案例内容 我国自1952年完成国民经济恢复的任务后,到目前为止,中国经济经历了 9 次周期性波动,见表 13-1。

表 13-1 中国 GDP 增长率的周期性波动

改革之前			改革之后		
周期序号	年 份	GDP 增长率(%)	周期序号	年 份	GDP 增长率(%)
1	1953	15.6	6	1977	7.6
	1954	4.2		1978	11.7
	1955	6.8		1979	7.6
	1956	15.0		1980	7.8
	1957	5.1		1981	5.2
2	1958	21.3	7	1982	9.1
	1959	8.8		1983	10.9
	1960	−0.3		1984	15.2
	1961	−27.3		1985	13.5
	1962	−5.6		1986	8.8
3	1963	10.2		1987	11.6
	1964	18.3		1988	11.3
	1965	17.0		1989	4.1
	1966	10.7		1990	3.8
	1967	−5.7	8	1991	9.2
	1968	−4.1		1992	14.2
4	1969	16.9		1993	14.0
	1970	19.4		1994	13.1
	1971	7.0		1995	10.9
	1972	3.8		1996	10.0
	1973	7.9		1997	9.3
5	1974	2.3		1998	7.8
	1975	8.7		1999	7.6
	1976	−1.6	9 (尚未结束)	2000	8.4
				2001	8.3
				2002	9.1
				2003	10.0
				2004	10.1
				2005	9.9

注:本表根据相关资料整理

我国经济周期性波动,主要取决于总供给与总需求的关系。

第一,改革开放前我国供求总量失衡的原因,除 1958 年"大跃进"和十年"文化大革命"等政治运动的冲击造成经济剧烈波动外,从经济本身看,主要是当时我国社会总供给的增长是以工业品为主导的。由于工业化在这一时期重点集中在工业基础和工业体系的建设方面,因此形成了以投资品为主的供给结构,这与积累为主线的经济增长特点密切结合。社会总需求方面,在高度集中的计划体制下,主要是由统一的计划决定。社会总供求的这种特点使社会生产过程与居民的消费活动联系较弱,供求的相互衔接主要表现为生产内部的自我循环。由于经济增长离消费活动较远,也为总需求主要由计划方式决定提供了可能,因为与消费需求比较起来,生产建设需求可计划的程度要高一些。由于我国生产力水平低,长期处于短缺经济,在计划经济模式下,总需求的决定受决策和计划制定者主观意志的影响很大,短期内确实可使总需求大大超过现实的生产能力和供给增长的可能,但同时也造成了供求总量的严重失衡。由于主观意志违背供求总量运动的客观规律,因此导致这一时期经济增长的波动幅度很大。虽然在短期内经济增长可以有很高的速度,但不能持久,从较长时间看,经济增长的平均水平并不高,且多次出现经济总量绝对减少的情况。

第二,改革开放以来经济周期的特点。经济体制和运行机制转向市场化,国民经济开始在市场的基础上运行,政府对需求的决定作用被市场所取代,政府转为通过市场对需求活动进行调控。需求决定的主观色彩逐渐消失,总需求与总供给通过市场建立紧密的联系。总供求间的矛盾会通过物价水平变化迅速反映出来,政府可及时根据市场反映的供求关系情况对需求进行调控。这样,经济总量严重失衡的现象就大大减少了。与此相联系,经济增长的波动幅度明显减小,而平均增长水平则显著提高。从改革开放以来供求总量的运动轨迹看,总的趋势是波动幅度越来越小,周期的时间延长,平均增长水平不断提高。

案例评析 上述分析表明,我国经济周期性波动的主要原因是社会总需求的快速扩张与社会总供给的增长间存在较大矛盾,因而经常引起社会总供求的失衡。这种矛盾的动态趋势是在不断减弱的,其原因分阶段看是:改革开放以来总需求的决定模式转为以市场为主,主观意志对需求决定的影响逐渐消失。由于总供求平衡情况可通过市场价格总水平迅速表现出来,因此政府对总供求运动的调控就比较客观和正确。在改革开放初期,随着以放权让利为主的改革进程的开展,经济活力迅速增强,居民收入迅速增加,消费和投资需求迅速扩大,引起社会总需求的迅速扩张;另一方面,当时社会供给能力还不能很快跟进,同时对社会总需求的调控也缺少经验和手段,因此经济增长的波动幅度虽然较改革开放前减小,但仍较大。在市场机制的作用下,需求的迅速增长也带动供给能力的提高,总供求间的差距随时间的推移迅速减小。同时,经济加快发展过程中出现的严重通货膨胀也使政府在社会各方面对加强宏观调控的认识趋于一致,政府对宏观经济的管理,越来越多地转向通过市场进行宏观调控,对客观经济规律越来越重视,宏观调控的水平也在不断提高,这是经济周期性波动幅度减小的重要原因。

通过本案例使我们对中国经济周期有了一个清楚的了解。从1952年到现在,我国经济一共经历了9次变动。本案例对经济变动周期的原因进行了分析,认为我国经济周期性波动的主要原因是社会总需求的快速扩张与社会总供给的增长间存在较大矛盾。这一观点是正确的,因为国民收入取决于总需求,那么经济波动也就源于总需求的变动。总需求变动导致总供给不能与之相适应,造成国民收入大幅度变动,从而形成经济周期性波动。

资料来源:张立群.我国经济的周期性波动与宏观调控.经济纵横,2007.2

案例讨论

形成经济周期的原因是什么?

案例2 教育是怎样拉动经济增长的?

【案例适用】 消费拉动经济增长

案例内容 随着招生规模的扩大,原有的办校规模已经不能满足需求了。例如为了有足够的教室和宿舍,后勤部门日以继夜地工作,施工工地昼夜灯火通明,连校内的大小餐馆、超市、小卖部都翻修一新。这些都是教育带动消费增长的表现。

新生一人一年学费 5 000 元，杂费 1 900 元，十个月生活费 4 000 元，每个学生将在校园里每年消费 10 900 元。这 6 900 元学杂费中，一部分将成为教师的讲课费和奖金，一部分将成为学校的基建费和设备添置费。教师的收入会转化成住房、计算机、冰箱、彩电和其他各种消费品，基建费将拉动建材、建筑、装修行业，设备添置费将拉动计算机、音响、投影仪等行业，而且还有乘数效应。以北京为例，2007 年新生总量约 30 万人，每人 1 万元，就是 30 亿元。这 30 亿元的购买力从全国各地汇集到北京，可以使北京高校的生活水平进一步提高，可以使北京的房地产进一步升值，可以使北京的各种打工机会增加，使北京的 GDP 增长。

案例评析　本案例考察了消费需求与经济增长的关系。消费需求与经济增长是一种正向关系。教育规模的扩大，带动了餐饮、服务等相关行业的发展。同时教育本身也是一种消费，消费需求增加，会刺激投资增加，提高整个社会的产出量。因此，教育消费增加，带动了社会总的产出量增加，从而拉动了经济增长。

案例来源：自编

案例讨论

经济增长的因素有哪些？

案例 3　未来几年我国对房地产和汽车需求巨大

【案例适用】　需求拉动经济增长

案例内容　以房地产和汽车为代表的产业结构升级对整个经济增长具有广泛的和持久的推动力。以房地产为例。房地产投资的周期较长，其产业关联度很高，所带动的产业链很长。在房地产投资与钢铁、水泥、有色金属、化工产品等原材料及电力之间，以及进一步与金属矿石、非金属矿石、煤炭、石油等矿产品之间，产生了相互推动的产业循环。就汽车产业来说，与其直接相关的产业有合成材料工业、轮胎制造业、钢铁工业（以薄钢板和钢带等汽车用钢为主）、机械工业中的机床工业（特别是数控机床）、石油开采及加工业、仪器仪表产业等，此外还有围绕汽车发展起来的服务业群体，如高速公路、加油站、快餐、汽车修理等。

同时，中国正处于人均 GDP 超过 1 000 美元、工业化和城镇化进程加快的时期，对房地产（特别是住宅）和汽车的潜在需求很大，会进一步促进它们的发展。从住宅的潜在需求看，据有关专家估算（王国刚，2005），在未来 20 年（到 2025 年左右），现有城镇家庭（1.55 亿户）以每户 100 平方米计算，需要住宅 155 亿平方米，而目前城镇住宅存量为 90 亿平方米，二者差距为 65 亿平方米，20 年内每年需要建设住宅 3.25 亿平方米；如果加上未来 20 年城镇人口以每年 0.8 个百分点增加，到时城镇家庭约 2.61 亿户，以每户 100 平方米计算，需要住宅 261 亿平方米，与目前城镇住宅存量 90 亿平方米相比，缺口达 171 亿平方米,20年内每年需要建设的住宅上升为8.55亿平方米;如果再加上城镇拆迁、危房改造等,则每年需要建设的住宅应在10亿平方米左右。而近几年,全国城镇每年新建住宅面积只有5亿~6亿平方米,远不能满足需要。

从轿车的潜在需求看,据有关专家估算(福格尔,2001),美国从1910—1970年对轿车的收入弹性为2.6,如果今后中国的人均收入以每年6%的速度增长,同时中国收入增长对轿车需求的弹性也和美国上述时期相同的话,到2015年,中国每年将购置1 000万辆轿车,而目前中国轿车的生产能力只有每年150万辆(2002—2003年的平均产量)。这就意味着,在未来15年中,中国轿车的生产能力需要增加6倍。如果中国年均6%的经济增长能够持续到2024年,而轿车收入弹性不变的话,到时中国对轿车的需求将达到4 500万辆,相当于目前全球轿车的保有量和购买量。尽管就现实的发展看(出于资源、能源、环境等方面的考虑),中国未来轿车的保有量恐怕会小于这个预测数,但其潜在需求的巨大是可以肯定的。

总之,从房地产和汽车这两个产业自身的产业链特点及未来潜在需求看,蕴涵着较为持久的经济增长潜力。

案例评析　均衡的国民收入是由总需求决定的,因此,总需求的变动必然引起均衡的国民收入水平的变动。总需求水平的高低,决定了均衡的国民收入的大小。所以,总需求的变动会引起国民收入的同方向变动,即总需求增加,均衡的国民收入增加,总需求减少,均衡的国民收入减少。本案例论述了房地产和汽车这两个产业在我国巨大的市场需求,将引起社会总需求的增加,从而拉动国民经济的增长。对消费需求与经济增长的分析,我们也可以通过消费需求弹性系数的变化反映出来。消费需求弹性系数是一个较为具体的反映消费需求对经济影响的增长作用或制约作用的分析指标。它是经济增长率与消费需求增长率之比,说明消费需求每增加1个百分点能带动经济增长的比例。本案例同时反映了国民收入与消费的关系,如随着收入的增长,人们对汽车的消费需求增加。

资料来源:中国社会科学院经济研究所"宏观经济增长与稳定课题组"

案例讨论

国民经济增长的影响因素有哪些?

案例4　亚洲金融危机

【案例适用】　经济周期

案例内容　从1997年2月以来,国际投机家几次大量抛售泰铢,引起泰国金融市场动荡。7月2日,泰国政府抵挡不住投机家的冲击,宣布放弃实施14年之久的泰铢与美元挂钩的联系汇率制,改成由市场供求关系决定的浮动汇率制,当天泰铢对美元汇率贬值20%,创泰铢汇价最低点。随之,国际投机家又转向菲律宾、印度尼西亚、马来西亚的汇市和股市,掀起阵阵波涛,后又波及新加坡、越南,甚至延伸到印度、巴基斯坦和缅甸等国。

将 1997 年 8 月 1 日与危机前的 7 月 1 日相比较,泰铢贬值 18.96%,菲律宾比索贬值 9.76%,印尼盾贬值 7.05%,马来西亚林吉特贬值 4.29%。一向经济发展良好的新加坡,货币坚挺的新元也未能逃脱于危机之外,一路下跌到 1 美元兑换 1.47 新元,跌幅达 3%。一时间,整个东南亚货币市场激烈动荡,各国纷纷放弃固定汇率制或联系汇率制,转而实行浮动汇率制。各国资本市场愁云笼罩,烽烟四起,投资者如惊弓之鸟,投机者却欢呼雀跃,股市大跌,本国货币不断贬值。到 10 月更刮起了世界性金融飓风,股市、汇市一片惊慌。将 10 月 1 日各国汇率与危机爆发前的相比较,泰铢贬值 38.39%,菲律宾比索贬值 30.36%,印尼盾贬值 37.36%,马来西亚林吉特贬值 33.4%。10 月 22 日,新元汇价跌至 1.586 8 元,创三年半以来最低点。同日,新加坡工商指数下降 40 点;10 月 23 日,菲律宾股市下跌 96.06 点,都创股市最低点。马来西亚因股指下跌损失 4 000 亿林吉特。马来西亚前总理马哈蒂尔说,这场金融危机至少给东南亚各国造成 2 000 亿美元的经济损失。

国际投机家在东南亚金融市场得手后,移师北上,将矛头对准中国香港股市,掀起风浪,使该地区金融市场激烈动荡。国际投机家趁东南亚货币大幅度贬值之机,在中国香港等地外汇市场抛售港币,威胁其已实施 14 年之久的联系汇率制,但其真实意图是在中国香港股市,在炒作港币之前,已买入大量恒生指数的看跌期权的股票。同期,美国摩根斯坦利公司声称亚洲发达市场在其全球投资组合中的投资比重将由 2% 减为零,这对中国香港股市的动荡起了推波助澜的作用。1997 年 10 月 28 日,中国香港恒生指数下跌 1 438 点,跌幅达 42%。据估计,国际投机家买卖汇市和炒作股票在中国香港获利超过 35 亿港币,并使中国香港社会资金损失达数千亿港币。

受东南亚金融危机和中国香港汇市及股市的影响,危机迅速波及韩国、日本金融市场,这是国际市场一体化的必然后果。从 1997 年 10 月以来,韩国金融市场出现急剧动荡,韩元下跌,股市急挫,利率猛升。从 10 月 20 日起,韩元兑美元的比价一路下跌,连创新低,从 7 月 1 日 887.9 韩元兑 1 美元,到 11 月 19 日汇价已突破 1 000 韩元大关。由于汇率下跌,使韩国企业蒙受 3 万亿韩元的兑换差额损失。东南亚金融危机也影响到日本。从 11 月份以来,日本接连发生多起银行和证券公司倒闭事件,引发了新一轮货币危机,致使日元贬值,12 月 5 日,日元兑美元汇价跌破 130 日元大关,1998 年 1 月 6 日跌至 134 日元,达到五年多来的最低点。特别是日本四大证券商之一的“山一”证券公司破产,预示着日本金融状况还可能进一步恶化。

自 1997 年 7 月以来首先在泰国发生的金融危机,波及整个东南亚各国,随后又冲击了中国香港、韩国和日本的汇市和股市。各国、各地区政府为摆脱金融危机采取了各种对策和措施,东南亚组织(东盟)还开会协商提出对策,而后又谋求国际货币基金组织的援助。由于各国、各地区原有经济状况不同,特别是财政状况、外汇节余、债务多少、经济结构、泡沫经济分量大小及政局是否稳定和对策措施是否恰当、适度等方面的不同,因此,在摆脱危机、减少经济波动和损失上,也就大不一样。从 1998 年 3 月初的情况来看,绝大多数货币贬值已基本停止,兑换美元的汇价略有回升。如以 1998 年 3 月 6 日与 1998 年 1 月 22 日比较,印尼盾从 13 250(盾)回升为 10 700(盾),回升率 19.2%,菲律宾比索回升 4.4%,马来西亚货币升值 13.71%,泰国货币升值 25.67%(从 53.95 铢回升到 43.6 铢),韩国货币回升 5.996%(从 1 740 元到 1 636.5 元),新加坡货币升值 5.3%,港币回升

0.02%,人民币回升 0.01%,只有日元贬值 0.66%,印度卢比贬值 1.9%,似乎亚洲金融危机已告一段落。但对经济的影响却有半年到一年的滞后期,影响将在相当长时期起作用。从对各国和各地区经济的损失和破坏来看,对中国、中国香港、新加坡、日本等外汇储备充足或经济平稳发展的国家和地区的影响有,但直接影响不大。而对泰国、印度尼西亚、马来西亚、菲律宾、韩国却带来了巨额的经济损失,对其经济增长有十分严重的破坏作用,其中韩国、印度尼西亚、泰国简直就是遭受了一场灾难。

资料来源:牛丽英.西方经济学.人民日报出版社,2005.8

案例讨论

如何评价 1997 亚洲金融危机?

案例 5　各国经济增长比较

【案例适用】　经济增长源泉

案例内容　各国经济增长的情况见表 13-2。

表 13-2

国别	时期	综合要素生产率提高贡献率(%)	资本要素投入增长贡献率(%)	劳动要素投入增长贡献率(%)
中国	1953—1993 年	14.1	65.3	20.6
	改革前期	6.7	69.6	23.7
	改革时期	25.0	58.4	16.6
韩国	1963—1971 年	38.79	23.81	37.39
日本	1953—1971 年	55.16	23.81	21.00
美国	1948—1969 年	47.75	19.75	32.50
加拿大	1950—1967 年	39.60	23.03	37.37
西德	1950—1962 年	55.66	22.49	21.85

从表 13-2 中可以看出,中国综合要素生产率提高显得非常缓慢,对经济增长的贡献率即使在改革时期也只有 25.0%,20 世纪 90 年代为 33.1%,与发达工业化国家还有很大差距。这说明中国经济增长主要还是依靠资本要素投入的增加,经济增长仍属于粗放型增长模式。

经济增长的发展趋势考察:

1. 第一个实现工业化的英国,在 1880—1938 年间,用了 58 年使 GNP 翻了一番;

2. 美国在 1839—1888 年间,用了 49 年使 GNP 翻了一番;

3. 日本在 1885—1919 年间,用了 34 年使 GNP 翻了一番;

4. 中国在 1977—1987 年间,用了 10 年使 GNP 翻了两番。

案例评析　经济增长的源泉,可以通过资本增加、劳动增加和技术进步三个因素来计算。增长核算方程式为

$$\frac{\Delta Y}{Y} = \alpha \times \frac{\Delta N}{N} + \beta \times \frac{\Delta K}{K} + \frac{\Delta A}{A}$$

本案例中,计算了中国和其他发达国家的劳动要素和资本要素对经济增长的贡献率。通过上面的计算可以知道,我国经济增长主要是依靠资本要素的投入,而劳动要素贡献率较低。劳动要素包括劳动增加和技术进步,因此,要加速我国经济发展,就要进一步提高我国劳动要素的质量和加快技术进步。通过对各国经济发展趋势的考察,我们发现,我国的经济增长仅用了 10 年就使 GNP 翻了两番,要比美国和日本等发达国家快得多。因此,随着我国对经济增长模式的不断调整,我国的经济将会有更大的发展。

资料来源:张云峰.宏观经济学导教导学导考.西安:西北工业大学出版社,2004.9

案例讨论

试分析经济增长的源泉。

案例 6　中国经济发展创造"世界之最"

【案例适用】　经济增长

案例内容　自 20 世纪 70 年代末期实行改革开放以来,中国经济加速发展,国民生活水平日益提高,综合国力显著增强,创造了许多同时期世界经济发展之最,被众多专家誉为"中国奇迹",下面简单加以介绍。

1. 创造经济增长速度的世界之最。在 20 世纪五六十年代,前联邦德国、日本等曾经创造过经济"奇迹"。20 世纪六七十年代,韩国、新加坡也创造了经济增长纪录。20 世纪 80 年代以来,中国成为世界上经济增长速度最快的国家。中国经济在过去 20 多年的时间里,保持了年均 9.4% 的高速增长,创造了世界经济增长史上的新奇迹,刷新了世界纪录。

2. 创造贸易增长速度的世界之最。1978 年,中国的进出口总量只有 206 亿美元,居世界第 27 位。到 1990 年,增至 1 100 多亿美元,居世界第 16 位。到 2001 年,猛增至 5 098 亿美元,世界排名跃居第 6 位。中国对外贸易总量在 20 多年里增长了 20 多倍,排名前移 21 位,为世界所罕见。

3. 创造外汇储备增长速度的世界之最。1978 年,中国外汇储备仅有 1.67 亿美元,微乎其微。1989 年,也只有 55.5 亿美元。1993 年以后,中国外汇储备迅猛上升,到 1996 年底首次突破千亿美元大关,居世界第二。2003 年,中国外汇储备已达 4 000 亿美元,稳居世界第二。

4. 创造生产增长速度的世界之最。中国曾经是个物资和产品匮乏的国家,改革开放使中国彻底告别了短缺时代。1996 牛,中国钢产量突破 1 亿吨,超过日本而跃居世界第一位。同样雄踞世界产量榜首的还有粮食、肉类、水产品、棉花、水果、布、煤炭、化纤、化肥、水泥、电视机、数字程控交换机等产品。在如此短的时间里,实现主要工农业产品产量的巨大飞跃,这在世界上是不多见的。

5. 创造发展中国家吸引外资的世界之最。改革开放之前,中国利用外资几乎为零。

2001年,实际利用外资达到5 684亿美元,外商直接投资达3 935亿美元。特别是20世纪90年代以来,利用外资规模持续强劲增长,自1993年起,中国吸收外国资本总额一直保持着发展中国家的首要位置。

当提到中国经济有7%~8%高增长率的时候,不仅国外有些专家怀疑其真实性,就是我国的老百姓常常也会产生这样或者那样的疑惑。比如有些人问:既然我国有这么高的经济增长率,怎么我却下岗了呢? 有这么高的增长率,怎么我的工资不见涨呢? 其实,这就是宏观经济和宏观问题。

案例评析　我们中的一些人,确实会有这种感受。但是整个国家的经济增长,并不意味着每个个体的收入都会同步增长。就像我们常看到富有的人越来越富,穷人越来越穷;高增长的行业前途越来越光明,夕阳行业越来越惨淡一样。比如中国的电信、信息技术行业,甚至每年以30%以上的速度在增长,还有国债投资的基建等重点领域。然而,那些失去竞争力的个人、企业和行业却每况愈下,并且这些弱势群体往往在数量上又占据多数,这就容易给人造成一种错觉,就是感觉不好的人越来越多了。

实际上,在这个过程中,一方面反映了国家正在进行大幅度的经济结构调整,优胜劣汰正越来越成为中国市场经济改革不可逆转的潮流和趋势;另一方面,最重要的还在于,这给每个人提出了一个更紧迫的课题,就是如何加速给自己充电,如何加速提高个人的竞争实力,多了解这个国家的经济,了解自己所处行业的前景、所处企业的前景,尽可能使自己在市场经济竞争的大潮中立于不败之地。

改革开放后,中国确实进步了,我们的经济状况确实改善了,我们的生活水平确实提高了,我们确实拥有了更多的自由和选择。说到底,这是中国经济整体增长的结果,它整个改变了我们生活的环境,在改革中出现的个人阵痛,恰恰是我们将来要解决的问题。

社会的进步不可能在一瞬间达到尽善尽美。对每一个人来说,重要的是看清社会发展的方向,迅速调整自己来适应整个社会的进步与发展。

资料来源:

1. 牛丽英.西方经济学.北京:人民日报出版社,2007.1
2. 韩秀云.推开宏观之窗.北京:经济日报出版社,2003.9

案例讨论

1. 试分析中国经济增长的内外因素。
2. 为什么经济增长后,会有部分人群失业?

第14章 开放经济理论

```
                    ┌──────────────┐      ┌──────────────────┐
              ┌────▶│  国际贸易理论  │────▶│ 赫克歇尔-俄林理论 │
┌──────────┐  │     └──────────────┘      └──────────────────┘
│  国际贸易  │──┤                          ┌──────────────────┐
└──────────┘  │     ┌──────────────┐      │   绝对优势理论    │
     │        └────▶│ 贸易自由和贸易保护 │   └──────────────────┘
     │              └──────────────┘      ┌──────────────────┐
     │                                    │   比较优势理论    │
     │              ┌──────────────┐      └──────────────────┘
     │         ┌───▶│ 影响汇率变动的因素 │   ┌──────────────────┐
     │         │    └──────────────┘      │   规模经济理论    │
     ▼         │    ┌──────────────┐      └──────────────────┘
┌──────────────┐│   │  汇率变动的影响  │
│ 外汇与国际收支 │├──▶└──────────────┘
└──────────────┘│   ┌──────────────┐
                └──▶│  国际收支平衡   │
                    └──────────────┘
```

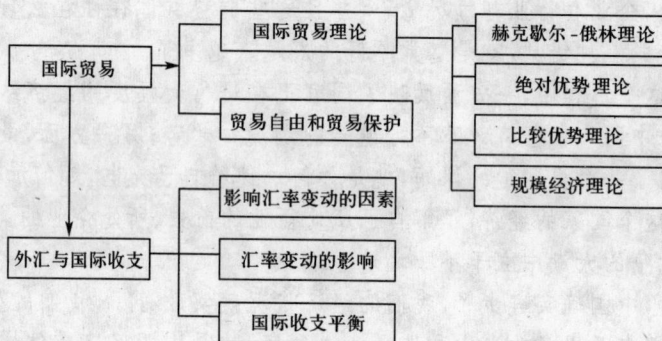

本章基本原理概要

一、国际贸易理论

1. 绝对优势理论

各国存在的生产技术的差别以及由此造成的劳动生产率和生产成本的绝对差别,是国际贸易和国际分工的基础。因此各国应该集中生产并出口具有"绝对优势"的产品,进口具有"绝对劣势"的产品。

2. 比较优势理论

国际贸易的基础并不是限于生产技术上的绝对差别,只要各国间存在生产技术上的相对差别,就会出现生产成本和产品价格的相对差别,从而使各国在不同的产品上具有比较优势,使国际分工和国际贸易成为可能。若每个国家都出口本国具有比较优势的产品,则两国的贸易能使两国都受益。

3. 赫克歇尔-俄林理论

各国应集中生产那些能充分利用本国充裕要素的产品,以换取那些需要密集使用其稀缺要素的产品。国际贸易的基础是生产资源配置或要素储备比例上的差别。

4. 规模经济理论

产品的规模报酬是递减的,即具有规模经济。国际贸易的存在使得既能利用规模经济来生产有限类别的产品,又不牺牲消费的多样性。

二、国际贸易政策概述

1. 限制进口的贸易政策

a. 进口关税;b. 进口配额。

2. 鼓励出口的贸易政策

a. 出口补贴(直接补贴/间接补贴);b. 低价外销。

三、汇率和对外贸易

1. 汇率及其标价

汇率是指一个国家的货币折算成另一个国家货币的比率。

(1)直接标价法:用一单位外国货币作为标准,折算为一定数额的本国货币。汇率下降表示外币贬值或本国货币升值。

(2)间接标价法:用一单位本国货币作为标准,折算为一定数额的外国货币。汇率下降表示外币升值或本国货币贬值。

2. 汇率制度

(1)固定汇率制度:一国货币同他国货币的汇率基本固定,其波动限于一定幅度之内。

(2)浮动汇率制度:一国不规定本国货币与他国货币的官方汇率,听任汇率由外汇市场供求关系自发地决定。分为自由浮动与管理浮动。

3. 自由浮动制度下汇率的决定

(1)供给与需求决定。

(2)比较静态分析。

引起本币贬值的两个因素:

①在每一汇率水平上对本国出口商品需求下降;

②在每一汇率水平上对外国进口商品需求增加。

4. 购买力平价

一价定律:同一种商品在两个国家的货币购买力应相同。

5. 实际汇率

用同一种货币来度量的国外与国内价格水平的比率。

$$e = \frac{E \times P_f}{P}$$

6. 净出口函数

净出口正向取决于实际汇率,反向取决于实际收入。因为实际汇率的变动,使本国货币实际升值或贬值,进而影响国外商品对于国内商品的价值,影响进出口。由于净出口为出口与进口之差,故净出口正向取决于实际汇率;进口还取决于一国的实际收入,实际收入提高,消费者购买支出增加,因此净出口反向取决于一国的实际收入。

四、国际收支的平衡

1. 国际收支平衡表

(1)国际收支:指一国在一定时期内从国外收进的全部货币资金和向国外支付的全部

货币资金的对比关系。

(2)国际收支平衡表:在一定时期内,对一国与他国之间进行的一切经济交易加以系统记录的报表。

(3)基本规则:收入外汇,在国际收支平衡表上记为贷方项目,正号;支出外汇,记为借方项目,负号。

(4)组成部分:包括经常账户、资本账户和官方储备。

①经常账户:商品与劳务的进出口及各种转移支付的进出。

②资本账户:为购买实物资产和金融资产而发生的资本流入流出。

③官方储备:由官方货币机构存有的黄金和外汇储备。

2.净资本流出函数

原理:如果本国利率高于外国利率,外国的投资和贷款就会流入本国,这时净资本流出减少;反之,如果本国利率低于外国利率,则本国投资者就会向外国投资,这时资本就会外流,使净资本流出增加。

定义:F＝流向外国的本国资本量－流向本国的外国资本量

函数:$F=\sigma(r_w-r)$($\sigma>0$,为常数),(r 是本国利率,r_w 是外国利率)

3.国际收支的平衡

(1)国际收支差额＝净出口－净资本流出

$$BP=NX-F$$

(2)国际收支均衡函数(国际收支平衡时,y 与 r 的关系)

$$r=\frac{\gamma}{\sigma}y+\left(r_w-\frac{n}{\sigma}\frac{EP_f}{P}-\frac{q}{\sigma}\right)$$

(3)国际收支对汇率变动的影响

当国际收支出现较大逆差时,本币贬值;当国际收支出现较大顺差时,本币升值。

五、调整国内外均衡的政策

当国内外处于非均衡状态时,需要依靠政府宏观政策的干预,如财政政策、货币政策、汇率调整政策等。但政府宏观政策的调节,应针对本国所处的具体状态,实行不同的政策组合。例如:

(1)经济处于国内均衡与对外不均衡时,只需采取有助于恢复对外均衡的措施。

(2)经济处于国内不均衡与对外均衡时,只需采取有助于使投资与储蓄趋于一致的财政政策或货币政策。

(3)经济处于国内外非均衡时,要区别不同的情况采取不同的措施。

①如果是失业与国际收支赤字并存,可采取扩张性的财政政策和紧缩性的货币政策,同时使货币贬值。

②如果是失业与国际收支盈余并存,可采取扩张性的货币政策与财政政策。

③如果是通货膨胀与国际收支赤字并存,可采取紧缩性的货币政策与财政政策。

④如果是通货膨胀与国际收支盈余并存,可采取紧缩性的财政政策和紧缩性的货币政策。

案例1 人民币升值改变了什么

【案例适用】 汇率

案例内容 2005年7月21日19时,中国人民银行宣布启动人民币汇率机制改革,人民币汇率不再盯住单一美元,形成更富弹性的人民币汇率机制。与此同时,人民币对美元汇率一次提高2%,为8.11元人民币兑换1美元,作为次日银行间外汇市场上外汇指定银行之间交易的中间价。自人民币汇率改革后,中国坚持主动性、渐进性、可控性原则,稳步推进人民币汇率机制改革。人民币汇率弹性不断增强,双向波动趋势日益明显,市场供求因素在人民币汇率形成中发挥着越来越重要的作用。

到2007年7月为止,人民币对美元两年间走出了缓慢升值态势。以人民币对美元中间价来看,2006年5月15日首度"破8";2006年9月28日突破7.9∶1关口;2007年1月11日突破7.8∶1关口;2007年5月8日突破7.7∶1关口;2007年7月3日突破7.6∶1关口。到7月23日,人民币对美元汇率中间价已从7.6804∶1上升到7.5642∶1。2007年7月,以兑换1美元计算,人民币升值超过五角钱,人民币汇率弹性也不断增强。人民币汇率改革给中国对外贸易、国际收支和人们的生活带来深刻变化。

一、汇改以来,我国外贸进出口增速呈现"一增一减"趋势,出口减缓,进口开始提速

根据海关总署的进出口数据,两年来我国出口增速不断下降,由2005年上半年出口增速32.7%,降至今年上半年的27.6%,下降5个百分点;同时,进口增速逐渐提高,由两年前的14%,提高到18.2%,上升4.2个百分点。

不过,即便如此,我国贸易顺差规模继续扩大,顺差增长呈现"加速跑"态势。数据显示,2005年上半年我国外贸顺差接近400亿美元,到2007年前六月,这一数字达到1125亿美元,是两年前的2.8倍。受其推动作用,我国外汇储备余额快速增长,由两年前的7110亿美元,增加到目前的13326亿美元。

"值得关注的是,当前贸易顺差过大和外汇储备增长过快已成为影响我国国际收支平衡的主要矛盾。"国家外汇管理局国际收支分析小组日前发布的《2006年中国国际收支报告》称,国际收支顺差和逆差一样,都是国际收支不平衡的表现形式,顺差或逆差过大都会对国民经济运行产生不利影响。

报告指出,目前我国国际收支顺差大部分来自于加工贸易,并且以外商投资企业为主,技术含量低,缺乏自主品牌和核心技术。同时,外商投资企业未分配及已分配未汇出利润等潜在对外负债数额较大。一旦未来国际金融市场发生较大动荡,市场预期发生逆转,跨境资本集中大量流出,可能加剧对国内市场的冲击。此外,持续较大顺差增加了宏观调控的复杂性,我国国际收支自身仍存在潜在的风险因素。外汇持续大量净流入给国内注入大量资金,国内银行体系流动性充裕,加大了货币调控操作的难度,将直接影响宏观调控的灵活性和有效性。这在影响物价长期稳定的同时,也容易使资金大量流向固定资产投资以及房地产、股市等,增加投资反弹和资产泡沫压力。

央行明确表示,汇率对调节国际收支有一定的作用,但仅仅由汇率来承担调节国际收支的责任是不够的,要推动对外经贸、资源价格、外汇管理、劳动保障、环境补偿等制度改

革,使各项政策形成合力,充分发挥市场机制调节国际收支的作用。

二、物价趋向回落

人民币小幅升值,会平稳国内物价,方便百姓生活,购买进口商品也可能会更便宜。

人民币升值给国内消费者带来的最明显变化就是手中的人民币"更值钱"了。各种进口商品价格的下降将突出表现在汽车和电子产品上,尤其是那些整体进口的汽车和电子产品。一些原计划购买国产商品的消费者很有可能会转向购买那些价格下调的进口商品。

随着汽车、电子产品等各种进口商品价格的下降,国产商品的价格只能跟着下降,否则将失去市场。其他消费品的价格也将会随之下降。

三、境外消费更省钱

人民币升值所带来的购买力增强主要是表现在国际市场上的,而非国内市场。因而在出国留学、旅游和培训等情况下,这一好处体现得更加直接和明显。百姓手中的人民币能够兑换成更多的外币,自然所能购买的商品或者服务也将随之增多,这将会降低居民出国旅游、参加学习和培训的费用。

直观地说,人民币升值2%,就意味着人们在国外的消费会降低大约2%。由于人民币不是直接兑换的货币,因此具体省钱的比例还要看所去的国家和地区,甚至还要参照当地的物价水平。

"人民币升值对我来说是个好消息。"现就读于香港中文大学的安徽女孩李静这样对记者说,"人民币相比港币值钱了,我希望今年有机会能叫父母到这边旅游,而且现在在这里有些地方买东西可以直接用人民币,方便多了。"

的确,对于长期生活在中国的人来说,汇率可能只是数字上的变化,但是对于从中国去国外的求学者和旅游者来说,就有很大不同。人民币升值后,等额的人民币相较以前将可以兑换更多的外币,在国外购物比以前会便宜不少。

但是,人民币升值的事实并不是让所有人都喜上眉梢。即将从美国回到北京的牛雨辰先生是在两年前到美国工作的,"我就想着把钱攒下来,能在北京买处房子,可没想到人民币对美元升值了,而且听说北京的房价这两年已比以前涨了很多。"牛雨辰说。

目前,人民币对美元比以前累计升值约7%。而与此同时,中国的房价也在一路飙升,今年5月,全国70个大中城市房屋销售价格同比环比均继续上涨。新建商品住房、二手住房和非住宅商品房上涨幅度均超过5%。

人民币升值与国内房价上涨看似没有直接联系,事实上,受人民币升值预期的驱动,一些境外"逐利"资金便想方设法来购买人民币或人民币资产,这对国内房价的大幅上涨也起到了推波助澜的作用。

人民币升值的事实对家住北京市丰台区的刘雪颖女士来说是喜忧参半:"为了出国方便,我一直在银行里存了些美元,这两年人民币汇率波动,细算起来也损失了不少,我女儿比较懂理财,去年就去银行买了点外汇理财产品,已经赚了一些钱呢。"

根据中国人民银行发布的数据,自2005年开始中国外汇储蓄存款呈现逐渐下降趋势,许多居民选择将自己手中的外汇兑换成人民币;与此同时,汇改以来中国很多银行相继推出外汇理财产品,这些产品购买门槛较低,有些期限较短,符合了老百姓的需求。

的确,人民币的持续升值对于手中握有美元的居民与投资者是一个考验,但人民币汇率浮动对外汇理财市场是个机遇,外汇市场波动小于股票、债券等市场,所以在个人投资组合中加入"外汇",有助于降低风险。

四、出口企业面临结构调整机遇

汇率改革有助于加快转变外贸增长方式,也可以促进外贸企业积极调整结构,有助于企业长远发展。

对于以出口为主的企业而言,虽然短时期内人民币升值对这些企业有一定的影响,但从长远来看,国家实行浮动汇率有利于与国际接轨,同时对于企业而言是一次调整产品结构、提升产业层次的好机会。

企业将调整经营理念,把更多的精力放在研发高科技和高附加值产品上,以生产出在国际市场上更有竞争力的产品,这样也可以减少贸易摩擦,使国际贸易更为顺畅。

五、企业进口更便宜

对于那些依赖进口的企业来说,人民币升值是一大鼓舞。我们可以用比较低的价格在国际市场上购买到所需要的能源、原材料和设备,尤其对民族汽车等工业生产也是一个极大的促进。由于我国汽车关键件(底盘、大马力发动机、变速箱等)大多从欧洲和日本进口,而汽车产品出口极少,如果人民币升值,对于以散件组装和关键件需要进口的中国汽车业来说应该是个利好,有助于降低汽车的生产成本、缓解降价压力,从而稳定行业的运营毛利。

同时,人民币升值将加快国内企业的国际化步伐,为企业的长远发展奠定基础。比如,人民币升值会增强国内企业的海外投资能力,其购买外国原材料的成本会随之降低,在国际市场上的竞争优势会有所凸显,从而催生一批跨国企业。同时,外商在我国投资的赢利相对国际市场也将有所增加,势必对国内企业在国内的竞争构成挑战;反过来,它也能增强企业的危机感,间接地刺激和促使企业不断更新技术、提高管理水平、增强核心竞争力。

案例评析 货币升值后,进口商品价格相应降低,进口会增加,国内商品种类和数量增多,物价将会降低,消费者福利提高;本币升值,本币的购买力相对提高,进口会增加,境外消费变得相对便宜;而本币升值后,出口商品价格随之提高,会导致出口减少。

案例来源:根据相关资料自编

案例讨论

人民币升值与贬值对我国经济发展会产生哪些影响?

案例2 多哈回合谈判的失败

【案例适用】 开放经济与国际贸易

案例内容 本周最大的经济新闻无疑是多哈回合谈判无限期中止。由于美国、欧盟、日本、澳大利亚、巴西和印度在农业问题上无法达成一致,拉米不得不宣布多哈回合谈判中止。"这里没有胜利者和失败者,今天我们所有的人都是失败者。"拉米的这段话也许会被载入史册,传于后世。

有评论说,多哈回合谈判中止或者失败,意味着全球化止步不前,对多边贸易体制将是毁灭性打击。其实,这并不意味着全球化止步不前,而是表明了全球化方向转折的难度。因为 20 世纪 90 年代以来的全球化进程,其利益分配和成本分担严重失衡,发展中国家付出多而收获少,这种格局注定不可持续,全球化方向必须转折。

多哈回合谈判失败对多边贸易体制也谈不上是毁灭性打击,因为多哈回合谈判还有可能重新启动,因为谈判达成协定符合所有成员的根本利益。所以我们不必过于着急,乌拉圭回合谈了 8 年,多哈回合谈判从 2002 年 1 月 31 日开始至今才 4 年,即使到明年年末结束,历时 5 年 11 个月,也仍然比乌拉圭回合谈判快将近两年。何况从中国—东盟自贸区、中国—澳大利亚自贸区到中国—海合会自贸区,我们与几个重要贸易伙伴的区域自由贸易协定谈判进展顺利,并不是只有世贸组织多边谈判这华山一条路,我们不必过分急躁以至于自乱阵脚。

案例评析 从理论上说,国际贸易有利于资源在全球的配置,能使各国居民的福利实现最大化,但在现实中,各贸易国是存在利益冲突的。例如本案例中的发展中国家与发达国家对国际贸易利益的分配不均和成本分担失衡问题。这些问题的存在成为了对国际贸易发展的限制和约束。因为参与贸易的各国会通过制定和实施有利于本国的对外贸易政策,保护本国产业的发展。这就加大了各国政策协调的难度,本案例中多哈回合谈判正是这种国家间贸易保护政策的体现。

案例来源:国际商报/2006 年/7 月/29 日/第 003 版/特约撰稿人 青云

案例讨论

1. 多边贸易体制在国际贸易发展中的作用有哪些?
2. 如何减少贸易参与国之间的贸易利益冲突?

案例 3　人民币对欧元贬值利好出口企业

【案例适用】 汇率

案例内容 英镑和欧元不仅保持了对美元的强势,同时,对人民币也在震荡中上行。从 2006 年 4 月 20 日到 2007 年 4 月 18 日,欧元对人民币的升值幅度约为 6.2%,英镑则约为 8.6%。商务部研究院研究员梅新育博士对《第一财经日报》表示,欧元对人民币升值,对以欧元结算的中国单个企业来说确实是一件好事,利润空间增加,有利于拉动对欧市场出口。而另一方面,中国进出口总额以美元来计算,在出口数量没有增加的情况下,最后折算成美元的出口总额将明显增加。目前,中国在进出口方面整体上还没有完整的以欧元来计量的系统。欧洲鞋类零售贸易联合会总裁、意大利鞋业零售商协会主席

Massimo Donda昨日对《第一财经日报》表示,目前欧盟采购商对中国鞋产品采购的压力主要来自于反倾销税,并没有受到人民币对美元升值的影响,因为欧元比较坚挺,欧元对美元也在升值,而且升值幅度与人民币对美元升值的幅度相比要高。这样,以欧元结算的欧洲采购商到中国的购买力在增强。

案例评析 一国货币贬值,对出口企业的有利方面通过两种方式实现:一种是通过降低本国商品相对外国商品的价值,使外国人增加对本国商品的需求,从而有利于本国的出口。另一种是出口商品的国际市场价格不变,出口商在把得到的外币折算成人民币时,会换到更多的人民币。本案例中人民币相对于欧元贬值,对于以欧元计价的出口企业来说,其利润会增大。

案例来源:第一财经日报/2007 年/4 月/19 日/第 A02 版/李溯婉

案例讨论

本国货币升值时,如何影响出口企业的利润?

案例4 人民币升值双刃剑 纺织航空两重天

【案例适用】 汇率

案例内容 人民币正在升值,有的公司"坐地起价",有的公司则愁眉不展,正计算着又损失了多少。纺织服装类和航空类企业对此最为敏感。

我们选取了受人民币升值影响最明显的纺织服装行业和航空类上市公司已公布的年报为蓝本,对人民币升值背景下的相关上市公司做一个侧面的研判。

纺织服装类:损失增长 9 倍

尽管经历取消出口配额的阵痛在前,以出口和来料加工为主的纺织服装行业再次遭受人民币升值的冲击,汇兑损益正对该行业各上市公司造成直接影响。纺织服装板块 58 家上市公司,除四环生物(000518. SZ)、锦龙股份(000712. SZ)、新民科技(002127. SZ)和福建南纺(600483. SH)没有汇兑损益披露外,共计汇兑损失为 73 535 476. 14 元,而 2005 年是汇兑收益 8 895 858. 29 元,2006 年度汇兑损失增加了 82 431 334. 43 元,增长了 9 倍多。58 家纺织服装类上市公司 2006 年主营业务收入共计 96 933 301 500. 68 元,2005 年这一数字为 69 615 962 946. 65 元,增加了近 40%,而两年净利润分别为 2 921 743 977 元和 1 394 662 294 元,增长 100%。就单个企业而言,2006 年汇兑收益最大的上市公司之一为鲁泰 A(100726. SZ),为 11 047 555. 13 元,比 2005 年增长 1 618 839. 19 元,同比增长 17%;龙头股份(600630. SH)汇兑损失最大,为 6 369 140. 97 元,比 2005 年增长 2 464 368. 24 元,同比增长 63%。以属于纺织、服装、皮毛行业的瑞贝卡为例,其 2006 年汇兑收益仅为 5.6 万元,而汇兑损失则高达 1 876. 83 万元,净损失 1 871. 23 万元,远高于该公司 2005 年的汇兑损失 707. 28 万元。该公司 2006 年实现净利润 10 086 万元,其汇兑损失和其净利润比值达到 18. 55%。汇兑损益的变化,对公司财务状况带来直接影响。

已经公布年报的汇兑收益最大的前十位纺织服装类企业 2006 年净利润共计 1 564 639 773元,同比增长 39％;财务费用方面,汇兑收益最大的前十位企业 2006 年共计366 791 066.1元,比 2005 年度降低 1 081 834.1 元,下降 3％。已公布年报的汇兑损失最大的前十位纺织服装类企业 2006 年净利润共计 437 259 531.1 元,为上一年度的 26.9 倍;财务费用方面,汇兑损失最大的前十位纺织服装类企业 2006 年财务费用共计 250 978 263.9 元,比 2005 年增加了 31 491 797.4 元,同比增长 14％。除此之外,汇兑损益的变化,也直接体现在纺织服装类上市公司的股票价值上。根据年报资料分析可知,汇兑收益最高的鲁泰 A,2006 年汇兑损益对 EPS 的影响为－0.026,汇兑损益/净利润的值为－0.33;而汇兑损失最大的龙头股份,其汇兑损益对 EPS 的影响则为 0.015,汇兑损益/净利润的值为 0.259。

航空类:扭亏动力与纺织服装类不同,人民币升值为航空类上市公司普遍带来利好

首先,各航空公司都拥有大量的外币负债,其中,美元负债占很大比例,人民币升值可以带来大量的汇兑收益,明显降低外债。另外,人民币升值将直接降低国际航油市场的人民币价格,进口飞机、航材等方面的支出将相应减少,降低运营成本。从 7 家航空类上市公司的年报中可以看出,汇兑收益对航空公司财务状况的贡献明显提高,7 家公司 2006 年的汇兑收益共计为 3 777 686 408 元,比 2005 年的 1 823 553 644 元增长了超过 1 倍;主营业务收入方面,7 家公司 2006 年共计 159 614 352 971.7 元,比 2005 年增长 24％。汇兑收益最明显体现在净利润的增长上,2006 年 7 家航空公司的净利润为 1 475 891 005.1 元,是上一年的 3 倍多,2005 年这一数字为 360 341 102.97 元。7 家公司 2006 年财务费用为3 680 252 944.4 元,2005 年为 2 783 227 752.46 元,增幅为 30％左右,远低于主营业务收入和净利润。个股方面,中国国航由于汇兑损益产生了 10.05 亿元的净收益,占到其当年净利润的三分之一,每股提升了 0.08 元业绩。海南航空(600 221.SH)与南方航空(600029.SH)等年报显示,2006 年全年业绩一举扭亏为盈,其中人民币升值带来较大汇兑收益成为扭亏的重要原因之一,其他航空公司的汇兑收益也都有大幅增长。但新兰德的余凯提醒,对于经营国际航线较多的国际航空和东方航空而言,人民币升值将降低其从国际航线特别是从美元区获得的收入,这是不利的影响。

案例评析 人民币升值后,我国的出口产品在国际市场上的价格相对提高,对于靠价格优势来赢得国际市场的纺织品来说,其出口面临着很大的挑战,因此,纺织板块下跌。人民币升值,进口商品价格下降,航空公司在进口飞机、航材等方面的支出将相应减少,降低了运营成本。同时人民币相对美元升值,航空公司要偿还的美元数量会减少,负债减轻。因此,航空公司的股票价格会上升。

案例来源:第一财经日报/2007 年/5 月/1 日/第 B08 版/刘浪

案例讨论

试述人民币升值的利与弊。

案例5 人民币升值的烦恼

【案例适用】 汇率

案例内容 人民币升值成了劳动密集型出口企业的利润黑洞,提价却是一把不敢祭出的"双刃剑"。

仅仅一年多前,汇率还只是芦中平脑海中一个不甚清晰的概念,而今却成了一只会咬人的老虎。"我已经不会天天去关注汇率的变化了,看也没有用。"身为江苏凯乐玩具有限公司(下称"凯乐")董事长的芦中平沮丧地说,"去年一年仅因人民币升值,我就损失了30多万元,相当于全年利润的百分之十几。"

昨天,央行公布的人民币兑美元中间价为7.729 3,自2005年7月21日汇改以来,汇率已累计攀升近6个百分点。业内人士认为,人民币升值可带来促进产业结构调整等好处,而对劳动密集型出口企业而言,却无疑是个巨大的考验。

事实上,像芦中平一样的沮丧者早已不乏其人。他们忧心于总有一天,自己的出口利润会被汇率这只无情的老虎吞噬殆尽。

"原材料、人工费用都在涨,但出口商品的价格却在降,利润减得十分厉害。"正在广州参加第101届广交会的芦中平说,"现在只能跟客户谈,看能不能提一点价格,最好能把量跑上去,只有这么点办法了。"回忆起人民币升值带来的损失,芦中平十分痛惜。"比方去年年底我们接了意大利雀巢咖啡的一张订单,本来利润可达到5%,谁知过年后出货结算时,人民币升值了,利润降到了约3.5%,本来这笔单子的利润也就4万多美元,这样就损失了5 000多美元。"同样沮丧的还有南昌市新世纪针织内衣厂深圳公司总经理余国文。"人民币升值搞得大家都没钱赚,我是哭都哭不出来了。"正在广交会上参展的他,即使接到订单,也难以高兴起来,"旁边卖服装的也在'哭'人民币升值,我们几乎变成了零利润,整个变成一个福利企业,缴缴税、给员工发发工资,就几乎没什么可赚了。"他也曾想通过订单提价来消化人民币升值压力,但这并不是解决问题的根本办法。"这样一来,客户都不在这里买货了,现在特别是印度,发展很厉害,人家都到那里去了。"余国文说,"本来我们的年利润在6%~7%,现在人民币升值了近6个百分点,根本没有利润了。"

目前,在国外,企业还可以通过定价权、币种选择权、对冲等多种手段来转移或规避汇率风险。事实上,利用金融工具避险是国外企业规避汇率风险的重要手段之一,但在国内并非如此。"我对金融这方面并不了解,也没有使用过啥工具。"芦中平说。而余国文甚至认为,利用金融工具避险就是与客户签订合同以交货时的汇率结算。

杭州某服装出口企业外贸业务员尹小姐则表示,金额大的订单一般会通过购买远期结汇合约进行规避,但作用也不大。"一般我做欧洲的客户时,还会考虑说服客户通过欧元结算,但只要人民币还在继续升值,不以本币结算订单就难免要面对损失风险。"

芦中平说:"为了资金能来得快一点,我们已经不接中长期合同了,现在一般只接两三个月内的。广交会上和客户谈谈,价格提高两个百分点应该没啥问题。"昆山荣光地毯有限公司国际贸易部业务员金晓莉也表示,短期之内,解决之道只能是和原料商等上游企业谈,同时,对客户的费率也提高一点。"毕竟外商来之前就知道人民币会升值,所以也是能理解涨价的吧。""长期来看,我就让开发部门开发一些新的东西,吸引客户。"芦中平说,"像我们毛绒玩具这类的时尚商品,只能想些设计方面的点子,吸引客户。"面对目前的出口困境,也有企业表示会适当调整出口与内销的比例,增加内销的份额。但是,在昆明久仁进出口贸易有限公司业务人员张雪飞看来,开拓国际市场却是趋势所在,他认为,企业应该加强产品的设计和创新感,以提高整体的技术含量。

余国文和芦中平都曾经想到国外建厂。"听说越南很好,但我也不了解。"余国文说,"我们没找到合适的伙伴就不能去,因为自己不了解,贸然去风险太大。"

案例评析 人民币汇率上升,对于劳动密集型出口企业来说,无疑是一个很重的打击。多年来我国劳动密集型产品的出口凭借价格优势占领国际市场,而人民币汇率上升,使我们的价格优势逐渐消失。例如出口商品人民币价格不变,人民币汇率上升,那么出口到国外折合成外币的价格就上升,我国产品在国际上的市场价格就会提高,从而我国产品的市场竞争力会降低,出口数量会减少,致使出口企业的利润降低。

案例来源:第一财经日报/2007 年/4 月/25 日/第 A01 版/萧遥 柴华

案例讨论

人民币升值后,对劳动密集型企业的产品出口问题如何解决?

案例6 日本、德国企业如何应对本国货币升值

【案例适用】 汇率变动

案例内容 20 世纪 80 年代初期,美国财政赤字剧增,对外贸易逆差大幅增长。美国希望通过美元贬值来增加产品的出口竞争力,以改善美国国际收支不平衡状况。1985 年9 月 22 日,美国、日本、联邦德国、法国以及英国的财政部长和中央银行行长在纽约广场饭店举行会议,达成五国政府联合干预外汇市场,诱导美元对主要货币的汇率有秩序地贬值,以解决美国巨额贸易赤字问题的协议。因协议在广场饭店签署,故该协议又被称为"广场协议"(Plaza 协议)。"广场协议"签订后,上述五国开始联合干预外汇市场,在国际外汇市场大量抛售美元,继而形成市场投资者的抛售狂潮,导致美元持续大幅度贬值。1985 年 9 月,美元兑日元在 1 美元兑 250 日元上下波动,协议签订后不到 3 个月的时间里,美元迅速下跌到 1 美元兑 200 日元左右,跌幅 20%。在这之后,以美国财政部长贝克为代表的美国当局以及以当时的美国国际经济研究所所长弗日德·伯格斯藤为代表的金融专家们不断地对美元进行口头干预,表示当时的美元汇率水平仍然偏高,还有下跌空间。在美国政府强硬态度的暗示下,美元对日元继续大幅度下跌,最低曾跌到 1 美元兑120 日元。在不到三年的时间里,美元对日元贬值了 50%,也就是说,日元对美元升值了一倍。受日元升值的影响,1986 年日本经济增长放慢,在当年年度结算中,制造业出口的经常性收益比 1985 年减少了 42.9%。

1. 日本企业应对日元升值的措施

(1) 出口企业的财务对策

一是企业根据外汇市场的走向采取提前或推后结算的对策,如出口企业为了规避将来出口债权化所产生的外汇风险而提前结算;二是变换外币计价债务,如将美元负债换成日元负债以抵消美元资产的外汇风险;三是使用远期外汇合约和外汇期权,如长期延期支付的出口项目。

(2) 出口企业的非财务对策

企业通过提高产品出售价格和降低成本来应对日元升值。一是价格转嫁:Plaza 协议后,日本主要出口产品的价格转嫁高于 50%,而未能实现价格转嫁的部分就是日元升值所导致的减收额;二是成本美元化:如尼桑汽车致力于增加海外零部件进口和在欧美支付开发据点费用。

(3) 从海外生产走向全球最佳生产

日元升值使日本企业将生产转向海外,寻求全球性最佳生产战略。2003 年的日元升值验证了其构建的不受外汇风险影响的经营体制的正确性。如丰田已向受汇率变动影响较小的经营体制转型。丰田一直在北美等地区进行当地生产。由于不可能在销售汽车的所有 70 个国家都建立生产点,因此需要构筑连接零部件供应基地、汽车生产基地和销售基地的最佳生产、销售相互供应网络,以开展全球性据点间债权债务网络核算。

2. 德国企业应对马克升值的措施

和日本一样,在战后到 1973 年这段时间,德国马克兑美元的汇率保持了相对稳定。汇率制度改革后,特别是在 20 世纪 80 年代中期以后,随着德国总体经济实力的改善与增强,马克汇率又出现了持续升值,马克兑美元汇率波动逐渐扩大。从 1985 年的 2.94 马克兑 1 美元升值到 1995 年的 1.43 马克兑 1 美元。面对马克的持续升值,德国放松了外汇汇兑方面的管制,货币当局选择了独立货币政策和资本自由流动,让马克汇率自由浮动。货币当局基本贯彻了资本自由流动下的浮动汇率制度,没有因为缓解马克升值压力而牺牲国内的物价稳定。

案例评析 日本和德国的企业采用不同方式,减少本国货币升值带来的不利影响。日本侧重于企业微观主体的生产和经营策略的转变,而德国更多的得益于政府的宏观调控。对于我国目前的人民币升值问题,可以借鉴日本、德国的经验教训。

案例来源:根据相关资料编写

案例讨论

日本和德国应对本国货币升值的措施,哪些适合我国的国情?

案例 7 人民币不贬值对我国宏观经济的影响

【案例适用】 汇率对经济的影响

案例内容 在 1997 年发生的东南亚金融危机中,我国坚持人民币不贬值,这样做有利于我国的金融稳定,坚定国内外投资者的信心。但是,人民币不贬值对国内经济也会带来不利影响。我们可以用总需求－总供给模型来分析人民币不贬值对我国宏观经济,即GDP 和物价水平的影响。

人民币不贬值主要影响总需求,因为它影响出口。我们知道,出口或净出口(出口－进口)是总需求的一个组成部分,所以,人民币不贬值这样的汇率政策主要影响总需求。

人民币不贬值对出口有什么影响呢? 我国的出口结构与出口对象与东南亚国家相同(都以劳动密集型产品为主向欧美出口),当东南亚国家汇率贬值,而我国汇率不贬值时,相对于东南亚国家而言,我国的货币就升值了。这样,同样的物品在国外市场上,用外币表示的我国物品的相对价格上升,而东南亚国家物品的相对价格下降,我国的物品竞争能力削弱,出口减少。我们可用一个假设的例子来说明这一点。假设我国与泰国都生产耐克鞋,并向美国出口。在金融危机前,假设泰铢与美元之比为 10∶1。一双耐克鞋在泰国的价格是 1 000 泰铢,出口到美国为 100 美元。人民币与美元之比是 8∶1,一双耐克鞋在中国的价格为 800 元,出口到美国为 100 美元。在美国市场上,中泰两国生产的耐克鞋价格相同,各占一定份额的市场。在东南亚金融危机中,泰铢贬值,假设泰铢与美元之比为20∶1,一双耐克鞋在泰国的价格为 1 000 泰铢,但由于泰铢贬值,出口到美国为 50 美元。人民币没贬值,中国生产的耐克鞋在美国市场上仍为 100 美元。这样,泰国出口到美国的耐克鞋增加,中国出口到美国的耐克鞋减少。所以,人民币不贬值会使总需求减少。

在东南亚金融危机之前,我国经济实现了充分就业均衡。东南亚金融危机中我国坚持人民币不贬值,在总供给不变的情况下总需求减少,总需求减少引起 GDP 减少和物价水平下降,经济出现衰退与通货紧缩的状况。东南亚金融危机之后,我国经济确实出现了出口减少,总需求不足,经济增长率放慢和物价低迷的现象。这说明我们用总需求－总供给模型进行的分析与现实是一致的。

人民币不贬值对东南亚国家的经济恢复和保持我国的金融稳定是有利的,但这样做的代价是经济衰退和物价低迷。这说明了经济学中的一个基本原则:天下没有免费的午餐。

案例来源:改编自梁小民的《宏观经济学纵横谈》,三联书店,2002 年

案例 8　中国的经济增长会如何影响其他国家

【案例适用】　国际贸易的相互关系

案例内容　"既来之,则安之"是一句古老的中国谚语。世界在应对中国的时候,最好记住这句谚语。这个国家融入世界经济所发挥的影响,比此前任何新兴国家产生的影响都要大。不过,幸运的是,大部分情况下它是一支为善的力量,会促进整体繁荣。

中国的崛起将比日本在当时对外部世界的影响还要大……

中国可能成为世界上最大的经济体,它有着一支庞大的廉价劳动力队伍,这样的想法让西方世界的许多人不寒而栗。然而,中国的快速增长、巨大规模和开放结合在一起,将对全球的需求和供给两方面产生巨大的促进,这颇像 19 世纪后期进入世界经济的美国……

a. 发达世界的制造业会损失工作岗位,但新的工作将被创造出来,这在很大程度上是因为从发展中国家的出口中赚的钱,花在了从富有的经济体的进口上。收入和工作岗位的持续增加取决于资源不断转移到价值更高的行业中,既无招聘又无解聘的僵化的劳动力市场,对所有人都是不利的。

各个国家通过让它们自己的经济更具灵活性、增加部门之间的流动性以及改进教育,可以实现它们从中国融入世界的进程中所获收益的最大化以及损失最小化。麦肯锡全球研究院的一项研究,考察了因为企业将其生产转移到像中国或印度这样的低工资国家而丧失工作的工人会有什么样的结局。麦肯锡估计,在美国,他们中的 70% 在 6 个月内又找到了新工作,但在德国,这个比例只有 40%,这部分是由于德国慷慨的福利制度和严格的雇用和解雇法律……

b. 在灵活的劳动力市场上,许多丧失工作的工人最终会在生产率更高的行业中得到重新雇用。具有讽刺意味的是,美国的政客和商人抱怨中国盗取了他们国家的工作岗位的呼声却是最高的。由于其经济具有灵活性,美国调整起来应该比欧洲更容易。对中国的威胁的担心源于一系列人们普遍相信的荒诞的说法。

美国的商业游说机构和工会宣称,外包让它们的国家在过去 3 年里损失了 300 万个制造业工作岗位。但这些损失的工作岗位中的大部分,更有可能是由于经济衰退或是由于节省劳动力的 IT 投资所造成的……

此外,即使外包确实向中国出口了工作岗位,但在中国形成的收入的一部分会作为对美国产品和服务的更多需求而流回来。达特茅斯学院塔克商学院的经济学家马修·斯劳特尔开展的研究发现,外包还在美国国内形成了新的工作岗位——由工程师、财务和营销专家向国外的分支机构提供服务或供应高技术部件。在对 2 500 家美国跨国公司截至 2001 年的 10 年间所进行的研究中,斯劳特尔先生发现这些跨国公司在外国的子公司增加了 290 万个工作岗位,而在美国本土则增加了多达 550 万个工作岗位。另外,这些跨国公司在国内雇用的人数比纯粹国内公司中的工作岗位增加得更快……

c. 担心中国出口的增长是以其他国家的损失为代价,所根据的是零和贸易的谬论。事实上,贸易是正和博弈:参加者越多,机会也就越多,各国使用相同数量的劳动力可以生产得更多,购买产品和服务的价格也更便宜。中国的扩张将极大地增加这些机会。

案例评析 本案例讨论了中国的经济增长对美国和欧洲的工作机会的影响。文章指出,许多人担心中国的快速增长会降低美国和欧洲的收入和经济增长,这些担心是没有道理的。文章还提供了政策类型方面的建议,这些政策是各国为增加它们从中国融入世界经济中所获收益而应该采取的。

案例来源:格伦·哈伯德,安东尼·奥布莱恩. 经济学(宏观). 北京:机械工业出版社,2007.4

案例讨论

你对"中国制造"面临的问题有何看法?

第 15 章　宏观经济政策

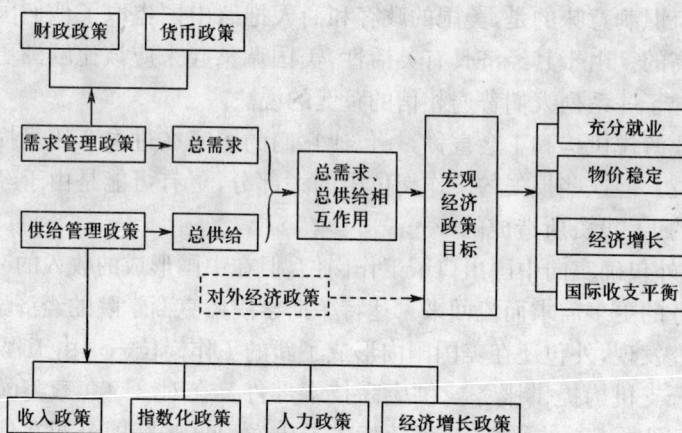

本章知识结构图

本章基本原理概要

一、宏观经济政策的目标

宏观经济政策的四大目标是充分就业、价格水平稳定、经济增长、国际收支平衡。

（1）充分就业：充分就业并不意味着百分之百就业，而是指包含劳动在内的一切生产要素都能以愿意接受的价格参与生产活动的状态。

（2）价格水平稳定：价格水平稳定不是指每种商品的价格固定不变，也不是价格总水平保持不变，而是指价格指数相对稳定，即不出现较严重的通货膨胀。

（3）经济增长：指一定时期内经济的持续均衡增长。

（4）国际收支均衡：指一定时期内，一国净出口与净资本流出相等。

二、宏观经济政策的理论基础

政府宏观经济政策的理论基础是凯恩斯主义的总需求决定论，即 *IS-LM* 模型。

在 *IS-LM* 曲线的不同区域，财政政策和货币政策的有效性：

(1)在萧条区域内,财政政策有效,而货币政策无效。因为在萧条区域内,人们的流动偏好趋于无穷大,通过变动货币供给量来改变 LM 曲线的位置对均衡国民收入没有影响,而通过扩张性的财政政策向右移动 IS 曲线则可以使国民收入得到最大限度的提高。

(2)在古典区域内,货币政策有效,而财政政策无效。因为在古典区域内,人们对货币的投机需求接近于零,通过扩张性的货币政策向右移动 LM 曲线,可以降低利息率,同时又会提高国民收入,而 IS 曲线的变动只会影响利息率。

(3)在中间区域内,财政政策和货币政策都有效。在接近凯恩斯区域的地方,财政政策更为重要;在接近古典区域的地方,货币政策更为重要。

三、财政政策的效应和机制

1. 财政支出政策

增加财政支出可以扩大总需求,从而产生对国民收入的扩张作用。减少财政支出导致总需求的相应减少,从而产生对国民收入的收缩作用。政府的财政支出政策主要是通过改变政府消费、政府投资和转移支付的规模来实现的,其中政府消费和转移支付的支出规模较为稳定,而政府投资的支出规模可随政府财政政策的改变而做相应的调整,因此政府财政支出政策主要是通过改变政府投资的支出规模来体现的。

(1)财政支出乘数。财政支出乘数是指政府财政支出使国民收入增加的倍数。如果以 K_G 表示财政支出乘数,则有 $K_G = \dfrac{\Delta Y}{\Delta G} = \dfrac{1}{1-MPC}$。$MPC$ 为边际消费倾向。

(2)挤出效应。①所谓挤出效应是指政府支出的增加引起私人投资的减少。②影响挤出效应的因素有:政府举债的对象不同决定了挤出效应的大小;经济发展状况处于不同阶段决定了挤出效应的大小;当政府增加支出使经济出现复苏,使资本预期投资率提高时,政府支出不但没有挤出私人投资,反而吸引私人投资增加;政府支出对利率的影响会决定挤出效应的大小。

2. 财政收入政策

财政收入主要来源于税收,所以财政收入政策主要指税收政策。

(1)征税的原则。①利益原则:征税的多少应根据纳税人从政府提供的服务中受益的多少来确定;②支付能力原则:按照支付能力原则政府实行累进所得税税率,对高收入者实行高税率,对低收入者实行低税率,甚至免征所得税;③税率与增长原则;④国家所有权原则。

(2)税收的种类。税收按征收对象来分,大体上可分为三类,即财产税、所得税和生产流转税;税收按征收的形式来分,大体上可划分为比例税、累进税和累退税。

(3)税收乘数。税收乘数是指税收变动引起国民收入变动的倍数。如果以 K_T 表示税收乘数,ΔT 表示税收增量,ΔY 表示国民收入增量,则 $K_T = \dfrac{\Delta Y}{\Delta T} = -\dfrac{MPC}{1-MPC}$。

四、货币政策的效应和机制

货币政策是指政府通过中央银行运用其政策工具,调节货币供给量和利息率,从而调控经济活动水平以实现既定的宏观调控目标所采取的措施和方针。

1. 货币政策的作用机制及其种类

货币政策的类型大体上分为两种:一种是扩张性的货币政策;另一种是紧缩性的货币政策。扩张性的货币政策主要作用是刺激经济增长,紧缩性的货币政策主要作用是控制通货膨胀。扩张性的货币政策是指政府通过扩大货币供给量,从而降低利率水平,提高经济增长水平。在经济衰退期间采取扩张性的货币政策已成为越来越重要的刺激经济回升的手段,这一方面可以降低利率,从而刺激消费和投资的增加;另一方面也可扩大社会的支付能力,提高物价水平,避免通货紧缩的出现。

2. 货币政策的主要措施

(1)公开市场业务。公开市场业务是中央银行控制货币供给量最重要的工具。公开市场业务是指中央银行在金融市场上公开买卖政府债券以控制货币供给量和调节利率水平的政策行为。公开市场业务通过增加或减少货币供给量,一方面调节了债券价格的变化,另一方面也调节了利率高低的变化。当中央银行通过公开市场业务增加货币供给量时,债券需求上升,从而债券价格上升,而利率水平下降,从而使投资需求和消费需求相应增加。当中央银行通过公开市场业务减少货币供给量时,又会通过上述机制使投资需求和消费需求相应减少。

(2)变动法定准备率。变动法定准备率是一种作用强但很少使用的政策工具。法定准备率是指中央银行规定的商业银行持有的准备金占存款的比率。在经济衰退期间,中央银行决定增加货币供给量,就可以降低法定准备率,所有商业银行就可以对每一笔存款保持更少的准备金,从而有更多的资金用于贷款,银行创造货币的作用也进一步加大。在通货膨胀期间,中央银行采取提高法定准备率的做法,其作用正好相反。

(3)调整贴现率。商业银行从中央银行借款的利率称做贴现率。当中央银行提高贴现率时,商业银行也倾向于提高贷款利率,从而使企业投资需求减少。

以上三大货币政策工具中,公开市场业务的作用相对温和,因此被作为经常使用的工具。而贴现率和准备率的作用比较猛烈,因此不常使用。三大货币政策工具常常需要配合使用。货币政策除了上述三种主要工具之外,还有其他一些次要工具。

五、收入政策和人力政策

财政政策和货币政策主要是通过调节总需求来实现政府宏观经济的调控目标。当经济运行中通货膨胀和衰退同时出现时,我们称之为滞胀,而滞胀的出现往往是总供给的变化造成的,因此单纯调节总需求就难以摆脱滞胀。收入政策和人力政策主要调节总供给。

1. 收入政策

(1)收入政策指政府通过行政措施强制性或非强制性地限制收入增长和物价水平上升的政策,因为其主要是通过限制收入水平而发挥政策效用的,因此称为收入政策。

(2)收入政策的基本理论:如果货币工资增长率超过生产率增长水平,则物价水平不会上升。

(3)推行收入政策的主要手段:其一,对工资和价格实行管制,即企业和工会不经政府有关部门同意,不得提高工资和价格;其二,对工资和价格实行指导,即政府制定工资和价格指导线,指令企业和工会参照执行。

2.人力政策

人力政策就是政府为缓解结构性失业所采取的各种措施。这些措施主要包括两个方面:一是通过各种手段和方法加强对失业者和在职人员的培训,使缺少劳动技能和经验的劳动力经过培训能够符合就业岗位所要求的条件,同时对那些知识和技术已经赶不上时代发展的劳动力进行知识更新;二是采取各种措施加强劳动力需求和劳动力供给的信息沟通,减少劳动力在区域、行业、企业之间流动的阻力。

六、内在稳定器和相机抉择

1.内在稳定器

内在稳定器指政府无须变动以往的政策法规,而其本身就具备对经济波动的调节功能。内在稳定器也称自动稳定器,可以从财政政策和货币政策两个方面来分析:

(1)财政政策的内在稳定器。财政政策是内在稳定器发挥作用的主要途径,主要表现为以下三种:

①税收的自动稳定作用。当经济衰退时,国民产出水平下降,个人收入减少,在税率不变的条件下,政府税收会自动减少,留给人们的可支配收入以及由收入所决定的消费会延缓下降的速度。在实行累进所得税条件下,经济衰退使纳税人的收入自动进入较低档次,因此税收下降的幅度会超过收入下降的幅度,从而产生抑制衰退的作用。反之,当经济繁荣时,税收会自动产生抑制通货膨胀的作用。

②政府转移支付的自动稳定作用。经济衰退时,失业人数增加,因而也使失业保险金和社会保障金的支付增加,从而延缓社会总收入下降的速度,对衰退起到自动缓冲的作用。当经济繁荣时,失业人数减少,相应的转移支付也会减少,从而抑制可支配收入和消费的增长。

③农业扶持价格的自动稳定作用。经济衰退时,农产品价格下降,政府以扶持价格收购农产品,使农民收入和消费保持稳定。当经济繁荣时,农产品价格上升,市场价格超过政府收购价格,政府抛售农产品,抑制农产品价格上升,从而也抑制了农民收入和消费的过快增长。

(2)货币政策的内在稳定器。在经济衰退时,货币供给量保持不变,由于消费需求和投资需求减少,会使货币需求减少,进而使利率水平下降,利率水平的下降会对衰退起到抑制作用。在经济繁荣时,由于消费需求和投资需求增加,会使货币需求增加,当货币供给量保持不变时,就会促使利率水平上升,利率水平的上升会对通货膨胀起到抑制作用。

2.相机抉择

相机抉择也称为斟酌使用,指政府要根据经济运行的阶段特征以及政策效果来相机抉择使用宏观经济政策。这种选择的前提是认为政府的调控政策是有效的。相机抉择通常要考虑以下几点:

(1)逆风向行事。财政政策和货币政策都包括扩张性政策和紧缩性政策两方面。当经济衰退时,通常选择扩张性财政政策和货币政策;当出现通货膨胀时,通常选择紧缩性财政政策和货币政策。

(2)政策的时滞。实行一种新的调控措施时,其政策效用往往要经过一段时间才能在现实经济中发挥作用。不同的政策具有不同的时滞,政府要审时度势,未雨绸缪,及时实行和选择经济调控措施,避免前一轮调控政策在经济风向转换以后才发生作用。

(3)政策作用的程度。改变法定准备率和增加政府支出对经济的调控作用比较猛烈,而公开市场业务对经济的调控作用就比较温和。政府应根据具体情况选择是使用调控宏观经济的猛药还是温和的药方。

(4)政策组合与协调。财政政策与货币政策可以组合使用,以此实现政策的配套与协调。通常有双紧双松和一紧一松的政策组合。双紧双松指紧缩性的财政政策配合紧缩性的货币政策或者相反,一紧一松指扩张性的财政政策配合紧缩性的货币政策或者相反。财政政策或货币政策本身也可以组合使用。

案例1 宏观调控中财政政策的选择与运用

【案例适用】 财政政策

案例内容 财政政策是政府宏观调控主动运用的重要政策工具,2007年我国继续实施稳健的财政政策。那么,在宏观调控过程中,到底该怎样正确选择并合理运用不同种类的财政政策? 稳健的财政政策的内涵是什么? 实施稳健的财政政策的调控前景如何?

无论是推进以扩张性为特征的积极的财政政策,抑或实施以中性为特征的稳健的财政政策,实际上都遵循了"涨时抑制,跌时拉动,稳时旁观"的反经济周期操作的基本思想。在市场经济条件下,中央政府是以市场机制为基础进行宏观调控的,因此相对于自由、自发的市场机制来说,政府的调控行为是积极而主动的。这就是说,无论运用哪种财政政策,都是政府根据经济形势而采取的积极干预措施。从这个意义上说,"积极的财政政策"、"稳健的财政政策"等提法实际上都是依据中国特定的经济、社会背景而提出的。

我国财政政策的历史沿革:

1. 1993—1997年实行的是适度从紧的财政政策

这一阶段,我国宏观调控的重点是控制通货膨胀,主要表现为以下三个方面:

一是四个"热":房地产热,开发区热,集资热,股票热;

二是四个"紧张":交通运输紧张,能源紧张,原材料紧张,资金紧张;

三是一个"乱":经济秩序混乱,特别是金融秩序混乱。

为了确保经济的健康发展,1993年6月24日,中央下发了6号文件,决定实行适度从紧的财政政策和货币政策。

2. 1998—2004年实行的是积极的财政政策

1993—1997年的宏观调控刚刚完成,经济形势就发生了变化,亚洲金融危机波及我国,出现了供大于求、需求不足的问题,经济增长明显受到需求不足的制约。当时的提法是出现了"通货紧缩的趋势",实际上就是通货紧缩。

3. 2005—2006年实行的是稳健的财政政策

从2003年开始,我国的宏观经济运行出现了一些新的情况。2003年一季度GDP增长速度达9.9%,全年为9.1%。2004年一季度GDP增长速度为9.8%,二季度为9.6%,三季度为9.1%,四季度为9.5%,全年为9.5%。同时,从2003年开始,物价也走出了通货紧缩的阴影,由负增长变成正增长。2004年居民消费价格总水平上涨3.9%。这些数据说明,我国经济走出了通货紧缩的阴影,经济增长进入新一轮周期的上升阶段,呈现出加速发展的态势。但另一方面,又存在经济结构不合理、经济增长方式粗放等问题。一是有些行业如钢铁、冶金、房地产、建材等发展太快,出现了局部过热;二是经济社会发展中还有能源、交通、农业、教育、公共卫生、社会保障等许多薄弱环节亟待加强。党中央、国务院很敏锐地看到了宏观经济运行中存在的问题,从2003年起,及时采取了一系列的宏观调控政策,初步消除了经济发展中的不稳定、不健康因素,避免了经济出现大的波动。但一些深层次问题还没有完全解决,主要是粮食增产和农民增收的机制尚不完善、固定资产投资反弹压力大、能源和运输瓶颈约束依然突出等。在这种宏观经济形势下,党中央、国务院决定进一步采取措施加强和改善宏观调控,在继续实行稳健货币政策的同时,2005年开始调整财政政策取向,由扩张性的积极财政政策转向稳健财政政策。

案例评析 一国经济在运行的过程中,经常会出现繁荣与衰退相互交替的情形。一般认为,在市场经济中,经济波动的发生与由无数家庭和企业所组成的私人部门在分散决策中形成的总需求与总供给的失衡有关。总供给主要取决于劳动、资本、自然资源等要素投入,而决定这些要素投入的又是一些长期性因素,如经济结构、产权制度、财税制度、贸易制度、政治制度等,因此,解决短期内的经济波动问题,通常不从总供给入手,而是把目光盯在总需求上。总需求由消费需求、投资需求和国外净需求(即出口减去进口)构成。由于消费需求与收入、税率、利率等有关,投资需求与利率、税率有关,国外净需求与收入、汇率、利率等有关,因此政府可以主动运用政策工具,有意识地对这些经济变量进行调节,以改变总需求,达到熨平经济波动的目标。

在这些政策工具中,最为常见的要数财政政策与货币政策,由于它们重在对总需求进行管理,因此一般称为需求管理政策。

财政政策指政府通过改变税收和财政支出,以达到稳定经济的目标。所谓财政制度自动稳定器,是指财政的某些制度性安排能够自动促进总需求和总供给的平衡,如累进所得税制、失业救济金、贫困救助计划等。以累进所得税制为例,当经济衰退时,收入、工薪和利润就会减少,政府课征的税收相应减少。这种自动的减税能够刺激总需求,因而有助于经济稳定;反之,当经济繁荣时,收入、工薪和利润就会增加,政府课征的税收就会相应增加,这种自动增税有助于抑制总需求,从而减少经济的波动。

一般认为,财政制度自动稳定器功能还没有强大到足以防止经济衰退或抑制通货膨胀的地步。为此,政府有必要根据经济形势的变动,运用相应的政策工具,采取"逆经济风向而动"的反周期政策操作,达到实现总供求平衡、熨平经济波动的目标。这就是所谓相机抉择的政策。我们通常所说的宏观调控,实际上就是指政府根据经济形势而采取的相机抉择行动。

在实行积极的财政政策期间,财政部通过大量发行长期建设国债而筹集的资金,被大规模用于基础设施和公共工程建设上,这使长期以来一直困扰着我国经济进一步发展的"瓶颈"问题迅速得到缓解,有力地带动了民间资本的投资热情,从而为我国经济走出低谷创造了良机。从这个角度看,积极的财政政策之所以能够取得重大成效,与成功地解决了公共财政在基础设施方面的缺位问题分不开。

扩张性的财政政策一般适用于经济衰退时期,这时总需求小于总供给。政府可以通过减税(降低税率或取消税种),增加支出规模,刺激总需求,拉动经济增长。在实行扩张性财政政策的过程中,由于税收的减少和支出的增加,经常导致财政赤字的发生,在这种情况下,政府往往通过发行公债来筹措资金。

紧缩性的财政政策通常适用于经济繁荣时期,这时总需求大于总供给。政府可以通过提高税率、增加税种,减少支出规模,减少总需求,抑制通货膨胀。紧缩性财政政策通常会导致财政节余。

中性的财政政策是指通过政府收支大体平衡,保持总需求与总供给的基本平衡。其政策功能是保持总供求的同步增长,以维持总供求平衡的既定格局。其特点表现为政府收支在数量上基本一致,而且不对总供求产生具有倾向性的调节作用。

1998年下半年,面对亚洲金融危机的冲击和国内有效需求不足的局面,中央政府实施了以扩张性为特征的积极的财政政策,以配合从1996年就已开始实施的扩张性货币政策。这是中央政府在经济衰退的严峻形势下,首次积极、主动地运用赤字财政措施,通过大量发行长期建设国债,停征固定资产投资方向调节税等,扩大投资需求;并采取征收利息税等手段,刺激居民消费需求。从而在历时约4年的时间里,为我国经济走出低谷,起到了极其重要的促进作用。

从2003年起,随着世界经济回暖,对外依存度较高的我国经济逐步走出低谷。2004年初,我国经济开始出现投资过旺、经济偏热的苗头,这似乎预示着国内经济开始向新一轮的波峰迈进。在这个背景下,以扩张性为特征的积极的财政政策逐步淡出,取而代之的则是以中性为特征的稳健的财政政策。

2007年,我国继续坚持实施稳健的财政政策。稳健的财政政策的实质在于通过保持财政收支在数量上的基本一致,确保总需求与总供给的基本平衡。这时,财政政策本身不对总供求产生具有倾向性的调节作用。

随着时间的推移,我国的经济环境正在发生重大的转变。首先,几年前基础设施领域中公共服务严重缺失的情形已经成为历史;其次,2005年7月21日的汇率形成机制改革之后,人民币汇率正在向波动幅度渐宽的富有弹性的浮动汇率制度迈进。在这种背景下,财政政策的宏观调控功能将逐步弱化。从国际视野来看,近30年来随着经济思想的深刻变革,人们一方面意识到经济波动很可能与春夏秋冬、昼夜更替之类的自然规律类似,不过是经济系统对于外在冲击的一种自然反应而已,因此熨平短期的经济波动可能不如保持长期的经济增长那么重要;另一方面人们则开始考虑政府在诸多因素约束下进行宏观调控的真实能力到底有多强。基于这些理由,许多人认为,除非出现严重的经济萧条和恶性通货膨胀,否则政府并无出手调控经济的必要性,而是宁可让财政货币政策诉诸规则的约束。在这种情况下,着力追求财政预算的平衡,而非采取"逆经济风向而动"的相机抉择的政策行动,已经成为一种潮流。在这个意义上,我国实施以中性为特征的稳健的财政政策,尽管在其本意上是反经济周期操作的产物,但在无形之间又与确立财政平衡规则的潮流走到了一起,这也算是一种巧合。

资料来源:中国国土资源报/2007年/5月/14日/第006版/学习园地/林致远

案例讨论

我国是在什么情况下提出实施稳健的财政政策的？为什么？

案例2 克林顿经济学的调控作用

【案例适用】 财政政策

案例内容 自从20世纪30年代凯恩斯主义产生之后，它就几乎成了国家干预主义的代名词。凯恩斯主义具体的理论和政策主张可以说大致经历了如下四个阶段的发展和变化：

一是以凯恩斯本人的有效需求理论为基础，以摆脱大萧条和严重失业为己任，主张实行以刺激总需求为目标、以需求管理为内容的扩张性财政和金融政策；

二是由汉森首倡并以菲利普斯曲线为理论基础，主张实行周期平衡的补偿性财政和金融政策；

三是以托宾等人为代表的、以就业空位与失业并存的结构性滞胀理论为基础，主张实行以就业培训、人力政策为中心的结构性或微观化的宏观经济政策；

四是20世纪80年代中期兴起的并且新近成为克林顿政府官方经济学的新凯恩斯主义，采用了工资和物价黏性的说法，并引入了经济人和理性预期的假设，重新解释了资本主义经济危机和严重失业的原因。从现实来看，新凯恩斯主义对于美国经济正在产生着越来越大的影响，这不能不引起人们的重视。

从理论上讲，新凯恩斯主义其实是一个将凯恩斯主义、现代货币主义、供给学派和理性预期学派的理论与政策主张进行了更为广泛"综合"的"新综合"。因而，所谓克林顿经济学不过就是人们对克林顿政府所主张和实施的一系列新凯恩斯主义的经济政策的一个统称或代名词。克林顿经济学的基本要义就是既反对完全自由放任的政府，又反对过度干预的政府。用克林顿自己的话说就是"我们将走第三条道路"。不仅如此，克林顿经济学还在很大程度上受到日本产业政策的影响，吸收了其中许多有益的东西。克林顿政府的宏观经济政策已经不仅仅是将重点放在总量的简单平衡上，而是在考虑总量平衡的同时，更为注重结构问题。因此可以说，新凯恩斯主义或克林顿经济学对经济乃至西方经济学本身就是极其讲究实用性的。

案例评析 克林顿经济学从经济政策的实施上主要包括以下几方面：

第一，实施了较为合理的财政政策。克林顿上台后，大力削减财政赤字，同时，政府和国会达成协议，要在2002年消灭财政赤字，实行平衡预算。因此，克林顿执政以来，联邦政府财政赤字稳步下降，1996年财政年度已减少到1 073亿美元，1997年已降至千亿美元以下。政府预算赤字的减少实际上增加了市场的资本供应量，有利于促使长期利率下降并保持在较低水平，从而刺激企业投资。同时，财政赤字的稳定下降也有助于增强人们对美国经济前景的信心,促进了长期利率的下降,推动了投资市场的繁荣。近几年来,虽然美国财政政策的目标主要在于减少财政赤字,但它并不是采取以前各任总统所采取的简单减少支出的办法,而是采用有增有减的结构性的财政政策。其主要措施包括:通过增加投资、经济转型和增长战略来增加财政收入;削减国防经费;取消非生产性开支,鼓励私人投资;削减联邦行政开支。财政赤字的减少也成为近年来美国股票市场在大多数情况下走势较好的一个重要原因。投资市场的繁荣对美国公司吸收资金和扩大投资起到了积极作用,从而也促进了经济的稳定发展。

第二,制定和执行了正确的货币政策。里根执政初期,当时的美联储主席沃尔克为了制止通货膨胀,不惜把美国经济再次拖进衰退,大幅度提高利率。1987年接任美联储主席的格林斯潘在沿用沃尔克坚决反通货膨胀做法的同时,更加强调采取"预防性"的措施,在通货膨胀还没有明显苗头的情况下就实行紧缩性政策,将通货膨胀消灭在萌芽状态,从而保持经济的持续稳定增长。可以说,在货币政策上,克林顿政府所采用的是较为温和、谨慎的货币政策。这一点可以从过去几年美联储的数次利率升降中看出来。近些年来,以格林斯潘为首的美联储执行的是以控制通货膨胀为首要目标的低增长率和低通胀率的货币政策。每当经济出现过热迹象时,格林斯潘总是毫不手软地采取坚决措施,紧缩通币以对经济实行刹车。实践证明,这一政策对美国经济的稳定增长起到了重要的保证作用。由于私人消费占美国国内生产总值的2/3,大幅度紧缩银根对美国的消费热起到了降温作用,保证了最近两年经济继续沿着低速而稳定增长的轨道运行。

第三,迅速开发和应用高新技术。高新技术迅速开发和应用使得美国的生产率得到了很大的提高。近几年来,高新技术的发展日新月异,电脑技术的普遍运用使产品的开发、生产、销售和库存的控制发生了革命性的变化。这一方面大大提高了生产率,降低了生产成本,增强了产品的竞争力,限制了物价的攀升。另一方面生产和市场信息的准确和快速的收集,也减少了生产的盲目性,有效地控制了库存的增长,降低了由于生产过剩最终导致经济危机发生的可能性。一些经济学家指出,1990年美国投到信息业的资本首次超过对其他产业的投资,标志着美国已开始进入信息社会。据美国政府统计,1996年,美国用于计算机等信息处理及其相关设备的投资额达2 028亿美元,比1996年的1 832亿美元增加了12.5%,是其他工业设备投资的1.6倍,信息技术投资已占企业固定资产投资的35.7%。自1993年以来,美国工业取得的增长中,约有45%是由电脑和半导体创造的。计算机技术带来的更大的影响是彻底改变了企业的运作方式。随着公司内部电脑网络的普及,公司的科研人员可以在同一时间对同一课题进行攻关,从而大大缩短了新技术和新产品的研究与开发时间。网络化还使公司根据市场情况对生产、销售和库存随时进行调整,从而在相当大程度上降低了生产过剩引发经济危机的可能性或者至少推迟了衰退到来的时间。

第四,实行以开拓国外市场为核心的贸易政策。克林顿政府将一直以提倡"自由贸易"为荣的美国贸易传统转变到目前更体现实用主义的"公平贸易"上来。鉴于经济竞争已成为冷战后国际竞争的核心内容,对外贸易特别是出口的扩大已成为支撑美国经济扩展的重要因素,克林顿政府前所未有地把开拓国外市场、扩大对外贸易置于对外战略的优先地位。为此,美国政府制定了美国有史以来第一个"国家出口战略",确定了六大重点出口产业。

第五,强调供给政策是克林顿经济学中很独特的一个组成部分。它的供给政策在很大程度上是吸收了里根经济学中的供给管理政策的有益成分,同时又吸收了日本等东亚国家过去30年经济快速增长的经验。这一政策包括:

(1)继续保持较低的税率,以刺激商品和劳务的供给。

(2)政府机构开始加强对技术开发的投入。1994年,美国成立了由总统任主席的国家科学委员会,其地位与国家安全委员会、国家经济委员会平等,从而把科技工作提到了空前重要的地位。

(3)大幅度增加了对技术改造项目的奖励,设立专门的投资税收信贷政策,鼓励企业参与国际竞争,购置高效率的机器设备;对开创性的技术公司提供长期信贷税收基金。

(4)提高人力资本素质,提倡终身教育。

(5)提高能源利用率,走可持续发展的道路。克林顿政府几年来一直提倡减少能源消耗,加强防止空气和水污染,保护环境,鼓励废物的回收和利用,以提高经济效益。

尽管新凯恩斯主义和克林顿经济学的实践在前些年对美国经济产生了很多积极的作用,并在今后两三年内仍将继续影响美国经济,使其继续保持低速稳定的增长态势,但它们是否能够使美国政府完全摆脱周期性危机的阴影,还是值得怀疑的。

资料来源:http://www.jxnu.edu.cn/jgsz/jx/jingpinkc/hgjjx/zl—4.htm

案例讨论

克林顿执政的主要经济政策有哪些?

案例3 拉弗曲线:税率与税收收入

【案例适用】 财政政策

案例内容 高税率必然会导致聪明者设法规避,就像积雪会引来乘着雪橇的孩童一样。

——阿瑟·奥肯(Arthur Okun),经济学者,1928—1980年

如果(边际)所得税税率下降,那么所得税收入是增加还是减少呢?大多数人认为答案显而易见——较低的税率意味着较少的税收收入。但经济学家阿瑟·拉弗却解释了为什么情况也许不是这样。

据说,当拉弗正在华盛顿特区的一家餐馆里与一名新闻记者就餐时,他把图15-1所示的那条曲线画在一张餐巾纸上,这条曲线后来被称为拉弗曲线。拉弗的目的是要阐明税率与税收收入之间可能存在的几种不同的关系。

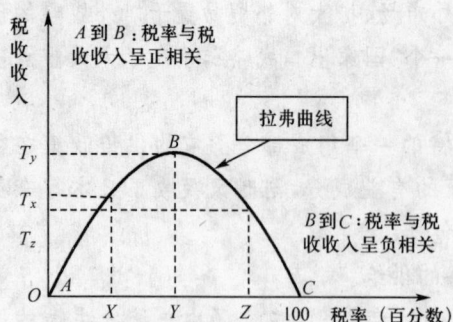

图 15-1 拉弗曲线

当税率为 0 或 100％时,税收收入为零。从零税率开始,税率的上升最初使税收收入增加(从 A 到 B 的区域),然后使税收收入减少(从 B 到 C 的区域)。从 100％的税率开始,税率的下降最初使税收收入增加(从 C 到 B 的区域),然后使税收收入减少(从 B 到 A 的区域)。这表明存在某个税率使税收收入达到最大化。

在这幅图中,纵轴代表税收收入,横轴代表税率。拉弗利用这条曲线,提出了三个要点:

1. 当税收收入为零时存在两个(边际)税率——0 和 100％。显然,如果税率为零,那么将征收不到任何税收税入;而如果税率为 100％,那么将没有人愿意去工作并挣得收入,因为其收入被全额征收。

2. 税率的上升可以引起税收收入增加。比如税率从 X％上升到 Y％(见图),会使税收收入从 T_x 增加到 T_y。

3. 税率的下降可以引起税收收入的增加。比如税率从 Z％下降到 Y％,会使税收收入从 T_z 增加到 T_y(见图)。这就是拉弗曲线引起大家注意的地方。

为什么不同时期的税率上升和税率下降均能使税收收入增加呢? 这种情况的发生是因为税率、税基和税收收入三者之间的相互关系。

$$税收收入＝税基×(平均)税率$$

比如,20％的税率乘上 1 000 亿美元的税基,会得出 200 亿美元的税收收入。

显然,税收收入是两个变量的函数:(1)税率,(2)税基。当平均税率下降时,税收收入的增加或减少取决于税基扩大的比例是大于还是小于税率下降的比例。表 15-1 阐明了这一点。

表 15-1 税率、税基与税收收入

(1) 税率(%)	(2) 税基(10亿美元)	(3) 税收收入(1)×(2)(10亿美元)	总结
起初:20	100	20	—
情形 1:15	120	18	税率↓税收收入↓
情形 2:15	150	22.5	税率↓税收收入↑

起初,假设税率为 20％,税基为 1 000 亿美元,因此税收收入为 200 亿美元。我们假设税率下降使税基扩大,理由是,在较低的税率下,人们会增加劳动时间、加大投资、进行更多的交易以及减少逃税行为。

然而,真正的问题是,随着税率的下降,税基到底会扩大多少? 在表 15-2 中,假定税率下降到 15％。在情形 1,税率的下降使税基增加到 1 200 亿美元;税率下降 25％(从 20％下降到 15％)促使税基增加 20％(从 1 000 亿美元增加到 1 200 亿美元),税收收入最终下降到 180 亿美元。在情形 2,税基扩大了 50％,达到 1 500 亿美元,由于税基增加的比例大于税率下降的比例,因此税收收入增加(达到225亿美元)。

案例来源:[美]罗杰·A·阿诺德著.沈可挺,刘惠林译.经济学(第五版).北京:中信出版社,2003.11

案例讨论

如何理解税率对税收收入的影响?

案例4 上调准备金率旨在防止经济过热

【案例适用】 货币政策

案例内容 中国人民银行2007年11月10日宣布,中国人民银行决定从2007年11月26日起,上调存款类金融机构人民币存款准备金率0.5个百分点。此次调整后,普通存款类金融机构将执行13.5%的存款准备金率标准,该标准创近年历史新高。法定存款准备金率历次调整情况见表15-2。

表15-2 法定存款准备金率历次调整

次数	时间	调整前	调整后	调整幅度
20	2007年11月26日	13%	13.5%	0.5%
19	2007年10月25日	12.5%	13%	0.5%
18	2007年09月06日	12%	12.5%	0.5%
17	2007年08月15日	11.5%	12%	0.5%
16'	2007年06月05日	11%	11.5%	0.5%
15	2007年05月15日	10.5%	11%	0.5%
14	2007年04月16日	10%	10.5%	0.5%
13	2007年02月25日	9.5%	10%	0.5%
12	2007年01月15日	9%	9.5%	0.5%
11	2006年11月15日	8.5%	9%	0.5%
10	2006年08月15日	8%	8.5%	0.5%
9	2006年07月05日	7.5%	8%	0.5%
8	2004年04月25日	7%	7.5%	0.5%
7	2003年09月21日	6%	7%	1%
6	1999年11月21日	8%	6%	−2%
5	1998年03月21日	13%	8%	−5%
4	1988年09月	12%	13%	1%
3	1987年	10%	12%	2%
2	1985年	央行将法定存款准备金率统一调整为10%		
1	1984年	央行按存款种类规定法定存款准备金率,企业存款20%,农村存款25%,储蓄存款40%		

调整存款准备金率是传统的三大货币政策工具之一,一般被视为货币调控的"猛药",通常是指中央银行强制要求商业银行按照存款的一定比率保留流动性。此次上调是央行今年以来第九次上调人民币存款准备金率。

今年以来,除了 3 月份和 7 月份没有使用此货币政策,其他时间央行保持平均每月一次的存款准备金率调整频率。8 月份以来,调整频率进一步加快。

央行指出,此次上调旨在加强银行体系流动性管理,抑制货币信贷过快增长。根据央行此前公布的数据,9 月末,广义货币供应量 M_2 余额 39.3 万亿元,同比增长 18.5%,增速比上年同期高 1.7 个百分点。人民币贷款余额 25.9 万亿元,同比增长 17.1%,增速比上年同期高 1.9 个百分点,比年初增加 3.36 万亿元,同比多增 6 073 亿元。

目前依然较大的货币信贷扩张压力引发广泛关注。10 月 24 日召开的国务院常务会议提出,要继续抑制固定资产投资增长过快和信贷投放过多。央行 11 月 8 日发布的三季度货币政策执行报告也指出,要实行适度从紧的货币政策,继续采取综合措施,适当加大调控力度,保持货币信贷合理增长。

近日刚刚召开的中共中央政治局会议提出,要坚持把遏制经济增长由偏快转为过热作为当前宏观调控的首要任务,努力缓解投资增长过快、信贷投放过多、外贸顺差过大的矛盾,控制价格总水平过快上涨。

有关人士指出,由于 6 月份外贸顺差带来的流动性压力仍然很大,并且当前银行的超额储备率水平较高,央行上调准备金率可能是为了进一步收缩银行体系的流动性,抑制货币信贷过快增长,从而防止宏观经济出现过热的风险。

案例评析 我国现行的货币政策工具有:存款准备金率、利率、再贴现、中央银行再贷款、公开市场操作和贷款规模等。其中,存款准备金是限制金融机构信贷扩张和保证客户提取存款和资金清算需要而准备的资金,法定存款准备金率是金融机构按规定向中央银行缴纳的存款准备金占其存款的总额的比率。存款准备金率变动对商业银行的作用过程如下:当中央银行提高法定准备金率时,商业银行可提供放款及创造信用的能力就下降。因为准备金率提高,货币乘数就变小,从而降低了整个商业银行体系创造信用、扩大信用规模的能力,其结果是社会的银根偏紧,货币供应量减少,利息率提高,投资及社会支出都相应缩减。反之亦然。法定存款准备金率每次上调幅度均为 0.5 个百分点。据测算,法定存款准备金率每上调 0.5 个百分点,可一次性冻结流动性资金 1 500 亿~1 600 亿元。2006 年内 3 次上调,已冻结货币市场 4 500 亿~4 800 亿元的资金。

资料来源:新华社(北京),2007-11-10

案例讨论

上调法定存款准备金率如何防止经济过热?

案例 5 格林斯潘与 20 世纪 90 年代美国的经济繁荣

【案例适用】 货币政策

案例内容 在美国,美联储主席格林斯潘被称做仅次于总统的实权人物。从 1987 年 8 月 11 日格林斯潘宣誓就任美联储主席,到 2001 年 1 月 4 日克林顿再次任命格林斯潘为美联储主席,格氏已连续四次担任这一要职。格林斯潘之所以能在美联储主席的位置上稳坐十几年,是因为他领导的美联储的货币政策创造了美国经济连续增长时间最长的新纪录。20 世纪 90 年代美国经济的繁荣,格林斯潘功不可没。

克林顿政府上台时美国经济处于衰退中。为了刺激经济,格林斯潘采用了扩张性的货币政策,降低利率,增加货币量。这种政策产生了两个显著的作用:一是增加了投资。降息减少了企业投资的成本,促进了美国的电子、信息、生物工程等高科技产业的迅速发展,带动了整个美国经济的发展;二是提高了股票价格。降息引起了股价上升,道琼斯工业平均指数突破了一万点大关。股市的活跃进一步鼓励了投资。同时,股价上升使许多美国人的资产增加,这就加强了消费者的信心,刺激了消费的增加。长期以来,美国的边际消费倾向为 0.676 左右。在 20 世纪 90 年代,边际消费倾向上升为 0.68。而这仅仅 0.004 的增长,对经济的影响是相当重要的。

当 20 世纪 90 年代末,美国经济有过热迹象时,格林斯潘又提高利率,以防止可能出现的通货膨胀加剧。进入 21 世纪后,美国经济有衰退迹象,格氏又降低利率。特别是 2001 年,美国的销售与生产疲软,消费者及企业信心下降,为了制止预期的经济疲软,也为了应付9.11恐怖事件对美国经济的冲击,美联储连续 11 次降低利率,一年内将联邦基金利率从6.5%降到 1.75%,降幅达 4.75 个百分点,最终使美国经济触底回升出现好转迹象。多年来,格林斯潘操纵着美国经济持续发展的把舵,通过交替运用扩张性和紧缩性的货币政策调节经济,实现了美国历史上最长时间的低通货膨胀的持续增长。在谈论美国经济在整个 20 世纪 90 年代的连续增长时,人们称格林斯潘为"一言九鼎的人"、"最令人尊敬的大管家"和"金融教父"。这是人们对格林斯潘对美国经济命脉的准确把握和市场宏观调控能力的赞誉。

案例来源:自编

案例讨论

格林斯潘是如何运用货币政策调节美国经济的?

案例 6　宏观调控仍是主旋律

【案例适用】 宏观调控的主要方式

案例内容　2006 年 12 月 5 日至 7 日,中央经济工作会议召开,对 2007 年的经济工作进行了具体部署。从这些部署中,我们可以看到政策的新信号、经济的新走向。

"坚持加强和改善宏观调控,保持和扩大经济发展的良好势头。"中央经济工作会议提出的 2007 年经济工作的八大任务中,宏观调控位列第一,从某种程度上说,今年的经济走势怎么样,仍然要取决于宏观调控的效果。那么,今年宏观调控政策走向如何? 专家预计,今年国家将在现有宏观调控措施的基础上,出台一些微调措施,抑制投资过热。国家发改委经济研究所王小广主任说:"一方面控制货币的供应量,另一方面可能会增加热门产业的投资成本。"华东师范大学国际关系与地区发展学院的余南平教授认为,从内外环境来看,我国外汇储备量已经较大,人民币升值速度也在加快,因此央行可选择的调控手段就有限。尽管加息能够抑制投资狂热,但是对于真正的暴利行业来说,效果不够明显,比如房地产行业和采矿业;而对于其他行业的打击却非常大,于是央行只能选择增加准备金率。他认为2007年央行的货币政策,可能是"稳健偏紧"的。

促进国际收支平衡放在突出位置

在"经济增长、就业、物价、国际收支平衡"四大宏观调控目标中,中央经济工作会议着重指出,必须把促进国际收支平衡作为保持宏观经济稳定的重要任务。

按照部署,2007年将坚持互利共赢的开放战略,提高对外开放水平。在保持出口和利用外资合理增长的同时,积极扩大进口;积极有序地扩大境外投资合作。中国社科院专家齐建国认为,尽管政策可能会有调整,比如出口退税率下降,环保的条件更加严格,但最终还是要出口,因为大量的劳动力需要就业,大量的生产能力需要利用,出口依然是拉动经济增长的主要动力之一。

扩大消费,增添经济发展动力

中央经济工作会议提出,要正确处理好投资和消费、内需和外需的关系,最根本的是扩大国内消费需求。"当前最终消费占GDP的比重已降到历史最低水平。经济增长过度依赖投资,国内消费需求相对不足问题在加剧。"中国人民银行副行长苏宁指出。农民和城镇低收入者的收入水平不高是制约消费的一个关键因素。按照部署,2007年要合理控制投资增长,努力优化投资结构。坚持以增加居民消费尤其是农民消费为重点,加快调整国民收入分配格局,努力提高农民和城镇低收入者的收入水平和消费能力。随着这些措施的到位,消费由此可望在2007年迎来一个新的扩张。

"现代农业"成为新农村建设着力点,发展现代农业必须用先进物质技术条件装备和改造农业,同时要通过各种职业技能培训,提高农民的就业和创业能力。国务院发展研究中心农村经济研究部副部长徐小青说:"国家支持改善农村地区的生产生活基础设施,已经采取的措施将会继续执行。农村经济体制的改革,恐怕也是2007年工作的一个重点。"

从"又快又好"到"又好又快"

能源资源的高消耗以及由此造成的环境污染和生态破坏,让我们为经济过于"迅猛"的发展付出了代价。因此与过去"又快又好"提法有所不同,这次中央经济工作会议强调,必须深刻认识"又好又快"发展是全面落实科学发展观的本质要求。2007年经济工作的部署主要围绕"又好又快"这四个字展开。虽然"好"字与"快"字只是前后顺序调整,但却表明中央在经济工作指导方针上更加注重体现科学发展观的要求,这成为2007年经济发展的一大亮点。

案例评析 从本案例中我们可以看出,我国政府的宏观调控主要从以下几方面进行:1.稳健偏紧的货币政策;2.扩大出口政策;3.扩大内需;4.以科学发展观指导经济发展。这些措施符合我国国情,有利于增加我国国民收入和实现经济发展。采用稳健偏紧的货币政策能够抑制投资过热的趋势;出口是拉动我国经济发展的动力之一,对于扩大就业、增加收入起着重要作用;扩大内需政策可以缓解我国经济增长过度依赖投资,国内消费需求相对不足的矛盾;以保护环境和生态为基础的科学发展观,对于我国经济持续健康发展发挥着重要作用。

资料来源：宏观调控仍是主旋律，宗和，经济观察

案例讨论

我国的宏观调控措施是如何演进的？

案例7 2007年：可能更需关注通胀风险

【案例适用】 财政政策和货币政策的灵活运用

案例内容 展望2007年，国内经济的基本面仍然有利于经济的快速增长。中共中央、国务院召开的中央经济工作会议于2006年12月5日至12月7日举行，八项任务的第一个任务就是"加强和改善宏观调控，保持和扩大经济发展的良好势头"。由此可见，2007年宏观经济的增长速度可能会低于2006年，但是应该不会快速下降，应该仍然保持在9％左右。

政策倾向仍然会继续关注扩大内需的政策。随着我国工业化和城市化的进程不断深入和社会保障体系的完善，人均收入，尤其是城镇人均收入继续提高，消费需求将会因此受益。但是，我国最大的存量需求在农村，而基础设施不足和收入低一样是限制农村消费的重要因素。社会主义新农村建设的进展才是消费需求增长的真正的决定因素，重点加大对农村公共服务的支持力度则成为今年财政政策的倾斜点。

如果进展顺利，尽管投资可能受到一定压制，但是今年的内需增长率不会明显低于去年的水平，而且可能会有所上升。而短期内净出口和投资对于经济增长的贡献率不会快速下降。

在物价方面，今年通货膨胀可能会再成焦点。各项公用事业和能源改革预计使今年的PPI水平要高于去年，同时今年肯定会有配套的生活类水电煤等价格改革进行。另外，医疗、卫生、教育等价格改革也会继续深入展开。因此，今年的CPI水平可能要高于去年。

我们看到，中央经济工作会议中提出了努力实现国民经济"又好又快发展"，而改变了以前的"又快又好发展"的说法。因此，从总的经济战略来看，结构调整意味着经济增长模式的转变。至今为止，去年的调控措施已经初显成效，预计今年这种调整的趋势还会继续。从政策角度看，还需要先观察一段时间再进行决策，原来的政策还要继续深入展开和落实。

由于今年可能需要更加关注通胀风险，由此可能带来更多的紧缩性货币政策。但是央行行长周小川也表示，目前尚不宜采用通货膨胀作为货币政策调控的目标。因此，最终决定紧缩性政策出台的原因可能仍然取决于以 M_2 为代表的流动性过剩的情况。与此同时，这两年，所有的政策都是为汇率改革的进行保驾护航，从今年开始，利率市场化的问题可能会重新提到议事日程中来，其中一个最可能实施的措施就是将超额存款准备金率继

续下调直至为零。

案例评析 财政政策和货币政策的特点决定了它们在宏观经济管理中,面对不同的经济形势,存在不同的政策组合。本案例中,我国政府采用扩张性的财政政策和紧缩性的货币政策,一方面刺激了社会总需求,另一方面则有利于抑制通货膨胀。在选择具体的政策措施时,首先要对经济运行状况进行测定,再根据萧条与通货膨胀的不同程度,对各项具体措施进行适当的搭配。在经济发展的不同时期,采取什么样的政策组合,应该依据当时所处的经济背景而定。对于失业率下降、通货膨胀率上升的相互交替的菲利普斯曲线,应该采取中性的财政政策和紧缩性的货币政策的政策组合。如果出现通货膨胀率下降而失业率升高的相互交替的情况,正如一些欧盟国家的情形一样,则应该采取既能有效降低失业率又不会使通货膨胀率大幅度上升的措施。例如,可以采取扩张性的财政政策和中性的货币政策。但是如果财政赤字较大,则不宜使用扩张性的财政政策,因为那样会加剧宏观经济状况恶化的倾向,并导致结构性失业率上升。对于我国目前面临的通货膨胀率上升,但失业率同样居高不下的情况,"松财政—紧货币"的政策组合是比较好的选择,以扩张性的财政政策来促进就业、刺激经济增长,而用紧缩性的货币政策来控制通货膨胀。如果通货膨胀问题严重,初期可以采取一定的收入政策,避免通货膨胀率大幅度上升。在实施财政政策和货币政策的组合时,还应辅之以一定的供给政策,促进生产率提高,使得宏观经济能够稳定增长。

案例来源:中国经济导报/2007 年/1 月/2 日/第 A03 版

案例讨论

分析财政政策和货币政策搭配使用适用的经济环境类型。

案例 8 扩大就业将纳入货币政策目标

【案例适用】 宏观经济政策的目标

案例内容 从"九五"到"十五",我国 GDP 年均增长率由 8.6％提高到 9.5％,而就业人数由 804 万人下降到 748 万人;经济每增长 1 个百分点,带动就业增加量由 94 万人减少到 84 万人。因此"十一五"期间据国家统计局透露,近年来,我国在保持经济较快增长的同时,对就业的拉动作用却在下降。虽然我国近年都完成了中央确定的就业、再就业目标任务,但今后几年我国的就业压力仍然很大,形势不容乐观。

巨大的就业压力,突出表现为:一是劳动力供大于求压力进一步加大。二是企业改制的就业矛盾更为加剧。三是农村劳动力转移就业规模加大。四是高校毕业生依然面临结构性就业难题。此外,政府机构改革还要大批裁减冗员、初高中毕业生仍处于政策边缘、退役军人安排也难以落实等就业问题仍很突出。

中央经济工作会议把扩大就业作为建设社会主义和谐社会的一项战略任务,需要货币政策与财政政策、产业政策、收入分配政策等宏观政策的协调配合。因此,应把扩大就业作为我国货币政策的重要目标,中央银行要从扩大就业、维护社会稳定的高度,把扩大就业作为制定、执行和调整货币政策的重点,切实采取有利于增加就业机会、降低失业率的各种政策措施,把扩大就业置于与支持经济增长、稳定币值同等重要的地位,纳入货币政策宏观调控之中。

适度增加货币供给,保持经济持续稳定增长。基于经济增长和社会稳定的重要作用,许多国家选择了以充分就业为特点的经济发展战略,将增加就业与改善收入分配、提供公共服务三项内容作为经济发展战略的核心。因此,我国应在经济稳步增长的前提下,实施就业与经济增长相协调的整体发展战略,推动经济和就业的增长。一是扩大基础设施建设的货币供给份额,特别是要增加社会公共物品的金融投入;二是根据宏观经济形势的变化,适时利用利率政策的调节刺激效应,拉动消费的增长,特别是要形成居民储蓄存款的挤出效应;三是针对欧美等国变相设限和出口贸易摩擦加剧,影响我国出口量增加的实际,灵活运用货币宏观调控政策,配合多种金融服务措施扶持出口贸易的增长。

通过增加货币供给,促进经济持续增长,有效提高就业增长的原动力。加大货币政策实施力度,支持建立有利于增加就业的产业结构。充分发挥中央银行"窗口"指导作用,增强货币政策的传导效应和实施效果。一是继续加大对第三产业的金融投入,促进第三产业的扩大发展,增大第三产业吸纳就业的容量;二是优化结构,扩大对中小企业,特别是劳动密集型企业、民营企业的信贷投入,促使其短期内健康快速发展,扩充就业能量;三是加大对农业加工贸易企业的信贷支持,加快农业产业化发展步伐,确保新农村建设劳动力的有序转移。

完善货币信贷支持的优惠政策和措施,增强创造就业的源泉动力。中央银行要健全完善扩大就业和再就业的货币信贷优惠政策,当前,要完善小额担保贷款管理制度和优惠政策,为下岗失业人员、高校毕业生、退转军人的就业或再就业、创业或再创业提供信贷支持;制定优先支持非公经济和中小企业准入基础设施建设及垄断行业的信贷政策措施,特别是要制定优先支持这些企业进入新兴行业的信贷政策措施,并加大信贷资金的有效投入,刺激新兴服务行业的扩张,以开辟更加广泛的就业渠道,从根本上突破就业瓶颈,增强创造就业的源泉动力。

增加对人力资本的金融投入。中央银行应制定有利于增加教育投入的信贷政策,鼓励商业银行切实加大对教育与技术培训的信贷投入,努力实现劳动者人力资本水平的质的提升,促使劳动力的供给结构适应劳动力市场的变化,与劳动力的需求结构相协调,从而减少基于结构性失业原因而产生的失业者人数。

提高货币政策的调控效率和质量,减缓经济周期性波动的振幅和频率,弱化周期性失业。失业是与经济周期性波动密切相关的一个宏观变量。我国经济周期性波动的历史情况表明,货币政策的不规则波动,是导致经济周期性波动的一个重要因素。因此,中央银行应提高货币政策的科学性、连续性和货币政策操作的独立性、稳定性,避免因货币政策的摇摆不稳定而导致经济总量的频繁波动,特别是要避免周期性波动。即使出现了经济波动,中央银行也应适时进行"逆经济风向"调节,采取有效的熨平波动的政策措施,通过货币政策调控实现经济的正向持续延长,并通过货币政策操作弱化经济周期性波动对失业的影响,提高货币政策调控在实现充分就业过程中的效率和质量。

案例评析 扩大就业是宏观经济政策的目标之一,我国政府十分关注就业问题。由本案例可以看到,我国目前的就业形势不容乐观,要通过货币政策扩大就业,以实现我国宏观调控的目标。当经济萧条、失业率增加时,政府实行扩张性货币政策,扩大货币供应量,降低利率,刺激社会总需求;当经济过度繁荣、通货膨胀率上升时,政府实行紧缩性货币政策,缩减货币供应量,提高利率,抑制社会总需求。收入政策是政府为了降低一般价格水平上升的速度而采取的强制性或非强制性的限制货币工资和价格的政策。实行收入政策的目的在于影响和控制价格、货币工资和其他收入的增长率。

资料来源:中国经济导报/2007 年/1 月/2 日/第 B05 版

案例讨论

我国政府是如何通过货币政策扩大就业的?

案例 9　中国宏观调控效果初显

【案例适用】 宏观经济政策效果

案例内容 目前,中国经济的平衡度、均衡度正在得到改善。政府应该如何利用目前的良好态势,保持经济持续稳定增长的势头? 就这个问题,本报记者专访了国家发改委宏观经济研究院副院长陈东琪。

宏观调控技巧明显提升

问:为保持经济持续繁荣和财富稳定增长,政府宏观调控有哪些变化?

陈东琪:2006 年经济快速增长确实给老百姓带来了好处,钱多了,腰包鼓起来了。2006 年 1～3 季度,城镇人均可支配收入实际增长超过 10.5%,农村人均纯收入连续增长超过 10%。各地最低工资水平提高,实际工资增长在加快,包括农民工收入。最近两年提出科学发展观后,中国政府在进行短期宏观调控时,比较注意措施操作的技巧,采取了渐进、微调的方式方法,宏观调控技巧明显提升,调控效果也在逐步显现。

财富的短期、快速增长和长期持续怎么结合? 我认为,不仅要做好长远的战略选择,做好短期宏观调控安排,而且每一年度经济增长政策都要运用得当。政策措施应当小步慢走,渐进微调是一个很好的选择。政府要从战略、长远角度做好规划,做好安排;要注意对外汇政策的及时调整。此外,对影响可持续发展的外部问题也要重视,如能耗问题、污染问题、环境问题。

均衡发展趋势正在形成

问:目前中国经济发展的均衡程度如何?

陈东琪:目前我国经济发展的均衡程度正在改善,从投资和消费的关系看,投资比重虽然仍然非常大,经济增长的主要动力来自投资特别是有出口带动的投资,而消费增长相对慢于投资增长。但是,投资和消费之间的增长关系正在发生变化,那就是动态消费增长在加快,2006 年 1~3 季度,全国社会商品零售总额比前两年又有增加,包括住房、汽车、IT 产品、旅游、教育等物质化消费增长都在加快。尽管投资还在快速增长,但增速有所下降,而消费增长保持在 13% 左右。这是一个重要的新的均衡趋势。

第三产业服务投资加快

问:产业关系的调整出现了哪些趋势?

陈东琪:从产业关系的变化情况看,第一、二、三产业均衡开始好起来。2006 年第三季度,第三产业的服务投资加快,尤其是交通运输加快,服务设施增长带来物流人流增速加快,餐饮、旅游、金融、保险、证券、研发、文化教育、娱乐、卫生保健等服务都在加快增长。尽管第二产业还在快速增长,但毕竟出现了第三产业增长加速的势头。在第二产业内部,即使是在原材料和制造业内部,也出现了结构调整新气象。通用设备、专用设备、大型设备的份额在提高,这是产业走向均衡发展的非常好的趋势。当然,还存在许多问题,比如,粗放型产品加工的出口还在快速增长,破坏生态环境和资源能耗较大的原料型产品出口的势头还很猛。2006 年 1~9 月,钢坯增速非常快,9 月份出口增幅超过 600%。这个均衡中的不均衡值得注意。

中西部地区发展在加快

问:均衡态势还表现在哪几个方面?

陈东琪:从区域经济发展的关系来看,原来经济增长的主要贡献来自东南沿海,但是最近几个月中西部发展在加快。2006 年 1~3 季度,东部地区投资增速为 26%,中部地区超过 40%,西部地区是 33%。这一迹象表明,经济发展过度向东部倾斜的趋势正在改变,这符合中央提出的"五个统筹"和科学发展观的要求。从城乡经济关系来看,在城市化进程加快的同时,新农村建设进程也在加快。农村水、电、路、气工程建设全面提速,农民的收入增长也呈现可喜局面,农民的生活水平比前几年有了较大提高。这又是一个重要的经济均衡发展趋势。

下一步可考虑微调利率

问:人民币汇率实行渐进微调的效果如何?

陈东琪:近两年,人民币汇率政策实行渐进微调,综合来看,路子走得对,积极效果多,赢面大,可以继续走下去,变化幅度可以略有增大,但步伐不能过大,年度幅度控制在 5% 以内比较好。经济运行中出现的矛盾,部分是新因素造成的,部分是历史上长期累积下来的,要分别处理好。如果只做一次性短期安排,未来的不确定性可能使我们很被动。走渐进的道路,实行频繁小调,便于根据新情况作出切合实际的调整,避免过大震荡带来的风险和市场冲击。下一步政策应适当从紧,控制投资信贷,更好运用货币手段,尤其是利率。我个人倾向逐步继续加息,这个手段可以约束个人、企业贷款。但调整利率应采取微调办法,不要大动作。

案例评析 我国的宏观经济调控政策取得了显著成效。从宏观调控技巧、均衡发展、产业结构、区域经济发展以及利率等方面进行调控,这些措施体现了宏观调控的目的——发展经济、充分就业、抑制通胀、国际收支平衡。

资料来源:人民日报海外版/2007 年/1 月/4 日/第 001 版

案例讨论

国家宏观调控的措施主要有哪些?

案例 10 为什么我国七次降息的效果不明显?

【案例适用】 货币政策的适用问题

案例内容 我国 1996 年实现经济的"软着陆"之后,1998 年,社会供求态势发生了根本变化,出现了有效需求不足。为防止经济陷入严重困境,在 1996 年到 1998 年 7 月,我国中央银行六次大幅度降低存贷款利率,以增加流通中的货币量,促进经济回升,但效果似乎并不显著,其标志之一是银行存款和增长率并没有下降多少,国民经济仍较为疲软。

案例评析 进入 21 世纪后经济的回升主要是靠增加公共投资支出的扩张性财政政策。为什么利率在中国经济中的作用不明显呢? 这主要是因为处在制度转型过程中的中国尚不充分具备利率发挥作用的经济条件。

我们知道,利率变动对经济的影响是通过影响总需求中的投资和消费以及股市价格与利率的反方向变动来实现的。但在中国,国有企业尚未真正成为独立的投资主体,企业的投资在某种程度上还受政府支配,因此企业的固定投资对利率的变动不敏感。民营企业虽然是独立投资主体,但由于在贷款、进入限制等方面对民营企业投资的限制,降息对民营企业的投资也起不到多大的刺激作用。再加上当时政府实施金融约束的强化(如不允许商业银行滥发贷款,不允许国家机关为银行贷款提供担保等)导致的投资萎缩,以及亚洲金融危机所导致的出口萎缩,降息未能带来投资需求扩张。同时,降息对我国消费的刺激作用更小。因为降息对消费的刺激作用主要是通过股市价格上升实现的。而我国的股票市场尚不成熟,利率对股市的影响并不明显,降息后甚至出现了股价下跌。即使利率下降能带动股市,股票也还不是我国居民的主要财产形式之一,这使降息不能起到增强消费者信心的作用,消费者并未因此而更大胆地花钱。不仅如此,在我国就业、养老、医疗、住房等各项制度改革的背景下,出于对未来各种不确定因素的担忧,居民的新增收入更倾向于增加储蓄,这进一步导致了消费萎缩。

此外,利率变动对我国经济的影响不大,还因为我国经济的开放程度有限。根据 1999 年诺贝尔经济学奖获得者蒙代尔的研究,货币政策的作用效果通常与一个国家资本市场的开放程度有关。在一个实行浮动汇率和资本自由流动的开放经济中,扩张性货币政策对经济的刺激作用大于财政政策。而在一个实行固定汇率和限制资本流动的封闭经济中,扩张性财政政策对国内经济的刺激作用要大于货币政策。我国正属于蒙代尔所说的资本市场尚未开放的封闭经济,因此利率变动对经济的影响就要受到相当大的限制。

以上分析表明,在我国目前的制度条件下,利率作用的有限性是正常的,经济政策的运用要以一定的经济条件为前提。从我国的实际情况出发,刺激经济应该以扩张性财政政策为主,利率调节起到配合作用。近年来,我国采取的以财政政策为主的扩大内需的宏观经济政策对经济回升所起的作用说明了这一点。

资料来源:根据相关资料改编

案例讨论

试分析货币政策中的利率作用。

案例 11　宽松货币政策刺激内需推动英国经济增长

【案例适用】　货币政策

案例内容　2001 年英国全年经济增长率为 2.2%,虽然略低于预算设定的 2.25%～2.75%的增长目标,但是在西方主要工业国家中的增长幅度仍属最高。这种情况一改以前历次全球性衰退中英国经济总是最差的历史,使英国人在发达国家中感觉良好。

回顾 2001 年英国的经济运行情况,显而易见,在维持经济增长的投资、出口和内需三辆马车中,旺盛的内需是减缓英国经济降速的主要支撑因素。房地产市场一直是英国经济中的一个亮点,20 世纪 90 年代以来一直处于上升势头,2001 年这个市场进入了新一轮上涨周期,全年平均上涨幅度达到 10%。英国的零售业也强劲不衰,物价指数平稳。2001 年最后 4 个月,英国许多零售部门都达到月增长 15%或高于 15%的水平,特别是耐用消费品如汽车,销售量超过 1989 年 230 万辆的高峰,达到 240 万辆,这些得益于英国央行 2001 年实施的宽松货币政策。2001 年,在通货膨胀率较低的背景下,英国央行连续 7次降息,把利率从 6%调低到 4%,不足 1990 年(15%)的三分之一,为 38 年来的最低水平。基本利率的连续下调,延缓了制造业的衰退速度,支持了脆弱的股市信心,更大大刺激了各类消费信贷,从而有效地刺激了人们的消费热情。在英国消费信贷门槛较低的前提下,各个商业金融机构为争取客户展开激烈竞争,2001 年下半年,一些信贷银行甚至实行零利率,信用卡消费成为主要购物手段,不论是大超市,还是小店铺,80%以上的零售商店都可以用信用卡购物,既方便消费,也刺激消费。

低失业率是激起消费热情的又一个重要因素。去年英国的就业机会一直在不断增加,虽然制造业的工作机会减少了,但服务业和其他部门的就业机会增多,从而弥补了制造业失去的就业岗位。

案例评析　本案例说明了这样几个问题:第一,英国于 2001 年实施的货币政策能够起到很好的效果,在于利率的降低刺激了消费。第二,英国 2001 年强劲的内需有效地抑制了经济的下滑,比较平稳的增长又奠定了内需旺盛的基础,最终形成一种良性循环。第三,刺激内需的手段除了货币政策之外,还需要相应的就业政策和财政政策相配合。

资料来源:新华网,2002-03-29

案例讨论

宽松货币政策是如何刺激内需推动英国经济增长的?